KB216457

성직자의 의무

De officiis ministrorum

by Ambrosius

Published by Acanet, Korea, 2020

이 책은 저작권법에 따라 보호를 받는 저작물이므로 무단 전재와 무단 복제를 금하며
이 책 내용의 전부 또는 일부를 이용하려면 반드시 저작권자와 아카넷의 동의를 받아야 합니다.

한국연구재단총서 학술명저번역 625

암브로시우스

성직자의 의무

De officiis ministrorum

최원오 해제 · 역주

차례

일러두기

1. 성경 본문 번역은 원칙적으로 『성경』(한국천주교주교회의 2005)을 기준으로 삼았으나, 암브로시우스가 인용한 본문이 『성경』과 큰 차이가 있을 때는 라틴어 원문을 직역했다.
2. 인명과 지명은 한국교부학연구회 『교부학 인명·지명 용례집』(분도출판사 2008)을 따랐다.
3. 작품명은 한국교부학연구회 『교부 문헌 용례집』(수원가톨릭대학교출판부 2014)을 따랐다.
4. 각 장의 소제목은 본문의 핵심 주제를 역자가 붙인 것이며, 라틴어 원문에는 없다.

해제

밀라노의 주교 성 암브로시우스(Ambrosius, 334년경-397년)는 고대 그리스도교에서 황실의 부당한 권력에 맞서 종교의 자유와 권위를 지키고 사회적 약자들의 인권과 사회 정의를 위해 헌신한 교부이다. 그의 인품과 학식은 아우구스티누스의 회심에도 결정적 영향을 주었고, 둘 다 서방의 4대 교부로 존경받고 있다. 바티칸 성 베드로 대성당 안 정면에 있는 베르니니의 청동 조각에서 베드로 사도좌를 떠받치고 있는 서방 교회의 두 인물이 성 암브로시우스와 성 아우구스티누스라는 사실은 그의 교회적 위상을 상징적으로 보여준다.

암브로시우스는 키케로(Marcus Tullius Cicero, 기원전 106-43년)의 『의무론』 *De officiis*을 뼈대로 『성직자의 의무』*De officiis ministrorum*를 집필했다. 키케로가 아들을 위해 『의무론』을 썼듯이[1], 암브로시우스도 아들과 같은 성직자 양성을 위해 이 책을 썼다고 밝힌다.[2] 이 책이 성직자로서 갖추어

---

1 키케로는 기원전 44년에 아테네에서 유학하고 있던 아들 마르쿠스를 위해 『의무론』을 썼고, 그 이듬해 세상을 떠났다.
2 암브로시우스, 『성직자의 의무』 1,7,24 참조.

야 할 품성과 덕행을 제시하고 있는 것은 분명하지만, 성직자들만을 위해 저술되지는 않았다. 암브로시우스는 이 작품을 통해 성경의 본보기(exemplum)에 바탕을 둔 보편적 그리스도교 윤리 규범을 세우려 했기 때문이다. 암브로시우스는 복음에서 찾아낸 삶의 규범과 생활 원리를 담아낼 그릇으로 키케로의 『의무론』을 활용하면서도, 고전 철학과 윤리 사상을 끊임없이 그리스도교적으로 재해석하고 새로운 의미를 불어넣었다. 그리하여 '최초의 그리스도교 윤리 교과서'[3]인 『성직자의 의무』가 탄생하게 된다.

키케로가 사추덕(四樞德)을 바탕으로 올바름(honestum, 義)[4]과 이로움

---

3 R.H. Dudden, *The Life and Times of St. Ambrose*, vol. 2, Oxford 1935, 502; E. Dassmann, "Ambrosius", in *Theologische Realenzyklopädie*, vol. 2, Berlin 1978, 374 참조.

4 honestum의 번역은 매우 까다롭다. 테스타르(M. Testard)는 프랑스어 번역본에서 'la beauté morale'(도덕적 미)이라고 옮겼고, 반테를레(G. Banterle)는 이탈리아어 번역본에서 'l'onesto'(정직함)로, 데이비드슨(I.J. Davidson)은 영어 번역본에서 'the honourable'(명예·훌륭함)이라고 옮겼으며, 허승일은 '도덕적 선'(『키케로의 의무론』, 허승일 옮김, 서광사 2016², 8 참조) 또는 '명예'(『서양의 고전적 윤리 실천 사상─키케로의 『의무론』을 중심으로』, 『서울대학교 사대논총』 49, 1994, 85-107 참조)로, 최장무는 '도덕적 선'(『암브로시우스의 직무론』, 『사목연구』 3, 1996, 31-46 참조)으로, 김남우는 '훌륭함'(키케로, 『투스쿨룸 대화』, 아카넷 2014, 573 색인 참조)으로, 김용민은 '도덕적 선'(『키케로의 철학』, 한울아카데미 2018, 122-123)으로 옮겼지만, 이 책에서는 유가 철학의 '의리'(義利) 논쟁과 같은 맥락에서 honestum은 올바름[義]으로 옮기고, utile는 이로움[利]으로 옮겼다. 플라톤의 칼론(美, τὸ καλόν) 개념까지 거슬러 올라가는 honestum에 관한 어원학적 연구는 H.A. Gärtner, "honestas, honestus", *Augustinus Lexikon*, C. Mayer (ed.), vol. 3. Fasc. 3/4, Basel 2006, 416-418 참조. 이 주제에 관한 더 자세한 연구는 H. Chadwick, "Frui-uti", in *Augustinus Lexikon*, Cornelius Mayer (ed.), vol. 3, Basel 2004, 70-75; J.-M. Fontanier, "Sur l'analogie augustinienne honetum/utile//frui/uti", in *Revue des Sciences philosophiques et théologiques*, 84(2000), 635-642; J. Van Bavel, "Love", *Augustine through the Ages*, Cambridge 1999, 509-516; W.R. O'Connor, "The uti/frui distinction in Augustine's ethics, *Augustinian Studies* 14(1983), 45-62 참조.

(utile, 利), 곧 도의(道義)와 실리(實利) 문제를 풀어냈다면, 암브로시우스는 복음의 빛으로 사추덕을 해석하고, 올바름과 이로움에 관한 그리스도교적 이해를 시도한다.[5]

키케로가 지혜로운 사람을 이상적 인간으로 내세웠다면, 암브로시우스는 참으로 지혜롭고 의로운 사람의 본보기를 성경에서 찾아 제시한다. 키케로가 자연법(lex naturalis)과 로마 시민법(ius civile)을 윤리의 토대로 삼았다면[6], 암브로시우스는 하느님의 법(lex Dei)에 뿌리 내린 새로운 사랑의 윤리를 세운다.

스토아학파는 연민과 동정 때문에 평정심(ἀταραξία)을 잃는 일 없이 정념에서 벗어난 청정심(ἀπάθεια)을 유지해야 한다고 주장했지만, 『성직자의 의무』에는 가난한 이들에 대한 사랑과 연민, 불의에 대한 거룩한 분노와 정의에 대한 목마름이 가득하다. 재화의 보편적 목적과 분배 정의, 공동선과 사회적 연대에 대한 신학적 해석이며 현대 가톨릭 사회 교리의 원천이기도 하다. 가난과 고통 속에서도 행복한 삶이 가능하다는 그리스도교 행복론도 펼쳐진다.

특히 『성직자의 의무』 마지막 장은 우정에 관한 아름다운 성찰로 마무리되는데, 이는 키케로의 『우정론』을 넘어 아우구스티누스와 요한 카시아누스로 이어지는 그리스도교 최초의 우정론이다.

---

5 플라톤이 『국가』 427e에서 소개한 사추덕(virtutes cardinales), 곧 예지(prudentia), 정의(iustitia), 용기(fortitudo), 절제(temperantia)를 키케로는 『의무론』 1,5,15-17에서 해설했고, 암브로시우스는 성경에 나오는 '성조(聖祖)들의 본보기'(exemplum maiorum)를 바탕으로 풀이했다. 『성직자의 의무』 1,24,115-1,50,259 참조. 덕이란 "사랑해야 할 것을 사랑하는 것"(diligere quod diligendum est)이며, 사추덕은 사랑의 네 가지 모습이라는 아우구스티누스의 해설은 『편지』 155,4,13 참조.

6 키케로, 『의무론』 3,5,23 참조.

암브로시우스의『성직자의 의무』는 교부 시대를 지나 중세의 긴 세월을 가로지르면서 성직자와 공직자뿐 아니라 그리스도인의 생활 규범이자 유럽 정신의 토대가 되었다. '서양의 목민심서(牧民心書)'라 할 수 있다.

1. 암브로시우스의 생애[7]

암브로시우스는 334년경[8] 트리어에서 태어났다. 아버지 암브로시우스 (동명이인)는 트리어에 관저가 있는 갈리아 지방 총독(praefectus praetorio Galliarum)이었다.[9] 어린 시절 엄격한 초등교육을 받았고[10], 아버지가 일찍

---

7 최원오,「암브로시우스의 사회 교리」,『신학전망』200(2018), 69-103에서 '암브로시우스 약전' 부분을 간추렸다. 암브로시우스의 생애에 관한 중요한 연구는 A. Paredi, *Sant'Ambrogio e la sua età*, Milano 2015; M.G. Mara, "Ambrogio di Milano", in *Nuovo Dizionario Patristico e di Antichità Cristiane*, vol. 3, Milano 2006², 229-235; E. Dassmann, *Ambrosius von Mailand*, Stuttgart 2004; C. Marscheis, "Ambrosius von Mailand", in *Lexikon der antiken christlichen Literatur*, S. Döpp—W. Geerlings (ed.), Freiburg 2002, 14-22; E. Dassmann, "Ambrosius", in *Augustinus Lexikon*, Cornelius Mayer (ed.), vol. 1, Basel 1994, 270-285 참조.

8 암브로시우스의 출생연도에 관해서는 다양한 주장이 엇갈린다. 여기서는 334년경이라는 중론을 받아들였으나, 339년경이라는 견해도 만만찮다. 출생연도에 관해서는 L.R. Sophie, "Ambrose", *The Oxford Dictionary of Late Antiquity*, O. Nicholson (ed.), vol. 1, Oxford 2018, 58(339년); A. Paredi, *Sant'Ambrogio e la sua età*, Milano 2015, 15(334년); Ambrogio di Milano, *De Nabutae historia*, S. Palumbo (ed.), Bari, 2012, 16(334/337년); E. Dassmann, *Ambrosius von Mailand*, Stuttgart, 2004, 11(333/334년); E. Dassmann, "Ambrosius", *Augustinus-Lexikon*, vol. 1, Basel 1994, 270(339년); G. Visona, *Cronologia Ambrosiana. Bibliografia Ambrosiana*, Roma, 2004(340년); C. Marscheis, "Ambrosius von Mailand", in *Lexikon der antiken christlichen Literatur*, S. Döpp—W. Geerlings (ed.), Freiburg 2002, 14(333/334년); M.G. Mara, "Ambrogio di Milano", in *Nuovo Dizionario Patristico di Antichità Cristiane*, Milano 2006², 229(337/339년) 참조.

9 파울리누스,『암브로시우스의 생애』3 참조.

10 암브로시우스,『육일 창조』6,38 참조.

세상을 떠나자 어머니는 세 자녀(마르켈리나, 사티루스, 암브로시우스)를 데리고 로마로 갔다. 암브로시우스는 그곳에서 인문 교육을 받았다.[11]

누나 마르켈리나는 353년 1월 6일 주님 공현 대축일에 성 베드로 대성당에서 리베리우스 교황의 집전으로 수도복을 입었으며[12], 형 사티루스는 공직에서 물러나 암브로시우스의 주교 행정을 돕다가 378년에 세상을 떠났다.[13]

젊은 암브로시우스는 시르미움의 법원에서 변호사로 짧게 활동했고, 프로부스 총독의 고문으로 일했다.[14] 일찌감치 출셋길에 올라선 암브로시우스는 서른여섯 살 무렵(370년) 밀라노에 행정소재지를 둔 에밀리아 리구리아 지방 집정관(cosularis Liguriae et Aemiliae)이 되었다.[15]

당시 황실이 있던 밀라노에서는 니케아 정통 신앙파와 아리우스파가 서로 맞서 싸우고 있었다. 니케아 공의회(325년)가 끝난 뒤였지만, 380년 이전까지 밀라노는 서방 아리우스파의 거점이었고 니케아파는 여전히 소수였다. 밀라노의 아리우스파 주교 아욱센티우스(355-374년 재임)가 죽자, 후임 주교 선출을 둘러싸고 니케아 정통 신앙파와 아리우스파 사이에 극심한 대립이 벌어졌다. 저마다 자기 사람을 주교로 밀었기 때문이다.

집정관 암브로시우스는 도시 질서를 통제하고 공정한 주교 선출을 감독하고 중재하기 위해 신자들이 모여 있던 대성당에 갔다. 성당에 들어선 암브로시우스가 신자들에게 연설하고 있을 때 갑자기 한 어린이가 "암브로

---

11 『암브로시우스의 생애』 4,1-5,1 참조.
12 암브로시우스, 『동정』 3,1,1-3,14 참조.
13 E. Dassmann, *Ambrosius von Mailand*, 53 참조. 암브로시우스의 추모사 두 편은 『형 사티루스의 죽음』에 보존되어 있다.
14 『암브로시우스의 생애』 5,1 참조.
15 『암브로시우스의 생애』 5,2 참조.

시우스 주교!"라고 외쳤다. 그러자 정통 신앙파, 아리우스파 할 것 없이 모두 "암브로시우스 주교!"를 외치며, 놀랍고도 믿을 수 없는 일치로 암브로시우스를 밀라노의 주교로 선출했다.[16]

세례를 미루던 관습에 따라 어릴 적부터 예비 신자 신분이었던 암브로시우스는 망설였지만[17], 발렌티니아누스 1세 황제의 권고를 받아들여 세례 받은 지 이레 만인 374년 12월 7일에 주교품을 받았고[18], 지니고 있던 모든 금과 은을 교회와 가난한 사람에게 나누어주었다.[19]

신학 지식도 사목 경험도 없는 공직자로 지내다가 갑자기 교회의 중책을 떠맡게 된 암브로시우스는 그때의 고충을 이렇게 털어놓았다.

"나는 법정과 관직에서 낚여 와 사제직을 맡게 되었는데, 나 자신이 배우지도 않은 것을 여러분에게 가르치기 시작했습니다. 배우기도 전에 먼저 가르치기 시작하는 일이 벌어진 것입니다. 먼저 배울 여유가 없었기 때문에 나는 배우면서 동시에 가르쳐야만 합니다."[20]

암브로시우스 주교의 가장 시급한 과제는 밀라노 교구의 사제 심플리키아누스[21]의 지도를 받아 성경을 깊이 깨우치는 일이었다. 그리스어에 능통

---

16 『암브로시우스의 생애』 6,1-2 참조. 주교 선출에 관한 다양한 정보는 403년 저술된 루피누스의 『교회사』 11,11; 439년 이전에 저술된 소크라테스의 『교회사』 4,30,1-8; 439년 이후에 저술된 소조메누스의 『교회사』 6,24,1-5; 449/450년 저술된 테오도레투스의 『교회사』 4,6,5-7,6; C. Marscheis, "Ambrosius von Mailand", 14-15 참조.
17 예비 신자나 새 영세자를 주교로 서품하는 것은 니케아 공의회의 결정(법규 2)에 어긋나는 일이었다.
18 『암브로시우스의 생애』 7-9 참조.
19 『암브로시우스의 생애』 38,4 참조.
20 암브로시우스, 『성직자의 의무』 1,1,4.

했던 암브로시우스는 필론과 오리게네스의 성경 주석을 익혀가면서, 묵상과 기도를 통하여 자신이 받은 신학 교육을 심화하고 사목 활동을 준비했다. 특히 성경은 하느님 백성에게 건네줄 생수를 긷는 마르지 않는 샘이 되었다.[22]

암브로시우스는 아리우스파 선임자가 서품한 모든 성직자를 받아들였다. 이들은 곧바로 충성했다. 다른 한편 그는 일리리쿰 지방의 비어 있는 주교좌들에 니케아 신앙의 주교들을 임명하고, 381년 아퀼레이아 교회 회의에서 삼위일체 논쟁을 마무리했다.[23]

암브로시우스는 주교 직무를 수행하면서 여러 황제를 겪었다. 특히 어린 황제 발렌티니아누스 2세(375-392년 재위)를 앞세워 밀실에서 환관 정치를 하던 유스티나 황태후의 부당한 권력과 타협할 수 없었다. 황실은 아리우스파에게 대성당을 넘기도록 회유하고 협박했지만, 암브로시우스는 단호하게 거부하며 신자들에게 이렇게 설교했다.

"여러분, 무엇을 두려워합니까? 저는 결코 여러분을 저버리지 않겠습니다. 저는 폭력으로 맞받아칠 줄 모릅니다. 저는 아파하고, 눈물 흘리고, 탄식할 수 있을 따름입니다. 무기와 군인과 고트족에게도 맞서는 나의 무기는 눈물입니다. 이것이 사제의 갑옷입니다. … 황제의 영예를 아무도 부정할 수 없습니다. 그러나 황제가 교회의 자녀라 불리는 것보다 더 영예로운 것이 무엇이겠습니까? 이것은 죄 없는 호의로 드리는 말씀입니다. 황제는 교회 위에 있지 않고 교회 안에 있습니다.(Imperator enim intra ecclesiam, non supra ecclesiam est)"[24]

---

21 아우구스티누스의 영적 스승이기도 했던 심플리키아누스는 훗날 암브로시우스의 후계자가
    된다. 『암브로시우스의 생애』 46,1-2; 아우구스티누스, 『고백록』 8,1,1-8,5,10 참조.
22 아달베르 함만, 『교부와 만나다』, 이연학·최원오 옮김, 비아출판사 2019, 266-275 참조.
23 에른스트 다스만, 『교회사 II/1』, 하성수 옮김, 분도출판사 2013, 139 참조.

386년 성주간 첫날인 성지주일에 들이닥친 무장한 군인들이 성 밖의 포르티아나 대성당(Basilica Portiana)을 강제로 빼앗고, 재의 수요일에는 미사를 드리던 성 안의 새 대성당(Basilica Nova)마저 포위했을 때 거기 모인 백성들은 암브로시우스 주교와 생사를 같이하기로 결의했다.[25] 시편을 노래하고 찬미가를 지어 부르며 목숨마저 걸었던 비폭력 저항은 마침내 군인들을 물리쳤고, 국가의 부당한 간섭과 압력에서 교회의 자율적 권위를 지켜내는 역사적 전환점이 되었다.[26]

또 한 가지 빠뜨릴 수 없는 중요한 일화는 테살로니카 양민 대학살 사건이다. 390년, 테살로니카에서 일리리쿰 속주의 군사령관 부테리쿠스가 군중에게 살해되었다. 격노한 테오도시우스 황제는 엄벌을 명령했고, 군인들에게 처참하게 죽어간 시민은 7,000명을 헤아렸다.[27] 국가가 국민에게 저지른 이 잔혹한 폭력 앞에서 침묵할 수 없었던 암브로시우스는 황제에게 친필 편지를 보내어 교회에서 규정한 참회를 요구했다.[28] 테오도시우스 황제는 390년 성탄절에 용포를 벗고 공동체 앞에서 자신의 죄를 고백했고, 그제야 암브로시우스는 그를 다시 성찬에 받아들였다.[29]

"많은 경우, 교회의 자유는 친구보다 적으로부터 지키기 더 쉬운 법"[30]이

---

24 암브로시우스, 『아욱센티우스 반박』 2와 36.
25 소조메누스, 『교회사』 7,13; 아우구스티누스, 『고백록』 9,7,15 참조.
26 암브로시우스, 『편지』 22,26 참조.
27 소조메누스, 『교회사』 7,24; 테오도레투스, 『교회사』 5,17 참조.
28 암브로시우스, 『편지』 51; Rahner, H. *Chiesa e Struttura Politica nel Cristianesimo Primitivo*, Milano 1990, 130-133 참조.
29 『테오도시우스의 죽음』 28-34; 파울리누스, 『암브로시우스의 생애』 24; 테오도레투스, 『교회사』 5,18; 에른스트 다스만, 『교회사 II/1』 145; A. Paredi, *Sant'Ambrogio e la sua età*, Milano 2015, 287-301 참조.
30 에른스트 다스만, 『교회사 II/1』 139.

지만, 암브로시우스는 하느님 앞에서 모든 인간은 평등하다는 단순한 진리를 지키기 위해 자신에게 호의적이었던 그리스도인 황제 테오도시우스에게도 예외를 인정하지 않는 어려운 길을 택했다. 그리고 바로 그 엄정함 덕분에 암브로시우스는 오히려 황제들로부터 영적 권위를 인정받고 종교의 자유를 지킬 수 있었다.

암브로시우스는 적대자들마저 감동하게 하는 탁월한 인품의 소유자였으니, 자신을 견제하던 로마 시장 심마쿠스가 뽑아 세운 밀라노의 신임 수사학 교수 아우구스티누스마저 "아버지처럼"(paterne) 맞아주고 "주교답게" (episcopaliter) 무척 반기며 호의를 베풀었고, 그 인연은 아우구스티누스의 회심에 결정적 계기가 되었다.[31]

암브로시우스 주교는 수많은 민중의 힘겨운 사정을 쉴 새 없이 돌보았고, 사람들이 없을 때면 아주 짧은 시간이나마 꼭 필요한 음식으로 육신에 기력을 불어넣거나 독서로 정신을 새롭게 했다.[32] 그가 자신을 위해 청한 것이라곤 이런 것들이었다.

"당신은 잃어버렸던 저를 불러주셨으니, 이제는 주교인 제가 당신을 잃어버리지 않게 하소서. 잘못을 저지르는 자들에게 참되고 깊은 연민을 느끼게 하시어, 제가 죄인들을 꾸짖기만 하는 교만한 인간이 되지 않고, 그들과 함께 울게 하소서."[33]

암브로시우스는 끊임없이 절제하고 단식하고 밤낮으로 기도하며 수도승

---

31 아우구스티누스, 『고백록』 5,13,23 참조.
32 아우구스티누스, 『고백록』 6,3,3 참조.
33 암브로시우스, 『참회』 2,8,74.

같은 수행의 삶을 살았으며, 암브로시우스 홀로 감당한 성무 집행과 사목 활동은 그가 세상을 떠난 뒤에는 다섯 주교가 매달려야 겨우 수행할 수 있을 정도였다고 한다.[34] 암브로시우스의 거의 모든 작품이 사목 활동과 더불어 탄생한 것이기는 하지만, 이토록 힘겹고 분주한 일정 속에서 영적 성찰과 저술 시간을 냈다는 것은 놀라운 일이다.[35]

파비아의 주교 서품식에 참석하고 밀라노에 돌아온 뒤(397년 2월) 암브로시우스는 병으로 드러누웠다. 그는 죽음 앞에서 아무런 두려움도 느끼지 않았고, 더 오래 살아주기를 바라는 이들에게 이런 말을 남기고 세상을 떠났다. "나는 죽는 것이 두렵지 않습니다. 우리는 좋으신 주님을 모시고 있기 때문입니다."[36]

397년 성 토요일(4월 4일) 새벽에 선종한 암브로시우스는 그 이튿날인 부활절에 주교좌 대성당에 묻혔다. 그의 나이 예순셋이었다. 오늘날까지 서방 교회의 4대 교부로 공경받고 있으며, 가톨릭 교회는 암브로시우스의 주교 수품일인 12월 7일에 그 축일을 기념한다.

2. 저술 시기

암브로시우스의 『성직자의 의무』의 집필 연대를 가늠하기는 매우 어렵다. 더듬어볼 수 있는 역사적 실마리가 거의 없을 뿐 아니라, 몇 안 되는 가설

---

34 『암브로시우스의 생애』 38, 1-3 참조.

35 H.R. 드롭너, 『교부학』, 하성수 옮김, 분도출판사 2001, 431-432 참조.

36 파울리누스, 『암브로시우스의 생애』 45,2; 포시디우스, 『아우구스티누스의 생애』 27,7: "nec timeo mori, quia bonum Dominum habemus." 암브로시우스 선종 1600주년 기념 국제 학술대회 논문집 제목도 「나는 죽는 것이 두렵지 않습니다」이다. L.F. Pizzolato—M. Rizz (ed.), *Nec timeo mori*, Milano 1998 참조.

들마저 결정력을 지니지 못하는 까닭이다.[37] 여기서는 그 가운데 두 가지 대표적 가설만 소개한다.

첫째, 『성직자의 의무』 제1권 18장 72절에 기댄 가설이다. 암브로시우스는 이 대목에서 건방진 걸음걸이를 지닌 자기 교구의 성직자 가운데 하나가 "아리우스파가 괴롭히던 시절"(arianae infestationis tempore)에 신앙을 저버렸다고 진술한다.[38] "아리우스파가 괴롭히던 시절"이라는 표현 자체가 모호하기는 하지만, 밀라노 대성당을 아리우스파에게 양도할 것을 요구하던 황실과 극심하게 대립한 시기는 385-386년이다. 더 나아가, 아리우스파에 호의적이던 유스티나 황태후의 강요에 맞서 암브로시우스 주교가 신자들과 함께 성당 안에서 목숨을 건 철야 농성을 벌인 구체적인 사건을 가리키는 것이라면, 이 시기는 아우구스티누스의 증언대로 "즉위한 지 일 년 아니면 기껏해야 좀 더 되었을 어린 임금 발렌티니아누스의 어머니 유스티나가 아리우스파에게 속아 넘어가 자기의 이단을 감싸주느라 당신의 암브로시우스를 박해하던 무렵"[39]인 386년 봄이다.[40] 그렇다면 『성직자의 의무』는 적어도 386년 봄 이후에 저술되었다고 할 수 있다.

둘째, 『성직자의 의무』 제2권 29장 150-151절의 "최근의 예"(recens exemplum)에 기댄 가설이다. 한 과부가 파비아 교회에 맡긴 돈을 빼앗기 위해 황제가 칙서를 내리고 황실 장관이 집행 명령으로 밀어붙인 추악한 사건

---

37 M. Testard, *Ambroise. Les Devoirs*, vol. 1, Paris 2007, 44-49; I.J. Davidson, *Ambrose. De officiis*, vol. 1, Oxford 2001, 3-5; G. Banterle, Sant'Ambrogio. *I doveri*, Roma 1991, 16-17 참조.

38 『성직자의 의무』 1,18,72 참조.

39 아우구스티누스, 『고백록』 9,7,15.

40 N.B. McLynn, *Ambrose of Milan: Church and Court in a Christian Capital*, Berkeley 1994, 181-219 참조.

을 암브로시우스는 최근의 일로 소개한다.[41] 386년 봄, 파비아에 머물던 발렌티니아누스 2세가 그 주인공이라면 『성직자의 의무』 저술 시기를 386년 봄 이후로 추정할 수 있다.

아울러, 암브로시우스가 380년대 후반에 가장 왕성한 집필 활동을 펼쳤다는 사실을 눈여겨볼 필요가 있다.[42] 민중의 고통에 동참하여 가난한 이들에 대한 사랑과 사회적 연대를 호소하고 실천하던 암브로시우스의 사회적 작품들이 이 시기에 집중적으로 출간되었기 때문이다. 가난한 이들에 대한 따뜻한 애정과 사회적 책임의식이 깊이 배어 있는 『나봇 이야기』 *De Nabuthae historia*(389년경), 『토빗 이야기』 *De Tobia*(386-389년경), 『엘리야와 단식』(389년경)*De Helia et ieiunio*, 『육일 창조』 *Exameron*(386-390년경)와 비슷한 주제들을 담고 있는 『성직자의 의무』도 이 언저리에 탄생했으리라 짐작할 따름이다. 저술 시기에 관한 논의는 『암브로시우스 연대기』 *Cronologia Ambrosiana*에 미루어 388-390년경으로 어림잡는 데 그치기로 한다.[43]

3. 작품 제목

암브로시우스는 자신의 이 작품을 『의무론』 *De officiis*이라고 부른다.[44] "사제의 의무"(officium sacerdotis)[45], "교회의 직무"(officium ecclesiae)[46]라는 단어가 본문에 나오기는 하지만, 작품명과 연관된 표현이 아니다. 아우구스

---

41 『성직자의 의무』 2,29,150-151 참조.
42 I.J. Davidson, *De officiis*, vol. 1, 5 참조.
43 G. Visona, *Cronologia Ambrosiana. Bibliografia Ambrosiana*, Milano 2004, 127-129 참조.
44 『성직자의 의무』 1,7,23; 1,8,25; 1,47,231; 2,1,1; 2,6,25 참조.
45 『성직자의 의무』 2,15,69; 3,9,59 참조.

티누스도 이 작품을 『의무론』De officiis이라고 분명하게 소개했고[47], 카시오도루스도 『의무론』De officiis이라고 썼다.[48] 그렇다면 이 작품이 교부 시대에 『의무론』De officiis이라고 불렸다는 사실 자체를 의심할 필요는 없다. 작품 제목의 결정적 변화는 17세기 말에 생긴다. 프랑스 성 마우루스 수도원 베네딕도회 편집자들은 1690년에 암브로시우스의 이 작품을 『성직자의 의무』De officiis ministrorum라는 제목으로 출간했다.[49] 키케로를 비롯하여 다른 저술가들의 『의무론』De officiis들과 암브로시우스의 작품을 구별하려는 의도였고, 이것이 교부학 전통으로 굳어지게 되었다.[50] 우리말 번역에서도 그 전통을 따라 『성직자의 의무』라고 옮긴다.

4. 핵심 주제:
올바름(honestum, 義)과 이로움(utile, 利)[51]

암브로시우스 『성직자의 의무』는 시작부터 끝까지 올바름과 이로움에 관한 논의로 이어지므로, 작품 전체를 꿰뚫는 이 두 열쇠말을 먼저 살펴보

---

46 『성직자의 의무』 1,37,186 참조.

47 아우구스티누스, 『편지』 82,2,21: "암브로시우스는 유익한 가르침들로 가득한 자신의 책들이 『의무론』De officiis이라고 불리기를 원했습니다."

48 카시오도루스, 『가르침』 1,16: "교회의 가르침에 입문하기 위해서는 성 암브로시우스의 감미로운 책 세 권 『의무론』De officiis을 기억하는 것이 유익합니다."

49 Édition des Mauristes, tome 2, Paris 1690, col. 1; PL 16,21-22; 16,25-26; M. Testard, Les Devoirs, vol. 1, 52; I.J. Davidson, De officiis, vol. 1, 1 참조.

50 A. Keller, Translationes Patristicae Graecae et Latinae. Bibliographie der Übersetzungen altchristlicher Quellen, vol. 1, Stuttgart 1997, 33; G. Banterle, Sant'Ambrogio. I doveri, Roma 1991, 15 참조.

51 최원오, 「올바름(honestum, 義)과 이로움(utile, 利)에 관한 교부학적 연구: 암브로시우스와 아우구스티누스를 중심으로」, 『가톨릭사상』 59(2019), 103-126을 다듬은 것이다.

고자 한다.

안중근의 유묵 가운데 "견리사의견위수명"(見利思義見危授命)이 유명하다.[52] 이로움(利)을 보거든 올바름(義)을 생각하고, 위험을 보거든 목숨을 바치라는 『논어』 헌문(憲問) 편의 한 대목이다. 삶이 얼마 남지 않은 옥중에서 써 내려간 이 유묵에는 눈앞의 이익에 흔들리지 않고 올곧은 인생길을 끝까지 걸어가겠노라는 단호한 결의가 꿈틀거린다. 안중근은 어머니의 당부대로 구차하게 목숨을 구걸하지 않고 상소를 포기한 채 『동양평화론』을 저술하다가 올바른 삶을 완성했다.

이처럼 의(義)와 이(利)에 대한 선진 유가의 고유한 해석이 우리 문화에 깊이 뿌리내려 있고, 의리(義利) 논쟁은 유가 철학에서 중심 주제이기도 하다. 주희와 진량의 의리(義利)·왕패(王霸) 논변의 핵심은 의(義)와 이(利)는 서로 반대되어 함께할 수 없다는 주장과, 의(義)와 이(利)는 함께할 수 있으므로 의(義)를 중심으로 하되 이(利)를 무조건 배척할 필요는 없다는 주장의 대립이다. 곧, 도의(道義)와 공리(功利), 왕도(王道)와 패도(霸道)에 관한 논쟁이다.[53]

의리(義利)에 관한 동양의 논의는 서양에서도 비슷하게 펼쳐졌다. 기원전 44년 스토아 철학 전통의 키케로가 아들 마르쿠스를 위해 저술한 『의무론』은 올바름(honestum, 義)과 이로움(utile, 利)에 관한 대표적 성찰이다. 그 뒤 388-390년경 밀라노의 주교 암브로시우스는 성직자들과 그리스도인을 위한 첫 윤리 교과서인 『성직자의 의무』를 펴냈는데, 이는 올바름과 이로움에 관한 최초의 그리스도교적 해석이며, 곧이어 아우구스티누스는 올바

---

52 대한민국 보물 제569-6호.

53 수징난, 「의리義利, 왕패王霸 논변」, 『주자평전. 下』, 김태완 옮김, 역사비평사 2015, 14-45 참조.

름과 이로움을 향유(frui)와 이용(uti) 개념으로 토착화한다.

(1) 올바름과 이로움에 관한 암브로시우스의 해석

사실 『의무론』을 저술한 첫 인물은 키케로가 아니다. 이미 기원전 129년경에 스토아 철학자 파나이티오스(Panaetios, 기원전 185-110/109년경)가 『의무론』 Περί τοῦ καθήκοντος을 저술했다. 이 작품은 소실되어 전해지지 않지만, 키케로 덕분에 그 핵심 주제를 재구성할 수 있다. 키케로는 "파나이티오스가 가장 치밀하게 '의무에 관하여'(de officiis) 논의했다."[54]고 높이 평가한다. 키케로에 따르면, 파나이티오스의 『의무론』은 세 가지 주제로 엮어졌다. 첫째, 무엇이 올바른 것이고 추악한 것인지, 둘째, 무엇이 이로운 것이고 이롭지 않은 것인지, 셋째, 어떤 경우에 올바른 것이 이로워 보이는 것과 충돌하는지를 따졌다는 것이다.[55] 키케로가 전해주는 바에 따르면 파나이티오스는 "올바르지 않은 것은 어떤 것도 이롭지 않고, 이롭지 않은 것은 어떤 것도 올바르지 않다."[56]고 강조하면서, 올바름과 이로움을 분리하여 따로 생각하지 말라고 가르쳤다.

비록 파나이티오스가 셋째 주제를 마무리하지는 못했지만[57], 키케로는 이 세 가지 주제를 그대로 이어받아 제1권에서는 '올바름'(義, honestum), 제2권에서는 '이로움'(利, utile), 제3권에서는 '올바름과 이로움의 상충'을 다루었다. 키케로 역시 올바름과 이로움을 두 가지 개념으로 분리하려는 시도 자체가 오류이며, 참으로 올바른 것은 참으로 유익한 것이라고 주장

---

54 키케로, 『의무론』 3,2,7.
55 키케로, 『의무론』 3,2,7 참조.
56 키케로, 『의무론』 3,7,34 참조.
57 키케로, 『의무론』 3,2,7-12 참조.

한다.[58] 그리하여 "이로움은 올바름과 결코 상충할 수 없고"[59], "올바름에 어긋나는 것은 결코 이로움이 아니다."[60]라는 결론에 다다른다.

암브로시우스도 파나이티오스와 키케로처럼 『성직자의 의무』를 세 권으로 구성했으며, 그 주제도 제1권 올바름, 제2권 이로움, 제3권 올바름과 이로움의 상충의 순서를 그대로 따랐다.[61] 암브로시우스는 키케로의 『의무론』의 근본 틀을 받아들이지만, 그 내용을 기계적으로 되풀이하지는 않는다. 작품의 뼈대는 빌려 왔지만, 성경에서 직접 구한 다양한 소재로 그리스도교 윤리라는 새로운 집을 솜씨 좋게 지어 올린다.[62] 그런 의미에서 『성직자의 의무』는 서양 고전을 통한 그리스도교 사상의 토착화 시도라고 할 수 있다. 예컨대 암브로시우스는 전통적인 사추덕을 수용하면서도 그리스도교 덕행의 탁월함을 강조한다. 개인과 공동의 삶에 관한 윤리를 강조하는 스토아학파의 이상을 인정하면서도 그리스도교의 복음적 생활 방식을 훨씬 더 선명하게 제시한다.[63] 따라서 『성직자의 의무』는 형식에서는 키케로의 『의무론』에 기대면서도, 내용으로는 키케로의 철학을 뛰어넘어 그리스도교의 새로운 윤리를 마련한 셈이다.[64]

---

58 키케로, 『의무론』 3,18,75 참조.

59 키케로, 『의무론』 3,2,9 참조.

60 키케로, 『의무론』 3,33,119.

61 암브로시우스, 『성직자의 의무』 3,2,8-9 참조. 키케로의 『의무론』과 암브로시우스의 『성직자의 의무』를 비교한 '암브로시우스 목록'(Index Ambrosianus)은 *M. Tulli Ciceronis De Officiis*, M. Winterbottom, Oxford 1994, 170-172: 부록의 작품 대조표(627-638) 참조.

62 J. Gaffney, "Comparative religious ethics in the service of historical interpretation: Ambrose's use of Cicero", *Journal of Religious Ethics*, 9(1981), 35-47 참조.

63 M.L. Colish, *The Stoic Tradition from Antiquity to the Early Middle Ages*, vol. 1, 1990 Leiden, 48-91 참조.

64 A. Michel, "Du De officiis de Ciceron à saint Ambroise: La theorie des devoires", L'Etica cristiana nei secoli III e IV, *Studia Ephemerides Augustinianum*, 53(1996),

그리스 철학보다 '더 오래된'(anterior) 권위를 지닌 성경의 본보기를 내세워 올바름과 이로움의 관계를 설명하는 것이 암브로시우스의 논리 전개 방식이다. 예를 들자면, 불명예스러운 이로움보다는 올바름을 지키기 위해 목숨을 건 나봇과 파렴치한 이익을 챙기고도 파멸한 아합 임금과 이제벨의 이야기가 대표적이다.

"거룩한 나봇은 어떻습니까? 올바름에 대한 존중심이 아니었다면 죽을 까닭이 무엇이었겠습니까? 임금이 그에게 포도밭을 요구하며 돈을 주겠다고 했을 때, 그는 조상에게 받은 상속 재산에 대한 부적절한 대가를 거절했고, 죽음으로써 이런 수치를 피하기를 더 바랐습니다. '주님께서는 제가 제 조상들에게 받은 상속 재산을 임금님께 넘겨드리는 것을 용납하지 않으십니다.'라고 말했습니다. 다시 말해 이런 뜻입니다. '그런 치욕이 나에게 생기지 않기를 바랍니다. 하느님께서 그토록 파렴치한 일을 허락하지 않으시기를 빕니다.' 분명 그는 여기서 포도밭에 관해서만 이야기하는 것이 아닙니다. 하느님께서는 포도밭이나 땅덩어리에 관심 없으십니다. 오히려 그는 여기서 조상들의 권리에 관하여 이야기합니다. 분명 그는 임금의 포도밭들 가운데 다른 포도밭을 받고 친구가 될 수도 있었습니다. 흔히들 이런 이로움은 이 세상에서 보통이 아니라고 평가합니다. 그러나 그것은 수치스러운 일이었으므로, 그는 그것이 이롭게 보이지 않는다고 판단했습니다. 그리하여 불명예로 이로움을 얻으니, 차라리 올바름으로 위험을 맞닥뜨리기를 더 바랐습니다. 나는 통속적 이로움(utilitas vulgaris)에 관해 말하는 것이지, 올바름에 대한 사랑도 있는 이로움에 관해 말하는 것이 아닙니다."[65]

39-46 참조.
65 『성직자의 의무』 3,9,63 참조: 암브로시우스, 『나봇 이야기』 2,5-4,17.

암브로시우스는 파렴치한 이익은 '통속적 이로움'(utilitas vulgaris)일 뿐, 올바름에 대한 사랑을 지닌 이로움과는 다른 것이라고 강조한다. "추악한 것은 이로울 수 없으며, 올바른 것은 이롭지 않을 수 없다."[66] 이런 통속적 이로움이 결코 올바름을 이겨서는 안 되며, 반드시 올바름으로 이로움을 이겨내야 한다.[67] 그런 의미에서 "올바름은 이로움에 앞서고, 이로움은 올바름을 뒤따른다."[68] 또한 "아무것도 올바름보다 앞세우지 말아야 한다."[69]

암브로시우스가 올바름과 짝으로 설명하는 이로움은 통속적 의미의 이로움을 뛰어넘는다. 그런 까닭에 암브로시우스는 이로움(utile)을 이윤이나 사리사욕과 같은 통속적 개념과 혼동하지 말고 돈 욕심을 떠올리지 말라고 거듭 경고한다.

"이런 이로움은 이윤을 남길 기회를 찾고, 인간들의 습성으로 말미암아 돈에 대한 열망으로 변질된 왜곡되고 뒤틀린 이로움을 뜻합니다. 사실 통속적으로는 이처럼 돈벌이가 되는 것만 이롭다고 일컫습니다. 그러나 우리는 그리스도를 얻기 위하여 손실을 추구하는 그런 이로움에 관하여 이야기하고 있습니다."[70]

암브로시우스는 이로움(utilitas)이란 돈과 관련된 이익을 계산하는 것이 아니라, 오히려 경건한 신심에 관한 것이라고 한다. "신심은 모든 면에서 이롭습니다. 현재와 미래의 생명을 약속해 주기 때문입니다."(1티모 4,8 참조)

---

66 『성직자의 의무』 3,14,90.
67 『성직자의 의무』 3,6,37 참조.
68 『성직자의 의무』 3,9,60 참조: 『성직자의 의무』 3,13,84.
69 『성직자의 의무』 3,22,128.
70 『성직자의 의무』 2,6,26.

라는 바오로 서간의 한 대목처럼, 우리가 성경에서 부지런히 찾기만 한다면 올바른 것은 이롭다고 일컬어진다는 사실을 얼마든지 발견하게 된다는 것이다.[71]

눈앞의 이익만 갈망하는 탐욕스러운 장사치들은 도무지 이해할 수 없는 '올바름으로 가득한 이로움'(utilitas plena honestatis)에 관하여 암브로시우스는 다음과 같이 설명한다.

"올바름으로 가득한 이 이로움에 관하여 다루어야 하겠습니다. 이는 사도가 적절한 용어로 정의하여 다음과 같이 말하는 바와 같습니다. '나는 여러분의 이로움을 위하여 이 말을 합니다. 여러분에게 굴레를 씌우려는 것이 아니라, 올바른 것을 향하게 하려는 것입니다.'(1코린 7,35 참조) 그러므로 올바른 것은 이롭고, 이로운 것은 올바르며, 이로운 것은 의롭고, 의로운 것은 이롭다는 것이 분명합니다."[72]

참된 의미의 이로움은 언제나 올바름과 연결되어 있으며[73], 공동의 이로움[公益]에 어긋나는 개인의 이로움[私益]도 결코 이로울 수 없다는 것이 암브로시우스의 확신이다.

"개인의 이로움이 모든 이의 이로움과 같으며, 공동에게 도움이 되지 않는 것은 그 무엇도 이롭다고 여기지 말아야 합니다."[74]

---

71 『성직자의 의무』 2,6,23 참조.
72 『성직자의 의무』 2,6,25.
73 『성직자의 의무』 3,14,90 참조.
74 『성직자의 의무』 3,4,25 참조.

그리고 결정적으로 한 걸음 더 나아가 이로움과 올바름은 사실상 똑같은 것이라고까지 한다.

"올바름과 이로움 사이에는 긴밀한 관계만 있는 것이 아닙니다. 사실 이로움도 올바름과 동일합니다. 하늘나라를 모든 이에게 열어주기를 바라셨던 분께서는 당신에게 이로운 것이 아니라 모든 이에게 이로운 것을 추구하셨습니다."[75]

그러므로 궁극적으로 "올바른 것은 이롭지 않을 수 없다."[76] "올바른 것은 이롭고, 이로운 것은 올바르기 때문이다."[77] 이것이 올바름과 이로움에 관한 암브로시우스의 결론이다. 한마디로 참된 올바름과 참된 이로움을 추구해야 하고, 그럴 때 올바름은 이로움이고 이로움은 올바름이 된다는 것이다.

암브로시우스의 이러한 주장은 "이로움은 결코 올바름과 상충될 수 없다."[78]는 키케로의 결론과 같고 차이가 없어 보이지만, 그 내용은 성경의 "참된 본보기들"(vera exempla)[79]로 가득한 새로운 그리스도교적 해석이다.

(2) 향유와 이용 개념을 통한 아우구스티누스의 해석

올바름과 이로움에 관한 논의는 아우구스티누스를 거치며 깊이를 더한다. 아우구스티누스는 철학적, 신학적, 해석학적 문제를 다룬 『여든세 가지 다

---

75 『성직자의 의무』 2,7,28.
76 『성직자의 의무』 3,14,90 참조: 3,13,85.
77 『성직자의 의무』 3,7,52.
78 키케로, 『의무론』 3,2,9.
79 『성직자의 의무』 3,5,29.32.

양한 질문』*De diversis quaestionibus octoginta tribus*에서 올바름(honestum)과 이로움(utile)을 향유(frui)와 이용(uti)과 연결하여 이렇게 설명한다.

"올바름(honestum)과 이로움(utile) 사이에 차이가 있듯이, 향유해야 할 것과 이용해야 할 것 사이에도 차이가 있다. ⋯ 올바른 것을 향유해야 하고, 이로운 것을 이용해야 한다."[80]

아우구스티누스는 올바름(honestum)이란 인간이 향유(frui)해야 하는 최고선이고 '영적 아름다움'(pulchritudo spiritalis) 자체라고 정의하면서, 동시에 이로움(utile)도 인간에게 도움을 주는 '신적 섭리'(divina providentia)라고 부른다. 이로운 것은 하느님의 섭리와 배려로 마련된 것이니 필요에 따라 이용해야 한다는 것이다.[81]

"나는 올바름을 지성적 아름다움, 더 적절히 말하자면 영적 아름다움(pulchritudo spiritalis)이라 부르지만, 이로움은 신적 섭리(divina providentia)라고 부른다. 그런 까닭에 올바르다고 부적절하게 일컬어지는 가시적인 아름다움은 많을지라도, 아름다운 모든 것을 아름답게 만들어주는 아름다움 자체(ipsa pulchritudo)는 결코 가시적일 수 없다. 마찬가지로 이로운 것은 많지만 우리에게 온갖 유익을 주고 우리가 신적 섭리라고 부르는 것은 가시적이지 않다. 알려진 바와 같이 가시적이라는 말마디는 육체적인 모든 것을 포괄한다. 그러므로 보이지 않는 아름다움인 올바름을 향유해야 한다. 올바르기만 하면 모든 것을 향유해도 된

---

80 아우구스티누스, 『여든세 가지 다양한 질문』 9,30.
81 H. Chadwick, "Frui-uti", *Augustinus Lexikon*, C. Mayer (ed.), vol. 3. Fasc. 1/2, Basel 2004, 71 참조.

다는 주장은 또 다른 문제다. 그러나 이로운 모든 것은 그 필요에 따라 이용해야 한다."[82]

아우구스티누스는 올바르다고 불리기만 하면 무조건 향유해도 좋다는 기계적 논리 또한 경계한다. 이 세상에는 올바르다고 일컬어지는 것들 가운데 실상은 그렇지 않은 경우가 허다하고, 그럴듯한 이름과 올바른 명분을 가진 듯하지만 실제로는 부적절하게 그리 불리는 경우도 많다는 사실을 경험적으로 잘 알고 있기 때문이다.[83]

결국, 제대로 향유하고 제대로 이용하는 것이 문제가 된다. '올바른 이용'(usus iustus)에 관한 논의는 플라톤 철학까지 거슬러 올라가며[84], 부(富)는 그 자체로 가치중립적이어서 그것을 어떻게 이용하느냐에 따라 선해지기도 하고 악해지기도 한다고 보는 스토아 철학 역시 '올바른 이용'을 강조했다. 키케로도 파나이티오스의 가르침을 따라 "올바르지 않은 것은 어떤 것도 이롭지 않고, 이롭지 않은 것은 어떤 것도 올바르지 않다."[85]고 강조한다. 특히 "올바른 것을 제외하고는 '그 자체 때문에'(proper se) 추구할 만한 것은 아무것도 없다."[86]는 키케로의 주장은 아우구스티누스가 향유와 이용, 올바름과 이로움을 설명하는 논리적 토대가 된다.

아우구스티누스의 작품 『여든세 가지 다양한 질문』 가운데 서른한 번째 논의에는 키케로의 『발견』*De inventione* 한 대목이 통째 인용되어 있는데[87],

---

82 아우구스티누스, 『여든세 가지 다양한 질문』 9,30.
83 아우구스티누스, 『요한 서간 강해』 4,4; 키케로, 『의무론』 3,21,83 참조.
84 플라톤, 『고르기아스』 467e2; 456b-457b; Henry Chadwick, "Frui-uti" 71 참조.
85 키케로, 『의무론』 3,7,34 참조.
86 키케로, 『의무론』 3,7,33.
87 키케로, 『발견』 2,53,159-160 참조.

여기에는 우정(amicitia)이란 올바른 것인가 이로운 것인가에 대한 논의 등이 담겨 있다. 그러나 훗날 아우구스티누스는 『재론고』*Retractationes*에서 키케로의 이 본문은 동료들이 덧붙인 것으로서 "나 자신의 것이 아니라 키케로의 것"[88]이라고 살짝 거리를 두는 듯하지만, 키케로와 세네카[89]의 개념이 아우구스티누스의 향유-이용 사상에 적지 않은 영향을 준 것은 분명하다.[90]

향유(frui)와 이용(uti)이라는 주제는 아우구스티누스의 주요 작품과 사상에서 되풀이되는 중심 개념이며[91] 『그리스도교 교양』*De doctrina christiana* 제1권에서 집중적으로 다루어진다. 아우구스티누스는 향유와 이용의 개념을 다음과 같이 설명한다. "향유(frui)란 그 자체 때문에 어떤 사물에 애착하는 것"이고, "이용(uti)이란 그것이 사랑할 만한 것일 때, 사랑하는 것을 얻기 위한 수단을 사용하는 것"이라고 한다.

"향유(frui)란 어떤 사물을 그 자체 때문에 그 사물에 애착하는 것이다. 이용(uti) 이란 그것이 사랑할 만한 것일 때, 사랑하는 것을 얻기 위한 수단을 사용하는 것이다. … 그러므로 이 사멸할 인생에서 주님에게서 떠나 살고 있는 우리가 행복한 고향으로 돌아가기를 원하면, 이 세상을 이용해야지 향유하면 안 된다. … 향유해야 할 것은 아버지와 아들과 성령, 그리고 동일한 삼위일체이시다."[92]

---

88 아우구스티누스, 『재론고』 1,26,2.
89 세네카, 『행복한 삶』 10,3 참조: "너는 쾌락을 향유하지만 나는 이용한다. 너는 쾌락을 최고선 이라고 여기지만 나는 선하다고 여기지 않는다."
90 Oliver O'Donovan, "Usus and Fruitio in Augustine, *De doctrina christiana*", *Journal of Theological Studies*, N.S., vol. 33/2, 1982, 367 참조.
91 아우구스티누스, 『삼위일체론』 10,10,13; 10,11,17; 『신국론』 11,25; 19,10; 『고백록』 7,17,23; 『편지』 160,2,4; 『시편 상해』 121,3; 『설교』 177,8 참조.

아우구스티누스가 모든 작품에서 오직 하느님만 향유의 대상으로 삼는다는 데는 의심할 나위가 없다.[93] 그러나 인간은 이용의 대상인가 향유의 대상인가에 관한 물음 앞에서 아우구스티누스는 단순 논리를 삼간다. "인간은 자신을 향유해야 하느냐 아니면 이용해야 하느냐 아니면 둘 다냐 하는 것은 '중요한 질문'(magna quaestio)이다."[94]라고 전제한 아우구스티누스는 인간은 '그 자체 때문에'(propter se) 사랑받아야 하는 존재가 아니라, '다른 것 때문에'(propter aliud) 사랑받아야 하는 존재라고 결론을 내린다. 인간은 자신 때문이 아니라 하느님 때문에 사랑받아야 하는 존재이기 때문에 아무도 자신을 향유해서는 안 된다는 것이다.[95]

어떤 대상을 목적으로서 온전히 사랑하는 것이 향유이고, 다른 이유, 곧 하느님 때문에 사랑하는 것을 이용이라고 본다면[96], 인간은 이용의 대상이라 할 수 있다.[97] 그렇다면 이웃도 하느님을 사랑하기 위해 이용해야 하는 수단인가?[98] 아우구스티누스에 따르면, 세속적 이익을 얻기 위한 수단으로 다른 사람을 이용하는 것은 명백하게 그릇된 것이지만, 하느님을 위하여 또는 하느님 안에서 자신과 이웃을 이용할 수 있다.[99] 그러나 아우구스티누스가 모든 작품에서 치밀하고 잘 짜인 논리를 일관성 있게 펼치지 않는 까

---

92 아우구스티누스, 『그리스도교 교양』 1,4,4-1,5,5.

93 아우구스티누스, 『고백록』 8,9,10 참조.

94 아우구스티누스, 『그리스도교 교양』 1,22,20.

95 아우구스티누스, 『그리스도교 교양』 1,22,21 참조.

96 박승찬, 『아우구스티누스에게 삶의 길을 묻다』, 가톨릭출판사 2017, 192-193 참조.

97 자신과 이웃을 포함한 모든 것은 하느님을 향유하기 위해 이용할 대상이라는 아우구스티누스의 주장은 『참된 종교』 47,91 참조.

98 '이용'(uti)의 도구적 의미에 관한 논의는 W.R. O'Connor, "The *Uti/Frui* Distinction in Augustine's Ethics", *Augustinian Studies* 14(1983), 49-60 참조.

99 아우구스티누스, 『삼위일체론』 10,11,17 참조.

닭에 이 논리를 획일적으로 적용하기는 어렵다.[100] 다만, 아우구스티누스의 후기 작품에서는 이웃 사랑을 이용보다는 향유의 차원에서 해석하려는 경향이 강해지는 것이 분명하다. "하느님을 향유하고 하느님 안에서(in Deo) 이웃을 향유한다."[101]는 『신국론』De civitate Dei의 진술이 가장 균형 잡힌 아우구스티누스의 견해라 하겠다. 훗날 토마스 아퀴나스도 아우구스티누스의 이 견해를 받아들여 "주님 안에서"(in Domino)라는 말을 덧붙인 것은 "형제를 종착지(terminus)가 아니라 매개(medium)로서 향유"해야 하는 까닭이라고 설명했다.[102]

그렇다면 아우구스티누스가 마지막까지 문제 삼는 것은 향유냐 이용이냐 하는 용어가 아니라 그 대상이다. 올바르고 이로운 대상을 제대로 향유하고 제대로 이용하는지가 관건이라는 것이다. 향유든 이용이든 그 대상이 잘못되면 모두 헛일이기 때문이다.

"사람의 삶 치고 대상을 잘못 이용하고 잘못 향유하는 삶보다 타락하고 허물 많은 삶이 없다."[103]

아우구스티누스가 하느님과 인간(in Deo)에 대한 향유(享有, frui)와 지상

---

100 H. Chadwick, "Frui-uti" 74 참조.
101 아우구스티누스, 『신국론』 19,13. 아우구스티누스는 "하느님 안에서 인간을 향유하는 것" (Homine in deo frui)은 가능하다고 보는데, 하느님 안에서 인간이 나누는 우정과 사랑은 자신에게 궁극적 목적을 두지 않고 하느님 안에 마지막 희망을 두기 때문이라는 것이다. (『그리스도교 교양』 1,33,37) 아우구스티누스의 사상에서 인간에 대한 합법적 사랑은 '하느님에 대한 사랑'(amor Dei)과 서로 긴밀하게 연결되어 있다는 해설에 관해서는 에티엔느 질송, 『아우구스티누스 사상의 이해』, 김태규 옮김, 성균관대학교출판부 2010, 269 참조.
102 토마스 아퀴나스, 『신학대전』 I-II, q.11, a.3 참조.
103 아우구스티누스, 『삼위일체론』 10,10,13.

사물에 대한 이용(利用, uti)을 구분하고, 하느님 사랑(amor Dei)과 자기 사랑(amor sui), 사회적 사랑(amor socialis)과 사사로운 사랑(amor privatus)를 구별하며, 좋은 의지(bona voluntas)와 나쁜 의지(mala voluntas)를 구분하고, 좋은 사랑(bonus amor)과 나쁜 사랑(malus amor)을 구분하는 것도, 따지고 보면 어떤 대상을 사랑하느냐의 문제다.[104]

이는 달리 말하면 '사랑의 질서'(ordo amoris)이다. 무엇을 열망하고 무엇을 열망하지 말아야 하는지, 무엇을 더 사랑하고 무엇을 덜 사랑해야 하는지, 누구를 사랑하고 사랑하지 말아야 하는지 사랑의 위계질서를 갖추어야 한다는 것이다. 질서 있게 사랑할 때 비로소 사랑해야 할 것을 선하게 사랑하게 되고, 그렇게 해야 선하게 살아갈 수 있는 덕행이 생기므로, 사랑의 질서야말로 인간이 추구해야 하는 가장 간결하고 참된 덕이라고 아우구스티누스는 정의한다.[105]

이 사랑의 질서는 사랑의 대상을 네 가지로 설정한다. 곧 '우리 위에 있는 것'(supra nos), '우리 자신'(nos ipsi), '우리 이웃'(iuxta nos), '우리 아래 있는 것'(infra nos)이다.[106] 분명 우리가 가장 사랑해야 할 대상은 우리 위에 있는 최고선이며, 다른 모든 것은 하느님과의 관계 안에서만 사랑할 수 있다. 그러나 인간이 진리의 빛에서 벗어나게 되면 '자신에 대한 사랑'(nos ipsi)과

---

104 아우구스티누스의 사랑에 관한 연구는 한나 아렌트, 『사랑 개념과 성 아우구스티누스』, 서유경 옮김, 텍스트 2013; 안더스 니그렌, 『아가페와 에로스』, 고구경 옮김, 크리스챤다이제스트 1998, 687-709; J. Van Bavel, "Love", *Augustine through the Ages*, Cambridge 1999, 509-516; 최원오, 「아우구스티누스의 사랑―아가페와 에로스」, 『가톨릭 철학』 4 (2002), 한국가톨릭철학회, 43-66 참조.

105 아우구스티누스, 『신국론』 15,22 참조. "덕에 관한 간결하고 참된 정의(定義)는 사랑의 질서 (ordo amoris)이다."

106 아우구스티누스, 『그리스도교 교양』 1,23,22 참조.

'자기 육체에 대한 사랑'(infra nos)밖에 남지 않게 되고, 인간 정신은 자신과 그 육체 말고는 다른 무엇도 사랑할 수 없게 된다.[107] 자신에 대한 사랑, 이웃 사랑, 육체에 대한 사랑도 '하느님과의 관계'(referre ad Deum)가 끊어지면 이기적 탐욕으로 전락하고, 오직 하느님과의 관계 안에서만 사랑으로 존속할 수 있다는 것이다.[108]

아우구스티누스가 가장 중요하게 다루는 것은 사랑의 대상이다. 무엇을 사랑하는지가 결정적으로 중요하다는 것이다. 아우구스티누스는 심지어 영원한 것과 영원한 행복을 향한 '열망'(cupiditas = 탐욕)마저 선하다고 평가한다.[109] 그러므로 무엇을 사랑하는지 늘 성찰하고 부지런히 살피라는 것이다. 사랑할 만한 가치가 있는 것을 사랑하고, 사랑할 만한 가치가 없는 것을 사랑하지 않는 것이 참된 사랑이다. 이것이 바로 '질서 있는 사랑'(amor ordinatus)이다.

> "사물들을 온전하게 보는 사람은 의롭고 거룩하게 사는 사람이다. 그는 또한 이치에 맞는 사랑을 품은 사람으로서 사랑하지 말아야 할 것을 사랑하지 않고, 사랑해야 할 것을 사랑하지 않는 일 없고, 덜 사랑할 것을 더 사랑하지 않고, 더 사랑해야 할 것과 덜 사랑할 것을 동등하게 사랑하지 않고, 동등하게 사랑할 것을 덜 사랑하거나 더 사랑하는 일 없다."[110]

---

107 아우구스티누스, 『그리스도교 교양』 1,23,22; 한나 아렌트, 『사랑 개념과 성 아우구스티누스』 91-92 참조.

108 Oliver O'Donovan, "Usus and Fruitio in Augustine, *De doctrina christiana*", *Journal of Theological Studies*, N.S., vol. 33/2(1982), 387 참조.

109 아우구스티누스, 『설교』 32,22 참조.

110 아우구스티누스, 『그리스도교 교양』 1,27.

올바른 대상을 사랑하는 것이 참된 사랑이고, 그릇된 대상을 사랑하는 것은 탐욕이다. 사랑과 탐욕은 무엇으로 구별되는가? 사랑과 탐욕은 그 원하는 대상으로 말미암아 구별된다. 탐욕은 돈과 명예, 권력과 쾌락 같은 허망한 것들에 애착하지만, 사랑은 참으로 인간답고 영원한 것을 추구한다. 탐욕은 눈앞의 이익을 좇지만, 사랑은 올바름을 추구한다. 추악한 것을 탐닉하는 것은 결코 사랑이 아니다.

한마디로, 사랑하는 대상이 정말 사랑할 만한 가치가 있을 때 비로소 '사랑'이라고 할 수 있다. 여기에 참된 행복이 달려 있다.

"사람이 사랑하는 바를 소유할 때 행복하다고 말할 수 있다. 하지만 진정 행복한 사람은 사랑하는 바를 소유하는 사람이 아니라 사랑할 만한 것을 사랑하는 사람이다."[111]

그러므로 사랑하되, 무엇을 사랑하는지 스스로 살펴야 한다. 탐욕은 억누르고 사랑은 일깨워야 한다. 무질서하고 정화되지 않은 사랑은 탐욕과 다를 바 없기 때문이다.

"그대의 사랑을 정화하십시오. 도랑으로 흘러 들어가는 물을 정원으로 돌리십시오. 세상을 향해 지녀온 그대의 사랑을 세상의 창조주를 향하여 돌리십시오. 누가 여러분에게 아무것도 사랑하지 말라고 하겠습니까? 분명히 아닙니다. 아무것도 사랑하지 않는다면 여러분은 게으르고 진절머리 나는 비참한 자가 될

---

111   아우구스티누스, 『시편 상해』 26,7. 행복이라는 주제에 관해서는 J. Bussanich, "Happiness, Eudaimonism", *Augustine through the Ages*, Cambridge 1999, 413-414 참조.

것입니다. 사랑하십시오. 그러나 그대가 무엇을 사랑하는지 눈여겨보십시오. 하느님에 대한 사랑, 이웃에 대한 사랑이 사랑입니다. 그러나 세상에 대한 사랑, 곧 이 세속을 사랑하는 것을 탐욕이라 합니다. 탐욕은 누르고 사랑은 일깨우십시오."[112]

아우구스티누스는 향유와 이용을 사랑의 관점에서 탁월하게 해석했고, 이를 올바름과 이로움의 관계에서 성찰했다. 아우구스티누스는 올바름(honestum)을 인간이 사랑해야 할 궁극적 대상, 곧 향유해야 하는 최고선(summum Bonum)인 아름다움 자체(pulchritudo ipsa)와 동일시했다. 그리고 이로움(utile)은 인간에게 도움이 되는 거룩한 섭리(providentia divina)라고 했는데, '하느님 안에서'(in Deo) 하느님과 관계를 맺고 있는 한 이로움도 올바름과 같은 차원에서 이해될 수 있다는 뜻이다.[113] 그러나 어떤 경우에도 아우구스티누스는 "이 세상을 이용해야지 향유하면 안 된다."(utendum est hoc mundo, non fruendum, 1코린 7,21 참조)[114]는 바오로 서간과 성경의 핵심 원리를 벗어나는 법이 없다.

(3) 종합

도의(道義)와 공리(功利)에 관한 의리(義利) 논변이 유가 전통에서 대립적이면서도 상호보완적인 관계를 이루었듯이[115], 암브로시우스와 아우구스티

---

112 아우구스티누스, 『시편 상해』 31,2,5.
113 J.-M. Fontanier, "Sur l'analogie augustinienne *Honestum/Utile//Frui/Uti*", *Revue des Sciences philosophiques et théologiques* 84(2000), 641 참조.
114 아우구스티누스, 『그리스도교 교양』 1,4,4.
115 수정난, 『주자평전. 下』 44-45 참조.

누스의 교부 전통에서도 이욕(利慾)이나 이윤(利潤)과 같은 '통속적 이로움' (utilitas vulgaris)을 제외한 이로움은 올바름과 조화를 이루는 영적 가치를 지닌다고 본다. 왜냐하면 이러한 이로움은 궁극적으로 올바름이기도 하기 때문이다.

그렇다면 실리를 위해 명분을 버리고, 이익을 위해 정직을 내팽개치며, 도덕적 삶보다는 실용적 가치를, 올바름보다는 유용성을 앞세우며 살아가는 이 현실은 어떻게 이해해야 할까? 이러한 사회 현상의 근본 원인은 '통속적 이로움'을 참된 이로움으로 착각하고 혼동하는 데서 비롯한다. 참으로 이로운 것은 어떤 경우에도 올바름과 맞설 수 없는 법이지만, 수익을 올리고 이윤을 창출하기만 하면 그 자체로 '최고선'(summum Bonum)이 되어버리는 신자유주의 사상이 지배하는 오늘날 인간과 생태를 도구화하는 '통속적 이로움'(utilitas vulgaris)이 이로움(utile)을 넘어 올바름(honestum)으로 둔갑한 까닭이다.

일찍이 키케로는 "인간이 이로움을 올바름에서 분리할 때, 자연의 근본 원리를 전도시킨다."[116]는 사실을 날카롭게 짚어냈다. 인생살이에 도움을 주는 '이로운 것'(res utilis)—하느님과 관계 안에서는 궁극적으로 올바른 것 (res honesta)—에서 교묘하고 추악한 '통속적 이로움'을 끊임없이 솎아내지 않는다면, 이익과 실용, 공리(功利)와 실익의 이름으로 벌이는 온갖 일들로 말미암아 참으로 선하고 아름답고 올바른 가치들이 형편없이 훼손될 것이 분명하다. "잔인한 것은 그 무엇도 이로울 수 없기"[117] 때문이며, "추악한 것을 이롭다고 생각하는 것 자체가 재앙이기"[118] 때문이다.

---

116 키케로, 『의무론』 3,28,101.
117 키케로, 『의무론』 3,6,46.
118 키케로, 『의무론』 3,7,49 참조: 『성직자의 의무』 3,14,90.

목적을 도구화하는 일은 이미 현대 사회의 보편적 현상이 되었다. 프란치스코 교황은 이를 '폐기의 문화'라고 탁월하게 통찰했다.[119] 인간을 일회용품처럼 쓰고 버리는 '폐기의 문화'는 목적이 도구화된 대표적 사례다. 아우구스티누스의 표현에 기대자면 인간은 '하느님 안에서'(in Deo) 향유해야 할 대상이지만, 오늘날 인간은 효율성과 수익의 극대화라는 명분 아래 이윤 창출과 돈벌이 도구로 전락하고 있다. 사랑과 연대에 바탕을 둔 인간다운 삶을 위해서는 이로움에 대한 그릇된 해석과 왜곡을 바로잡는 일이 필수적이다.

사랑해야 할 것을 사랑하고 사랑하지 말아야 할 것을 사랑하지 않는 사랑의 질서(ordo amoris)에 따라 세상 명리(名利)에 초연하여 올바름을 추구하는 삶이야말로 동서양에서 공통으로 제시하는 인간의 길이다. "군자란 어느 곳에서든 무슨 일을 하든, 꼭 해야만 하는 일도 없고, 꼭 하지 말아야 하는 일도 없이 다만 올바름에 따를 뿐"[120]이라는 공자의 가르침이나, "하필 이(利)를 말하는가! 다만 인의(仁義)가 있을 따름이다."[121]라고 임금에게 되받아친 맹자의 가르침은 인간이 추구해야 하는 최고선으로 올바름(honestum)을 제시하는 교부 전통과 결이 같다.

119   교황 프란치스코, 『복음의 기쁨』 53항 참조.
120   『논어』이인(里仁) 편 4,10 참조; 배병삼, 『논어, 사람의 길을 열다』, 사계절 2005, 80.
121   『맹자』제1편 양혜왕(梁惠王) 상 何必曰利. 참조; 배병삼, 『맹자, 마음의 정치학』, 사계절 2019, 47-70.

5. 『성직자의 의무』 영향사

암브로시우스와 동시대인이었던 히에로니무스(347-419년)는 393년에 성직자들의 품행에 관한 편지를 한 통 남겼는데, 이 편지에서 『성직자의 의무』에 나오는 몇몇 주제들을 언급한다.[122] 놀라의 파울리누스(355-431년)가 400년 경에 쓴 편지에서도 『성직자의 의무』에 관한 암시가 나온다.[123]

그러나 『성직자의 의무』에 관한 구체적인 언급은 아우구스티누스(354-430년)가 404년경에 쓴 『편지』에 처음 나온다. 거기서 아우구스티누스는 암브로시우스의 『의무론』De officiis에는 유익한 가르침이 가득하다고 썼다.[124] 카시오도루스(580년경 사망)도 『성직자의 의무』가 교회의 가르침에 입문하는 데 유익하다고 한다.[125]

540년대 말에 갈리아의 성직자들이 저술한 『아를의 주교 성 카이사리우스의 생애』에는 포로들을 구제하기 위해 성물을 판 아를의 카이사리우스 이야기가 나온다. 이 대목은 『성직자의 의무』 제2권 28장 136-143절을 반영하고 있다.[126]

대 그레고리우스(540-604년)는 교회의 직무를 개혁하고 성직자들을 쇄신하기 위해 『사목 규칙』Regula pastoralis(590-591년)을 저술했다. 그 특성과 내용에서 『성직자의 의무』와 비슷한 이 작품은 당대에 큰 반향을 불러일으켰을 뿐 아니라, 오랜 세월 동안 성직자와 군주들의 생활 규범집으로 사용

---

122 히에로니무스, 『편지』Epistula 52; I.J. Davidson, "Pastoral Theology at the End of the Fourth Century: Ambrose and Jerome", *Studia Patristica* 33(1997), 295-301 참조.
123 놀라의 파울리누스, 『편지』 24,7.13 참조.
124 아우구스티누스, 『편지』 82,21 참조.
125 카시오도루스, 『가르침』 1,16,4 참조.
126 『아를의 주교 성 카이사리우스의 생애』 1,32-33 참조.

되었다. 중세 교회가 『성직자의 의무』보다 『사목 규칙』을 선호한 까닭은 무엇일까? 더 구체적인 생활 규범을 제시했기 때문일 것이다. 그러나 정작 그레고리우스가 『성직자의 의무』를 읽었는지는 확실치 않다.[127]

7세기에 세비야의 이시도루스는 자신의 책 『어원』Etymologiae과 『교회의 직무』De ecclesiasticis officiis에서 『성직자의 의무』 몇 대목을 인용했다.[128] 그 이후에 선집(選集, florilegium) 형식으로 발췌되거나, 『교부들의 말씀』 Sententiae patrum에 포함되기도 했다.[129]

12세기에 이르러서는 교부 시대를 훨씬 지난 인물임에도 '최후의 교부' 라는 영예로운 별명을 얻을 정도로 교부 문헌에 정통했던 클레르보의 베르나르두스(1090-1153년)가 자신의 작품 『삶의 질서』Tractatus de ordine vitae 에서 『성직자의 의무』를 즐겨 인용했으며, 특히 제1권을 고스란히 가져다 쓰기도 했다.[130]

중세의 거장 토마스 아퀴나스(1225-1274년)도 『신학 대전』Summa Theologiae에서 『성직자의 의무』 가운데 많은 대목을 직접 인용했다. 토마스는 락탄티우스, 암브로시우스, 아우구스티누스의 사상 체계와 방법론을 활용하여 윤리 신학의 거대한 종합을 이루어냈다.[131]

암브로시우스의 『성직자의 의무』는 르네상스 시기에 다시 꽃피어 15-

---

127 I. J. Davidson, De officiis, vol. 1, 101-104 참조.

128 이시도루스의 『어원』은 Originum으로 불리기도 하고, 『교회의 직무』는 본디 『직무의 기원』 De origine officiorum으로 불린 작품이다.

129 I. J. Davidson, De officiis, vol. 1, 99 참조.

130 『라틴 교부 문헌 총서』Patrologia Latina 184 참조.

131 M. Omberti Sobrero, L'etica sociale in Ambrogio di Milano. Ricostruzione delle fonti Ambrosiane nel 'De iustitia' di san Tomaso, II. II, qq. 57-122, Torino 1970; R. Crouse, "'Summae auctoritatis magister': The Influence of St. Ambrose in Medieval Theology", in L. F. Pizzolato—M. Rizz (ed.), Nec timeo mori, Milano 1998, 463-471 참조.

16세기에 다양한 지역에서 편집 출간되었다. 특히 에라스무스는 『성직자의 의무』가 고전과 그리스도교 사상의 전형적 만남이며 훌륭한 조화라고 평가했다.[132] 인문학적 관심이 확산되면서 자기 나라 언어로 번역하려는 시도들도 이어져, 스페인어로는 1534년에 톨레도에서, 이탈리아어로는 1558년에 피렌체에서, 프랑스어로는 1606년에 루앙에서 번역 출간되었다.[133]

성 마우루스 수도원의 성 베네딕도회 수도자들은 1690년에 가장 권위 있는 편집본을 파리에서 출간했다.[134] 이 책은 1700년대 말에 베네치아에서 두 차례에 걸쳐 다시 간행되었다가, 마침내 미뉴(J.-P. Migne) 신부의 『라틴 교부 문헌 총서』 221권 가운데 제16권에 포함되어 1845년에 출판되었다.[135] 이 작품은 다음과 같은 라틴어 비평본과 현대어 번역본의 탄생에 결정적으로 이바지했다.

6. 라틴어 비평본과 현대어 번역본

(1) 라틴어 비평본

- Saint Ambroise, *Les devoirs*, Tome I: Introduction, texte établi, traduit et annoté par M. Testard, Paris 2007 [제1권]; Saint Ambroise, *Les devoirs*, Tome II: Texte établi, traduit et annoté par M. Testard, Paris 2002 [제2-3권].
- Sant'Ambrogio, *I doveri*, Introduzione, traduzione, note e indici di G. Banterle, Roma 1991 [Sancti Ambrosii Episcopi Mediolanensis Opera 13.

---

132 암브로시우스의 생애와 작품에 관한 에라스무스의 찬사는 에라스무스, 『편지』 1855(바젤 1527년 8월 13일) 참조.

133 I.J. Davidson, *De officiis*, vol. 1, 102-103 참조.

134 이 편집본에 관해서는 본서 해제의 '작품 제목' 항목 참조.

135 『라틴 교부 문헌 총서』*Patrologia Latina* 16,25-194 참조.

De Officiis libri tres, textum post I.G. Krabinger (Tübingen 1857), Gabriel Banterle recognovit].

※ 우리말 번역에는 테스타르(M. Testard, Paris 2002/2007) 비평본을 저본으로 삼았다.

(2) 현대어 번역본

- 프랑스어: Saint Ambroise, *Les devoirs*, Tome I: Introduction, texte établi, traduit et annoté par M. Testard, Paris 2007 [제1권]; *Les devoirs*, Tome II: Texte établi, traduit et annoté par M. Testard, Paris 2002 [제2-3권].
- 이탈리아어: Sant'Ambrogio, *I doveri*, Introduzione, traduzione, note e indici di G. Banterle, Roma 1991.
- 영어: Ambrose, *De Officiis*, Edited with an Introduction, Translation, and Commentary by I.J. Davidson, vol. I-II, New York 2001.
- 스페인어: Ambròs de Milà, *Els sagraments. Els deures*, Introducció i traducció de P. Villalba i Varneda, Barcelona 1992.
- 독일어: *Bibliothek der Kirchenväter*, 2. Auflage 32: Ambrosius 2, J.E. Niederhuber (tr.), München 1917, 11-269

7. 참고 문헌

[약어표]

CCSL = *Corpus Christianorum, Series Latina*, Turnhout: Brepols Publishers, 1954 ss. [라틴 그리스도교 문헌 전집]

CSEL = *Corpus Christianorum ecclesiasticorum latinorum*, Wien: Wiener Akademie der Wissenschaften, 1866 ss. [라틴 교회 저술가 전집]

PL = *Patrologiae cursus completus, Series Latina*, J.-P. Migne (ed.), Paris, 1841-

1864. [라틴 교부 총서]

PG = *Patrologiae cursus completus, Series Graeca*, J.-P. Migne (ed.), Paris, 1857-1866. [그리스 교부 총서]

SC = *Sources chrétiennes*, Paris: Cerf, 1941 ss. [그리스도교 원천]

1차 문헌

한국천주교주교회의, 『주석 성경』, 한국천주교중앙협의회 2010.

정양모, 『200주년 신약 성서 주해』, 분도출판사 2001.

그레고리우스 (나지안주스의), 『연설』*Otatio(27)*, P. Gallqy—M. Hourjon (ed.), SC 250,70-99.

그레고리우스 (투르의), 『프랑크족 역사』*Historia Francorum*, B. Krusch—W. Levison (ed.), *Scriptores rerum Merovingicarum* I 1, 1951.

그레고리우스 (대), 『사목 규칙』*Regula pastoralis*, F. Rommerl—C. Morel (ed.), SC 381-382.

디디무스, 『시편 주해』*Commentarii in Psalmos*, Psalmenkommentare aus der Katenenüberlieferung von E. Mühlenberg, vol. 1-2, *Didymus der Blinde zu Psalm 1-150*, Berlin 1975-1977.

락탄티우스, 『거룩한 가르침』*Divinae Institutiones*, P. Monat (ed.), SC 326; 337; 377; 204.

레오 (대), 『편지』*Epistulae*, CSEL 35, 117-124.

루크레티우스, 『사물의 본성』*De rerum natura* [강대진 옮김, 아카넷 2012].

루피누스, 『교회사』*Historia ecclesiastica*, E. Schwartz—T. Mommsen (ed.), GCS 9/1-2: Eusebius II/1-2, Versio latina Rufini.

베르길리우스, 『아이네이스』*Aeneis* [천병희 옮김, 도서출판숲 2007].

세네카, 『행복한 삶』*De vita beata* [천병희 옮김, 도서출판숲 2015].

소조메누스, 『교회사』*Historia ecclesiastica*, A.-J Festugière—J. Bidez—B. Grillet (ed.), SC 418.

소크라테스, 『교회사』*Historia ecclesiastica*, G.C. Hansen―M. Sirinjan (ed.), GCS
    M.F. 1, 1-395.

시리키우스, 『편지』*Epistulae*, M. Zelzer (ed.), CSEL 82/3.

아리스토텔레스, 『정치』*Politeia* [천병희 옮김, 도서출판숲 2009].

아리스토텔레스, 『형이상학』*Metaphisika* [조대호 옮김, 도서출판길 2017].

아리스티데스, 『호교론』*Apologia*, C. Alpigiano (ed.), *Biblioteca patristica 11*,
    Firenze 1988.

아우구스티누스, 『고백록』*Confessiones*, L. Verheijen (ed.), CCSL 27,1-392. [성염
    역주, 경세원 2016]

아우구스티누스, 『그리스도교 교양』*De doctrina christiana*, M. Simonetti (ed.),
    L'istruzione cristiana, Milano 1994. [교부 문헌 총서 2, 성염 역주, 분도출판사
    2011]

아우구스티누스, 『믿음 희망 사랑』*Enchiridion sive De fide spe et caritate*, E. Evans
    (ed.), CCSL 46,49-114.

아우구스티누스, 『삼위일체론』*De Trinitate*, W.J. Mountain―F. Glorie (ed.), CCSL
    50,3-380; 51,381-535. [교부 문헌 총서 21, 성염 역주, 분도출판사 2015]

아우구스티누스, 『설교』*Sermones*.

아우구스티누스, 『시편 상해』*Enarrationes in Psalmos*, D.E. Dekkers―J. Fraipont
    (ed.), CCSL 38,1-616; 39,623-1417; 40,1425-2196.

아우구스티누스, 『신국론』*De civitate Dei*, B. Dombart―A. Kalb (ed.), CCSL 47-
    48. [교부 문헌 총서 15-17, 성염 역주, 분도출판사 2004]

아우구스티누스, 『여든세 가지 다양한 질문들』*De diversis quaestionibus octoginta*
    tribus, A. Mutzenbecher (ed.), CCSL 44A,11-249.

아우구스티누스, 『요한 서간 강해』*Tractatus in epistola Ioannis*, P. Agaësse (ed.),
    SC 75. [교부 문헌 총서 19, 최익철 · 이연학 · 최원오 역주, 분도출판사 2011]

아우구스티누스, 『율리아누스 반박』*Contra Iulianum*, PL 44,641-874.

아우구스티누스, 『재론고』*Retractationes*, A. Mutzenbecher (ed.), CCSL 57,1-143.

아우구스티누스, 『죽은 이를 위한 배려』De cura pro mortis gerenda, J. Zicha (ed.), CSEL 41,621-660.

아우구스티누스, 『참된 종교』De vera religione, K.-D. Daur (ed.), CCSL 32,187-260. [교부 문헌 총서 3, 성염 역주, 분도출판사 2011]

아우구스티누스, 『편지』Epistula, A. Goldbacher (ed.), CSEL 34/1,1-125; 34/2,1-746; 44,1-736; 57,1-656; J. Divjak (ed.), CSEL 88.

아퀴나스, 토마스, 『신학대전』Summa Theologiae [토마스 아퀴나스 신학대전 17, 인간적 행위, 이상섭 역주, 바오로딸 2019].

암브로시우스, 『과부』De viduis, F. Gori (ed.), Sant'Ambrogio. Opere morali II/1: Vertinità e vedovanza, Roma, 1989, 244-319.

암브로시우스, 『나봇 이야기』De Nabuthae historia, Schenkl (ed.), CSEL 32/2,469-516. [교부 문헌 총서 20, 최원오 역주, 분도출판사, 2012]

암브로시우스, 『노아와 방주』De Noe, C. Schenkl (ed.), CSEL 32/1,413-497.

암브로시우스, 『동정녀 교육』De institutione virginis, M. Salvati (ed.), Sant' Ambrogio. Verginità, Torino 1955, 303-397.

암브로시우스, 『동정』De virginitate, M. Salvati (ed.), Sant'Ambrogio. Verginità, Torino 1955, 169-297.

암브로시우스, 『동정녀』De virginibus, M. Salvati (ed.), Sant'Ambrogio. Verginità, Torino 1955, 15-163.

암브로시우스, 『루카 복음 해설』Expositio evangelii secundum Lucam, M. Adriaen (ed.), CCSL 14,1-400.

암브로시우스, 『시편 제118편 해설』Expositio psalmi CXVIII, M. Petschenig (ed.), CSEL 62,3-510.

암브로시우스, 『신앙론』De fide, O. Faller (ed.), CSEL 78,3-307.

암브로시우스, 『아브라함』De Abraham, C. Schenkl (ed.), CSEL 32/1,501-638.

암브로시우스, 『야곱과 행복한 삶』De Iacob et vita beata, C. Schenkl (ed.), CSEL 32/2,3-70.

암브로시우스, 『엘리야와 단식』*De Helia et Ieiunio*, C. Schenkl (ed.), CSEL 32/2, 411-465.

암브로시우스, 『열두 시편 해설』*Explanatio in XII Psalmos*, M. Petschenig (ed.), CSEL 64,3-397.

암브로시우스, 『욥과 다윗의 탄원』*De interpellatione Iob et David*, C. Schenkl (ed.), CSEL 32/2,211-296.

암브로시우스, 『육일 창조』*Hexaemeron*, C. Schenkl (ed.), CSEL 32/1,3-261.

암브로시우스, 『참회』*De paenitentia*, R. Gruson (ed.), SC 179,52-201.

암브로시우스, 『카인과 아벨』*De Cain et Abel*, C. Schenkl (ed.), CSEL 32/1,339-409.

암브로시우스, 『토빗 이야기』*De Tobia*, C. Schenkl (ed.), CSEL 32/2,519-573. [교부 문헌 총서 24, 최원오 역주, 분도출판사, 2016]

암브로시우스, 『편지』*Epistulae*, O. Faller (ed.), CSEL 82/1-3.

오리게네스, 『로마서 강해』*In Epistulam ad Romanos*, PG 14,831-1292.

오리게네스, 『원리론』*De principiis*, H. Crouzel—M. Simonetti (ed.), SC 252; 253; 268; 269; 312. [이성효 · 이형우 · 최원오 · 하성수 역주, 한국연구재단총서 567, 아카넷 2014]

요한 크리소스토무스, 『마태오 복음 강해』*In Matthaeum homiliae*, PG 57,133—PG 58, 794.

요한 크리소스토무스, 『티모테오 1서 강해』*In Epistulam I ad Timotheum argumentum et homiliae*, PG 62,501-600.

이시도루스, 『교회의 직무』*De ecclesiasticis officiis*, C.M. Lawson (ed.), CCSL 113.

이시도루스, 『어원』*Etymologiarum [sive originum]*, J. Oroz Reta (ed.), Santo Isidoro, Arzobispo de Sevilla: *Etimologías*, BAC 433, Madrid 2000.

인노켄티우스 1세, 『편지』*Epistulae*, PL 20,463-638.

카시오도루스, 『가르침』*Institutiones*, Cassiodori senatoris institutiones, edited from the manuscripts by R. A. B. Mynors, Oxford 1961.

크세노폰, 『소크라테스 회상록』*Memorabilia* [천병희 옮김, 도서출판숲 2018].

클레멘스 (로마의), 『코린토인들에게 보낸 편지』*Epistula ad Corinthios*, A. Fischer (ed.), *Die Apostolischen Väter*, Darmstadt 1986, 1-107.

클레멘스 (알렉산드리아의), 『그리스인을 향한 권고』*Protrepticus ad Graecos*, M. Marcovich (ed.), *Clementis Alexadrini Protrepticus*, Leiden 1995.

클레멘스 (알렉산드리아의), 『양탄자』*Stromata*, M. Caster (ed.), SC 30,44-177.

키케로, 『국가』*De Re Publica* [『국가론』, 김창성 옮김, 한길사 2007].

키케로, 『법률』*De legibus* [『법률론』, 성염 옮김, 한길사 2007].

키케로, 『베레스 반박』*In Verrem*.

키케로, 『수사학』*Partitiones Oratoriae* [안재원 편역, 도서출판길 2006].

키케로, 『신들의 본성』*De natura deorum* [『신들의 본성에 관하여』, 강대진 옮김, 그린비 2019].

키케로, 『아카데미아 학파』*Academnica*.

키케로, 『우정론』*Laelius de amicitia* [『우정에 관하여』, 천병희 옮김, 도서출판숲 2014].

키케로, 『의무론』*De officiis*, M. Winterbottom (ed.), Oxford 1994. [허승일 옮김, 서광사 2016].

키케로, 『발견』*De inventione*.

키케로, 『최고선악론』*De finibus bonorum et malorum* [김창성 옮김, 서광사 1999].

키케로, 『투스쿨룸 대화』*Tusculanarum Disputationum* [김남우 옮김, 한국연구재단 총서 566, 아카넷 2014].

키케로, 『플란키우스를 위한 변론』*Pro Plancio*.

키프리아누스, 『선행과 자선』*De opere et eleemosynis*, M. Simonetti (ed.), CCSL 2,1039-1065 [최원오 역주, 그리스도교 신앙 총서 3, 분도출판사 2018, 13-51].

키프리아누스, 『인내의 유익』*De bono patientiae*, J. Molager (ed.), SC 291,180-247. [최원오 역주, 그리스도교 신앙 총서 3, 분도출판사 2018, 53-86]

키프리아누스, 『증언록』*Testimonia*, R. Weber (ed.), CCSL 3,3-179.

키프리아누스, 『편지』*Epistulae*, G.F. Diercks (ed.), CCSL 3B/2-3.

타티아누스, 『그리스인을 향한 연설』*Oratio ad Graecos*, M. Marcovich (ed.), *Tatiani Oratio ad Graecos*, Berlin 1995.

테렌티우스, 『고행자』*Hauton Timorumenos*.

테르툴리아누스, 『아내에게』*Ad uxorem*, C. Munier (ed.), SC 273,92-151.

테르툴리아누스, 『영혼론』*De anima*, J. H. Waszink (ed.), CCSL 2,781-869.

테르툴리아누스, 『인내』*De patientia*, J.-C. Fredouille (ed.), SC 310,60-115.

테르툴리아누스, 『호교론』*Apologeticum*, E. Dekkers (ed.), CCSL 1,77-171.

테오도레투스, 『교회사』*Historia ecclesiastica*, L. Parmentier—G.C. Hansen (ed.), GCS N.F. 5.

테오도레투스, 『그리스인이 전염시킨 병에 대한 치료』*Graecorum affectionum curatio*, P. Canivet (ed.), SC 57,100-287.

파울리누스 (놀라의), 『편지』*Epistula*, W. Hartel—M. Kamptner (ed.), CSEL 29.

파울리누스, 『암브로시우스의 생애』*Vita Ambrosii*, A.A.R. Bastiaensen (ed.), *Vita di Cipriano. Vita di Ambrogio. Vita di Agostino*, Milano 1997, 51-125.

포시디우스, 『아우구스티누스의 생애』*Vita Augustini*, A.A.R. Bastiaensen (ed.), *Vita di Cipriano. Vita di Ambrogio. Vita di Agostino*, Milano 1997, 126-241. [교부 문헌 총서 18, 이연학 · 최원오 역주, 분도출판사, 2008]

프란치스코 교황, 『복음의 기쁨』*Gaudium Evangelii* [한국천주교주교회의 2014].

프란치스코 교황, 『모든 형제들』*Fratelli Tutti*, Vatican 2020.

플라톤, 『고르기아스』*Gorgias* [천병희 옮김, 도서출판숲 2014].

플라톤, 『국가』*Politeia* [천병희 옮김, 도서출판숲 2013].

플루타르코스, 『생애의 비교』*Vitae Parallelae: Demosthenes, Cicero* [『데모스테네스와 키케로, 민주와 공화를 웅변하다. 두 정치연설가의 생애』, 김헌 주해, 한길사 2013].

호노라투스, 『아를의 힐라리우스 생애』*Vita s. Hilarii Arelatensis*, S. Cavallin—P.-A. Jacob (ed.), SC 404,88-167.

호메로스, 『일리아스』*Ilias* [천병희 옮김, 도서출판숲 2015].

히에로니무스, 『루피누스 저서 반박 변론』*Apologia adversus libros Rufini*, P. Lardet (ed.), CCSL 79,73-116.

히에로니무스, 『성 힐라리온의 생애』*Vita sancti Hiarionis*, A.A.R. Batiaensen (ed.), *Vita di Martino di Sulpicio Severo. Vita di Ilarione e Girolamo*, Scrittori Greci e Latini. Vite dei Santi 4, 1983, 72-143.

히에로니무스, 『편지』*Epistulae*, CSEL 54; 55; 56.

힐라리우스, 『시편 강해』*Tractatus super Psalmos*, M. Milhau (ed.), SC 344,90-283; 347,65-303.

『디오그네투스에게』*Ad Diognetum*, H.-I. Marrou (ed.), SC 33,47-85. [서공석 옮김, 분도출판사 2010]

『신경, 신앙과 도덕에 관한 규정 선언 편람』*Enchiridion Symbolorum Definitionum et Declarationum de Rebus Fidei et Morum*, P. 휘너만 엮음, 한국천주교중앙협의회 2017.

『아를의 주교 성 카이사리우스의 생애』*Vita s. Caesarii episcopi Arelatensis*, G. Morin (ed.), *S. Caesarii Arelatensis Opera Varia II*, Maredsous 1942, 296-345.

『테오도시우스 법전』*Codex Theodosianus*.

2차 문헌

Bavel, J. Van, "Love", *Augustine through the Ages*, Cambridge 1999, 509-516.

Benvenuti, A.,─Giannarelli, E., *Il diacono Lorenzo. Tra storia e leggenda*, Firenze 1998.

Bonato, A., "L'idea del sacerdozio in S. Ambrogio", *Augustinianum*, 27(1987), 423-463.

Brisson, J.-P., *Problèmes de la guerre à Rome*, Paris 1969.

Broszio, G., "tractatus", (ed.), *Lexikon der antiken christlichen Literatur*, S. Döpp─W. Geerlings (ed.), Freiburg 2002, 102.

Bussanich, J., "Happiness, Eudaimonism", *Augustine through the Ages*, Cambridge 1999.

Chadwick, H., "Frui-uti", in *Augustinus Lexikon*, Cornelius Mayer (ed.), vol. 3, Basel 2004, 70-75.

Colish, M.L., *Ambrose's Patriarchs. Ethics for the Common Man*, Indiana 2005.

Colish, M.L., *The Stoic Tradition from Antiquity to the Early Middle Ages*, vol. 1, 1990 Leiden.

Corbellini, C., "Il problema della Militia in sant'Ambrogio", *Historia*, 27(1978), 630-636.

Crouse, R., "'Summae auctoritatis magister': The Influence of St. Ambrose in Medieval Theology", in L.F. Pizzolato—M. Rizz (ed.), *Nec timeo mori*, Milano 1998, 463-471.

Dassmann, E., "Ambrosius", in *Augustinus Lexikon*, Cornelius Mayer (ed.), Basel 1994, 270-285.

Dassmann, E., "Ambrosius", in *Theologische Realenzyklopädie*, vol. 2, Berlin 1978, 362-386.

Dassmann, E., *Ambrosius von Mailand*, Stuttgart 2004.

Davidson, I.J., "Pastoral Theology at the End of the Fourth Century: Ambrose and Jerome", *Studia Patristica* 33(1997), 295-301.

Dudden, R.H., *The Life and Times of St. Ambrose*, vol. 2, Oxford 1935.

Finn, R.F., *Almsgiving in the Later Roman Empire. Christian Promotion and Practice*(313-450), Oxford 2008.

Fontanier, J.-M., "Sur l'analogie augustinienne honetum/utile//frui/uti", *Revue des Sciences philosophiques et théologiques* 84(2000), 635-642.

Gaffney, J., "Comparative religious ethics in the service of historical interpretation: Ambrose's use of Cicero", *Journal of Religious Ethics*, 9(1981), 35-47.

Gärtiner, H.A., "Honestas, honestus", in *Augustinus Lexikon*, Cornelius Mayer (ed.), vol. 3, Basel 2004, 416-418.

Holman, S.R., "Out of the Fitting Room: Rethinking Patristic Social Texts on 'The Common Good'", in J. Leemans (ed.), *Reading Patristic Texts on Social Ethics. Issues and Challenges for Twenty-First-Century Christian Social Thought*, Washington, D.C. 2011, 103-123.

Keller, A., *Translationes Patristicae Graecae et Latinae. Bibliographie der Übersetzungen altchristlicher Quellen*, vol. 1, Stuttgart 1997.

Leemans, J.—Verstraeten, J., "The (Im)possible Dialogue between Patristics and Catholic Social Thought: Limits, Possibilities, and a Way Forward", in J. Leemans (ed.), *Reading Patristic Texts on Social Ethics. Issues and Challenges for Twenty-First-Century Christian Social Thought*, Washington, D.C. 2011, 222-231.

Madec, G., *Saint Ambroise et la philosophie*, Paris 1974.

Maloney, R.P., "The Teaching of the Fathers on Usury: An Historical Study on the Development of Christian Thinking", in *Vigliae Christianae* 27(1973), 241-265.

Mara, M.G., "Ambrogio di Milano", in *Nuovo Dizionario Patristico di Antichità Cristiane*, Milano 2006[2], 229-235.

Marscheis, C., "Ambrosius von Mailand", in *Lexikon der antiken christlichen Literatur*, S. Döpp—W. Geerlings (ed.), Freiburg 2002, 14-22.

Matz, B., *Patristics and Catholic Social Thought: Hermeneutical Models for a Dialogue*, Notre Dame 2014.

McLynn, N.B., *Ambrose of Milan: Church and Court in a Christian Capital*, Berkeley 1994.

Michel, A., "Du De officiis de Ciceron à saint Ambroise: La theorie des devoires", L'Etica cristiana nei secoli III e IV, *Studia Ephemerides Augustinianum*, 53

(1996), 39-46.

O'Connor, W.R., "The uti/frui distinction in Augustine's ethics, *Augustinian Studies*, 14(1983), 45-62.

O'Donovan, O., "Usus and Fruitio in Augustine, *De doctrina christiana*", *Journal of Theological Studies*, N.S., vol. 33/2, 1982, 361-397.

Paredi, A., *Sant'Ambrogio e la sua età*, Milano 2015.

Phan, P.C., *Social Thought. Message of the Fathers of the Church*, Wilmington 1984.

Poirier, M., "Consors naturae chez saint Ambroise. Copropriété de la nature ou communauté de nature?" dans *Atti del Congresso Internazionale di studi ambrosiani nel XVI centenario della elevazione di sant'Ambrogio alla cattedra episcopale*, Milano 2-7 dicembre 1974, Vita e Pensiero Pubblicazioni della Università Cattolica, Milano, vol. II, 325-335.

Ramsey, B., "Almsgiving in the Latin Church: The Late Fourth and Early Fifth Centuries", *Theogolical Studies*, 43, 1982, 226-259.

Sobrero, M.O., *L'etica sociale in Ambrogio di Milano. Ricostruzione delle fonti Ambrosiane nel 'De iustitia' di san Tomaso, II.II, qq. 57-122*, Torino 1970.

Sophie, L.R., "Ambrose", in *The Oxford Dictionary of Late Antiquity*, O. Nicholson (ed.), vol. 1, Oxford 2018, 58-59.

Testard, M., "Etude sur la composition dans le De officiis ministrorum de saint Ambroise", in Y.-M. Duval (ed.), *Ambroise de Milan. XVIe Centenaire de son élection épiscopale. Dix études*, Paris 1974, 155-197.

Visona, G., *Cronologia Ambrosiana. Bibliografia Ambrosiana*, Roma 2004.

김용민, 『키케로의 철학』, 한울아카데미 2018.

니그렌, 안더스, 『아가페와 에로스』, 고구경 옮김, 크리스챤다이제스트 1998.

다스만, 에른스트, 『교회사 I』, 하성수 옮김, 분도출판사 2007.

다스만, 에른스트, 『교회사 II/1』, 하성수 옮김, 분도출판사 2013.

다스만, 에른스트, 『교회사 II/2』, 하성수 옮김, 분도출판사 2016.

박승찬, 『아우구스티누스에게 삶의 길을 묻다』, 가톨릭출판사 2017.

배병삼, 『논어, 사람의 길을 열다』, 사계절 2005.

배병삼, 『맹자, 마음의 정치학』, 사계절 2019.

수징난, 『주자평전. 下』, 김태완 옮김, 역사비평사 2015.

아렌트, 한나, 『사랑 개념과 성 아우구스티누스』, 서유경 옮김, 텍스트 2013.

장인산, 「암브로시오」, 『한국가톨릭대사전』 8, 한국교회사연구소 2003, 5874-5882.

장인산, 『복된 사람들: 성 암브로시오 교부의 진복팔단 풀이』, 성서와함께 1992.

질송, 에티엔느, 『아우구스티누스 사상의 이해』, 김태규 옮김, 성균관대학교출판부 2010.

최성욱, 『덕의 윤리학과 성윤리』, 대구가톨릭대학교출판부 2020.

최원오, 「아우구스티누스의 사랑―에로스와 아가페」, 『가톨릭 철학』 4(2002), 한국가톨릭철학회, 43-66.

최원오, 「암브로시우스의 사회교리」, 『신학전망』 200(2018), 69-103.

최원오, 「올바름(honestum, 義)과 이로움(utile, 利)에 관한 교부학적 연구: 암브로시우스와 아우구스티누스를 중심으로」, 『가톨릭사상』 59(2019), 103-126.

최원오, 『교부들의 사회교리』, 분도출판사 2020.

최창무, 「암브로시우스의 직무론」, 『사목연구』 3(1996), 31-46.

허승일, 「서양의 고전적 윤리 실천 사상―키케로의 『의무론』을 중심으로」, 『서울대학교 사대논총』 49(1994), 85-107.

암브로시우스

성직자의 의무

제1권

LIBER PRIMVS

1

1. Non adrogans uideri arbitror si inter filios suscipiam adfectum docendi, cum ipse humilitatis magister dixerit: "Venite, filii audite me; timorem Domini docebo uos." In quo licet et humilitatem uerecundiae eius spectare et gratiam. Dicendo enim: "timorem Domini" qui communis uidetur esse omnibus, expressit insigne uerecundiae. Et tamen cum ipse timor initium sapientiae sit et effector beatitudinis, quoniam timentes Deum beati sunt, praeceptorem se sapientiae edocendae et demonstratorem beatitudinis adipiscendae euidenter significauit.

---

1 암브로시우스 주교는 자신의 협력자인 성직자들을 '자녀들'(filii)이라고 부른다.
2 키케로, 『의무론』 1,1,2 참조.
3 시편 저자로 알려진 다윗을 일컫는다.

제1장 참된 스승

1. 내가 자녀들[1] 가운데서 가르칠 마음을 먹는다고 해서 거만해 보이지는 않으리라고 생각합니다.[2] 겸손의 스승[3] 몸소 이렇게 말했기 때문입니다. "아이들아, 와서 내 말을 들어라. 내가 너희에게 주님에 대한 두려움을 가르쳐주마."[4] 이 말에서 그의 염치(廉恥)[5] 있는 겸손과 호의를 엿볼 수 있습니다. "주님에 대한 두려움"(timor Domini)에 관하여 말하면서, 모든 이에게 공통적이라 여겨지는 염치의 특성을 표현한 것입니다. 두려움 자체가 지혜의 시작이요 행복의 동력이며, 하느님을 두려워하는 이가 복된 까닭에, 가르쳐야 할 지혜의 교사요 추구해야 할 행복의 길잡이는 하느님이시라는 사실을 분명하게 밝혀주었습니다.

---

4 시편 33,12 참조.

5 겸손(humilitas)과 구별되는 염치(verecundia)에 관한 암브로시우스의 길고 상세한 설명은 『성직자의 의무』 1,17,65-1,19,81 참조.

2. Et nos ergo ad imitandam uerecundiam seduli, ad conferendam gratiam non usurpatores, quae illi Spiritus infudit sapientiae, ea per illum nobis manifestata et uisu comperta atque exemplo, uobis quasi liberis tradimus; cum iam effugere non possimus officium docendi quod nobis refugientibus imposuit sacerdotii necessitudo: "Dedit enim Deus quosdam quidem apostolos, quosdam autem prophetas, alios uero euangelistas, alios autem pastores et doctores."

3. Non igitur mihi apostolorum gloriam uindico—quis enim hoc nisi quos ipse Filius elegit Dei?—non prophetarum gratiam, non uirtutem euangelistarum, non pastorum circumspectionem; sed tantummodo intentionem et diligentiam circa Scripturas diuinas opto adsequi quam ultimam posuit apostolus inter officia sanctorum; et hanc ipsam ut docendi studio possim discere. Vnus enim uerus magister est, qui solus non didicit quod omnes doceret; homines autem discunt prius quod doceant, et ab illo accipiunt quod aliis tradant.

4. Quod ne ipsum quidem mihi accidit. Ego enim raptus de tribunalibus atque administrationis infulis ad sacerdotium, docere uos coepi quod ipse non di-

---

6 『성직자의 의무』 1,7,24 참조.
7 주교로 선출된 뒤 주저하던 암브로시우스 자신의 일화를 떠올리게 한다. 파울리누스, 『암브로시우스의 생애』 6-9 참조.
8 에페 4,11.

2. 그러므로 부지런히 염치를 본받는 우리는 지혜의 영께서 그에게 부어주신 은총을 우리가 베풀어야 하는 양 가로채지 않습니다. 그를 통해 우리에게 드러났고 표양과 본보기로 밝혀진 것들을 마치 자녀 같은[6] 여러분에게 전해 드릴 따름입니다. 우리는 가르쳐야 하는 의무를 더는 회피할 수 없습니다. 도망치는 우리에게[7] 사제직이라는 필연이 이 의무를 떠맡겼으니, "하느님은 어떤 이들은 사도로, 어떤 이들은 예언자로, 어떤 이들은 복음 선포자로, 어떤 이들은 목자와 교사로 세워주셨습니다."[8]

3. 나는 사도들의 영광을 내 것이라 내세우지 않습니다. 하느님의 아드님께서 몸소 뽑으신 사람들이 아니고는 누가 감히 이럴 수 있겠습니까? 나는 예언자들의 은총도, 복음사가들의 덕행도, 목자들의 배려심도 내세우지 않습니다. 내가 바라는 것은 오로지 성경에 노력과 정성을 기울이는 것인데, 이는 사도[바오로]가 성도들의 직무 가운데 맨 끝자리에 둔 것입니다.[9] 나는 가르쳐야 할 바를 배울 수 있기를 바랄 따름입니다. 참된 스승은 한 분이시고[10], 배우지 않고도 모든 이를 가르치는 유일한 분이십니다. 그러나 인간은 가르칠 것을 먼저 배우고, 다른 이에게 전달할 것을 그분께 받습니다.

4. 나에게는 이런 일조차 벌어지지 않았습니다. 나는 법정과 관직에서 낚여 와 사제직[11]을 맡게 되었는데[12], 나 자신이 배우지도 않은 것을 여러분에

---

9 앞에서 인용한 에페소서(4,11)에 열거된 성도들의 직무들(사도, 예언자, 복음 선포자, 목자, 교사) 가운데 맨 뒤에 언급된 가르치는 직무를 일컫는다. 이 주제는 암브로시우스의 다른 작품에도 나온다.(『편지』 4,11 참조)

10 마태 23,8 참조.

dici. Itaque factum est ut prius docere inciperem quam discere. Discendum igitur mihi simul et docendum est quoniam non uacauit ante discere.

2

5. Quid autem prae ceteris debemus discere quam tacere, ut possimus loqui, ne prius me uox condemnet mea quam absoluat aliena? Scriptum est enim: "Ex uerbis tuis condemnaberis." Quid opus est igitur ut properes periculum suscipere condemnationis loquendo, cum tacendo possis esse tutior? Complures uidi loquendo peccatum incidisse, uix quemquam tacendo; ideoque tacere nosse quam loqui difficilius est. Scio loqui plerosque cum tacere nesciant. Rarum est tacere quemquam cum sibi loqui nihil prosit. Sapiens est ergo qui nouit tacere. Denique sapientia Dei dixit: "Dominus dedit mihi linguam eruditionis quando oporteat sermonem dicere." Merito ergo sapiens qui a Domino accepit quo tempore sibi loquendum sit. Vnde bene ait Scriptura: "Homo sapiens tacebit usque ad tempus."

---

11 주교 직무를 일컫는다. 사제직에 관한 암브로시우스의 이해는 A. Bonato, "L'idea del sacerdozio in S. Ambrogio", *Augustinianum*, 27(1987), 423-463 참조.

12 암브로시우스는 서른 살 무렵(370년) 밀라노에 행정소재지를 둔 에밀리아 리구리아 지방 집정관이 되었다. 당시 밀라노에서는 공석이 된 밀라노 주교 선출을 두고 니케아 정통 신앙파와 아리우스파가 맞서 싸우고 있었다. 집정관 암브로시우스는 주교 선출을 감독하고 중재하러 대성당에 갔다가 신자들에게 떠밀려 주교로 선출되었다. 파울리누스, 『암브로시우스의 생애』 5,1-2; 6,1-2; 암브로시우스, 『참회론』 2,67 참조.

게 가르치기 시작했습니다. 배우기도 전에 먼저 가르치기 시작하는 일이 벌어진 것입니다. 먼저 배울 여유가 없었기 때문에 나는 배우면서 동시에 가르쳐야만 합니다.[13]

제2장 침묵의 지혜

5. 다른 이가 용서하기에 앞서 내 목소리가 나를 먼저 단죄하는 일이 없이 말할 수 있으려면, 다른 무엇보다 먼저 우리가 배워야 할 것은 침묵이 아니겠습니까?[14] "네가 한 말에 따라 너는 단죄받을 것이다."[15]라고 쓰여 있기 때문입니다. 그대는 침묵함으로써 더욱 안전하게 지낼 수 있는데, 말함으로써 단죄의 위험을 서둘러 맞닥뜨려야 하는 까닭이 무엇입니까? 나는 많은 이가 말을 함으로써 죄에 떨어지는 것을 보았지만, 침묵으로 그리 되는 사람은 거의 보지 못했습니다. 그러므로 침묵할 줄 아는 것은 말하는 것보다 더 어렵습니다. 숱한 사람들이 침묵할 줄 모르면서 말한다는 사실을 나는 알고 있습니다. 말하는 것이 자신에게 전혀 이롭지 않은데도, 침묵을 지키는 사람은 드뭅니다. 그러므로 침묵할 줄 아는 사람은 지혜롭습니다. 하느님의 지혜께서 이렇게 말씀하셨기 때문입니다. "주님께서는 말할 필요가 있을 때 나에게 배움의 혀를 주셨다."[16] 어느 때 자신이 말해야 하는지 주님께 받아 듣는 이는 당연히 지혜롭습니다. 이에 관해 성경이 잘 말했습니다. "지혜로운 사람은 때에 이르기까지 침묵한다."[17]

---

13 암브로시우스, 『참회론』 2,67 참조.
14 디디무스, 『시편 주해』 38,2 참조.
15 마태 12,37 참조.
16 이사 50,4 참조.

6. Ideo sancti Domini, qui scirent quia uox hominis plerumque peccati adnuntia est et initium erroris humani sermo est hominis, amabant tacere. Denique sanctus Domini ait: "Dixi: custodiam uias meas ut non delinquam in lingua mea." Sciebat enim et legerat diuinae esse protectionis, ut homo a flagello linguae suae absconderetur et a conscientiae suae testimonio. Verberamur enim tacito cogitationis nostrae opprobrio et iudicio conscientiae; uerberamur etiam uocis nostrae uerbere cum loquimur ea quorum sono caeditur animus noster et mens consauciatur. Quis autem est qui mundum cor a peccatorum habeat colluuione aut non delinquat in lingua sua? Et ideo quia neminem uidebat sanctum os seruare posse ab immunditia sermonis, ipse sibi silentio legem imposuit innocentiae ut tacendo culpam declinaret quam uix effugere posset loquendo.

7. Audiamus ergo cautionis magistrum: "Dixi: custodiam uias meas", hoc est: mihi dixi, tacito cogitationis praecepto indixi mihi ut custodirem uias meas. Aliae sunt uiae quas debemus sequi, aliae quas custodire: sequi uias Domini, custodire nostras ne in culpam dirigant. Potes autem custodire si non cito loquaris. Lex dicit: "Audi, Israel, Dominum Deum tuum." Non dixit: "loquere", sed "audi." Ideo Eua lapsa est quia locuta est uiro quod non audierat a Do-

---

17 집회 20,7 참조.
18 시편의 저자로 알려진 다윗을 일컫는다.
19 시편 38,2.
20 '신중의 스승'(magister cautionis)은 다윗을 일컫는다. 『성직자의 의무』 첫 대목에서는 다윗을 '겸손의 스승'(magister humilitatis)이라 불렀다.

6. 인간의 소리는 거의 다 죄의 전령이고 인간의 말은 오류의 시작임을 깨달은 주님의 성인들은 침묵을 사랑했습니다. 그래서 주님의 거룩한 이[18]가 이렇게 말했습니다. "나는 말하였네. 내 혀로 죄짓지 않도록 나는 내 길을 지키리라."[19] 인간이 자기 혀의 채찍질과 자기 양심의 증언에서 벗어나기 위해서는 하느님의 보호가 필요하다는 사실을 그는 알았고 또 읽었습니다. 우리는 우리 생각의 말 없는 승인과 양심의 판단으로 회초리를 맞습니다. 우리는 또한 우리 목소리의 채찍으로도 매를 맞는데, 우리가 말할 때 우리 영혼과 정신이 그런 소리로 큰 상처를 입기 때문입니다. 죄의 더러움에서 깨끗한 마음을 지닐 사람이 누구이며, 자기 혀로 죄를 짓지 않을 자가 누구입니까? 그 어떤 성인도 말의 더러움에서 입을 지킬 수 있다고 보지 않았기 때문에 침묵으로 죄짓지 않는 법을 스스로 세웠습니다. 말하면서는 거의 피할 수 없었을 죄를 침묵으로써 피하고자 했던 것입니다.

7. 그러므로 신중의 스승[20]의 말씀을 들어봅시다. "나는 말하였네. 나는 내 길을 지키리라."[21] 이는 곧, "나는 나에게 말하였네. 나는 내 길을 지키기 위해 생각의 말 없는 명령으로 나에게 선언했노라."는 말입니다. 우리가 따라야 할 길들이 다르고, 지켜야 할 길들이 다릅니다. 주님의 길을 따라야 하고, 잘못된 곳으로 향하지 않도록 우리의 길을 지켜야 합니다. 그대가 함부로 말하지 않는다면 그 길을 지킬 수 있습니다. "이스라엘아, 들어라. 너의 주 하느님을"[22]이라고 율법은 말합니다. "말하라"고 하지 않고 "들어라"고 합니다. 하와가 타락한 것은 자기 주님이신 하느님에게서 듣지 않은 것

---

21 시편 38,2 참조.
22 신명 6,3 참조.

mino Deo suo. Prima uox Dei dicit tibi: "Audi." Si audias, custodis uias tuas; et si lapsus es, cito corrigis. "In quo enim corrigit iuuenior uiam suam nisi in custodiendo uerba Domini?" Tace ergo prius et audi ut non delinquas in lingua tua.

8. Graue malum ut aliquis ore suo condemnetur. Etenim si pro otioso uerbo reddet unusquisque rationem, quanto magis pro uerbo impuritatis et turpitudinis? Grauiora sunt enim uerba praecipitationis quam otiosa. Ergo si pro otioso uerbo ratio poscitur, quanto magis pro sermone impietatis poena exsoluitur?

3

9. Quid igitur? Mutos nos esse oportet? Minime. "Est enim tempus tacendi et est tempus loquendi." Deinde si pro uerbo otioso reddimus rationem, uideamus ne reddamus et pro otioso silentio. Est enim et negotiosum silentium ut erat Susannae quae plus egit tacendo quam si esset locuta. Tacendo enim apud homines, locuta est Deo; nec ullum maius indicium suae castitatis in-

---

23 시편 118,9 참조.
24 마태 12,36 참조.
25 코헬 3,7.
26 암브로시우스는 이중적 의미를 지닌 라틴어 otiosum을 활용하여 '쓸데없는 말'(verbum otiosum)과 '평화로운 침묵'(otiosum silentium), '행동하는 침묵'(negotiosum silentium)을 수사학적으로 대비시킨다.

을 남편에게 말했기 때문입니다. 그대에게 하시는 하느님의 첫 말씀은 "들어라"입니다. 그대가 듣고 그대의 길을 지킨다면, 넘어지더라도 금세 바로잡을 것입니다. "주님의 말씀을 지키지 않는다면 젊은이가 무엇으로 제 길을 바로잡겠습니까?"[23] 그러므로 그대의 혀로 죄를 짓지 않으려거든 먼저 침묵하고 들으십시오.

8. 어떤 사람이 자기 입 때문에 단죄받는 것은 심각한 악입니다. 더군다나, 누구든 쓸데없는 말에도 셈을 해야 한다면[24], 불순하고 더러운 말에 대해서는 얼마나 더 많은 셈을 해야 하겠습니까? 성급한 말은 쓸데없는 말보다 더 큰 잘못입니다. 쓸데없는 말에도 셈이 요구된다면, 불경한 말에는 얼마나 더 큰 벌이 내리겠습니까?

제3장 평화로운 침묵과 절도 있는 말

9. 어떻게 해야 하겠습니까? 우리는 벙어리가 되어야 하겠습니까? 전혀 그렇지 않습니다. "침묵할 때가 있고 말할 때가 있기 때문입니다."[25] 쓸데없는 말에는 셈을 해야 하지만, 평화로운 침묵[26]에는 셈을 하지 않아도 된다는 사실을 눈여겨봅시다. 행동하는 침묵이 있으니, 수산나가 그러했습니다. 그는 말했을 경우보다는 침묵으로써 더 많은 것을 이루어냈습니다.[27] 그는 사람들 앞에서는 침묵하면서 하느님께 말씀 드렸습니다. 그는 자기 정결의 증거로 침묵보다 더 큰 것을 찾지 못했습니다. 목소리가 들리지 않는 곳에서 양심이 말했습니다. 주님의 증언을 지니고 있었기에 자신을 위

---

27 다니 13장 참조.

uenit quam silentium. Conscientia loquebatur ubi uox non audiebatur; nec quaerebat pro se hominum iudicium, quae habebat Domini testimonium. Ab illo igitur uolebat absolui quem sciebat nullo modo posse falli. Ipse Dominus in Euangelio tacens operabatur salutem ominum. Recte ergo Dauid non silentium sibi indixit perpetuum sed custodiam.

10. Custodiamus ergo cor nostrum, custodiamus os nostrum; utrumque enim scriptum est: hic, ut os custodiamus; alibi tibi dicitur: "Omni custodia serua cor tuum." Si custodiebat Dauid, tu non custodies? Si immunda labia habebat Esaias qui dixit: "O miser ego quoniam compunctus sum quia, cum sim homo et immunda labia habeam", si propheta Domini immunda habebat labia, quomodo nos munda habemus?

11. Et cui nisi unicuique nostrum scriptum est: "Saepi possessionem tuam spinis... et argentum et aurum tuum adliga, et ori tuo fac ostium et uectem, et uerbis tuis iugum et stateram"? Possessio tua mens tua est, aurum tuum cor tuum est, argentum tuum eloquium tuum est: "Eloquia Domini, eloquia casta, argentum igne examinatum." Bona etiam possessio mens bona. Denique possessio pretiosa homo mundus. Saepi ergo hanc possessionem et circumuallato cogitationibus, munito spinis—sollicitudinibus—ne in eam irruant et capti-

---

28 마태 26,63; 마르 14,61; 키프리아누스, 『인내론』 23 참조.

29 잠언 4,23.

30 이사 6,5 참조.

해 사람들의 판단을 구하지 않았습니다. 주님께서는 절대로 그르치실 수 없다는 사실을 알고 있었던 그 여인은 주님께 무죄 판결을 받고자 했습니다. 복음에서 주님 몸소 침묵하시면서 모든 이의 구원을 이루셨습니다.[28] 그러므로 다윗이 완전한 침묵을 공언하지 않고, 침묵을 지키기로 한 것은 잘한 일입니다.

10. 우리 마음을 지키고 우리 입을 지킵시다. 두 가지 명령이 쓰여 있으니, 여기서는 우리가 입을 지키자고 하고, 다른 곳에서는 그대에게 "온갖 경계를 다해 네 마음을 지켜라."[29]고 합니다. 다윗이 지켰는데 그대는 지키지 않겠습니까? "오 비참한 나는 이제 망했다. 나는 더러운 입술을 가진 사람이기 때문이다."[30]라고 말한 이사야가 더러운 입술을 지니고 있다면, 주님의 예언자가 더러운 입술을 가지고 있다면, 어찌 우리가 깨끗한 입술을 가질 수 있겠습니까?

11. "네 재산을 가시나무로 둘러치고 … 네 은과 금을 갊아두고, 네 입에 문과 빗장을 달고, 네 말에 저울과 추를 달아라."[31]는 이 말씀은 우리 한 사람 한 사람을 위해서가 아니라면 누구를 위해 쓰였겠습니까? 그대의 재산은 그대의 정신이고, 그대의 금은 그대의 마음이며, 그대의 은은 그대의 말[言]입니다. "주님의 말씀은 순수한 말씀, 불로 정제된 은이어라."[32] 선한 재산은 선한 정신입니다. 그러므로 깨끗한 사람은 소중한 재산입니다. 이 재산에 울타리를 둘러치고, 생각으로 성벽을 쌓으십시오. 육체의 비이

---

31 집회 28,24 참조.
32 시편 11,7 참조.

uam ducant irrationabiles corporis passiones, ne incursent motus graues, ne diripiant uindemiam eius transeuntes uiam. Custodi "interiorem hominem" tuum, noli eum quasi uilem neglegere ac fastidire quia pretiosa possessio est; et merito pretiosa, cuius fructus non caducus et temporalis, sed stabilis atque aeternae salutis est. Cole ergo possessionem tuam ut sint tibi agri.

12. Adliga sermonem tuum ne luxuriet, ne lasciuiat et multiloquio peccata sibi colligat. Sit restrictior et ripis suis coerceatur; cito lutum colligit amnis exundans. Adliga sensum tuum, non sit remissus ac defluus, ne dicatur de te: "Non est malagma apponere neque oleum neque adligaturam." Habet suas habenas mentis sobrietas, quibus regitur et gubernatur.

13. Sit ori tuo ostium ut claudatur ubi oportet et obseretur diligentius ne quis in iracundiam excitet uocem tuam et contumeliam rependas contumeliae. Audisti hodie lectum: "Irascimini et nolite peccare." Ergo etsi irascimur, quia adfectus naturae est non potestatis, malum sermonem non proferamus de ore nostro ne in culpam ruamus; sed iugum sit uerbis tuis et statera, hoc est hu-

---

33 로마 7,22; 에페 3,16 참조.
34 이사 1,6 참조.

성적 욕정이 이를 뚫고 들어와 포로로 만들지 않도록 조심스레 가시나무로 빗장을 지르십시오. 그리하여 묵직한 격정이 들이닥치지도, 길 가는 이들이 그 수확물을 약탈하지도 않게 하십시오. 그대의 "내적 인간"(interior homo)[33]을 지키십시오. 그대의 내적 인간을 하찮게 여기지도 귀찮아하지도 마십시오. 왜냐하면 소중한 재산이기 때문입니다. 그 열매는 덧없고 일시적인 것이 아니라 안정적이고 영원한 구원을 지닌 것입니다. 그러므로 그대의 재산을 일구어 그대에게 밭이 되게 하십시오.

12. 무절제하지 않고, 방종하지 않으며, 많은 말로 스스로 죄를 쌓지 않으려면, 그대의 말을 단단히 묶어두십시오. 말을 아끼는 사람이 되어 자신의 둑에 가두어두십시오. 넘치는 강물은 금세 진창을 만들게 마련입니다. 그대에 관하여 "고약을 바르지도 못하고, 기름도 바르지 못하며, 붕대를 감지도 못한다."[34]는 말을 하지 않도록 그대의 감각을 졸라매어 느슨해지지도 흐트러지지도 않게 하십시오. 맑은 정신이 자신의 고삐를 쥐어 방향을 잡고 다스려야 하겠습니다.

13. 그대의 입에 문을 달아서 필요할 때에는 닫히게 하고, 누군가 그대의 목소리를 분노로 자극하여 모욕을 모욕으로 갚는 일이 없도록 부지런히 단속하십시오. 오늘 읽은 말씀을 그대는 들었습니다. "너희는 화가 나더라도 죄지으려 하지 마라."[35] 화는 본성의 감정이라 어찌할 수 없지만, 우리가 죄에 곤두박질치지 않으려면 비록 화가 나더라도 우리 입에서 나쁜 말이 나오지 않게 해야 합니다. 오히려 그대의 말에 멍에와 저울, 곧 겸손과

---

35 시편 4,5 참조.

militas atque mensura, ut lingua tua menti subdita sit. Restringatur habenae uinculis, frenos habeat suos quibus reuocari possit ad mensuram, sermones proferat libra examinatos iustitiae ut sit grauitas in sensu, in sermone pondus, atque in uerbis modus.

4

14. Haec si custodiat aliquis, fit mitis, mansuetus, modestus. Custodiendo enim os suum et retinendo linguam suam nec prius loquendo quam interroget et expendat atque examinet uerba sua si dicendum hoc, si dicendum aduersus hunc, si tempus sermonis huius, is profecto exercet modestiam ac mansuetudinem et patientiam ut non ex indignatione et ira in sermonem erumpat, non alicuius passionis indicium det in uerbis suis, non ardorem libidinis flammare in sermone suo indicet et inesse dictis suis stimulos iracundiae, ne sermo postremo qui commendare interiora debet, uitium aliquod esse in moribus aperiat et prodat.

15. Tunc enim maxime insidiatur aduersarius quando uidet nobis passiones aliquas generari: tunc fomites mouet, laqueos parat. Vnde non immerito, sicut audisti hodie legi, propheta dicit: "Quia ipse liberauit me de laqueo uenantium et a uerbo aspero." Symmachus "irritationis uerbum" dixit, alii "perturbationis." Laqueus aduersarii sermo noster est, sed etiam ipse non minus adu-

---

36 사탄을 일컫는다. 1티모 5,14-15; 1베드 5,8 참조.

절제를 달아두십시오. 그리하면 그대의 혀는 정신에게 순종할 것입니다. 혀에 고삐 달린 사슬을 채우고 그 재갈을 물려 절도를 지킬 수 있게 하십시오. 쏟아내는 말들을 정의의 저울에 다십시오. 그리하여 감각에는 품격이, 대화에는 무게가, 말에는 절도가 있게 하십시오.

제4장 말의 독침

14. 이것을 지키는 사람은 온유하고 상냥하며 단정해집니다. 자신의 입을 지키고 자기 혀를 제어하면서, 이런 말을 해야 하는지, 저 사람을 거슬러 말해야 하는지, 이런 말을 할 때인지, 자기 말을 따져보고 숙고하고 살피기 전에는 먼저 말하지 않는 것이 분명히 절제와 온유와 인내를 실천하는 일입니다. 그런 사람은 분통을 터뜨리거나 화를 내면서 말을 내뱉지 않습니다. 그런 이는 자신의 말로 어떤 격정의 흔적도 남기지 않으며, 자신의 대화에서 욕정의 불을 태운다거나 자신의 말에 분노의 충동이 들어 있다는 낌새를 보이지 않습니다. 그리하여 내면을 값지게 해야 하는 말이 품행에서 결함 따위나 까발리고 폭로하는 일이 없게 합니다.

15. 원수[36]는 우리 안에서 어떤 격정이 싹트는 것을 볼 때면 특별히 음모를 꾸밉니다. 바로 그때 원수는 불쏘시개를 넣고 올가미를 놓습니다. 그대가 오늘 읽고 들은 바와 같이 예언자는 부당하지 않게 말했습니다. "그분께서 새잡이의 그물과 모진 말(verbum asperum)에서 나를 구하여 주셨다."[37] 심마쿠스[38]는 "분노의 말"(irritationis verbum)이라고 번역했고, 다른 역본들[39]

---

37 시편 90,3 참조.

ersarius nobis. Loquimur plerumque quod excipiat inimicus et quasi nostro gladio nos uulneret. Quanto tolerabilius est alieno gladio quam nostro perire!

16. Explorat ergo aduersarius nostra arma et concutit sua tela. Si uiderit moueri me, inserit aculeos suos ut seminaria iurgiorum excitet. Si emisero uerbum indecorum, laqueum suum stringit. Interdum mihi quasi escam proponit uindictae possibilitatem ut dum uindicari cupio, ipse me inseram laqueo et nodum mortis adstringam mihi. Si quis ergo hunc aduersarium sentit praesentem esse, tunc magis custodiam adhibere debet ori suo ne det locum aduersario: sed non multi hunc uident.

5

17. Sed etiam ille cauendus est, qui uideri potest, quicumque irritat, quicumque incitat, quicumque exasperat, quicumque incentiua luxuriae aut libidinis suggerit. Quando ergo aliquis nobis conuiciatur, lacessit, ad uiolentiam prouocat, ad iurgium uocat, tunc silentium exerceamus, tunc muti fieri non

---

38 심마쿠스는 200년경 구약성경을 그리스어로 번역했고, 이 그리스어 역본(심마쿠스 역본)은 오리게네스(185년경-254년경)의 『6중역본』Hexapla의 한 기둥을 이루기도 했지만 지금은

은 "환란의 [말]"(perturbationis [verbum])이라고 옮겼습니다. 원수의 그물은 우리의 말이지만, 우리의 말 자체도 우리에게 적잖이 원수입니다. 우리는 원수가 낚아챌 말을 많이 하는데, 이것은 마치 우리의 칼로 우리 자신에게 상처를 내는 것과 같습니다. 차라리 남의 칼로 망하는 것이 우리의 칼로 망하는 것보다 얼마나 더 견딜 만합니까!

16. 원수가 우리의 무기를 염탐하고 자신의 올가미를 놓습니다. 만일 내가 동요되는 것을 보면 말다툼의 씨앗을 뿌리기 위해 자신의 독침을 찌릅니다. 내가 추잡한 말을 내뱉기만 하면 자신의 올가미를 씌웁니다. 때로는 나에게 복수의 가능성을 미끼처럼 던져놓고 내가 복수할 마음을 먹는 동안 나 스스로 올가미에 들어가 죽음의 밧줄을 나 자신에게 동여매게 합니다. 그러므로 원수가 곁에 있다고 느끼는 사람은 바로 그 순간 원수에게 자리를 내주지 않도록 자신의 입을 더욱 철저히 지켜야 합니다. 그러나 이 원수를 알아보는 사람은 많지 않습니다.

제5장 온유하고 겸손한 침묵의 승리

17. 그렇지만 우리는 볼 수 있는 원수도 조심해야 합니다. 우리를 화나게 하는 자, 부추기는 자, 성가시게 구는 자, 사치나 욕정의 충동질로 꼬드기는 자는 누구든 경계해야 합니다. 누군가 우리를 모욕하고, 들볶고, 폭력으로 유인하고, 말다툼에 불러들이는 그때가 바로 우리가 침묵을 실천해

단편만 남아 있다. 에우세비우스와 히에로니무스의 증언에 따르면, 심마쿠스는 유대계 그리스도인 분파였던 에비온파 이단이었다고 한다.(『교회사』 6,17,1; 『명인록』 54,6 참조)
39 아퀼라 역본과 테오도티온 역본이었을 것이다.

erubescamus. Peccator est enim qui nos prouocat, qui iniuriam facit et nos similes sui fieri desiderat.

18. Denique si taceas, si dissimules, solet dicere: "Quid taces? Loquere si audes; sed non audes, mutus es, elinguem te feci." Si ergo taceas, plus rumpitur: uictum sese putat, irrisum, posthabitum atque illusum. Si respondeas, superiorem se factum arbitratur quia parem inuenit. Si enim taceas, dicetur: "Ille conuiciatus est huic, contempsit iste." Si referas contumeliam, dicetur: "Ambo conuiciati sunt." Vterque condemnatur, nemo absoluitur. Ergo illius est studium ut irritet, ut similia illi loquar, similia agam; iusti est autem dissimulare, nihil loqui, tenere bonae fructum conscientiae, plus committere bonorum iudicio quam criminantis insolentiae, contentum esse grauitate morum suorum. Hoc est enim "silere a bonis", quia bene sibi conscius falsis non debet moueri nec aestimare plus ponderis in alieno esse conuicio quam in suo testimonio.

19. Ita fit ut etiam humilitatem custodiat. Si autem nolit humilior uideri, talia tractat et dicit ipse secum: "Hic ergo ut me contemnat et in conspectu meo

야 할 때이며, 벙어리가 되는 것을 부끄러워하지 말아야 할 때입니다. 우리를 선동하고 모욕하는 자는 죄인이며, 그 죄인은 우리가 자신과 비슷해지기를 바라고 있습니다.

18. 그대가 침묵을 지키고 못 들은 체한다면 [원수는] 이렇게 말하고는 할 것입니다. "너는 왜 입을 다물고 있느냐? 배짱이 있으면 말해 봐. 그러나 감히 말하지 못하니 너는 벙어리야. 내가 네 혀를 뽑아버렸기 때문이지." 이때 그대가 침묵을 지킨다면 원수는 더욱 타격을 받을 것입니다. 그는 자신이 패배하고 비웃음거리가 되고 하찮아지고 조롱당한다고 여길 것입니다. 만일 그대가 대꾸한다면 원수는 똑같은 놈을 찾아냈으니 자신이 우월해졌다고 판단할 것입니다. 만일 그대가 침묵한다면 사람들은 이렇게 말할 것입니다. "저자는 이 사람을 모욕했지만, 이 사람은 무시해 버렸다." 그러나 그대가 모욕을 되갚으면 이렇게 말할 것입니다. "둘 다 헐뜯어대는구나." 둘 다 단죄받고, 아무도 용서받지 못합니다. 그러므로 그 원수의 관심사는 화나게 만들어 내가 그에게 비슷한 것을 말하고, 비슷한 것을 행하게 하는 것입니다. 그러나 못 들은 체하고, 아무 말도 하지 않으며, 선한 양심의 열매를 간직하고, 오만한 범죄자들보다는 선한 이들의 판단에 맡기며, 자기 품행의 품격으로 만족하는 것은 의인의 몫입니다. 이는 "자기 선행에는 침묵을 지킨다."는 뜻입니다. 스스로 선하다고 알고 있는 사람은 거짓에 동요하지 말아야 하고, 자신의 증언보다 다른 사람의 모욕에 더 비중을 두지 말아야 합니다.

19. 이렇게 되면 그는 겸손도 지키게 됩니다. 그러나 만일 그가 너무 겸손해 보이기를 원치 않을 경우, 그는 이렇게 고민하며 이런 독백을 할 것입

loqua tur talia aduersum me quasi non possim ego ei aperire os meum? Cur non etiam ego dicam in quibus eum maestificare possim? Hic ergo ut mihi iniurias faciat quasi uir non sim, quasi uindicare me non possim? Hic ut me criminetur quasi ego non possim grauiora in eo componere!"

20. Qui talia dicit non est "mitis atque humilis", non est sine temptatione. Temptator eum exagitat, ipse ei tales opiniones inserit. Plerumque adhibet hominem atque apponit nequam spiritus, qui haec illi dicat; sed tu in petra fixum uestigium tene. Etsi seruus conuicium dicat, iustus tacet; etsi infirmus contumeliam faciat, iustus tacet; etsi pauper criminetur, iustus non respondet. Haec sunt arma iusti ut cedendo uincat, sicut periti iaculandi cedentes solent uincere et fugientes grauioribus sequentem uulnerare ictibus.

6

21. Quid enim opus est moueri cum audimus conuicia? Cur non imitamur dicentem: "Obmutui et humiliatus sum et silui a bonis"? An hoc dixit tantummodo, non etiam fecit Dauid? Immo et fecit. Nam cum ei conuiciaretur Semei

---

40 마태 11,29 참조.

니다. "이자는 나를 멸시하고 내 면전에서 나를 거슬러 이 따위 말을 하면서, 내가 그에게 내 입도 열지 못할 사람이라고 여기는가? 왜 나도 그를 언짢게 할 수 있는 말을 할 수 없는 것인가? 도대체 왜 이자는 마치 내가 사람도 아닌 양, 마치 내가 복수도 할 줄 모르는 사람인 양 나를 모욕하는가? 이자는 어찌하여 내가 그에 맞서 더 심한 고소를 할 수 없으리라 여기며 나에게 범죄 혐의를 뒤집어씌우는가!"

20. 이처럼 말하는 사람은 "온유하고 겸손한"[40] 사람이 아니고, 유혹이 없는 사람도 아닙니다. 유혹자가 그를 자극합니다. 유혹자는 그에게 이런 생각을 집어넣습니다. 많은 경우 악한 영은 인간을 이용하여 그가 다른 사람에게 이 따위 말을 하도록 매수합니다. 그러나 그대는 바위에 발을 굳건히 디디십시오. 종이 욕설을 내뱉을지라도 의인은 침묵합니다. 약골이 조롱할지라도 의인은 침묵합니다. 가난뱅이가 중상모략할지라도 의인은 침묵합니다. 이것이 양보함으로써 이기는 의로운 사람의 무기입니다. 창던지기에 능숙한 사람은 물러나면서 승리를 거두고, 후퇴하면서 추격자들에게 더 심각한 타격으로 상처를 입히곤 합니다.

제6장 다윗의 침묵

21. 욕설을 들을 때 우리는 왜 동요해야만 합니까? 우리는 왜 이렇게 말하는 이를 본받지 않습니까? "나는 침묵을 지켰고 나 자신을 낮추었으며 선행에 대하여 말하지 않았도다."[41] 다윗이 이렇게 말만 하고 행동으로는 옳

---

41 시편 38,3 참조.

filius, tacebat Dauid et quamuis saeptus armatis, non retorquebat conuicium, non ultionem quaerebat eousque ut dicenti sibi Saruiae filio quod uindicare in eum uellet, non permiserit. Ibat ergo tamquam mutus et humiliatus, ibat tacens nec mouebatur cum uir appellaretur sanguinis qui erat conscius propriae mansuetudinis. Non ergo mouebatur conuiciis cui abundabat bonorum operum conscientia.

22. Itaque is qui cito iniuria mouetur, facit se dignum uideri contumelia dum uult ea indignus probari. Melior est itaque qui contemnit iniuriam, quam qui dolet: qui enim contemnit quasi non sentiat, ita despicit; qui autem dolet quasi senserit...

7

23. Neque improuide, ad uos filios meos scribens, huius psalmi prooemio usus sum. Quem psalmum propheta Dauid sancto Idithun canendum dedit, ego uobis tenendum suadeo delectatus eius sensu profundo et uirtute sententi-

---

42 2사무 16,5-14 참조.

43 torquetur로 마무리한 크라빙거(I.G. Krabinger, Milano 1991)의 편집본과는 달리, 테스타르(M. Testard, Paris 2007)의 편집본은 이 대목을 말줄임표로 처리했다. 여러 필사본을 비평한 결과 한두 단어가 빠졌다고 본 까닭이다.

기지 않았겠습니까? 전혀 그렇지 않고 실천했습니다. 시므이의 아들이 다 윗을 모욕했을 때 다윗은 침묵했고, 무장한 부하들에 둘러싸여 있었지만 모욕을 되갚지 않았으며, 복수를 꾀하지도 않았습니다.[42] 더욱이 자기가 그 대신 복수해 주겠다고 말하는 츠루아의 아들에게 다윗은 허락하지 않았습 니다. 다윗은 벙어리처럼 굴욕당한 사람처럼 걸어갔으며, 피에 굶주린 인 간이라 일컬어질 때도 자신의 온유함을 알고 있었기에 침묵하며 걸어갔고 동요하지 않았습니다. 다윗은 모욕에도 동요하지 않았으니, 그에게는 선 행에 대한 양심이 넉넉했기 때문입니다.

22. 그러므로 모욕에 곧바로 동요하는 사람은 그런 모욕이 부당하다는 사 실을 증명하려는 동안, 스스로 그런 모욕을 받아 마땅한 자로 비치게 할 따름입니다. 그러므로 모욕을 무시하는 사람이 괴로워하는 사람보다 더 낫습니다. 마치 모욕을 느끼지 않는 것처럼 무시하는 사람은 초연히 내려 다보지만, 느끼는 듯 아파하는 사람은 …[43]

제7장 의무론의 저술 동기

23. 나의 아들들인 여러분에게 글을 쓰면서 내가 이 시편의 첫 부분을 무 턱대고 활용한 것이 아닙니다. 예언자 다윗이 거룩한 여두툰[44]에게 노래 하라고 준 이 시편을 여러분이 숙지하기를 나는 권고합니다. 그 문장의 깊 은 의미와 힘으로 말미암아 나는 기쁘기 때문입니다. 우리가 짧게 맛본 이

---

44 여두툰은 성전 음악 책임을 맡았거나 성전 문을 감독하던 레위인이다.(참조: 1역대 16,41;
   25,1.3.6; 한국천주교주교회의, 『주석 성경』, 한국천주교중앙협의회 2010, 1542)

arum. Aduertimus enim ex his quae breuiter libauimus, et silendi patientiam et opportunitatem loquendi et in posterioribus contemptum diuitiarum, quae maxima uirtutum fundamenta sunt, hoc psalmo doceri. Dum igitur hunc psalmum considero, successit animo De officiis scribere.

24. De quibus etiamsi quidam philosophiae studentes scripserint ut Panaetius et filius eius apud Graecos, Tullius apud Latinos, non alienum duxi nostro munere ut etiam ipse scriberem. Et sicut Tullius ad erudiendum filium, ita ego quoque ad uos informandos filios meos; neque enim minus uos diligo quos in Euangelio genui, quam si coniugio suscepissem. Non enim uehementior est natura ad diligendum quam gratia. Plus certe diligere debemus quos perpetuo nobiscum putamus futuros quam quos in hoc tantum saeculo. Illi degeneres nascuntur frequenter qui dedeceant patrem; uos ante elegimus ut diligamus. Itaque illi necessitate diliguntur quae non satis idonea atque diuturna est ad perpetuitatem diligendi magistra; uos iudicio, quo magnum caritatis pondus ad uim diligendi adiungitur: probare quos diligas et diligere quos elegeris.

---

45 여기서 의무론De officiis은 『성직자의 의무』De officiis ministrorum를 가리킨다. 해제 3 '작품 제목' 참조.

46 파나이티오스(Panaetios, 기원전 185년경-99년경)는 기원전 129년 이후에 세 권으로 된 『의무론』을 저술했는데, 이 작품은 키케로의 『의무론』에 큰 틀을 마련해 주었다. 키케로, 『의무론』 3,2,7; 해제 25-26 참조.

47 아파메나의 포시도니우스(Posidonius, 기원전 135-50년)는 파나이티오스의 제자였고 키케로를 가르쳤다. 파나이티오스의 학문적 아들이라는 뜻이다.

시편 대목에서 알게 되듯이, 시편은 침묵해야 하는 참을성과 말해야 하는 시의성을 가르쳐주고, 뒤이어서 부의 경멸에 관해서도 가르쳐줄 터인데, 이는 덕의 가장 큰 토대입니다. 내가 이 시편을 묵상하는 동안 의무론[45]을 써야겠다는 마음이 생겼습니다.

24. 의무에 관해서는 철학에 열성을 지닌 사람들이 저술했습니다. 그리스인들 가운데 파나이티오스[46]와 그 아들[47]이, 라틴인들 가운데 툴리우스[48]가 있지만, 나 자신도 우리 직무에 관하여 저술하는 데 문외한이 아니라고 판단했습니다. 툴리우스[키케로]가 아들을 가르치기 위해 저술했듯이[49], 나도 내 아들들인 그대들을 양성하기 위해 [이 글을 씁니다]. 설령 내가 혼인으로 자식을 낳는다 할지라도 복음 안에서 낳은 여러분을 결코 그보다 덜 사랑하지 않습니다. 사랑하는 데는 본성이 은총보다 더 격렬하지 않습니다. 분명 우리는 이 세상에서만 더불어 지낼 사람들보다는 우리와 함께 영원히 머물리라고 여기는 사람들을 더욱 사랑해야 합니다. 아버지의 명예를 망가뜨리는 덜된 자식들이 꾸준히 태어나기는 하지만, 우리는 사랑하기 위해 그대들을 미리 뽑았습니다. 그런 자식들도 필연으로 사랑받기는 하지만, 그 필연이란 사랑해야 할 영원한 것을 가르치기에 충분히 적절하고 한결같은 교사는 아닙니다. 그러나 그대들에게는 사랑해야 하는 본능적 힘에 사랑의 큰 무게가 더해진다고 나는 생각합니다. 사랑하는 사람을 시험하는 것은, 뽑은 사람을 사랑한다는 뜻입니다.

---

48 키케로(Marcus Tullius Cicero, 기원전 106~43년)를 일컫는다.

49 키케로는 기원전 44년에 아테네에서 유학하고 있던 아들 마르쿠스를 위해 『의무론』을 저술했다.

25. Ergo quoniam personae conueniunt, uideamus utrum res ipsa conueniat scribere De officiis et utrum hoc nomen philosophorum tantummodo scholae aptum sit an etiam in scripturis reperiatur diuinis. Pulchre itaque dum legimus hodie Euangelium, quasi adhortaretur ad scribendum, sanctus spiritus obtulit nobis lectionem qua confirmaremur etiam in nobis officium dici posse. Nam cum Zacharias sacerdos obmutuisset in templo et loqui non posset, "factum est, inquit, ut impleti sunt dies officii eius: abiit in domum suam." Legimus igitur officium dici a nobis posse.

26. Nec ratio ipsa abhorret quandoquidem officium ab efficiendo dictum putamus quasi efficium, sed propter decorem sermonis una immutata littera officium nuncupari; uel certe ut ea agas quae nulli officiant, prosint omnibus.

제8장 의무의 뜻

25. 사람마다 어울리는 역할이 있듯이, 의무론을 저술하는 것이 그 자체로 적절한 것인지, 이 용어가 철학자들의 학교에만 알맞은 것인지 아니면 성경에서도 찾을 수 있는 것인지 살펴봅시다. 그런데 오늘 우리가 복음을 읽는 동안 아름다운 일이 벌어졌습니다. 마치 집필을 격려하듯 성령께서 우리에게 한 대목을 선사해 주셨고, 우리 [교회] 안에서도 의무(officium)라는 말을 할 수 있다는 확신을 주셨습니다. 왜냐하면 즈카르야 사제가 성전에서 벙어리가 되어 말을 할 수 없게 되었을 때, "그의 의무[50] 기간이 찼고, 그는 자기 집으로 돌아갔다."[51]고 하기 때문입니다. 이처럼 우리도 의무에 관하여 말할 수 있다는 사실을 읽게 됩니다.

26. 이성 자체도 이에 모순되지 않습니다. 의무, 곧 '오피키움'(officium)이라는 말은 '에피케레'(efficere, 완수하다)라는 낱말에서 나왔으므로 '에피키움'(efficium, 완수)과 비슷한 뜻이지만, 말소리의 아름다움을 위해 한 글자를 바꾸어 '오피키움'(officium)이라고 부른다고 우리는 생각합니다. 아니면 적어도 아무에게도 '해를 끼치지'(officere) 말고 모든 이에게 유익하도록 행동하라는 뜻이기도 합니다.

---

50 라틴어 officium은 '의무'라는 뜻과 '직무'라는 뜻을 함께 지니고 있다. 사실 암브로시우스가 인용하는 이 성경 구절의 officium은 그리스어 레이투르기아(λειτουργία)에 상응하며 성전에서 봉사하는 '직무'라는 의미에 가깝다. 이와 달리, 키케로는 라틴어 officium이 그리스어로는 어울리는 행동이라는 뜻을 지닌 카테콘(καθῆκον)이라고 한다. 『의무론』 1,3,8; 『최고선악론』 3,6,20 참조.

51 루카 1,23 참조.

27. Officia autem ab honesto et utili duci aestimauerunt et de his duobus eli-
gere quid praestet, deinde incidere ut duo concurrant honesta et duo utilia, et
quaeratur quid honestius et quid utilius. Primum igitur in tres partes officium
diuiditur: honestum et utile et quid praestantius. Deinde haec tria in quinque
genera diuiserunt: in duo honesta et duo utilia et eligendi iudicium. Primam
pertinere aiunt ad decus honestatemque uitae, secundam ad uitae commoda,
copias, opes, facultates; de his eligendi subesse iudicium. Haec illi.

28. Nos autem nihil omnino nisi quod deceat et honestum sit, futurorum
magis quam praesentium metimur formula; nihilque utile nisi quod ad uitae
illius aeternae prosit gratiam definimus, non quod ad delectationem praesen-
tis. Neque aliqua commoda in facultatibus et copiis opum constituimus, sed
incommoda haec putamus si non reiciantur: eaque oneri, cum sint, aestimari
magis quam dispendio, cum erogantur.

제9장 올바른 것과 이로운 것 사이에서

27. 철학자들은 의무가 올바름(honestum, 義)과 이로움(utile, 利)에서 나오고, 이 둘 가운데 더 나은 것을 선택하는 것이라고 생각합니다.[52] 그런데 올바른 것 두 가지와 이로운 것 두 가지가 함께 경쟁하면 어느 것이 더 올바르고 어느 것이 더 이로운지 살펴보게 됩니다. 의무는 처음에는 세 부분으로 나누어집니다. 올바른 것, 이로운 것, 그리고 더 나은 것입니다. 철학자들은 이 세 가지를 다시 다섯 가지로 구분했습니다. 곧, 올바른 것 두 가지, 이로운 것 두 가지, 그리고 무엇을 선택할지에 대한 판단입니다.[53] 첫 두 가지는 삶의 품격과 정직함에 관한 것이고, 두 번째 두 가지는 삶의 안락과 재산이나 부나 재력에 관한 것이며, 마지막 하나는 이 가운데 무엇을 선택할지에 대한 판단에 속한다고 합니다. 이것이 철학자들이 주장하는 바입니다.

28. 그러나 우리는 적절한 것과 올바른 것이 아니면 아무런 관심이 없습니다. 우리는 현재의 기준보다 미래의 기준으로 가늠하기 때문입니다. 우리는 현세의 쾌락 말고, 영원한 생명의 은총에 도움 되는 것이 아니라면 아무것도 이롭다고 정의하지 않습니다. 우리는 부와 재산의 풍요로움에서 어떠한 안락도 추구하지 않습니다. 오히려 이런 것을 거부하지 않으면 불편하다고 여깁니다. 나누어주는 것을 손실이라 여기기보다, 소유하는 것을 짐이라고 여기기 때문입니다.

---

52 암브로시우스는 키케로의 『의무론』 1,2,7-1,3,10의 논의를 이어간다. honestum과 utile의 의미에 관해서는 해제 참조.
53 다섯 가지 구분에 관해서는 키케로, 『의무론』 1,3,10 참조.

29. Non superfluum igitur scriptionis nostrae est opus quia officium diuersa aestimamus regula atque illi aestimauerunt. Illi saeculi commoda in bonis ducunt, nos haec etiam in detrimentis, quoniam qui hic recipit bona, ut ille diues, illic cruciatur et Lazarus qui mala hic pertulit, illic consolationem in- uenit. Deinde qui illa non legunt, nostra legent si uolent, qui non sermonum supellectilem neque artem dicendi sed simplicem rerum exquirunt gratiam.

10

30. Decorum autem in nostris Scripturis primo constitui loco—quod graece πρέπον dicitur—instruimur et docemur legentes : "Te decet hymnus, Deus, in Sion" uel graece: "Σοὶ πρέπει ὕμνος, ὁ Θεός, ἐν Σιών." Et apostolus ait: "Loquere quae decent sanam doctrinam." Et alibi: "Decebat autem eum per quem omnia et propter quem omnia, multis filiis in gloriam adductis, ducem salutis eorum per passionem consummari."

---

54 루카 16,25 참조.
55 성경을 일컫는다.
56 아름다움(pulchrum)이 어울림(decorum)과 알맞음(aptum)을 통해 실현된다는 당대의 미학을 암브로시우스는 성서적으로 설명한다. 여기서는 decorum을 어울림이라고 번역하되, 문맥에 따라서는 적절함이라고 옮기기도 했다.(『성직자의 의무』 1,26,122; 1,45,220-221 참조)
57 시편 64,2 참조.

29. 그러므로 우리가 [의무에 관하여] 집필하는 것은 지나친 일이 아닙니다. 왜냐하면 우리는 철학자들이 평가했던 것과는 다른 잣대로 의무를 평가하기 때문입니다. 철학자들은 세속 안락을 선이라고 여기지만, 우리는 이것조차 손실로 봅니다. 그 부자처럼 이 세상에서 부를 받아 누리는 사람은 저세상에서 고통을 겪게 되고, 이 세상에서 고통을 겪은 라자로는 저세상에서 위로를 얻기 때문입니다.[54] 철학자들의 책을 읽지 않는 사람들은 원한다면 우리 책[55]을 읽기 바랍니다. 그리하면 미사여구나 말솜씨가 아니라 사물의 단순한 멋을 발견하게 됩니다.

제10장 침묵의 절도, 말의 절도

30. 우리 성경에서 '어울림'(decorum)이라는 말은 첫 자리를 차지하는데, 그리스어로는 프레폰(πρέπον)이라고 합니다.[56] "하느님, 시온에서 당신을 찬양함이 어울립니다."[57] 또는 그리스어로 "소이 프레페이 힘노스, 호 테오스, 엔 시온"(Σοὶ πρέπει ὕμνος, ὁ Θεὸς, ἐν Σιών)이라는 말씀을 읽으면서 우리는 가르침을 받고 배우게 됩니다. 사도도 "그대는 건전한 가르침에 어울리는 말을 하십시오."[58]라고 합니다. 다른 곳에서는 이렇게 말합니다. "만물은 그분을 통하여 있고 만물은 그분으로 말미암아 있으니, 많은 자녀를 영광으로 인도하시기 위하여 그들 구원의 길잡이께서 수난을 통해 완전해지시는 것은 그분께 어울립니다."[59]

---

58 티토 2,1 참조.
59 히브 2,10 참조.

31. Numquid prior Panaetius, numquid Aristoteles qui et ipse disputauit de officio, quam Dauid, cum et ipse Pythagoras qui legitur Socrate antiquior, prophetam secutus Dauid legem silentii dederit suis? Sed ille ut per quinquennium discipulis usum inhiberet loquendi; Dauid autem non ut naturae munus imminueret, sed ut custodiam proferendi sermonis doceret. Et Pythagoras quidem ut non loquendo loqui doceret, Dauid ut loquendo magis disceremus loqui. Quomodo enim sine exercitio doctrina aut sine usu profectus?

32. Qui disciplinam bellicam uult adsequi, quotidie exercetur armis et tamquam in procinctu positus proludit proelium et uelut coram posito praetendit hoste, atque ad peritiam uiresque iaculandi uel suos explorat lacertos uel aduersariorum declinat ictus et uigilanti exit obtutu. Qui nauem in mari regere gubernaculis studet uel remis ducere, prius in fluuio praeludit. Qui canendi suauitatem et uocis adfectant praestantiam, prius sensim canendo uocem excitant. Et qui uiribus corporis legitimoque luctandi certamine coronam petunt, quotidiano usu palaestrae durantes membra, nutrientes patientiam, laborem

---

60 「성직자의 의무」1,7,24 참조.

61 아리스토텔레스(Aristoteles, 기원전 384-322년)는 고대 그리스 사상을 학문적으로 종합한 대표적 철학자이다.

62 성경의 지혜는 그리스 철학보다 더 오래되었고, 그리스 철학자들은 성경에서 진리를 얻어 썼다는 암브로시우스의 주장은 호교 교부를 비롯해 다양한 교부들이 즐겨 사용한 논리이다.

31. 파나이티오스[60]나 아리스토텔레스[61]도 의무에 관하여 논의했지만, 이들은 다윗보다 먼저 살았던 사람들이 아닙니다.[62] 소크라테스[63]보다 더 오래된 인물로 읽히는 피타고라스[64] 자신도 예언자 다윗[의 모범]을 따라 자기 제자들에게 침묵의 법을 주지 않았습니까? 그러나 피타고라스는 제자들에게 오 년 동안 말하는 습관을 금지하기 위해서 그렇게 했지만, 다윗은 본성의 일을 침해하기 위해서가 아니라 우리가 내뱉는 말을 경계하도록 가르치기 위해서 그리했습니다. 피타고라스는 말하지 않음으로써 말하는 법을 가르치려 했고, 다윗은 우리가 말을 함으로써 말하는 법을 더 잘 배우기를 바랐습니다. 어찌 연습 없이 배울 수 있겠으며, 실천 없이 진보할 수 있겠습니까?

32. 전투 기술을 갖추고자 하는 사람은 무기를 들고 날마다 훈련합니다. 그는 마치 전투태세를 갖춘 듯이 전술훈련에 참여하며 자기 앞에 적이 있다고 가정합니다. 또한 창을 던지는 기술과 힘을 키우기 위해 자신의 근력을 단련하거나, 적이 던지는 창을 피하고 경계하는 훈련을 합니다. 배의 키를 잡거나 노를 저어 바다에서 배를 몰고자 하는 사람은 먼저 강에서 연습합니다. 감미로운 노래를 빼어난 목소리로 부르고 싶은 사람은 우선 조금씩 노래하면서 목청을 틔웁니다. 체력을 겨루는 정규 시합에서 화관을 차지하려는 사람은 날마다 운동장에서 체력을 강화하고 지구력을 키우며

테르툴리아누스, 『호교론』 19,47; 『영혼론』 2; 아우구스티누스, 『그리스도교 교양』 2,28,107-108; G. Madec, *Saint Ambroise et la philosophie*, Paris 1974, 93 참조.

63 본격적인 의미에서 서양 철학을 출발시킨 소크라테스(Socrates, 기원전 428-348년)를 암브로시우스는 '철학의 최고 스승'(philosophiae summus magister)이라고 불렀다.(『시편 제118편 해설』 16,11 참조)

64 고대 그리스 철학자이자 수학자인 피타고라스(Pythagoras, 기원전 570-495년)를 가리킨다.

adsuescunt.

33. Nam ipsa natura nos in paruulis docet quod prius sonos meditantur loquendi ut loqui discant. Itaque sonus excitatio quaedam et palaestra uocis est. Ita ergo et qui uolunt discere cautionem loquendi, quod naturae est non negent; quod custodiae est exerceant: ut qui in specula sunt, speculando intendant, non dormiendo. Omnis enim res propriis ac domesticis exercitiis augetur.

34. Ergo Dauid tacebat non semper sed pro tempore, non iugiter neque omnibus sed irritanti aduersario: prouocanti peccatori non respondebat. Et sicut alibi ait: loquentes uanitatem et cogitantes dolum non audiebat quasi surdus, et quasi mutus non aperiebat illis os suum; quia et alibi habes: "Noli respondere imprudenti ad imprudentiam eius ne similis illi fias."

35. Primum igitur officium est loquendi modus. Hoc sacrificium laudis Deo dependitur, hoc reuerentia exhibetur cum Scripturae diuinae leguntur, hoc honorantur parentes. Scio loqui plerosque cum tacere nesciant. Rarum est tacere quemquam cum sibi non prosit loqui. Sapiens ut loquatur multa prius considerat: quid dicat, et cui dicat, quo in loco et tempore. Est ergo et tacendi

---

65 시편 37,13-14 참조.

피로에 지치지 않도록 단련합니다.

33. 자연 자체가 어린이들을 통해 우리에게 가르쳐주는데, 어린이들은 말을 배우기 위해 먼저 말소리를 내는 연습을 합니다. 소리는 일종의 깨우침이며 발성 훈련장입니다. 그러므로 이처럼 말하는 데 조심하는 법을 배우고자 하는 사람은 자연의 이치를 부정하지 말고, 지켜야 할 것을 연습하십시오. 잠자지 않고 경계근무를 서는 사람들처럼 주의 깊게 살피면서 지켜보아야 합니다. 모든 일은 자기만의 고유한 훈련으로 자라나는 법입니다.

34. 다윗은 늘 침묵을 지킨 것이 아니라 때에 따라 그렇게 했습니다. 그는 모든 이에게 계속 침묵한 것이 아니라 화를 부추기는 적대자에게 침묵했고, 충동질하는 죄인에게 대답하지 않았습니다. 다른 곳에서 말하는 바와 같이, 그는 허망한 말을 하고 잔머리를 굴리는 자들의 말을 귀머거리인 양 듣지 않았고, 벙어리인 양 자신의 입을 그들에게 열지 않았습니다.[65] 다음과 같은 말씀도 다른 곳에서 발견하게 됩니다. "우둔한 자에게 그 어리석음에 맞추어 대답하려 하지 마라. 너도 그와 비슷해지지 않게 하려는 것이다."[66]

35. 그러므로 첫째 의무는 말의 절도(節度)입니다. 이 절제된 말로 하느님께 찬미의 제사를 올리고, 성경이 봉독될 때 이것으로 존경을 표하고, 이 절제된 말로 부모는 존경을 받습니다. 사람들이 대부분 침묵할 줄 모르기 때문에 말한다는 사실을 나는 알고 있습니다. 말을 하는 것이 자신에게 도움이 되지 않는데도 침묵을 지키는 사람은 드뭅니다. 지혜로운 사람은 말하

---

66 잠언 26,4 참조.

et loquendi modus, est etiam factis modus. Pulchrum igitur tenere mensuram officii.

11

36. Officium autem omne aut medium aut perfectum est, quod aeque Scripturarum auctoritate probare possumus. Habemus etenim in Euangelio dixisse Dominum: "Si uis in uitam aeternam uenire, serua mandata. Dicit ille; Quae? Iesus autem dixit illi: Non homicidium facies, non adulterabis, non facies furtum, non falsum testimonium dices, honora patrem et matrem, et diliges proximum tuum sicut te ipsum." Haec sunt media officia quibus aliquid deest.

37. Denique, "Dicit illi adulescens: Omnia haec custodiui a iuuentute mea, quid adhuc mihi deest? Ait illi Iesus: Si uis perfectus esse, uade, uende omnia bona tua et da pauperibus et habebis thesaurum in caelo et ueni, sequere me." Et supra habes scriptum ubi diligendos inimicos et orandum dicit pro calumniantibus et persequentibus nos, et benedicere maledicentes, hoc nos facere debere si uolumus perfecti esse sicut Pater noster qui in caelo est, qui super

---

67 마태 19,17-19 참조.

기 위해 먼저 많은 것을 생각합니다. 무슨 말을 할 것인지, 누구에게 말할 것인지, 어디에서 언제 말할 것인지 생각합니다. 침묵의 절도가 있고, 말의 절도가 있으며, 행동의 절도가 있습니다. 그러므로 의무의 한도를 지키는 일은 아름답습니다.

제11장 완전한 의무인 자비

36. 모든 의무는 평범하거나 완전합니다. 우리는 이를 성경의 권위로 똑같이 증명할 수 있습니다. 주님께서 복음에서 하신 말씀을 우리는 알고 있습니다. "'네가 영원한 생명에 들어가려면 계명들을 지켜라.' 그가 '어떤 것들입니까?' 하고 말하자 예수님께서 그에게 이르셨다. '살인해서는 안 된다. 간음해서는 안 된다. 도둑질해서는 안 된다. 거짓 증언을 해서는 안 된다. 아버지와 어머니를 공경하여라. 그리고 네 이웃을 너 자신처럼 사랑해야 한다.'는 것이다."[67] 이것이 평범한 의무(medium officium)인데 무언가 부족한 것이 있습니다.

37. 그러자 "젊은이가 '이런 것들은 제 젊은 시절부터 다 지켜왔습니다. 아직도 저에게 무엇이 부족합니까?' 하고 그분에게 말하자, 예수님께서 그에게 이르셨다. '네가 완전해지려거든, 가서 너의 모든 재산을 팔아 가난한 이들에게 주어라. 그러면 네가 하늘에서 보물을 차지하게 될 것이다. 그리고 와서 나를 따라라.'"[68] 더 앞에서는 이렇게 기록된 말씀도 만나게 됩니다. 그분께서는 원수들을 사랑하고 우리를 모욕하고 박해하는 자들을 위

---

68 마태 19,20-21 참조.

bonos et malos solem iubet radios suos fundere et pluuiae rore terras uniuersorum sine ulla discretione pinguescere. Hoc est igitur perfectum officium, quod κατόρθωμα dixerunt Graeci, quo corriguntur omnia quae aliquos potuerunt lapsus habere.

38. Bona etiam misericordia quae et ipsa perfectos facit quia imitatur perfectum Patrem. Nihil tam commendat Christianam animam quam misericordia, primum in pauperes ut communes iudices partus naturae quae omnibus ad usum generat fructus terrarum, ut quod habes largiaris pauperi et consortem et conformem tuum adiuues. Tu nummum largiris, ille uitam accipit; tu pecuniam das, ille substantiam suam aestimat; tuus denarius census illius est.

---

69 마태 5,44-45 참조.

70 키케로는 완전한 의무(perfectum officium)와 평범한 의무(medium officium)를 구분했다. 완전한 의무란 최고선과 관련된 올곧음(rectum)을 추구하는 것이고, 평범한 의무란 일상 규범에 어울리는 그럴법한 행위(probabile)인데, 그리스인들은 이 완전한 의무를 '카토르토마'(κατόρθωμα)라 불렀고, 평범한 의무를 '카테콘'(καθῆκον)이라고 일컬었다는 것이다.(키케로, 『의무론』1,2,7-1,3,8 참조) 이제 암브로시우스는 완전한 의무란 전혀 새로운 삶의 방식인 복음적 완덕(perfectio evangelica)이라고 설명한다.(『성직자의 의무』3,2,10-11 참조)

71 키케로, 『의무론』1,7,22; 1,16,51 참조.

하여 기도하고 저주하는 이들에게 복을 빌어주라고 하십니다. 선인에게나 악인에게나 해가 제 빛을 쏟아붓게 하시고 온 땅을 아무런 차별 없이 빗방울로 적셔주시는 하늘에 계신 우리 아버지처럼 완전해지고자 한다면 우리도 이렇게 해야 한다는 것입니다.[69] 이것이 바로 그리스인들이 카토르토마 (κατόρθωμα)라고 부르는 완전한 의무(perfectum officium)입니다. 이로써 무언가 부족할 수 있었던 모든 것이 바로잡히게 됩니다.[70]

38. 자비도 선한 것입니다. 자비 자체도 완전하신 아버지를 닮아 완전한 사람들을 만들기 때문입니다. 그 어느 것도 자비보다 더 그리스도인의 영혼을 값지게 하는 것은 없습니다. 자비는 가난한 이들 가운데 우선적으로 실현되어야 합니다. 자연의 소출은 공동의 것으로 여겨야 하기 때문입니다. 자연은 땅의 열매를 모든 이가 함께 사용하도록 낳습니다.[71] 그리하여 그대는 가진 것을 가난한 이에게 베풀어줌으로써, 그대와 같은 모습을 지닌 그대의 공동 상속자[72]를 돕게 됩니다. 그대는 동전을 베풀지만 그는 생명을 얻습니다. 그대는 푼돈을 주지만 그는 자기 전 재산이라고 여깁니다. 그대의 푼돈이 그의 재산입니다.

---

72 암브로시우스는 재화의 보편적 목적을 강조하기 위해 '자연의 공동 상속자'(consors naturae)라는 말을 즐겨 사용한다.(『나봇 이야기』 1,2; 8,40; 『토빗 이야기』 14,48; 『시편 제118편 해설』 1,14; 『엘리야와 단식』 5,11; 『편지』 63,112 참조) 이 주제에 관하여 더 자세한 연구는 Ambrogio di Milano, *De Nabuthae historia*, a cura di S. Palumbo, Bari 2012, 103-106; M. Poirier, "Consors naturae chez saint Ambroise. Copropriété de la nature ou communauté de nature?" dans *Atti del Congresso Internazionale di studi ambrosiani nel XVI centenario della elevazione di sant'Ambrogio alla cattedra episcopale*, Milano 2-7 dicembre 1974, Vita e Pensiero Pubblicazioni della Università Cattolica, Milano, vol. II, 325-335 참조.

39. Ad haec plus ille tibi confert cum sit debitor salutis; si nudum uestias, te ipsum induis iustitiam; si peregrinum sub tectum inducas tuum, si suscipias egentem, ille tibi acquirit sanctorum amicitias et aeterna tabernacula. Non mediocris ista gratia: corporalia seminas et recipis spiritalia. Miraris iudicium Domini de sancto Iob? Mirare uirtutem eius qui poterat dicere: "Oculus eram caecorum, pes claudorum. Ego eram infirmorum pater, uelleribus agnorum meorum calefacti sunt humeri eorum. Foris non habitabat peregrinus, ostium autem meum omni uenienti patebat." Beatus plane de cuius domo numquam uacuo sinu pauper exiuit neque enim quisquam magis beatus quam qui intellegit super pauperis necessitatem et infirmi atque inopis aerumnam. In die iudicii habebit salutem a Domino quem habebit suae debitorem misericordiae.

12

40. Sed plerique reuocantur ab officio dispensatricis misericordiae dum putant hominis actus non curare Dominum aut nescire eum quid in occultis geramus, quid teneat nostra conscientia, aut iudicium eius nequaquam iustum

---

73 욥 29,15-16 참조.
74 욥 31,20 참조.

39. 그 사람은 구원의 빚쟁이이기 때문에 이 도움에 대하여 더 많은 것을 그대에게 되돌려줍니다. 그대가 헐벗은 이를 입혀주면 그대 자신에게 정의를 입히는 것입니다. 그대가 나그네를 그대의 지붕 아래 맞아들이고 궁핍한 이를 환대하면 그 사람은 성인들의 우정과 영원한 장막을 그대에게 마련해 줍니다. 이것은 하잘것없는 은총이 아닙니다. 그대는 물질적인 것을 씨 뿌리지만 영적인 것을 거두기 때문입니다. 그대는 거룩한 욥에게 내린 주님의 판결에 감탄합니까? 이렇게 말할 수 있었던 욥의 덕을 감탄해야 합니다. "나는 눈먼 이들의 눈이었고, 다리 저는 이에게 다리였지. 나는 약한 이들의 아버지였고[73], 그들의 어깨가 내 양털로 따뜻해졌다네.[74] 나그네가 밖에서 묵지 않았고, 나의 문을 모든 길손에게 열어두었다네."[75] 가난한 이를 자기 집에서 빈 주머니로 떠나보내는 법이 결코 없는 사람은 참으로 행복합니다. 가난한 이들의 곤궁과 약하고 궁핍한 이들의 고충을 생각해 주는 이보다 더 행복한 사람은 아무도 없습니다. 그는 심판의 날에 주님께 구원받을 것입니다. 그는 주님을 자신이 베푼 자비의 빚쟁이로 모실 것이기 때문입니다.

제12장 의인의 일시적 고통과 악인의 영원한 벌

40. 그러나 자비를 베풀어야 하는 의무를 게을리하는 사람들이 많은데, 이는 주님께서 인간의 행위에 무관심하시거나 우리가 남몰래 하는 일과 우리 양심이 품고 있는 것을 모르신다고 생각하기 때문입니다. 그런데 죄인들이 넘치는 부를 누리고 명예와 건강과 자식 복을 즐기는데도, 그와는 반대로

---

75 욥 31,32 참조.

uideri quando peccatores diuitiis abundare uident, gaudere honoribus, sanita-
te, liberis; contra autem iustos inopes degere, inhonoros, sine liberis, infirmos
corpore, luctu frequenti.

41. Nec mediocris ea quaestio quandoquidem tres illi reges amici Iob prop-
terea eum peccatorem pronuntiabant quia inopem factum ex diuite, orbatum
liberis ex fecundo parente, perfusum ulceribus, inhorrentem uibicibus, exa-
ratum uulneribus a capite usque ad pedes uidebant. Quibus hanc sanctus Iob
proponit adsertionem: Si ego propter peccata mea haec patior, "cur impii uiu-
unt? Inueterauerunt autem et in diuitiis semen eorum secundum uoluntatem,
filii eorum in oculis, domus ipsorum abundant, timor autem nusquam: flagel-
lum autem a Domino non est in ipsis."

42. Haec uidens infirmus corde exagitatur et studium auertit suum. Cuius
dicturus sermones ante sanctus praemisit Iob dicens: "Portate me, ego autem
loquar, deinde ridete me. Nam etsi arguor, quasi homo arguor. Portate ergo
onus sermonum meorum." Dicturus enim sum quod non probo, sed ad uos
redarguendos proferam sermones iniquos. Aut certe quia ita est uersus: "Quid
autem? Numquid ab homine arguor?" hoc est homo me non potest redarguere
quia peccaui, etsi argui dignus sum; quia non ex euidenti culpa me arguitis,

---

76 욥의 세 친구 엘리파즈와 발닷과 초바르를 일컫는다. 『성직자의 의무』 1,39,195; 3,22,138
참조.
77 욥 21,7-9 참조.
78 욥 21,3-4 참조.

의인들은 가난하게 살고 불명예를 겪으며 자식도 없이 육체적 병고에 시달리며 불행한 일을 자주 겪는 것을 보면, 그분의 심판은 결코 정의로워 보이지 않습니다.

41. 욥의 친구들인 세 임금[76]이 욥을 죄인이라고 선언했다는 사실을 생각해 보면 이런 질문은 쓸데없는 것이 아닙니다. 욥이 부자였다가 가난뱅이가 되었고, 자녀 많은 아버지였다가 자식들을 잃었으며, 부스럼이 돋아나고 머리에서 발까지 끔찍한 상처투성이가 된 것을 그들이 보았기 때문입니다. 거룩한 욥은 그들에게 이렇게 항변했습니다. 내가 내 죄 때문에 이런 일을 당하고 있다면, "어째서 악인들이 살아 있는가? 그들은 늙더라도 그 후손들이 바라는 대로 부를 누리고, 자녀들은 그들 눈앞에 있고, 그들의 집은 번성하여 두려움이 없고, 주님의 회초리는 그들에게 내리지도 않아."[77]

42. 나약한 사람이 이런 일을 보게 되면 마음이 혼란스러워져 자신의 열정을 딴 데로 돌리게 마련입니다. 이런 사람이 말을 늘어놓기에 앞서 거룩한 욥은 이렇게 먼저 말합니다. "나를 참아주게나, 내가 말을 하게. 그다음에 나를 비웃게. 내가 비난받는다 해도 비난받는 나도 인간이라네. 그러니 내 말이 지닌 무게를 견디어주게."[78] 나는 내가 인정하지 못하는 점을 말하겠지만, 그대들을 반박할 언짢은 말도 하겠다는 뜻입니다. 아니면 그 구절은 분명 이런 뜻일 것입니다. "그런데 왜? 도대체 무엇 때문에 내가 사람에게서 비난받는단 말인가?"[79] 풀어서 말하면 이렇습니다. "설령 내가 비난받아 마땅하다 할지라도 내가 죄를 지었다고 해서 인간이 나를 비난할 수는 없

---

79 욥 21,4 참조.

sed ex iniuriis aestimatis merita delictorum. Videns ergo infirmus abundare iniustos successibus prosperis, se autem atteri, dicit Domino: "Discede a me, uias tuas scire nolo; quid prodest quia seruiuimus ipsi, aut quae utilitas quia occurrimus ipsi? In manibus eorum omnia bona, opera autem impiorum non uidet."

43. Laudatur in Platone quod in Politia sua posuit, eum qui contra iustitiam disputandi partes recepisset, postulare ueniam dictorum quae non probaret, et ueri inueniendi atque examinandae disputationis gratia illam sibi impositam personam dicere. Quod eousque Tullius probauit ut ipse in libris quos scripsit de Republica, in eam sententiam dicendum putauerit.

44 Quanto antiquior illis Iob qui haec primus repperit nec eloquentiae phale-randae gratia sed ueritatis probandae praemittenda aestimauit! Statimque ipse quaestionem enodem reddidit subiciens quod "exstinguatur lucerna impiorum et futura sit eorum euersio", non falli Deum doctorem sapientiae et discipli-nae sed esse ueritatis iudicem; et ideo non secundum forensem abundantiam aestimandam beatitudinem singulorum sed secundum interiorem conscien-

---

80 욥 21,14-16 참조.
81 플라톤, 『국가』 2,358c-d 참조.
82 키케로, 『국가』 3,5,8 참조.

다네. 자네들은 분명한 잘못을 근거로 나를 비난하는 것이 아니라, 나에게 닥친 고약한 현실이 마땅한 죄의 결과라고 여길 따름일세." 불의한 이들이 끊임없는 부귀영화로 풍요를 누리는데도 자기는 고통에 짓눌리는 것을 보면서 나약한 사람은 주님께 이렇게 말합니다. "나에게서 물러가십시오. 당신의 길을 알고 싶지 않습니다. 우리가 그분을 섬긴 것이 무슨 도움이 되고, 우리가 그분께 달려간 것이 무슨 유익이 됩니까? 모든 재물이 악인들의 손아귀에 있는데도, 그분은 그 행실을 보지 않으십니다."[80]

43. 플라톤이 그의 『국가』에서 한 말을 두고 사람들은 칭송합니다. 곧, 정의에 맞서 토론하는 역할을 맡은 사람은 자신이 동의하지 않는 말을 한 데 대하여 용서를 청하고, 자신은 진리를 찾아내고 토론을 진행하기 위해 그런 개인적 임무를 맡았을 따름이라고 말해야 한다는 것입니다.[81] 툴리우스[키케로]는 이에 동의하여 자신이 저술한 『국가』라는 책에서 그런 견해를 말해야 한다고 생각했습니다.[82]

44. 말을 꾸미기 위해서가 아니라 진리를 드러내야 한다고 판단하여 처음으로 이런 주장을 한 욥은 이들보다 얼마나 더 오래된 인물입니까! 욥 자신도 이런 말을 덧붙이면서 문제를 곧바로 되돌려 명쾌하게 바로잡았습니다. "악인들의 등불이 꺼졌으니 그들의 파멸이 가까웠다."[83] 지혜와 훈육의 스승이신 하느님께서는 그르치시는 법이 없는 진리의 심판관이십니다. 개인의 행복은 외적 풍요에 따라 매겨지는 것이 아니라 내적 양심에 따라 평가됩니다. 내적 양심이란 무죄한 이와 악인들의 상급을 식별하는 능력이며,

---

83 욥 21,17 참조.

tiam quae innocentium et flagitiosorum merita discernit, uera atque incorrupta poenarum praemiorumque arbitra. Moritur innocens in potestate simplicitatis suae, in abundantia propriae uoluntatis, sicut adipe repletam animam gerens. At uero peccator quamuis foris abundet deliciis diffluat, odoribus fragret, in amaritudine animae suae uitam exigit et ultimum diem claudit, nihil eorum quae epulatus fuerit referens boni, nihil secum auferens nisi pretia scelerum suorum.

45. Haec cogitans nega, si potes, diuini esse iudicii remunerationem. Ille suo adfectu beatus, hic miser; ille suo iudicio absolutus, hic reus; ille in exitu laetus, hic maerens. Cui absolui potest qui nec sibi innocens est? Dicite, inquit, mihi, ubi est protectio tabernaculorum eius? Signum eius non inuenietur. Vita etenim facinorosi ut somnium: aperuit oculos? Transiuit requies eius, euanuit delectatio. Licet ipsa quae uidetur, etiam dum uiuunt, impiorum requies in inferno sit: uiuentes enim in inferna descendunt.

46. Vides conuiuium peccatoris, interroga eius conscientiam. Nonne grauius omnibus foetet sepulcris? Intueris laetitiam eius et salubritatem miraris corporis, filiorum atque opum abundantiam; introspice ulcera et uibices animae

---

84 암브로시우스, 『나봇 이야기』 1,2-3 참조.

상벌을 결정하는 참되고 부패하지 않은 재판관입니다. 무죄한 사람은 자기 단순성의 힘으로 마치 향 기름 가득한 영혼처럼 자신의 의지를 충만하게 유지한 채 죽음을 맞이합니다. 그러나 죄인은 겉으로는 풍요롭고 쾌락이 넘쳐나고 향기를 풍기지만, 그 영혼의 쓰라림 속에서 삶을 끝내고 마지막 날을 마감합니다. 그는 잔칫상에서 탐닉했던 것들 가운데 어떤 재물도 거두어 가지 못하고, 자기 죄악의 대가 말고는 아무것도 함께 가져가지 못합니다.[84]

45. 그대, 할 수만 있다면, 이 점을 생각하면서도 보상이 하느님의 결정이라는 사실을 부인해 보십시오. 저 사람은 자기 마음으로 행복하지만 이자는 비참합니다. 저 사람은 자기 판단으로 죄를 용서받았지만 이자는 유죄입니다. 저 사람은 세상을 떠날 때 기뻐하지만 이자는 한탄합니다. 자신에게 무죄하지 않은 자가 누구에게 죄를 용서받을 수 있겠습니까? 욥은 말합니다. "자네들은 나에게 말해 보게. 악인의 천막은 어디에서 보호받는가?"[85] 그 표지는 보이지 않습니다. 파렴치한 인간의 삶은 꿈과 같습니다. 그가 눈을 떴습니까? 그의 휴식은 지나갔고, 쾌락은 사라졌습니다. 그럴듯해 보이는 쾌락이 허용될지라도 악인들의 휴식은 살아 있는 동안에도 지옥에 있을 것입니다. 그들은 살아 있으면서 지옥에 내려갑니다.

46. 그대는 죄인의 잔치를 지켜보고 그의 양심을 살펴보십시오. 온갖 무덤보다 더 고약하게 악취를 풍기지 않습니까? 그대는 그의 쾌락을 뚫어지게 바라보고, 육체적 건강과 자식과 재산의 풍요를 경탄합니다. 그러나 그 영

---

85 욥 21,28 참조.

eius, et cordis maestitudinem. Nam de opibus quid loquar cum legeris: "Quia non in abundantia est uita eius", cum scias quia etsi tibi uideatur diues, sibi pauper est, et tuum iudicium suo refellat? De multitudine quoque filiorum et de indolentia quid loquar cum se ipse lugeat et sine herede futurum iudicet, cum imitatores sui successores suos esse nolit? Nulla enim haereditas peccatoris. Ergo impius ipse sibi poena est, iustus autem ipse sibi gratia; et utrique aut bonorum aut malorum operum merces ex se ipso soluitur.

13

47. Sed reuertamur ad propositum ne diuisionem factam praeteriisse uideamur qua occurrimus opinioni eorum qui uidentes sceleratos quosque diuites, laetos, honoratos, potentes, cum plerique iustorum egeant atque infirmi sint, putant uel Deum nihil de nobis curare, ut epicurei dicunt, uel nescire actus hominum, ut flagitiosi putant, uel si scit omnia, iniquum esse iudicem ut bonos egere patiatur, abundare improbos. Nec superfluus uelut quidam excursus fuit ut opinioni huiusmodi ipsorum adfectus responderet quos beatos iudicant cum ipsi se miseros putent. Arbitratus enim sum quod ipsi sibi facilius quam

---

86 루카 12,15 참조.

87 고대 그리스 철학자 에피쿠로스(Epicurus, 기원전 341-271년)를 추종하던 에피쿠로스학파
는 신들이 '세상과 동떨어진 곳'(intermundia)에서 인간사에 무심한 채 살아간다고 생각했다.
키케로, 『신들의 본성』 1,18-56 참조.

혼의 종기와 부스럼, 마음의 비탄을 들여다보십시오. "그의 생명은 풍요에 달려 있지 않다."[86]는 말씀을 그대가 읽었고, 그대 눈에는 그가 부유해 보이겠지만 그는 자기 눈에는 가난하며, 그의 판단으로 그대의 판단을 반박하고 있으니, 재물에 관해서 내가 무슨 말을 하겠습니까? 자기 후계자들이 자신을 본받고 싶어 하지 않는다며 신세를 한탄하고 상속자 없이 지내리라고 다짐하는 마당에, 그 많은 자식과 그 비정함에 관해서도 내가 무슨 말을 하겠습니까? 그러므로 죄인의 유산은 아무것도 없습니다. 악인은 자기가 자신에게 벌(罰)이지만, 의인은 자기가 자신에게 은총입니다. 둘 다 선행의 상급이든 악행의 상급이든 자기 자신에게서 해결합니다.

제13장 하느님은 무심하다는 철학자들의 오해

47. 그렇지만 본디 주제로 다시 돌아갑시다. 우리가 그들의 견해만 반박해 놓고 세부 내용은 얼렁뚱땅 넘어가는 사람으로 보이고 싶지는 않습니다. 악인들은 부유하고 즐겁고 명예롭고 권력을 누리지만 의인들 대부분은 가난하고 힘없는 현실을 보면서, 사람들은 에피쿠로스학파가 주장하는 것처럼 하느님께서 우리에게 아무런 관심도 기울이지 않으신다고 여기거나[87], 파렴치한 이들이 생각하는 것처럼 하느님께서 인간의 행위를 알지 못하신다고 생각합니다. 또 어떤 사람들은 만일 하느님께서 모든 것을 알고 계신다면 불공평한 심판관이라고 생각합니다. 왜냐하면 하느님께서는 선한 이들이 궁핍을 겪게 하시고 악한 이들은 풍요를 누리게 하시기 때문이라는 것입니다. 스스로 비참하다고 여기는데도 남들에게 행복하다는 평가를 받는 자들의 심정으로 이러한 견해에 답하는 것이 지나치게 논제를 벗어난 일은 아닐 것입니다. 그들은 우리보다는 자신들을 더 쉽게 신뢰한다고 나는

nobis crederent.

48. Quo decurso, procliue aestimo ut refellam cetera et primo eorum adsertionem qui Deum putant curam mundi nequaquam habere, sicut Aristoteles adserit usque ad lunam eius descendere prouidentiam. Et quis operator neglegat operis sui curam? Quis deserat et destituat quod ipse condendum putauit? Si iniuria est regere, nonne est maior iniuria fecisse, cum aliquid non fecisse nulla iniustitia sit, non curare quod feceris summa inclementia?

49. Quod si aut Deum creatorem suum abnegant aut ferarum et bestiarum se haberi numero censent, quid de illis dicamus qui hac se condemnant iniuria? Per omnia ire Deum ipsi adserunt et omnia in uirtute eius consistere, uim et maiestatem eius per omnia elementa pentrare terras, caelum, maria; et putant iniuriam eius si mentem hominis qua nihil nobis ipse praestantius dedit, penetret et diuinae maiestatis ingrediatur scientia?

50. Sed horum magistrum uelut ebrium et uoluptatis patronum, ipsi qui putantur sobrii irrident philosophi. Nam de Aristotelis opinione quid loquar qui

---

88 아리스토텔레스, 『형이상학』 12,9 참조. 많은 교부가 이 견해를 반박했다. 타티아누스, 『그리스인을 향한 연설』*Oratio ad Graecos* 2; 알렉산드리아의 클레멘스, 『그리스인을 향한 권고』 *Protrepticus ad Graecos* 5,66,4; 『양탄자』 5,90,3; 오리게네스, 『로마서 강해』 3,1; 나지안

생각했습니다.

48. 여기까지 얘기했으니, 다른 견해는 쉽게 반박할 수 있으리라고 봅니다. 첫째, 아리스토텔레스처럼 하느님은 이 세상에 전혀 관심 없다고 생각하는 사람들의 주장입니다. 아리스토텔레스는 하느님의 섭리는 달까지만 내려온다고 주장했습니다.[88] 어떤 장인이 자기 작품을 돌보는 데 소홀하겠습니까? 자신이 만들기로 작정한 것을 누가 내팽개치고 처박아 두겠습니까? 만일 [소홀하게] 다스리는 것이 잘못이라면, 그것을 만들어낸 것은 더 큰 잘못 아니겠습니까? 어떤 것을 만들어내지 않은 것은 아무런 잘못도 아니지만, 만들어놓고도 돌보지 않는 것은 지극한 몰인정 아니겠습니까?

49. 하느님이 자신의 창조자이심을 부정하거나, 자신이 맹수와 짐승과 한 통속이라고 여기면서 이런 모욕으로 자신을 저주하는 이들[89]에 대하여 우리가 무슨 말을 하겠습니까? 그들은 주장하기를, 하느님은 모든 곳에 다니시고 모든 것은 그분 능력으로 존속하며, 그분의 힘과 위엄은 땅과 하늘과 바다 모든 요소에 스며들어 있다고 합니다. 그런데도 하느님께서 우리에게 주신 비할 데 없이 탁월한 인간 정신에 하느님의 위엄 있는 지혜가 스며들어 온다고 해서 그것을 그분의 불법이라고 여기는 것입니까?

50. 맑은 정신을 지녔다는 평가를 받는 철학자들[90]은 이렇게 가르치는 사람들을 술주정과 쾌락의 수호자라고 비웃습니다. 그렇다면 아리스토텔레

주스의 그레고리우스, 『연설』 27,9; 키루스의 테오도레투스, 『그리스인이 전염시킨 병에 대한 치료』 5,47; 6,7 참조.

89 에피쿠로스학파를 가리킨다.

putat Deum suis contentum esse finibus et praescripto regni modo degere, ut poetarum loquuntur fabulae qui mundum ferunt inter tres esse diuisum ut alii caelum, alii mare, alii inferna coercenda imperio sorte obuenerint; eosque cauere ne usurpata alienarum partium sollicitudine inter se bellum excitent? Similiter ergo adserit quod terrarum curam non habeat sicut maris uel inferni non habet. Et quomodo ipsi excludunt quos sequuntur poetas?

14

51. Sequitur illa responsio utrum Deum, si operis sui curam non praeterit, praetereat scientia. Ergo: "Qui plantauit aurem, non audit? Qui finxit oculum, non uidet, non considerat?"

52. Non praeteriit haec uana opinio sanctos prophetas. Denique Dauid inducit eos loquentes quos superbia inflatos adserit. Quid enim tam superbum quam

---

90 스토아학파와 키케로를 가리킨다. 키케로, 『투스쿨룸 대화』 3,17,36-3,21,51; 『최고선악론』 2 참조.

91 위-아리스토텔레스, 『세계』De mundo 398b 참조.

92 호메로스, 『일리아스』 15,187-199 참조.

스의 견해에 대하여 내가 무슨 말을 하겠습니까? 아리스토텔레스는 하느님은 당신 영역에 만족하고 정해진 통치 방식대로 살아간다고 생각합니다.[91] 이것은 시인들의 이야기가 들려주는 바와 같은데, 시인들은 세상이 세 존재로 나누어져 있다고 합니다. 어떤 존재에게는 하늘을, 어떤 존재에게는 바다를, 어떤 존재에게는 지하 세계를 다스릴 운명이 맡겨졌다는 것입니다. 그리고 그들은 다른 존재들의 영역을 강탈함으로써 자기들 사이에 전쟁이 일어나지 않도록 조심한다고 합니다.[92] 아리스토텔레스도 이와 비슷하게 하느님은 바다나 지하 세계에 관심이 없듯 땅에도 관심이 없다고 주장합니다.[93] 어찌하여 철학자들은 자신들이 추종하는 그 시인들을 배척합니까?

제14장 하느님은 무지하다는 철학자들의 오해

51. 당신 작품에 대한 관심이 하느님께 부족하다면 지식도 부족하지는 않을까 하는 물음에는 이런 응답이 이어집니다. "귀를 심으신 분께서 듣지 못하신단 말이냐? 눈을 빚으신 분께서 보지 못하고 살펴보지 못하신단 말이냐?"[94]

52. 이런 헛된 생각은 거룩한 예언자들도 비껴가지 않습니다. 다윗은 자만심으로 부풀어 오른 사람들이 떠벌리도록 유도합니다. 자신은 죄 아래에 있으면서도 "주님, 언제까지 죄인들이, 언제까지나 죄인들이 자랑하리까?'"[95]

---

93 아리스토텔레스, 『형이상학』 1074b,1-4; 『정치』 1269b,27-31; 1341b,2-7 참조.
94 시편 93,9 참조.

cum ipsi sub peccato sint, alios indigne ferant peccatores uiuere, dicentes: "Vsquequo peccatores, Domine, usquequo peccatores gloriabuntur?" Et infra: "Et dixerunt: Non uidebit Dominus neque intellegit Deus Iacob." Quibus respondit propheta dicens: "Intellegite nunc insipientes in populo et stulti aliquando sapite. Qui plantauit aurem, non audit? Et qui finxit oculum, non considerat? Qui corripit gentes, non arguit, qui docet hominem scientiam? Dominus scit cogitationes hominum quoniam uanae sunt." Qui ea quaecumque uana sunt deprehendit, ea quae sancta sunt nescit et ignorat quod ipse fecit? Potest opus suum ignorare artifex? Homo est et in opere suo latentia deprehendit. Et Deus opus suum nescit? Altius ergo profundum in opere quam in auctore: et fecit aliquid quod supra se esset cuius meritum ignoraret auctor, cuius adfectum nesciret arbiter? Haec illis.

53. Ceterum nobis satis est ipsius testimonium qui ait: "Ego sum scrutans corda et renes." Et in Euangelio quod ait Dominus Iesus: "Quid cogitatis mala in cordibus uestris?" Sciebat enim quod cogitarent mala. Denique euangelista testatur dicens: "Sciebat enim Iesus cogitationes eorum."

---

95 시편 93,3.
96 시편 93,7 참조.
97 시편 93,8-11 참조.
98 예레 17,10 참조.

라는 말로 다른 죄인들이 살아 있는 것을 못마땅해하는 것보다 더 교만한 일이 무엇이겠습니까? 그 아래에서는 "그들은 말했나이다. 주님은 보지 않으리라. 야곱의 하느님은 인식하지 못한다."[96]고 합니다. 그들에게 예언자는 이렇게 대답합니다. "백성 가운데 미련한 자들아, 이제 깨달아라. 어리석은 자들아, 언젠가는 알아들어라. 귀를 심으신 분께서 듣지 못하신단 말이냐? 눈을 빚으신 분께서 살펴보지 못하신단 말이냐? 민족들을 징계하시고 인간에게 지식을 가르치시는 분께서 벌하지 않으신다는 말이냐? 주님께서는 사람들의 생각이 헛되다는 것을 알고 계신다."[97] 이 모든 것이 헛되다는 것을 파악하고 계신 분께서 무엇이 거룩한 것인지를 알지 못하고 몸소 만드신 것을 모르신단 말입니까? 예술가가 자기 작품을 모를 수 있겠습니까? 그는 사람일 뿐인데도 자기 작품 안에 숨어 있는 것을 알아차립니다. 하물며 하느님께서 당신 작품을 모르신단 말입니까? 그렇다면 작품의 깊이가 작가보다 더 심오하다는 말입니까? 창조자도 그 가치를 모르고, 심판관도 그 성정을 알지 못하는 그 무언가를 당신 위에 만들어놓으셨단 말입니까? 이것이 이런 사람들의 주장입니다.

53. 다른 것들은 이렇게 말씀하시는 분 자신의 증언을 듣는 것으로 우리에게 넉넉합니다. "나는 마음과 콩팥을 살피는 이다."[98] 그리고 복음에서 주 예수님께서 이렇게 말씀하십니다. "너희는 어찌하여 너희 마음속으로 악한 것을 생각하느냐?"[99] 예수님께서는 그들이 악한 것을 생각했다는 사실을 알고 계셨습니다. 복음서 저자도 이렇게 증언합니다. "예수님께서 그들의 생각을 아셨다."[100]

---

99 루카 5,22 참조.

54. Quorum non poterit satis mouere opinio si facta eorum consideremus. Nolunt supra se esse iudicem quem nihil fallat, nolunt ei dare occultorum scientiam qui metuunt occulta sua prodi. Sed etiam Dominus sciens opera eorum tradidit eos in tenebras: "In nocte, inquit, erit fur. Et oculus adulteri seruabit tenebras dicens: Non considerauit me oculus, et latibulum personae posuit suae." Omnis enim qui lucem fugit, diligit tenebras studens latere cum Deum latere non possit qui intra profundum abyssi et intra hominum mentes non solum tractata sed etiam uoluenda cognoscit. Denique et ille qui dicit in Ecclesiastico: "Quis me uidet? Et tenebrae operiunt me et parietes, quem uereor?" quamuis in lecto suo positus haec cogitet, ubi non putauerit comprehenditur. "Et erit, inquit, dedecus quod non intellexerit timorem Dei."

55. Quid autem tam stolidum quam putare quod Deum quidquam praetereat, cum sol qui minister luminis est etiam abdita penetret et in fundamenta domus uel secreta conclauia uis caloris eius irrumpat? Quis neget uerna temperie tepefieri interiora terrarum quas glacies hiberna constrinxerit? Norunt ergo arborum occulta uim caloris uel frigoris adeo ut radices arborum aut urantur frigore aut fotu solis uirescant. Denique ubi clementia caeli adriserit, uarios

---

100   루카 6,8 참조.
101   욥 24,14-15 참조.

54. 그들의 행실을 살펴본다면 이런 자들의 견해가 우리를 심하게 뒤흔들 수는 없을 것입니다. 이들은 아무것도 그르치실 수 없는 심판관이 자신들 위에 계시는 것을 원치 않습니다. 자신들의 비밀이 드러날까 두려워하는 그들은 감추어진 것들에 대한 지식을 그분 몫으로 내어드리려 하지 않습니다. 그러나 그들의 행실을 아시는 주님께서도 그들을 어둠에 넘기셨습니다. "그는 밤에는 도둑이 될 것이네. 간음하는 자의 눈은 '어떤 눈도 나를 못 보았다.'고 말하면서 어둠을 지킬 것이네. 그리고 자기 얼굴에 가면을 씌웠 다네."[101]라고 말씀하셨습니다. 빛을 피하는 모든 이는 숨으려고 애쓰면서 어둠을 사랑합니다. 그러나 심연 그윽한 곳과 인간의 마음속에서 행한 일 뿐 아니라 바라는 일까지 알고 계시는 하느님을 피해 숨을 수는 없습니다. 코헬렛에서 이렇게 말하는 이가 바로 그런 자입니다. "누가 날 보겠는가? 어둠과 벽들이 날 숨겨줄 텐데. 내가 누구를 두려워하랴?"[102] 그는 자기 침 대에 누워 이렇게 생각할지라도, 생각지도 못한 곳에서 덜미를 잡힙니다. "그는 하느님에 대한 두려움을 깨닫지 못했기 때문에 망신을 당하리라."[103]

55. 하느님을 비껴갈 수 있는 그 무엇이 있다고 생각하는 것처럼 어리석은 일이 무엇이겠습니까? 빛의 봉사자인 해는 숨은 곳도 뚫고 들어가고, 태양 열의 힘은 집의 토대나 밀실에도 스며들지 않습니까? 겨울의 얼음으로 굳 어진 땅속도 봄 날씨로 데워진다는 사실을 누가 부인하겠습니까? 나무들 의 숨겨진 부분은 더위나 추위의 힘을 알게 되어, 나무들의 뿌리가 추위에 말라비틀어지거나 햇볕의 온기에 생기를 띱니다. 하늘의 온화함이 미소 짓

---

102 코헬 23,25(대중 라틴어 역본 불가타: 이하 불가타); 23,18(그리스어 칠십인 역본: 이하 칠 십인역) 참조.
103 코헬 23,31(불가타) 참조.

terra se fundit in fructus.

56. Si igitur radius solis fundit lumen suum super omnem terram et in ea quae clausa sunt inserit nec uectibus ferreis aut grauium ualuarum obicibus quominus penetret impeditur, quomodo non potest intelligibilis Dei splendor in cogitationes hominum et corda semet quae ipse creauit inserere? Sed ea quae ipse fecit non uidet, et fecit ut meliora sint quae facta sunt et potentiora quam ipse est qui ea fecit, ut possint quando uolunt cognitionem sui operatoris latere? Tantam ergo uirtutem et potestatem inseruit mentibus nostris ut eam comprehendere cum uelit, ipse non possit?

15

57. Duo absoluimus et, ut arbitramur, non incongrue nobis huiusmodi cecidit disputatio. Tertium genus quaestionis residet huiusmodi: cur peccatores abundent opibus et diuitiis, epulentur iugiter, sine maerore, sine luctu; iusti autem egeant et adficiantur aut coniugum amissione aut liberorum? Quibus satisfacere debuit illa Euangelii parabola quod diues bysso et purpura induebatur et epulas copiosas exhibebat quotidie; pauper autem plenus ulcerum de mensa eius colligebat reliquias. Post obitum uero utriusque, pauper erat in sinu Abrahae requiem habens, diues autem in suppliciis. Nonne euidens est meritorum

---

104 하느님은 피조물을 돌보시는가(하느님의 무심함), 하느님은 피조물을 아시는가(하느님의 무지함)의 문제이다.

는 곳에서, 땅은 온갖 열매를 내는 법입니다.

56. 햇살이 온 땅 위에 제 빛을 쏟아붓고, 닫혀 있는 곳에도 뚫고 들어가 철창이나 육중한 문의 빗장으로도 그 침투가 막히지 않는다면, 어찌하여 당신 몸소 창조하신 사람의 생각과 마음으로 하느님 예지의 광채가 꿰뚫고 들어갈 수 없겠습니까? 그런데도 그분은 당신이 만드신 것을 보지 못하고, 피조물을 창조자보다 더 훌륭하고 더 유능하게 만드셨으니, 자기 창조자의 생각을 피해 숨으려고만 하면 그리할 수 있다고 여기는 것입니까? 하느님께서 우리의 정신에 엄청난 힘과 능력을 심어놓으신 까닭에, 당신 몸소 피조물을 이해하시고 싶어도 그리하실 수 없다는 말입니까?

제15장 죄인의 번영과 의인의 고통 문제

57. 우리는 두 가지 문제[104]를 풀었는데, 이런 논의가 우리에게 그리 부적절하지는 않았다고 판단합니다. 이와 비슷한 세 번째 종류의 문제가 남아 있습니다. 왜 죄인들은 권력과 부를 풍성하게 누리고 끊임없이 잔치를 벌이며 슬픔도 비탄도 없이 지내는데도, 의인들은 가난하고 배우자나 자녀를 잃는 고통을 겪습니까? 복음서의 이 비유[105]가 그들에게 만족스러운 답을 줄 것입니다. 부자는 고운 아마포 옷과 자주색 옷을 입고 날마다 호화로운 잔치를 벌였습니다. 그런데 종기투성이의 가난한 이는 부자의 식탁에서 떨어지는 부스러기를 그러모았습니다. 그런데 둘 다 죽은 뒤에 가난한 이는 아브라함의 품에서 쉬고 있었지만, 부자는 벌을 받고 있었습니다. 죽은 뒤

---

105 루카 16,19-31 참조.

aut praemia aut supplicia post mortem manere?

58. Et recte quia in certamine labor est, post certamen aliis uictoria, aliis ig-
nominia. Numquid priusquam cursus conficiatur, palma cuiquam datur aut
defertur corona? Merito Paulus: "Certamen, inquit, bonum certaui, cursum
consummaui, fidem seruaui; quod reliquum, reposita est mihi corona iustitiae,
quam reddet mihi Dominus in illa die, iustus iudex, non solum autem mihi
sed etiam his qui diligunt aduentum eius." In illa, inquit, die reddet, non hic.
Hic autem in laboribus, in periculis, in naufragiis, quasi athleta bonus de-
certabat, quia sciebat quoniam per multas tribulationes oportet nos introire in
regnum Dei. Ergo non potest quis praemium accipere nisi legitime certauerit,
nec est gloriosa uictoria nisi ubi fuerint laboriosa certamina.

16

59. Nonne iniustus est qui ante dat praemium quam certamen fuerit abso-
lutum? Ideoque Dominus in Euangelio ait: "Beati pauperes spiritu quoniam
ipsorum est regnum caelorum"—non dixit: Beati diuites, sed pauperes; inde
incipit beatitudo iudicio diuino ubi aerumna aestimatur humano—"Beati qui

---

106 싸움(certamen)은 시합이라고 번역할 수도 있다.
107 2티모 4,7-8 참조.
108 2코린 11,21-33 참조.

에 공과에 대한 상이나 벌이 남는다는 것은 분명하지 않습니까?

58. 시합하는 동안에는 당연히 고달프고, 시합이 끝난 뒤 어떤 사람들에게는 승리가, 또 어떤 사람들에게는 불명예가 주어집니다. 달음질이 끝나기도 전에 각자에게 종려 가지를 주고 화관을 씌워주는 일은 없지 않습니까? 바오로가 합당하게 말했습니다. "나는 훌륭한 싸움[106]을 벌였고 달릴 길을 다 달렸으며 믿음을 지켰습니다. 남은 것은 나에게 마련된 정의의 화관입니다. 의로운 심판관이신 주님께서 그날에 그것을 나에게 주실 것입니다. 나만이 아니라, 그분의 오심을 사모하는 이들에게도 주실 것입니다."[107] 여기가 아니라 그날이라고 했습니다. 그러나 여기서 그는 고생과 위험과 난파 속에서도 훌륭한 운동선수처럼 끝까지 싸웠습니다. 우리가 많은 시련을 통해 하느님 나라에 들어가야 한다는 사실을 바오로는 알고 있었기 때문입니다.[108] 규정대로 싸우지 않는 사람은 상을 받을 수 없고, 고생스러운 시합 없이는 영광스러운 승리도 없습니다.

제16장 불로소득 하는 부자와 권력자들의 종말

59. 시합이 끝나기도 전에 상을 주는 사람은 불공평하지 않겠습니까? 그래서 주님께서는 복음서에서 이렇게 말씀하십니다. "행복하여라 마음이 가난한 사람들, 하늘나라가 그들의 것이다."[109] 부자들이 행복한 것이 아니라 가난한 사람들이 행복하다고 하셨습니다. 주님의 판단에 따른 행복은 인간의 판단으로 불행이라고 여겨지는 바로 그곳에서 시작됩니다. "행복하

---

109 마태 5,3 참조.

esuriunt quia ipsi saturabuntur. Beati qui lugent, quoniam ipsi consolationem habebunt. Beati misericordes quoniam ipsis miserebitur Deus. Beati mundo corde quoniam ipsi Deum uidebunt. Beati qui persecutionem patiuntur propter iustitiam quoniam ipsorum est regnum caelorum. Beati estis cum uobis maledicent et persequentur et dicent omne malum aduersum uos propter iustitiam. Gaudete et exsultate quoniam merces uestra copiosa est in caelo." Futuram, non praesentem, in caelo, non in terra mercedem promisit esse reddendam. Quid alibi poscis quod alibi debetur? quid praepropere coronam exigis antequam uincas? quid detergere puluerem, quid requiescere cupis? quid epulari gestis antequam stadium soluatur? Adhuc populus spectat, adhuc athletae in scammate sunt, et tu iam otium petis?

60. Sed forte dicas: Cur impii laetantur? cur luxuriantur? cur etiam ipsi non mecum laborant? Quoniam qui non subscripserint ad coronam, non tenentur ad laborem certaminis; qui in stadium non descenderint, non se perfundunt oleo, non oblinunt puluere. Quos manet gloria, exspectat iniuria. Vnguentati spectare solent, non decertare, non solem, aestus, puluerem, imbresque perpeti. Dicant ergo et ipsi athletae: Venite, nobiscum laborate; sed respondebunt spectatores: Nos hic interim de uobis iudicamus, uos autem sine nobis coronae, si uiceritis, gloriam uindicabitis.

---

110 마태 5,5-10 참조.

여라 굶주리는 사람들, 그들은 배부르게 될 것이다. 행복하여라 슬퍼하는 사람들, 그들은 위로를 받을 것이다. 행복하여라 자비로운 사람들, 하느님께서 그들에게 자비를 베푸실 것이다. 행복하여라 마음이 깨끗한 사람들, 그들은 하느님을 볼 것이다. 행복하여라 정의 때문에 박해를 받는 사람들, 하늘나라가 그들의 것이다. 사람들이 정의 때문에 너희를 모욕하고 박해하며 너희를 거슬러 온갖 사악한 말을 하면, 너희는 행복하다. 기뻐하고 즐거워하여라. 하늘에서 너희의 상이 크다.”[110] 하느님께서 주시기로 약속한 상은 미래의 것이지 현재의 것이 아니며, 하늘에서 받을 것이지 땅에서 받을 것이 아닙니다. 그대는 왜 다른 데서 받을 것을 여기에서 요구합니까? 그대는 왜 승리하기도 전에 화관을 서둘러 내놓으라고 떼를 씁니까? 그대는 왜 먼지를 털어내고 쉬고 싶어 합니까? 그대는 왜 경기가 끝나기도 전에 잔치를 벌이려고 안달합니까? 관중은 아직도 구경하고 있고 선수들은 아직도 경기장에 있는데, 그대는 벌써 휴식을 청합니까?

60. 그러나 그대는 아마 이렇게 말할 것입니다. 왜 악한 자들은 즐거워하는가? 왜 그들은 호화롭게 사는가? 왜 그들도 나와 함께 고생하지 않는가? 왜냐하면 화관을 얻기 위해 등록하지 않은 자들은 시합의 고생을 겪지 않기 때문이며, 경기장에 내려가지 않은 자들은 기름을 바르지도 먼지를 뒤집어쓰지도 않기 때문입니다. 영광이 예약되어 있는 이들에게는 시련이 남아 있습니다. 향유를 바른 이들은 구경하는 데만 익숙하여 싸우지도 않고, 해와 더위와 먼지와 비를 견디지 않아도 됩니다. 그러면 운동선수들은 그들에게도 이렇게 말할 것입니다. “여러분도 와서 우리와 함께 고생하시오.” 그러나 관중은 이렇게 대답할 것입니다. “우리는 일단 여기서 여러분에 관하여 판정만 내릴 거요. 그러나 여러분이 이긴다면 화관의 영광을

61. Isti igitur qui in deliciis, qui in luxuria, rapinis, quaestibus, honoribus, studia posuerunt sua, spectatores magis sunt quam proeliatores: habent lucrum laboris, fructum urtutis non habent. Fouent otium, astutia et improbitate aggerant diuitiarum aceruos, sed exsoluent, seram licet, nequitiae suae poenam. Horum requies in infernis, tua uero in caelo, horum domus in sepulcro, tua in paradiso. Vnde pulchre uigilare eos in tumulo Iob dixit, quia soporem quietis habere non possunt quem ille dormiuit qui resurrexit.

62. Noli igitur ut paruulus sapere, ut paruulus loqui, ut paruulus cogitare, ut paruulus uindicare ea quae sunt posterioris aetatis. Perfectorum est corona: exspecta ut "ueniat quod perfectum est", quando non "per speciem in aenigmate", sed "facie ad faciem" formam ipsam redopertae ueritatis possis cognoscere. Tunc qua causa ille diues fuerit qui erat improbus et raptor alieni, qua causa potens alius, qua causa ille abundauerit liberis, ille fultus honoribus, reuelabitur.

---

111   욥 21,32(칠십인역); 암브로시우스, 『욥과 다윗의 탄원』 3,19 참조.
112   『나봇 이야기』 15,63 참조.
113   1코린 13,11 참조.

우리 없이 그대들만 차지하게 될 것이오."

61. 쾌락과 사치, 돈벌이와 명예에 자기 열정을 쏟아부은 이런 자들은 전사(戰士)라기보다 관중입니다. 그들은 사업의 이윤은 가질지라도 덕행의 열매를 지니지는 못합니다. 그들은 여유를 즐기고 사기와 거짓으로 재산을 긁어모으겠지만, 결국 나중에는 자신들의 악행 때문에 벌을 받을 것입니다. 그들의 안식은 지옥에 있겠지만, 그대의 안식은 천국에 있을 것입니다. 그들의 집은 무덤에 있겠지만, 그대의 집은 낙원에 있을 것입니다. 그들은 무덤에서도 깨어 있으리라고 욥이 멋지게 말했습니다.[111] 부활하신 그분께서 주무시며 누리셨던 그 휴식의 잠을 그들은 잘 수 없기 때문입니다.[112]

62. 그러므로 어린아이처럼 판단하지 말고, 어린아이처럼 말하지 말고, 어린아이처럼 생각하지 말고, 어린아이처럼 뒤에 올 세대의 일 때문에 안달하지 마십시오.[113] 화관은 완전한 자들의 것입니다. "완전한 것이 올 때까지"[114] 기다리십시오. 그때에는 "수수께끼 같은 모습으로"[115] 보지 않고, 숨겨진 진리의 형상 자체를 "얼굴을 맞대어"[116] 알아볼 수 있을 것입니다. 그때에는 파렴치하고 남의 것을 도둑질한 저 사람이 어떤 이유로 부자가 되었는지, 저 다른 사람은 어떻게 권력자가 되었는지, 저 사람은 무슨 까닭으로 자녀들이 많은지, 저 사람은 어떻게 명예를 차지했는지 밝혀질 것입니다.

---

114   1코린 13,10 참조.
115   1코린 13,12 참조.
116   1코린 13,12 참조.

63. Fortasse ut dicatur raptori: Diues eras, qua causa aliena rapiebas? Egestas non compulit, inopia non coegit. Nonne ideo te diuitem feci ut excusationem habere non possis? Dicatur etiam potenti: Cur non adfuisti uiduae, orphanis quoque iniuriam patientibus? Numquid tu infirmus eras? Numquid non poteras subuenire? Ideo te feci potentem ut non inferres uiolentiam sed repelleres. Non tibi scriptum est: "Eripe iniuriam accipientem"? Non scriptum est: "Eripite pauperem et egenum de manu peccatoris liberate"? Dicatur etiam abundanti: Liberis et honoribus te cumulaui, salubritatem corporis concessi tibi; cur non secutus es praecepta mea? Famulus meus, "quid feci tibi aut quid contristaui te?" Nonne ego tibi liberos dedi, honores contuli, salutem donaui? Cur me negabas? Cur aestimabas quod ad scientiam meam quae gereres non peruenirent? Cur tenebas dona mea, despiciebas mandata mea?

64. Denique de Iuda proditore haec colligere licet qui et apostolus inter duodecim electus est et loculos pecuniarum quas pauperibus erogaret, commissos habebat; ne uideretur aut quasi inhonorus aut quasi egenus Dominum prodidisse. Et ideo ut iustificaretur in eo Dominus, haec ei contulit ut non quasi iniuria exasperatus sed quasi praeuaricatus gratiam, maiori esset offensae

---

117 집회 4,9 참조.

63. 아마도 도둑에게는 이렇게 말씀하실 것입니다. "너는 부자였는데 무슨 이유로 다른 사람의 것을 도둑질했느냐? 가난이 강요하지도 않았고, 궁핍이 몰아붙이지도 않았다. 네가 변명조차 못 하게 하려고 내가 너를 부자로 만들어주었단 말이냐?" 또 권력자에게는 이렇게 말씀하실 것입니다. "너는 왜 불의로 고통받는 과부와 고아들을 도와주지 않았느냐? 네가 그럴 힘이 없었더냐? 네가 도와줄 수 없었더냐? 내가 너를 유능하게 만들어준 것은 네가 폭력을 일삼게 하려는 것이 아니라 폭력을 물리치게 하려는 것이었다. '불의를 겪는 이를 구하여라.'[117]는 말씀은 너를 위해 쓰인 것이 아니더냐? 또 이렇게 쓰여 있지 않으냐? '가난한 이와 궁핍한 이를 죄인의 손에서 해방하여라.'[118]" 넉넉한 이에게도 이렇게 말씀하실 것입니다. "나는 너에게 자식들과 명예를 넘치도록 주었고, 육체의 건강도 네게 주었다. 그런데 왜 너는 내 계명을 따르지 않았느냐? 내 종아, '내가 너에게 무엇을 하였느냐? 내가 무엇으로 너를 슬프게 하였느냐?'[119] 너에게 자식을 주고 명예를 안겨주고 건강을 선사한 것은 내가 아니었더냐? 왜 너는 나를 모른 체했느냐? 왜 너는 네가 한 짓을 내가 알지 못하리라고 생각했느냐? 왜 너는 내가 준 선물만 움켜쥔 채 내 계명을 무시하였느냐?"

64. 우리는 이런 경우를 배반자 유다와 연관 지을 수 있습니다. 그는 열둘 가운데 뽑힌 사도로서 가난한 이들에게 나누어줄 돈주머니를 맡았습니다. 그가 천하거나 궁핍해서 주님을 배신한 것처럼 보이지 않게 하려는 것이었습니다. 주님께서 이 모든 특권을 그에게 주셨다는 사실에서 당신 의로움

---

118 시편 81,4 참조.
119 미카 6,3 참조.

obnoxius.

17

65. Quoniam igitur et poenam improbitati, et uirtuti fore praemium satis claruit, de officiis adgrediamur dicere quae nobis ab adulescentia spectanda sunt ut cum aetate accrescant simul. Est igitur bonorum adulescentium timorem Dei habere, deferre parentibus, honorem habere senioribus, castitatem tueri, non aspernari humilitatem, diligere clementiam ac uerecundiam, quae ornamento sunt minori aetati. Vt enim in senibus grauitas, in iuuenibus alacritas, ita in adulescentibus uerecundia uelut quadam dote commendatur naturae.

66. Erat Isaac Dominum timens utpote Abrahae indoles, deferens patri usque eo ut aduersus paternam uoluntatem nec mortem recusaret. Ioseph quoque cum somniasset quod sol et luna et stellae adorarent eum, sedulo tamen obsequio deferebat patri; castus ita ut ne sermonem quidem audire uellet nisi pudicum, humilis usque ad seruitutem, uerecundus usque ad fugam, patiens

---

120 제18장까지 이어지는 염치(verecundia)에 관한 성찰은 "사람에게 부끄러움은 중대한 것 (恥之於人大矣)"이며, "부끄러움이 없다면 사람이라고 할 수 없다.(人不可以無恥)"는 맹자의 가르침과 통한다. 『맹자』제13편 진심 상 6-7 참조.

121 염치의 우리말 번역에 관해서는 『성직자의 의무』 1,1,1 참조.

이 드러났으니, 그는 불의에 분노한 것이 아니라 은총을 거스른 것이므로 그 죗값이 더 큽니다.

제17장 인간의 조건인 염치[120]

65. 악행은 벌을 받고 덕행은 상을 받는다는 사실을 충분히 밝혔으므로, 이제는 의무에 관한 논의를 시작합시다. 우리에게는 어릴 때부터 지켜야 하는 의무가 있으며 나이를 먹어갈수록 그 의무는 동시에 늘어납니다. 착한 청소년은 하느님을 두려워하고 부모에게 순명하며 노인을 존경하고 정숙한 몸가짐을 가져야 하며, 겸손을 경멸하지 말고 너그러움과 염치(verecundia)[121]를 사랑해야 합니다.[122] 이것들은 어린 시절의 아름다운 장식품입니다. 노인들에게는 무게가 있고 젊은이들에게는 발랄함이 있듯, 청소년들에게는 염치가 있습니다. 이는 마치 본성적 선물이 명하는 것과도 같습니다.

66. 주님을 두려워하고 아브라함의 아들 자격이 있는 이사악이 있었습니다. 그는 아버지에게 순명하여 아버지의 뜻을 거스르기보다는 죽음을 마다하지 않기까지 했습니다.[123] 요셉도 해와 달과 별이 자신에게 절하는 꿈을 꾸었지만[124] 아버지를 극진히 존경하고 순명했습니다. 그는 정결한 사람이어서 정숙한 말이 아니면 단 한마디도 들으려 하지 않았습니다. 그는 종살이를 할 만큼 겸손했고, 피신할 정도로 염치가 있었으며, 옥살이를 견

---

122 키케로, 『의무론』 1,34,122 참조.
123 창세 22,1-19 참조.
124 창세 37,5-11 참조.

usque ad carcerem, remissor iniuriae usque ad remunerationem. Cuius tanta uerecundia fuit ut comprehensus a muliere, uestem in manibus eius fugiens uellet relinquere quam uerecundiam deponere. Moyses quoque et Ieremias electi a Domino ut oracula Dei praedicarent populo, quod poterant per gratiam, excusabant per uerecundiam.

18

67. Pulchra igitur uirtus est uerecundiae et suauis gratia, quae non solum in factis sed etiam in ipsis spectatur sermonibus, ne modum progrediaris loquendi, ne quid indecorum sermo resonet tuus. Speculum enim mentis plerumque in uerbis refulget. Ipsum uocis sonum librat modestia ne cuiusquam offendat aurem uox fortior. Denique in ipso canendi genere prima disciplina uerecundiae est; immo etiam in omni usu loquendi, ut sensim quis aut psallere, aut canere aut postremo loqui incipiat ut uerecunda principia commendent processum.

68. Silentium quoque ipsum in quo est reliquarum uirtutum otium, maximus actus uerecundiae est. Denique si aut infantiae putatur aut superbiae, probro

---

125 창세 39 참조.
126 창세 45 참조.
127 창세 39,7-20 참조.
128 탈출 4,10; 예레 1,6 참조.

려낼 만큼 참을성이 있었고[125], [자신에게] 불의를 저지른 이들을 용서하고 오히려 선물을 주어 돌려보내기까지 했습니다.[126] 그의 염치는 참으로 대단했으니, 자기를 품으려는 여자에게 붙들렸을 때 염치를 저버리기보다는 도망치면서 자기 옷을 그 여자의 손에 버려두기를 원했습니다.[127] 모세와 예레미야도 하느님의 말씀을 백성에게 선포하도록 뽑혔지만, 은총으로 할 수 있었던 그 일을 염치 있게 사양했습니다.[128]

제18장 아름답고 위대한 염치의 덕

67. 염치의 덕은 아름답고 달콤한 은총이며, 행동에서뿐 아니라 말에서도 드러납니다. 그대가 말을 할 때 도를 넘지 않게 해주고, 그대의 말이 저속한 내용을 옮기지 않도록 해줍니다.[129] 많은 경우 정신의 거울은 말에서 반짝이게 마련입니다. 절도는 목소리의 음향을 적절히 조절함으로써, 너무 큰 목소리로 귀에 거슬리지 않도록 해줍니다. 노래하는 방식의 첫째 규칙은 염치입니다. 이것은 말하는 모든 법에도 적용됩니다. 시를 읊든지 노래를 부르든지 결국 말을 하든지 간에, 처음에는 서서히 시작해야 합니다. 염치 있는 시작은 이어지는 말에 힘을 실어주기 때문입니다.

68. 다른 모든 덕은 침묵 안에서 고요해지는데, 침묵 자체도 염치의 가장 위대한 행위입니다. 그 침묵이 유치함이나 교만에서 비롯한 것이라면 망신을 당하지만, 염치에서 나온 것이라면 칭찬을 받습니다. 수산나는 위험한 상황에서도 침묵했습니다. 그녀는 염치를 잃는 것이 생명을 잃는 것보다

---

129   키케로, 『의무론』 1,37,134.140 참조.

datur; si uerecundiae, laudi ducitur. Tacebat in periculis Susanna, et grauius uerecundiae quam uitae damnum putabat, nec arbitrabatur periculo pudoris tuendam salutem. Deo soli loquebatur cui poterat casta uerecundia eloqui, refugiebat ora intueri uirum; est enim et in oculis uerecundia ut nec uidere uiros femina nec uideri uelit.

69. Neque uero quisquam solius hanc laudem castitatis putet. Est enim uerecundia pudicitiae comes, cuius societate castitas ipsa tutior est. Bonus enim regendae castitatis pudor est comes qui si praetendat et quae prima pericula sunt, pudicitiam temptari non sinat. Hic primus, in ipso cognitionis ingressu, Domini matrem commendat legentibus et tamquam testis locuples, dignam quae ad tale munus eligeretur, adstruit: quod in cubiculo, quod sola, quod salutata ab angelo tacet et mota est in introitu eius, quod ad uirilis sexus speciem peregrinatur aspectus uirginis. Itaque quamuis esset humilis, prae uerecundia tamen non resalutauit nec ullum responsum retulit nisi ubi de suscipienda Domini generatione cognouit, ut qualitatem effectus disceret, non ut sermonem praeferret.

---

130 다니 5 참조.
131 수산나의 침묵에 관해서는 『성직자의 의무』 1,3,9; 『토빗 이야기』 20,78 참조.

더 심각하다고 생각했으며, 정결을 위험에 빠뜨리면서까지 안전을 지키려 해서는 안 된다고 판단했습니다.[130] 그녀는 오로지 하느님에게만 말씀 드렸고, 그분께 자신의 순결한 염치를 고백할 수 있었습니다. 그녀는 남자들의 얼굴은 쳐다보려고도 하지 않았습니다. 염치는 눈에 있으니, 여자가 남자들을 쳐다보려고도 하지 않았고, 그들의 눈에 비치려고도 하지 않았기 때문입니다.[131]

69. 그러나 염치가 정결(castitas)만으로 이런 칭송을 받는다고 생각해서는 안 됩니다. 염치는 정숙(pudicitia)의 동반자이고, 정결 자체는 염치와 함께 해야 더 안전한 법입니다. 부끄러움(pudor)은 정결의 길잡이 노릇을 하는 좋은 동반자입니다.[132] 부끄러움은 위험의 초기에 스스로를 경계하여 정숙이 유혹에 빠지도록 놓아두지 않습니다. 이 부끄러움은 [성경] 이해의 첫 단계에서 독자들에게 주님의 어머니를 처음으로 칭송하는 덕행인데, 주님의 어머니가 그토록 위대한 사명을 수행하는 데 뽑혀 마땅한 분이었음을 분명히 증명해 줍니다.[133] 그녀는 방에 혼자 있었고, 천사에게 문안받았을 때 침묵했으며, 천사가 방에 들어왔을 때 충격을 받았습니다. 남성의 모습을 본 동정녀의 얼굴은 당황한 기색이었습니다. 그녀는 겸손했지만, 염치가 있었기에 자신이 받아들여야 할 주님의 출산에 관하여 알기 전까지는 답례도 하지 않았고 대답도 하지 않았습니다. 그때에도 사건의 경위를 알아보려고 입을 연 것이지 말을 늘어놓기 위한 것은 아니었습니다.

---

132 아우구스티누스, 『신국론』 1,16 참조.
133 루카 1,29; 암브로시우스, 『동정녀』 2,11; 『루카 복음 해설』 2,8-9 참조.

70. In ipsa oratione nostra multum uerecundia placet, multum conciliat gratiae apud Deum nostrum. Nonne haec praetulit publicanum et commendauit eum qui nec oculos suos audebat ad caelum leuare? Ideo iustificatur magis Domini iudicio quam ille pharisaeus quem deformauit praesumptio. Ideoque oremus "in incorruptione quieti et modesti spiritus qui est ante Deum locuples" ut ait Petrus. Magna igitur modestia quae cum sit etiam sui iuris remissior, nihil sibi usurpans, nihil uindicans et quodam modo intra uires suas contractior, diues est apud Deum apud quem nemo diues. Diues est modestia quia Dei portio est. Paulus quoque orationem deferri praecepit "cum uerecundia et sobrietate." Primam hanc et quasi praeuiam uult esse orationis futurae ut non glorietur peccatoris oratio sed quasi colorem pudoris obducat, quo plus defert uerecundiae de recordatione delicti, hoc uberiorem mereatur gratiam.

71. Est etiam in ipso motu, gestu, incessu tenenda uerecundia. Habitus enim mentis in corporis statu cernitur. Hinc "homo cordis nostri absconditus" aut leuior aut iactantior aut turbidior, aut contra grauior et constantior et purior et maturior aestimatur. Itaque uox quaedam est animi corporis motus.

---

134 1베드 3,4-5 참조.
135 1티모 2,9 참조.
136 키케로, 『의무론』 1,35,126 참조.

70. 우리의 기도 자체에서도 염치가 가장 하느님 마음에 들고 우리 하느님 앞에서 많은 은총을 얻어냅니다. 이 염치의 덕이 세리를 더 낮게 평가하고, 감히 하늘을 우러러 제 눈을 들지도 못하는 그를 칭찬하지 않습니까? 그리하여 주님의 판단으로는 자만심으로 일그러진 저 바리사이보다 세리가 의로워졌습니다. 그러므로 우리는 베드로가 말하는 바와 같이 "하느님 앞에서 귀중한 온유하고 절제된 정신과 같이 썩지 않는 것으로"[134] 기도합시다. 절도(節度, modestia)는 위대합니다. 제 권리를 행사할 수도 있지만 아무것도 제 것이라 주장하지도 아무것도 내세우지도 않고, 어떤 식으로든 제 능력 안에서는 더 작아지려 하지만, 하느님 앞에서는 부유하기 때문입니다. 사실 하느님 앞에서는 아무도 부유하지 않습니다. 절도가 부유한 까닭은 그것이 하느님의 한 부분이기 때문입니다. 바오로도 "염치 있고 소박하게"[135] 기도하라고 명했습니다. 그는 이러한 덕이 기도의 첫째 길잡이가 되기를 바랐습니다. 죄인의 기도는 건방을 떨지 않고, 부끄러움으로 붉어진 낯빛을 가려야 하기 때문입니다. 저지른 죄악에 대한 기억으로 더 염치를 차릴수록 더 풍요로운 은총을 누리게 됩니다.

71. 동작과 몸짓과 걸음걸이에서도 염치를 차려야 합니다.[136] 정신 상태는 몸의 자세에서 식별됩니다. 바로 여기서 "우리 마음의 감추어진 인간"[137]은 더 가볍거나 더 허풍스럽거나 더 혼란스럽다고 평가되는가 하면, 그와 반대로 더 신중하고 더 끈기 있으며, 더 순수하고 더 성숙하다는 평판을 얻게 되기도 합니다. 그러므로 몸동작은 영혼의 소리입니다.[138]

---

137 1베드 3,4 참조.
138 『성직자의 의무』 1,4,14; 89; 키케로, 『수사학』 3,222

72. Meministis, filii, quemdam amicum, cum sedulis se uideretur commendare officiis, hoc solo tamen in clerum a me non receptum quod gestus eius plurimum dedeceret; alterum quoque, cum in clero repperissem, iubere me ne umquam praeiret mihi quia uelut quodam insolentis incessus uerbere oculos feriret meos. Idque dixi cum redderetur post offensam muneri. Hoc solum excepi nec fefellit sententia: uterque enim ab Ecclesia recessit ut qualis incessu prodebatur, talis perfidia animi demonstraretur. Namque alter arianae infestationis tempore fidem deseruit, alter pecuniae studio, ne iudicium subiret sacerdotale, se nostrum negauit. Lucebat in illorum incessu imago leuitatis, species quaedam scurrarum percursantium.

73. Sunt etiam qui sensim ambulando imitantur histrionicos gestus et quasi quaedam fercula pomparum et statuarum motus nutantium; ut quotienscumque gradum transferunt, modulos quosdam seruare uideantur.

74. Nec cursim ambulare honestum arbitror nisi cum causa exigit alicuius periculi uel iusta necessitas. Nam plerumque festinantes anhelos uidemus torquere ora; quibus si causa desit festinationis necessariae, naeuus iustae offensionis est. Sed non de his dico quibus rara properatio ex causa nascitur, sed

---

139 아리우스파가 밀라노의 대성당을 빼앗기 위해 유스티나 황태후와 손을 잡고 가톨릭 교회를 압박하던 385-386년의 상황을 가리킨다. 해제의 '암브로시우스의 생애'와 '저술 시기' 참조.

72. 자녀 여러분, 한 친구를 기억해 보십시오. 그는 자기 직무에 열성을 다하는 것처럼 보였지만 나는 그를 성직자로 받아들이지 않았습니다. 그 이유는 딱 한 가지인데 그의 몸짓이 너무도 무례했기 때문입니다. 다른 사람도 떠올려 봅시다. 나는 이미 성직자였던 그 사람을 만났는데, 다시는 나보다 앞서 걸어가지 말라고 명령했습니다. 그의 건방진 걸음걸이가 내 눈엣가시 같았기 때문입니다. 그가 이런 언짢은 짓을 저지른 뒤 돌아갈 때 내가 그렇게 말했던 것입니다. 나는 이것만 지적했을 뿐인데 내 판단이 틀리지 않았습니다. 그들은 둘 다 교회를 떠나갔으니, 걸음걸이가 드러낸 것이 영혼의 배신으로 드러났기 때문입니다. 한 사람은 아리우스파가 괴롭히던 시절[139]에 신앙을 저버렸고, 다른 사람은 돈 욕심에 사로잡혀 주교 재판을 피하려고 우리 성직자임을 부인했습니다. 그들의 걸음걸이에서 천박한 모습과 떠돌이 어릿광대의 면모가 밝히 드러났습니다.

73. 또한 천천히 걸으면서 배우들의 몸짓을 흉내 내고, 행렬 가마에 실려 고개를 끄덕거리는 석상들처럼 움직이는 이들도 있습니다.[140] 이들은 어디로 발걸음을 옮기든 알지 못할 리듬을 타는 것 같습니다.

74. 그렇다고 뛰다시피 걷는 것이 올바르다고 생각하지는 않습니다. 혹시 어떤 위험한 사연이 생겼거나 정당한 필요가 있는 경우가 아니라면 말입니다. 사람들이 숨을 헐떡이며 바삐 걸어가면서 얼굴을 찌푸리는 경우를 우리는 자주 보게 됩니다. 반드시 서둘러야 할 이유가 없다면 흠잡혀 마땅한 빌미가 됩니다.[141] 그러나 나는 때때로 바삐 서두를 이유가 있는 사람들에

---

140 키케로, 『의무론』 1,36,131 참조.

quibus iugis et continua in naturam uertit. Nec in illis ergo tamquam simulacrorum effigies probo nec in istis tamquam excussorum ruinas.

75. Est etiam gressus probabilis in quo sit species auctoritatis, grauitatisque pondus, tranquillitatis uestigium, ita tamen si studium desit atque adfectatio sed motus sit purus ac simplex; nihil enim fucatum placet. Motum natura informet. Si quid sane in natura uitii est, industria emendet ut ars desit, non desit correctio.

76. Quod si etiam ista spectantur altius, quanto magis cauendum est ne quid turpe ore exeat; hoc enim grauiter coinquinat hominem. Non enim cibus inquinat sed iniusta obtrectatio, sed uerborum obscenitas. Haec etiam uulgo pudori sunt. In nostro uero officio nullum uerbum quod inhoneste cadat, non incutit uerecundiam. Sed non solum nihil ipsi indecorum loqui sed ne aurem quidem debemus huiusmodi praebere dictis, sicut Ioseph ne incongrua suae audiret uerecundiae, ueste fugit relicta; quoniam quem delectat audire, alterum loqui prouocat. Intellegere quoque quod turpe sit, pudori maximo est.

---

141   키케로, 『의무론』 1,36,131 참조.

142   마태 15,11.20 참조.

143   키케로, 『의무론』 1,35,127-128 참조.

대해서 얘기하는 것이 아니라, 끊임없이 서두르는 것이 습관이 된 사람들을 두고 하는 말입니다. 그러므로 나는 석상을 흉내 내는 사람들도 인정하지 않지만, 허둥대는 자들의 몰락도 인정하지 않습니다.

75. 훌륭한 걸음걸이도 있으니, 거기에는 권위 있는 모습과 듬직한 무게가 있고 고요한 발자취가 있습니다. 악착같고 탐욕스러운 모습이 없어야 하고, 움직임이 순수하고 단순해야 합니다. 꾸민 것은 아무런 기쁨도 주지 못합니다. 본성이 동작을 빚어내야 합니다. 그러나 본성에 어떤 결함이 있다면 꾸며낸 모습을 없애고 교정을 허투루 하지 않도록 열심히 바로잡아야 합니다.

76. 이런 주제조차 더 주의 깊게 살핀다면, 어떤 추악한 말도 입 밖에 내어서는 안 된다는 사실에는 훨씬 더 많은 관심을 기울여야 합니다. 이것은 사람을 심각하게 더럽히기 때문입니다. 사람을 더럽히는 것은 음식이 아니라[142] 불의한 헐뜯음과 음란한 말입니다.[143] 이 따위 말은 일반 대중에게도 부끄러운 것입니다. 그렇다면 우리의 참된 직무에서는 어떤 말도 올바르지 않게 내뱉지 말아야 하고 염치를 거스르지도 말아야 합니다. 어울리지 않는 말을 해서도 안 될뿐더러, 그런 말에 귀를 기울여서도 안 됩니다. 자신의 염치에 어울리지 않는 말을 듣지 않으려고 옷을 내버려 둔 채 도망친 요셉이 그러했던 것처럼 말입니다.[144] 그런 말을 즐겨 듣는 것은 다른 이가 그렇게 말하도록 부추기는 것이기 때문입니다. 추악한 것을 생각하는 것조차 커다란 부끄러움입니다.

---

144 창세 39,7-20 참조.

77. Spectare uero si quid huiusmodi fortuito accidat, quanti horroris est! Quod ergo in aliis displicet, numquid potest in se ipso placere? Nec ipsa natura nos docet quae perfecte quidem omnes partes nostri corporis explicauit ut et necessitati consuleret et gratiam uenustaret? Sed tamen eas quae decorae ad aspectum forent in quibus formae apex, quasi in arce quadam locatus, et figurae suauitas et, uultus species emineret, operandique usus esset paratior, obuias atque apertas reliquit; eas uero in quibus esset naturale obsequium necessitatis, ne deforme sui praeberent spectaculum, partim tamquam in ipso amandauit atque abscondit corpore, partim docuit et suasit tegendas.

78. Nonne igitur ipsa natura est magistra uerecundiae? Cuius exemplo modestia hominum — quam a modo scientiae quid deceret appellatam arbitror — id quod in hac nostri corporis fabrica abditum repperit, operuit et texit; ut ostium illud quod ex transuerso faciendum in arca illa Noe iusto dictum est in qua uel Ecclesiae uel nostri figura est corporis, per quod ostium egeruntur reliquiae ciborum. Ergo naturae opifex sic nostrae studuit uerecundiae, sic decorum illud et honestum in nostro custodiuit corpore ut ductus quosdam atque exitus cuniculorum nostrorum post tergum relegaret atque ab aspectu nostro auerteret ne purgatio uentris uisum oculorum offenderet. De quo pulchre apo-

---

145 키케로, 『의무론』 1,35,126-127; 암브로시우스, 『육일 창조』 4,9 참조.
146 암브로시우스는 절제의 덕인 modestia(節度)는 인간 행위의 modus(尺度)라는 단어에서 비롯했다고 본다.(『의무론』 1,40,142 참조) 키케로는 '절제'를 뜻하는 그리스어 소프로시네

77. 우연하게라도 그러한 것을 바라보는 경우가 생긴다면 얼마나 끔찍한 일입니까! 다른 사람들이 불쾌하게 느끼는 것이 자기 자신에게 유쾌할 수 있겠습니까? 자연 자체가 우리에게 가르치는 바도 이러한데, 우리 몸의 모든 부분은 완벽하게 배치되어 있어서 필요한 것들을 제공하고 아름다운 조화를 이루어내지 않습니까? 그럼에도 보기 좋은 부분은 볼 수 있도록 드러냅니다. 마치 성채 위에 자리 잡은 것 같은 아름다움의 극치인 머리와 멋진 외모가 바로 거기서 드러납니다. 그러므로 얼굴 모양은 매우 두드러지고 사용 기능이 더 잘 갖추어져 있습니다. 그러나 몸 가운데 생리적 필요에 종속된 부위는 제 모습을 흉하게 드러내지 않기 위해 어떤 부위는 제 안으로 밀어 넣어 몸속에 감추었고, 또 어떤 부위는 가리도록 가르치고 권고합니다.[145]

78. 그러므로 자연 자체가 염치를 가르치는 선생이 아니겠습니까? 인간의 절도(modestia)를 예로 들자면—이 단어는 적절한 것에 대한 지식이라 일컬어지며 척도(modus)에서 나온 말이라고 나는 생각합니다.[146]—우리의 이 몸의 구조에서 숨겨진 부분은 감추고 드러난 부분은 숨기게 만듭니다. 의로운 노아에게 그 방주의 뒤쪽에 만들도록 말씀하신 문을 생각해 보십시오.[147] 거기에는 교회의 형상이나 우리 몸의 형상이 있습니다.[148] 왜냐하면 음식 찌꺼기가 그 문을 통해 나가기 때문입니다. 자연의 창조자께서 우리

(σωφροσύνη)를 라틴어 temperantia, moderatio, modestia로 두루 옮길 수 있다고 한다.(『투스쿨룸 대화』 3,8,16 참조)

147 창세 6,14-16 참조.
148 교부들은 노아의 방주를 교회의 예형과 표상으로 이해했다. H. Rahner, *Simboli della Chiesa. L'ecclesiologia dei Padri*, Milano 1994, 865-938 참조.

stolus ait: "Quae uidentur, inquit, membra corporis infirmiora, necessariora sunt et quae putamus ignobiliora esse membra corporis, his abundantiorem honorem circumdamus et quae inhonesta sunt nostra, honestatem abundantiorem habent." Etenim imitatione naturae industria auxit gratiam. Quod alio loco etiam altius interpretati sumus ut non solum abscondamus ab oculis, uerum etiam, quae abscondenda accipimus, eorum indicia ususque membrorum suis appellationibus nuncupare indecorum putemus.

79. Denique si casu aperiantur hae partes, confunditur uerecundia, si studio, impudentia aestimatur. Vnde et filius Noe Cham offensam retulit quia nudatum uidens patrem risit, qui autem operuerunt patrem, acceperunt benedictionis gratiam. Ex quo mos uetus et in urbe Roma et in plerisque ciuitatibus fuit ut filii cum parentibus—puberes uel generi—non lauarent ne paternae reuerentiae auctoritas minueretur; licet plerique se et in lauacro quantum possunt tegant ne uel illic ubi nudum totum est corpus, huiusmodi intecta portio sit.

---

149 키케로, 『의무론』 1,35,127 참조.
150 1코린 12,22-23 참조.
151 암브로시우스, 『노아와 방주』 8,24 참조.

의 염치를 이토록 정성껏 돌보셨듯이, 우리 몸에서 어울림(decorum)과 점 잖음(honestum)을 지켜주셨습니다. 그리하여 우리 내장의 통로와 출구를 등 뒤로 돌려 우리 눈에 보이지 않게 만드심으로써, 배설 행위가 우리 눈 에 거슬리지 않게 하셨습니다.[149] 이에 관해서 사도[바오로]가 멋지게 말했 습니다. "몸의 지체 가운데에서 더 약하다고 여겨지는 것들이 오히려 더 요 긴합니다. 우리는 몸의 지체 가운데에서 덜 소중하다고 생각하는 것들을 매우 소중하게 감쌉니다. 그리하여 우리의 점잖지 못한 지체들이 더 점잖 게 다루어집니다."[150] 자연을 부지런히 닮음으로써 아름다움을 키워나가게 됩니다. 우리는 이에 관해 다른 곳에서도 더 깊이 있게 설명했는데,[151] 숨겨 야 하는 지체를 눈에서 숨겨야 할 뿐 아니라, 그 지체들의 모양새와 구실 을 그 명칭들로 언급하는 것조차 꼴사납게 여겨야 합니다.

79. 몸의 이런 부위가 우연히 노출되어도 염치가 흐트러질진대, 의도적으 로 그리한다면 **뻔뻔**하다는 평가를 받습니다.[152] 노아의 아들 함은 아버지의 벌거벗은 모습을 보면서 웃었기 때문에 노여움을 샀지만, 아버지를 옷으 로 덮어준 아들들은 축복의 은총을 받았습니다.[153] 이 때문에 옛날부터 로 마 시에서나 여러 다른 도시에서도 다 큰 아들이 아버지와 목욕하거나 사 위가 장인과 함께 목욕하지 않는 관습이 생겨나게 되었습니다. 이것은 아 버지에 대한 존경심에서 비롯하는 권위가 손상되지 않게 하려는 것입니다. 사실 사람들 대부분은 목욕탕에서도 가능한 대로 가림으로써, 몸은 완전 히 벌거숭이가 된 상태에서도 은밀한 곳이 노출되지 않도록 합니다.

---

152 키케로, 『의무론』 1,35,129 참조.
153 창세 9,20-27 참조.

80. Sacerdotes quoque ueteri more, sicut in Exodo legimus, bracas accipie-
bant, sicut ad Moysen dictum est a Domino: "Et facies illis bracas lineas ut
tegatur turpitudo pudoris. A lumbis usque ad femora erunt et habebit ea Aaron
et filii eius cum intrabunt in tabernaculum testimonii et cum accedent sacrifi-
care ad aram Sancti; et non inducent super se peccatum ne moriantur." Quod
nonnulli nostrorum seruare adhuc feruntur, plerique spiritali interpretatione
ad cautionem uerecundiae et custodiam castitatis dictum arbitrantur.

19

81. Delectauit me diutius in partibus demorari uerecundiae quia ad uos loque-
bar qui aut bona eius ex uobis recognoscitis aut damna ignoratis. Quae cum
sit omnibus aetatibus, personis, temporibus et locis apta, tamen adulescentes
iuuenalesque annos maxime decet.

82. In omni autem seruandum aetate ut deceat quod agas et conueniat et qua-
dret sibi ordo uitae tuae. Vnde Tullius etiam ordinem putat in illo decore se-
ruari oportere idque positum dicit in "formositate, ordine, ornatu ad actionem
apto", quae difficile ait loquendo explicari posse et ideo satis esse intellegi.

---

154 탈출 28,42-43 참조.
155 키케로, 『의무론』 1,34,125 참조.

80. 탈출기에서 읽는 바와 같이 사제들도 오랜 관습에 따라 속바지를 입었는데, 주님께서 모세에게 다음과 같이 말씀하셨기 때문입니다. "치부를 가릴 속바지를 아마포로 그들에게 만들어주어라. 그것은 허리에서 넓적다리까지 닿아야 한다. 아론과 그의 아들들은 계약의 천막으로 들어갈 때나, 예식을 거행하러 거룩하신 분의 제대로 나아갈 때 이 옷을 입어야 한다. 그래야 죄를 짊어져 죽는 일이 없게 된다."[154] 우리 형제들 가운데 아직도 이 규정을 지키는 사람들이 있다고 하는데, 대부분의 사람들은 영적 해석을 통해서 염치에 주의를 기울이고 정결을 지키라는 말씀으로 여깁니다.

제19장 외모와 목소리

81. 염치라는 주제에 오래도록 머물러서 기뻤습니다. 내가 여러분에게 말한 것을 이해한다면 그 유익이 여러분에게 있겠지만, 깨닫지 못한다면 그 손실도 여러분의 몫입니다. 이 말은 모든 나이, 인물, 때와 장소에 두루 알맞은 것이지만[155], 특히 청소년과 젊은이들의 나이에 어울립니다.

82. 어느 나이에든 그대가 행하는 것이 적절하도록 해야 하고, 그대 삶의 질서가 스스로에게 어울리고 일관성을 지니도록 해야 합니다. 툴리우스[키케로]도 어울리는 방식으로 질서가 지켜져야 한다고 생각합니다. 그것은 "미모(美貌), 질서, 행동에 어울리는 차림새"에 달려 있다고 합니다. 이는 말로 설명하기는 어렵지만, 이해하기만 하면 충분하다고 합니다.[156]

---

156 키케로, 『의무론』 1,35,126 참조.

83. Formositatem autem cur posuerit, non intellego, quamuis etiam ille uires corporis laudet. Nos certe in pulchritudine corporis locum uirtutis non ponimus, gratiam tamen non excludimus quia uerecundia et uultus ipsos solet pudore offundere gratioresque reddere. Vt enim artifex in materia commodiore melius operari solet, sic uerecundia in ipso quoque corporis decore plus eminet, ita tamen ut etiam ipse non sit adfectatus decor corporis, sed naturalis, simplex, neglectus magis quam expetitus, non pretiosis et albentibus adiutus uestimentis sed communibus, ut honestati uel necessitati nihil desit, nihil accedat nitori.

84. Vox ipsa non remissa, non fracta, nihil femineum sonans qualem multi grauitatis specie simulare consuerunt, sed formam quamdam et regulam ac sucum uirilem reseruans. Hoc est enim pulchritudinem uiuendi tenere, conuenientia cuique sexui et personae reddere; hic ordo gestorum optimus, hic ornatus ad omnem actionem accommodus. Sed ut molliculum et infractum aut uocis sonum aut gestum corporis non probo, ita neque agrestem ac rusticum. Naturam imitemur: eius effigies, formula disciplinae, forma honestatis est.

83. 키케로가 왜 미모를 언급했는지 나는 이해하지 못하지만, 그는 체력을 칭송하기까지 합니다. 분명 우리는 육체의 아름다움을 덕의 자리에 두지 않습니다. 그럼에도 우리는 육체의 우아함을 배척하지는 않습니다. 왜냐하면, 염치는 부끄러움으로 얼굴 자체를 감싸 더욱 우아하게 만들기 때문입니다. 장인(匠人)이 더 안성맞춤인 재료로 더 훌륭하게 일하듯이, 염치는 육체의 멋이 있는 곳에서 더욱 돋보입니다. 물론 이 육체의 멋은 인위적이지 않고 자연스럽고 단순해야 하며, 탐욕스럽기보다는 소박해야 하며, 값비싸고 눈부신 의상이 아니라 평범한 옷으로 이루어져야 합니다.[157] 그리하여 고귀함이나 꼭 필요한 것에 무엇 하나 빠지는 것이 없게 되며, 그 우아함에 아무것도 덧붙이지 않게 됩니다.

84. 목소리 자체는 맥없거나 가녀려서도 안 되고, 여성적인 소리를 내서도 안 되며, 많은 이들이 무게를 잡느라 꾸며내곤 하는 그런 소리를 내서도 안 됩니다. 오히려 적절한 강세와 높낮이와 씩씩한 활력을 지녀야 합니다. 이것은 삶의 아름다움을 유지하는 것이며, 저마다의 성별과 인격에 알맞은 것을 갖추는 것입니다. 이것은 행동에 관한 최고 질서이며, 모든 행위에 적합한 장식입니다. 그러나 나는 맥없고 가녀린 목소리나 몸짓을 인정하지 않듯이, 촌스럽고 교양 없는 것도 인정하지 않습니다. 우리는 자연을 닮읍시다. 자연의 모습은 교양의 규칙이며 올바름의 본보기입니다.[158]

---

157 키케로, 『의무론』 1,36,130 참조.
158 키케로, 『의무론』 1,35,129 참조.

85. Habet sane suos scopulos uerecundia, non quos ipsa inuehit sed quos saepe incurrit; sed ne in intemperantium incidamus consortia, qui sub specie iucunditatis uenenum infundunt bonis. Hi si assidui sunt et maxime in conuiuio, ludo ac ioco, eneruant grauutatem illam uirilem. Caueamus itaque ne dum relaxare animum uolumus, soluamus omnem harmoniam, quasi concentum quemdam bonorum operum; usus enim cito inflectit naturam.

86. Vnde prudenter factis conuenire ecclesiasticis, et maxime ministrorum officiis arbitror, declinare extraneorum conuiuia uel ut ipsi hospitales sitis peregrinantibus uel ut ea cautione nullus sit opprobrio locus. Conuiuia quippe extraneorum occupationes habent, tum etiam epulandi produnt cupiditatem. Subrepunt etiam fabulae frequenter de saeculo ac uoluptatibus; claudere aures non potes, prohibere putatur superbiae. Subrepunt etiam praeter uoluntatem pocula; melius est tuae domui semel excuses quam alienae frequenter; et ut ipse sobrius surgas, tamen ex aliena insolentia condemnari non debet praesentia tua.

---

159 암브로시우스는 성직자를 통틀어 minister라고 부르기도 하고, 특별히 부제(diaconus)를 가리켜 minister라고 일컫기도 한다. 『성직자의 의무』 1,50,247; 2,24,121; 2,27,134; 3,9,58 참조.

제20장 외식과 가정방문의 원칙

85. 사실 염치도 그 나름의 암초를 지니고 있습니다. 염치가 스스로 그 암초들을 모아들이지는 않지만 종종 거기에 부닥치곤 합니다. 그러나 우리는 무절제한 이들과 어울리지 말아야 하겠습니다. 그들은 즐거움이라는 가면을 쓰고 선한 이들에게 독을 주입하기 때문입니다. 선한 이들이 그들과 붙어 다니게 되면, 특히 식사와 놀이와 농담에서 자신의 진중함과 담대함을 마비시키게 됩니다. 그러므로 정신을 쉬게 하려는 바람이 있더라도 우리는 온전한 조화를 흩트리지 않도록 조심해야 합니다. 이를테면 선행이라는 교향곡에 불협화음이 생기지 않도록 해야 한다는 것입니다. 습관은 본성을 빨리도 변화시키는 법입니다.

86. 그러므로 외부 사람들과 함께하는 식사를 피하는 것이 사제들에게 어울리고, 특히 성직자[159]의 의무에 어울리는 현명한 처신이라고 나는 생각합니다.[160] 그 대신 여러분은 떠돌이들을 환대하거나, 신중한 행동으로 어떠한 추문의 여지도 남기지 않을 수 있기 때문입니다. 외부 사람들과 함께하는 식사는 오래 걸릴 뿐 아니라 식탐을 불러일으킵니다. 세속과 쾌락에 관한 이야기들도 줄곧 끼어듭니다. 그대는 귀를 막을 수도 없고, 그렇다고 못하게 하면 건방지다고 여길 것입니다. 그대의 의지를 넘어서는 술잔도 거듭 이어집니다. 계속 양해를 구하면서 다른 사람의 집에 남아 있는 것보다, 단 한 번의 변명으로 그대의 집에 머무는 것이 더 낫습니다. 그러나 그

---

160 암브로시우스는 성직자와 동정녀에게 외식을 삼가라고 거듭 권고한다. 『동정녀』 3,8,25-31; 『루카 복음 해설』 2,21; 『동정 권면』 71-72; 『엘리야와 단식』 46-48 참조.

87. Viduarum ac uirginum domos nisi uisitandi gratia, iuniores adire non est opus, et hoc cum senioribus, hoc est cum episcopo, uel si grauior est causa, cum presbyteris. Quid necesse est ut demus saecularibus obtrectandi locum? Quid opus est ut illae quoque uisitationes crebrae accipiant auctoritatem? Quid si aliqua illarum forte labatur? Cur alieni lapsus subeas inuidiam? Quam multos etiam fortes illecebra decepit! Quanti non dederunt errori locum et dederunt suspicioni!

88. Cur non illa tempora quibus ab ecclesia uacas, lectioni impendas? Cur non Christum reuisas, Christum adloquaris, Christum audias? Illum adloquimur cum oramus, illum audimus cum diuina legimus oracula. Quid nobis cum alienis domibus? Vna est domus quae omnes capit; illi potius ad nos ueniant, qui nos requirunt. Quid nobis cum fabulis? Ministerium altaribus Christi, non obsequium hominibus deferendum recepimus.

---

161 젊은 성직자들을 일컫는다.

162 제2차 바티칸 공의회 「하느님의 계시에 관한 교의 헌장」 25; 암브로시우스, 「열두 시편 해설」 36,65-67; 「신앙론」 1,132-137; 「성령론」 머리말 13-14; 「동정녀」 3,18-20; 「동정」 80; 「카인과 아벨」 2,22; 「시편 제118편 해설」 7,32 참조.

대가 맑은 정신으로 자리에서 일어난다면, 다른 사람들이 무절제했다는 이유로 그대가 함께했다는 사실이 비난받아서는 안 됩니다.

87. 젊은이들[161]은 공적 방문이 아니고는 과부들과 처녀들의 집에 갈 필요가 없습니다. 공적으로 방문할 때에도 원로들 곧 주교와 동행하거나, 상황이 심각할 때에는 사제들과 함께 가야 합니다. 우리가 세상 사람들에게 비난받을 여지를 줄 필요가 어디 있습니까? 그런 뻔질난 방문조차 굳이 권위를 얻어 무엇 하겠습니까? 그런 여인들 가운데 누가 혹시 쓰러지기라도 하면 어찌하렵니까? 다른 사람이 쓰러졌는데 왜 그대가 망신을 당해야 합니까? 강인한 사람들을 포함하여 얼마나 많은 남자들이 이런 유혹에 넘어갔습니까! 잘못에는 여지를 주지 않았으나, 의혹에는 빌미를 준 이들이 얼마나 많았습니까!

88. 교회에서 자유로운 그 시간을 왜 독서에 쏟지 않습니까? 왜 그리스도를 다시 찾아뵙고, 그리스도께 말을 건네고, 그리스도의 말씀을 듣지 않습니까? 우리가 기도할 때 우리는 그분께 말을 건네는 것이고, 우리가 거룩한 말씀을 읽을 때 우리는 그분 말씀을 듣는 것입니다.[162] 우리가 다른 이들의 집과 무슨 상관이 있습니까? 모든 이를 품고 있는 집은 하나뿐입니다. 차라리 우리를 필요로 하는 그들이 우리를 찾아오게 합시다. 우리가 잡담과 무슨 상관이 있습니까? 우리는 사람들에게 체면을 차릴 직무가 아니라, 그리스도의 제대에서 봉사할 직무를 받았습니다.[163]

---

163 암브로시우스의 실천적 가르침에 관한 아우구스티누스의 증언은 『고백록』 6,3,3-4 참조.

89. Humiles decet esse, mites decet, mansuetos, graues, patientes, modum tenere in omnibus, ut nullum uitium esse in moribus uel tacitus uultus uel sermo adnuntiet.

21

90. Caueatur iracundia aut, si praecaueri non potest, cohibeatur; mala enim illex peccati indignatio est quae ita animum perturbat ut rationi non relinquat locum. Primum est igitur, si fieri potest, ut morum tranquillitas usu quodam, adfectione, proposito, in naturam uertat. Deinde quoniam ita plerumque motus infixus est naturae ac moribus ut euelli atque euitari non queat: si prouideri potuerit, ratione reprimatur; aut si prius occupatus fuerit animus ab indignatione quam consilio prospici ac prouideri potuerit ne occuparetur, meditare quomodo motum animi tui uincas, iracundiam temperes. Resiste irae si potes, cede si non potes, quia scriptum est: "Date locum irae."

91. Iacob fratri indignanti pie cessit, et Rebeccae, id est patientiae, instructus consilio abesse maluit et peregrinari quam excitare fratris indignationem, et tunc redire cum fratrem mitigatum putaret. Et ideo tantam apud Deum inuenit gratiam. Quibus deinde obsequiis, quantis muneribus fratrem ipsum reconci-

---

164 『성직자의 의무』1,14,71; 키케로, 『의무론』1,36,131 참조.

89. 겸손한 것이 어울립니다. 온유하고, 양순하고, 신중하고, 참을성 있고, 모든 일에 절도를 지니는 것이 어울립니다. 그리하면 말 없는 얼굴로 표현하든 말로 외치든, 그 품행에는 어떠한 결점도 없을 것입니다.[164]

제21장 분노를 다스리는 법

90. 화를 조심해야 합니다. 화를 예방할 수 없다면, 붙들어 매야 합니다. 분노는 죄의 사악한 유혹이며, 영혼을 혼란에 빠뜨려 이성이 활동할 여지를 남겨두지 않습니다. 그러므로 할 수만 있다면 가장 먼저 습관과 마음가짐과 결심으로 차분한 몸가짐을 [후천적] 본성으로 바꾸어야 합니다. 많은 경우 격정은 우리 본성과 품행에 깊이 박혀 있어 쉽사리 뿌리 뽑거나 피할 수 없으므로, 예상 가능하다면 이성으로 제어해야 합니다. 그러나 분노에 짓눌리지 않도록 지혜롭게 미리 내다보고 대비할 수 있는 능력을 갖추기도 전에 이미 영혼이 분노에 사로잡혔을 때에는, 그대가 그대 영혼의 격정을 어떻게 이겨낼 수 있을지, 분노를 어떻게 가라앉힐 수 있을지 생각하십시오. 그대, 할 수 있다면 분노에 맞서십시오. 만일 할 수 없다면 물러나십시오. "화에게 자리를 내어주십시오."[165]라고 쓰여 있기 때문입니다.

91. 인내의 본보기인 레베카의 조언을 받은 야곱은 분노한 형에게서 고분고분 물러났습니다. 형의 분노를 부채질하기보다는, 떠나가서 떠돌아다니기를 더 원했고, 형이 진정될 때 다시 돌아오리라 생각했습니다. 그리하여 그는 하느님께 많은 은총을 받았습니다. 아우는 얼마나 예의를 갖추고,

---

165 로마 12,19 참조.

liauit sibi ut ille praereptae benedictionis non meminisset, meminisset delatae satisfactionis!

92. Ergo si praeuenerit et praeoccupauerit mentem tuam iracundia et ascenderit in te, non relinquas locum tuum. Locus tuus patientia est, locus tuus est ratio, sapientia est locus tuus, locus tuus sedatio indignationis est. Aut si te contumacia respondentis mouerit et peruersitas impulerit ad indignationem, si non potueris mitigare mentem, reprime linguam tuam. Sic enim scriptum est: "Cohibe linguam tuam a malo, et labia tua ne loquantur dolum"; deinde: "Inquire pacem et sequere eam." Pacem illam Iacob sancti uide, quata! Primum sedato animum, si non praeualueris, frenos linguae impone tuae; deinde reconciliationis studium non praetermittas. Haec oratores saeculi de nostris usurpata in suis posuere libris, sed ille sensus huius habet gratiam qui prior dixit.

93. Vitemus ergo aut temperemus iracundiam ne sit eius aut in laudibus exceptio aut in uitiis exaggeratio. Non mediocre est mitigare iracundiam, non inferius quam omnino non commoueri; hoc nostrum est, naturae illud. Denique commotiones in pueris innoxiae sunt quae plus habent gratiae quam

---

166 창세 27,1-45; 32,4-33,17 참조.
167 코헬 10,4 참조: "군주가 네게 화를 내어도 자리를 뜨지 마라."
168 시편 34,14 참조.
169 시편 34,15; 1베드 3,10-11 참조.

얼마나 많은 선물을 준비하여 자기 형과 화해했습니까! 그 형은 예전에 빼앗긴 축복은 더 기억하지 않고, 선사받은 보상만 기억할 뿐이었습니다.[166]

92. 그러므로 분노가 터져 그대의 정신을 휘어잡고 그대 안에서 솟구치고 있다 할지라도, 그대의 자리를 뜨지 마십시오.[167] 그대의 자리는 인내이고, 그대의 자리는 이성이고, 그대의 자리는 지혜이고, 그대의 자리는 분노를 가라앉히는 것입니다. 오만불손한 말대꾸가 그대를 자극하고, 사악함이 분노를 불러일으켰을 경우, 정신을 누그러뜨릴 수 없거든 그대의 혀를 제어하십시오. 이렇게 쓰여 있기 때문입니다. "네 혀를 악에서 붙들어 매고, 네 입술이 속임수를 말하지 않게 하여라."[168] 이런 말도 있습니다. "평화를 찾고, 그 평화를 따라라."[169] 거룩한 야곱의 평화를 보십시오, 얼마나 위대합니까! 우선 영혼을 가라앉히십시오. 그렇게 할 수 없거든 그대의 혀에 굴레를 씌우십시오. 그리고 화해에 대한 열망을 잃어버리지 마십시오. 세속 웅변가들은 우리한테서 훔쳐간 이러한 생각들을 자신들의 책 속에 집어넣었지만[170], 그 의미를 가장 먼저 말한 사람이 은총을 누리는 법입니다.

93. 분노 때문에 찬미에 공백이 생기거나 결점이 과장되지 않도록 분노를 다독거리거나 가라앉힙시다. 분노를 가라앉히기는 쉽지 않으며, 전혀 동요하지 않는 것보다 덜하지 않습니다. 분노를 가라앉히는 것은 우리에게 달려 있고, 동요하지 않는 것은 본성에 달려 있습니다. 어린이들 안에서 감동은 해롭지 않을뿐더러, 쓰라림보다는 유쾌함이 더 큽니다. 어린이들은 금세 서로 다투기도 하지만, 쉽게 진정하고 더 정겨운 사이로 되돌아옵니다.

170　키케로, 『의무론』 1,38,136-137 참조.

amaritudinis. Et si cito pueri inter se mouentur, facile sedantur et maiore su-
auitate in se recurrunt; nesciunt se subdole artificioseque tractare. Nolite hos
contemnere pueros de quibus Dominus ait: "Nisi conuersi fueritis et efficia-
mini sicut puer iste, non introibitis in regnum caelorum." Itaque et ipse Do-
minus, hoc est "Dei uirtus", sicut puer, "cum malediceretur, non remaledixit";
cum percuteretur, non repercussit. Ita ergo te compara ut quasi puer iniuriam
non teneas, malitiam non exerceas, omnia a te innocenter proficiscantur. Non
consideres quid ab aliis in te reuertatur. Locum tuum serua, simplicitatem et
puritatem tui pectoris custodi. "Noli respondere" irato ad iracundiam eius siue
"imprudenti ad imprudentiam." Cito culpa culpam excutit; si lapides teras,
nonne ignis erumpit?

94. Ferunt gentiles, ut in maius omnia uerbis extollere solent, Archytae Ta-
rentini dictum philosophi quod ad uillicum suum dixerit: "O te infelicem,
quam adflictarem nisi iratus essem!" Sed iam Dauid et armatam dexteram in
indignationem compresserat. Et quanto plus est non remaledicere quam non
uindicare! Et bellatores aduersus Nabal ad ultionem paratos Abigail depreca-
tione reuocauerat. Vnde aduertimus tempestiuis quoque intercessionibus non

---

171 마태 18,3 참조.
172 1코린 1,18.24 참조.
173 1베드 2,23 참조.
174 『성직자의 의무』 1,21,92 참조.
175 잠언 26,4 참조.

어린이들은 속일 줄도 꾸밀 줄도 모르기 때문입니다. 어린이들을 깔보지 마십시오. 그들에 관해 주님께서 이렇게 말씀하시기 때문입니다. "너희가 회개하여 이 어린이처럼 되지 않으면, 결코 하늘나라에 들어가지 못한다."[171] 주님 몸소, 곧 "하느님의 힘"[172]이신 주님께서 어린이처럼 "모욕을 당하시면서도 모욕으로 갚지 않으셨습니다."[173] 두들겨 맞으시면서도 되받아치지 않으셨습니다. 그대도 이렇게 마음을 다지십시오. 그리하여 어린이가 그러하듯 모욕을 담아두지 말고 악을 행하지도 말며 그대에게서 모든 것이 순수하게 흘러나오게 하십시오. 다른 이들이 그대에게 어떻게 되갚을지 생각하지 마십시오. 그대의 자리를 보존하고[174], 그대 마음의 단순함과 깨끗함을 지키십시오. 화난 이에게 그 화에 맞추어 "대응하려 들지 말고", "어리석은 이에게 그 어리석음에 맞추어 대응하지 마십시오."[175] 잘못은 잽싸게 잘못을 불러옵니다. 돌을 서로 문지르면 불이 붙을 수밖에 없지 않습니까?

94. 모든 것을 과장된 말로 부풀리곤 하는 이교도들은, 철학자인 타렌툼의 아르키타스[176]의 말을 끌어대는데, 그는 자기 농장 관리인에게 이렇게 말했다고 합니다. "오, 비참한 네 녀석, 내가 화나지만 않았더라면 너를 매질했을 텐데!"[177] 그러나 이미 다윗은 화풀이를 할 수 있는 무기를 갖추고 있었습니다.[178] 저주하지 않는 것은 복수하지 않는 것보다 얼마나 더 훌륭합니까! 아비가일은 간절히 애원하여 나발을 거슬러 복수할 준비가 된 전사들의 마음을 되돌렸습니다. 이 이야기에서 우리는 시의적절한 청원을 들어주

---

176 아르키타스(Archytas, 기원전 400년경-350년경)는 피타고라스학파 철학자로서 플라톤과
     친분이 있었다. 키케로, 『우정론』 88; 『노년에 관하여』 39-41; 『투스쿨룸 대화』 5,23,64 참조.
177 키케로, 『국가』 1,38,59; 『투스쿨룸 대화』 4,36,78 참조.
178 1사무 25,32-35 참조.

solum cedere nos sed etiam delectari oportere. Eousque autem delectatus est ut benediceret interuenientem quod a studio uindictae reuocatus foret.

95. Iam dixerat de inimicis suis: "Quoniam declinauerunt in me iniquitatem et in ira molesti erant mihi." Audiamus turbatus in ira quid dixerit: "Quis dabit mihi pennas sicut columbae et uolabo et requiescam?" Illi ad iracundiam prouocabant, hic eligebat tranquillitatem.

96. Iam dixerat: "Irascimini et nolite peccare." Moralis magister qui naturalem adfectum inflectendum magis ratione doctrinae quam extirpandum nouerit, moralia docet; hoc est: Irascimini ubi culpa est cui irasci debeatis. Non potest enim fieri ut non rerum indignitate moueamur; alioquin non uirtus sed lentitudo et remissio iudicatur. Irascimini ergo ita ut a culpa abstineatis. Vel sic: Si irascimini, nolite peccare sed uincite ratione iracundiam. Vel certe sic: Si irascimini, uobis irascimini quia commoti estis, et non peccabitis. Qui enim sibi irascitur quia cito motus est, desinit irasci alteri; qui autem uult iram suam iustam probare, plus inflammatur et cito in culpam cadit. "Melior est" autem secundum Salomonem "qui iracundiam continet quam qui urbem

---

179 시편 55,3 참조.
180 시편 55,7 참조.
181 시편 4,5 참조.
182 루크레티우스, 『사물의 본성』 3,307-313 참조.

어야 할 뿐 아니라, 기뻐해야 한다는 사실을 깨닫게 됩니다. 다윗은 기뻐하였고 중재한 여인을 축복하기까지 했습니다. 복수하려는 열망에서 되돌아왔기 때문입니다.

95. 이미 그는 자기 원수들에 관해 이렇게 말한 바 있습니다. "원수들이 저에게 불의를 들씌웠고, 분노 속에서 저를 못살게 굴었습니다."[179] 분노로 괴로워하던 그가 한 말을 들어봅시다. "누가 나에게 비둘기의 날개를 주어, 날아가 쉬게 할 것인가?"[180] 그들은 화를 부추겼지만, 그는 고요를 선택했습니다.

96. 이미 이렇게 말한 바 있습니다. "화가 나더라도 죄는 짓지 마십시오."[181] 자연스러운 감정을 뿌리째 뽑아내려 하지 말고, 오히려 이성에 바탕을 둔 가르침으로 바로잡아 나가야 한다[182]는 사실을 윤리의 스승[183]은 알고 있었으니, 이렇게 윤리를 가르쳐줍니다. "여러분이 화를 내야 하는 잘못이 있는 곳에서는 화를 내십시오." 실제로 우리가 분노에 북받치지 않을 수 없는 일들이 벌어질 수 있습니다. 그렇지 않다면 사람들은 그것을 덕이 아니라, 비정함과 무관심이라고 판단할 것입니다. 그러므로 화를 내되, 죄를 피할 수 있는 방식으로 내십시오. 또는 이렇게 하십시오. 화가 나거든, 죄지으려 하지 말고 이성으로 화를 이겨내십시오. 또는 적어도 이렇게 하십시오. 화가 나거든, 화가 나 있는 여러분 자신에게 화를 내십시오. 그러면 죄를 짓지 않을 것입니다. 쉽게 흥분한 자신에게 화내는 사람은 다른 사람에게

---

183   다윗을 가리켜 '윤리의 스승'(moralia magister)이라고 부르는 암브로시우스는 다른 작품에서도 다윗을 '윤리의 큰 스승'(moralium magnus magister)이라 일컫는다.(『시편 제118편 해설』 머리말 1 참조)

capit" quia ira etiam fortes decipit.

97. Cauere igitur debemus ne in perturbationes prius incidamus quam animos nostros ratio componat; exanimat enim mentem plerumque aut ira aut dolor aut formido mortis et improuiso percellit ictu. Ideo praeuenire pulchrum est cogitatione quae uoluendo mentem exerceat ne repentinis excitetur commotionibus sed iugo quodam rationis et habenis adstricta mitescat.

22

98. Sunt autem gemini motus, hoc est cogitationum et appetitus: alteri cogitationum, alteri appetitus; non confusi sed discreti et dispares. Cogitationes uerum exquirere et quasi emolere muneris habent, appetitus ad aliquid agendum impellit atque excitat. Itaque ipso genere naturae suae et cogitationes tranquillitatem sedationis infundunt et appetitus motum agendi excutit. Ita ergo informati sumus ut bonarum rerum subeat animum cogitatio, appetitus rationi obtemperet—si uere ut illud decorum custodiamus, animum uolumus

---

184 잠언 16,32 참조.
185 키케로, 『의무론』 1,36,131 참조.
186 키케로, 『의무론』 1,36,132 참조.

화내기를 그치기 때문입니다. 그러나 자신의 분노가 옳다는 것을 입증하려는 사람은 더욱 분노에 이글거리게 되고 금세 죄에 떨어집니다. 솔로몬에 따르면 "분노를 자제하는 이는 도시를 정복하는 자보다 더 낫습니다."[184] 분노는 용사들마저 속이기 때문입니다.

97. 우리는 이성이 우리 영혼을 미처 가다듬기도 전에 격정에 굴복하는 일이 없도록 조심해야 합니다. 분노나 괴로움, 죽음에 대한 두려움이 정신을 마비시키고[185] 뜻밖의 충격으로 거꾸러뜨리는 경우가 많습니다. 그러므로 갑작스러운 동요로 흥분하기보다는, 정신을 수련하는 묵상을 통하여 이성의 굴레와 고삐로 붙잡아 부드럽게 길들임으로써 예방하는 것이 좋습니다.

제22장 어울리는 생각과 말과 행동

98. 움직임에는 두 가지가 있으니, 이는 생각(cogitatio)과 욕구(appetitus)입니다.[186] 하나는 생각의 움직임이고, 다른 하나는 욕구의 움직임입니다. 이 둘은 혼동되는 것이 아니라, 구별되며 서로 다릅니다. 생각은 진리를 찾아 나서고, 진리를 섬세하게 다듬기까지 합니다. 그러나 욕구는 무언가를 하도록 몰아붙이고 다그칩니다. 저마다 제 본성을 지니고 있으니, 생각은 차분한 고요가 번지게 하고, 욕구는 행동하여 움직이도록 충동질합니다. 우리가 양성되는 방식은 이러합니다. 선한 것에 관한 생각이 영혼에 깃들면, 욕구는 이성에 복종합니다.[187] ― 참으로 우리가 어울리는 것(decorum)을 지

---

187 키케로, 『의무론』 1,29,102 참조.

intendere — ne rationem excludat rei alicuius adfectus sed ratio quid honestati conueniat, examinet.

99. Et quoniam ad conseruationem decoris spectare diximus ut sciamus in factis dictisue qui modus — prior autem ordo loquendi quam faciendi est — sermo in duo diuiditur: in colloquium familiare et in tractatum disceptatio-nemque fidei atque iustitiae. In utroque seruandum ne sit aliqua perturbatio sed tamquam mitis et placidus et beneuolentiae plenus et gratiae sine ulla sermo ducatur contumelia. Absit pertinax in familiari sermone contentio; quaestiones enim magis excitare inanes quam utilitatis aliquid adferre solet. Disceptatio sine ira, suauitas sine amaritudine sit, monitio sine asperitate, hortatio sine offensione. Et sicut in omni actu uitae id cauere debemus ne rationem nimius animi motus excludat sed teneamus consilii locum, ita etiam in sermone formulam eam teneri conuenit ne aut ira excitetur aut odium, aut cupiditatis nostrae aut ignauiae aliqua exprimamus indicia.

100. Sit igitur sermo huiusmodi de Scripturis maxime. Quid enim? Magis nos oportet loqui de conuersatione optima, adhortatione obseruationis, disciplinae

---

188 키케로, 『의무론』 1,37,132 참조. 키케로는 언변(oratio)을 대화(sermo)와 논쟁(contentio) 으로 구분하지만, 암브로시우스는 말(sermo)을 일상의 대화(colloquium)와 신앙과 정의 에 관한 설교(tractatus)와 토론(disceptatio)으로 구분한다. 교부 시대에 사용된 트락타투스

키기 위하여 영혼에 관심을 기울이기를 원한다면 말입니다.—이렇듯 어떤
것에 대한 애착이 이성을 배제하지 말아야 하며, 이성은 올바른 것에 어울
리는 것이 무엇인지를 살펴야 합니다.

99. 행동과 말에서 어떤 척도를 지켜야 하는지 이해하기 위해서는 우리가
말한 대로 알맞은 것이 무엇인지 살펴야 합니다.—말의 순서는 행동의 순서
보다 앞서는데—말(sermo)은 두 가지로 나누어집니다. 하나는 일상의 대화
(colloquium)이고, 다른 하나는 신앙과 정의에 관한 설교(tractatus)와 토론
(disceptatio)입니다.[188] 두 경우 모두 어떠한 분란도 없도록 주의를 기울여야
하고, 온유하고 차분하며 친절과 호의가 가득한 말을 사용해야 하며, 모욕
적 언사가 없어야 합니다. 일상의 대화에서는 고집스런 논쟁이 없어야 합
니다. 왜냐하면 어떤 이로움을 가져오기보다는 쓸모없는 문제만 더 불러
일으키기 때문입니다. 분노 없는 토론, 쓰라림 없는 부드러움, 가혹하지
않은 충고, 상처 없는 권고이어야 합니다. 인생의 모든 행동에서 그러하
듯, 영혼의 과도한 충동이 이성을 가두어버리지 않도록 조심해야 합니다.
오히려 성찰의 자리를 마련해야 합니다. 이처럼 말을 하는 데에도 격을 갖
춤으로써 분노나 미움을 불러일으키지 말고, 우리의 탐욕이나 게으름의
어떠한 흔적도 드러내지 말아야 합니다.

100. 이런 종류의 말은 특히 성경과 연관 지어 보아야 하겠습니다. 왜 그렇
습니까? 탁월한 삶의 방식[189], 규칙 권고, 규율 준수에 관하여 말하는 것보

(tractatus)의 의미에 관해서는 G. Broszio, "tractatus", S. Döpp—W. Geerlings (ed.),
Lexikon der antiken christlichen Literatur, Freiburg 2002, 102 참조.

custodia. Habeat caput eius rationem et finis modum. Sermo enim taediosus iram excitat. Quam uero indecorum ut cum omnis confabulatio habere soleat incrementum gratiae, habeat naeuum offensionis!

101. Tractatus quoque de doctrina fidei, de magisterio continentiae, de disceptatione iustitiae, adhortatione diligentiae, non unus semper; sed ut se dederit lectio, nobis et adripiendus est et prout possumus prosequendus: neque nimium prolixus neque cito interruptus neque uel fastidium derelinquat uel desidiam prodat atque incuriam; oratio pura, simplex, dilucida atque manifesta, plena grauitatis et ponderis, non adfectata elegantia sed non intermissa gratia.

23

102. Multa praeterea de ratione dicendi dant praecepta saeculares uiri, quae nobis praetereunda arbitror, ut de iocandi disciplina. Nam licet interdum honesta ioca ac suauia sint, tamen ab ecclesiastica abhorrent regula quoniam quae in Scripturis non repperimus, ea quemadmodum usurpare possumus?

---

189 라틴어 conversatio는 '살아가는 법'(modus vivendi)이라는 뜻도 지니고 있다. 히에로니무스, 『성 힐라리온의 생애』 14 참조.

190 직역은 "말의 첫머리는 합리적이어야 하고, 그 끝은 절도가 있어야 합니다."이다.

다 우리에게 더 필요한 것은 없기 때문입니다. 말은 합리적으로 시작해서 절도 있게 끝내야 합니다.[190] 지루한 말은 분노를 자아낼 따름입니다. 모든 대화는 호감을 키우게 마련인데, 상처의 흔적을 남기게 된다면 얼마나 꼴사나운 일입니까!

101. 신앙 교리, 절제에 대한 가르침, 정의에 관한 논의, 성실에 관한 권고를 설교하는 것도 언제나 한결같지는 않습니다. 그러나 우리는 [거룩한] 독서가 일러주는 대로 이해해야 하고, 할 수 있는 데까지 따라가야 합니다. 설교가 너무 길어져서도 안 되고, 너무 빨리 중단되어서도 안 됩니다. 지루한 느낌을 남기거나, 무기력하고 무심하다는 인상을 주어서도 안 되기 때문입니다. 연설은 깔끔하고 단순하고 명쾌하고 분명해야 하며, 품격과 무게가 가득해야 합니다. 꾸며낸 세련됨이 아니라, 끊임없는 호감으로 그러해야 합니다.

제23장 말하는 법

102. 세속 사람들은 말하는 방법에 관해 수많은 규정을 제시하지만, 우리는 이런 것들은 무시해야 한다고 나는 생각합니다. 예컨대 농담의 규칙 같은 것들입니다.[191] 농담은 때로 올바르고 즐겁기도 하지만 교회 규범에는 어울리지 않습니다. 성경에서 발견하지 못하는 것을 우리가 어찌 사용할 수 있겠습니까?

---

191 키케로, 『의무론』 1,29,103-104 참조. 키케로는 부끄럽고 추하고 촌스럽고 외설적인 농담과, 우아하고 세련되고 명쾌하고 재치 있는 농담을 구별했다.

103. Cauenda enim etiam in fabulis ne inflectant grauitatem seuerioris propositi. "Vae uobis qui ridetis, quia flebitis" Dominus ait; et nos ridendi materiam requirimus ut hic ridentes, illic fleamus! Non solum profusos sed omnes etiam iocos declinandos arbitror nisi forte plenum grauitatis et gratiae sermonem esse, non indecorum est.

104. Nam de uoce quid loquar quam simplicem et puram esse satis arbitror; canoram autem esse naturae est, non industriae. Sit sane distincta pronuntiationis modo et plena suci uirilis, ut agrestem ac subrusticum fugiat sonum, non ut rhythmum adfectet scaenicum sed mysticum seruet.

24

105. De ratione dicendi satis dictum puto, nunc de actione uitae quid congruat consideremus. Tria autem in hoc genere spectanda cernimus: unum, ut rationi appetitus non reluctetur; hoc enim solo modo possunt officia nostra illi decoro conuenire; si enim appetitus rationi oboediat, facile id quod deceat in omnibus officiis conseruari potest. Deinde ne maiore studio quam res ipsa est quae suscipitur, uel minore, aut paruam magno ambitu suscepisse aut magnam

---

192 루카 6,25 참조.
193 키케로, 『의무론』 1,37,133 참조.

103. 이야기할 때에도 더 진지한 의도의 중요성을 왜곡하지 않도록 조심해야 합니다. 주님께서는 "불행하여라, 너희 웃는 사람들. 너희는 울게 될 것이다."[192]라고 말씀하십니다. 그러면 우리는 "여기서 웃는 우리 저기서는 웁시다!"라며 농담거리를 찾습니다. 나는 삿된 말뿐 아니라 모든 농담을 피해야 한다고 판단합니다. 혹시라도 꼴사납지 않은 경우라면 품격과 호의 가득한 말은 예외로 하겠습니다.

104. 목소리에 관해서 내가 무슨 말을 하겠습니까? 단순명료해야 한다는 한마디로 충분하다고 생각합니다. 고운 음성은 타고나는 것이지 꾸며내는 것이 아닙니다.[193] 발음은 뚜렷해야 하고 남성미가 넘쳐야 합니다. 촌스럽고 거친 소리를 피하십시오. 연극배우의 말투를 흉내 내지 말고, 거룩한 목소리를 간직하십시오.

제24장 이성으로 욕구를 다스리는 절도 있는 삶

105. 말하는 방식에 관해서는 충분히 이야기했다고 생각합니다. 이제 어떤 것이 어울리는 삶의 행동 방식인지 살펴봅시다. 우리는 이 주제에서 세 가지 원칙을 고려해야 합니다.[194] 첫째, 욕구(appetitus)가 이성(ratio)에 맞서서는 안 된다는 것입니다. 오직 이 방법을 통해서만 우리의 의무는 그 어울림에 맞갖을 수 있습니다. 욕구가 이성에 복종하면 모든 의무에 어울리는 것을 쉽게 지킬 수 있습니다. 둘째, 일 자체가 요구하는 것보다 더 많거나 더 적은 열정을 쏟아서는 안 됩니다. 그렇지 않으면 우리가 보잘것없는 일

---

194 키케로, 『의무론』1,39,141 참조.

inferiore destituisse uideamur. Tertium de moderatione studiorum operumque nostrorum. De ordine quoque rerum et de opportunitate temporum non dissimulandum puto.

106. Sed primum illud quasi fundamentum est omnium, ut appetitus rationi pareat. Secundum et tertium idem est, hoc est, in utroque moderatio; uacat enim apud nos speciei liberalis, quae pulchritudo habetur, et dignitatis contemplatio. Sequitur de ordine rerum et de opportunitate temporum. Ac per hoc tria sunt quae uideamus utrum in aliquo sanctorum consummata possimus docere.

107. Primum ipse pater Abraham qui ad magisterium futurae successionis informatus et instructus est, iussus exire de terra sua et de cognatione sua et de domo patris sui, nonne multiplicatae necessitudinis praestrictus adfectu, tamen appetitum rationi oboedientem praebuit? Quem enim terrae suae, cognationis, domus quoque propriae gratia non delectaret? Et hunc ergo mulcebat suorum suauitas, sed imperii caelestis et remunerationis aeternae consideratio mouebat amplius. Nonne considerabat uxorem imbecillam ad labores, teneram ad iniurias, decoram ad incentiua insolentium, sine summo non posse duci periculo? Et tamen subire omnia, quam excusare consultius diiudicauit. Deinde cum descenderet in Aegyptum, monuit ut diceret se sororem esse, non

---

195 키케로, 『의무론』 1,39,141 참조. 키케로가 제시하는 세 가지 원칙 가운데 하나는 "자유인 다운 외관과 위엄은 중용을 지켜 갖추도록 유의해야 한다."였지만, 암브로시우스는 이러한

을 엄청난 야심으로 받아들이거나, 중대한 일을 하찮게 포기하는 듯이 보일 것이기 때문입니다. 셋째는 우리 열정과 활동의 절도에 관한 것입니다. 일의 순서와 시의성도 무시해서는 안 된다고 생각합니다.

106. 그러나 욕구가 이성에 복종해야 한다는 첫째 원칙은 모든 것의 근본과 같습니다. 둘째와 셋째 원칙은 똑같습니다. 이 두 원칙 안에는 절도가 있습니다. 멋진 차림새와 품격에 신경을 쓰는 자유인다운 외모는 우리에게는 쓸모없습니다.[195] 일의 순서와 시의성에 관한 문제가 따라 나옵니다. 우리는 이 세 가지 원칙을 통해서 성인들 가운데 누가 이를 완수했다고 제시할 수 있는지 살펴보겠습니다.

107. 먼저 미래 후손들의 스승으로 양성되고 교육받은 아브라함 성조를 알아봅시다. 자기 땅과 자기 친척과 자기 아버지의 집을 떠나라는 명령을 받았을 때, 그는 자기를 둘러싼 온갖 필요한 일들에 마음이 얽매여 있었지만, 욕구가 이성에 복종하도록 놓아두지 않았습니까? 자기 땅과 친척과 제집의 편안함을 누가 좋아하지 않겠습니까? 아브라함도 자기 것의 달콤함에 매력을 느꼈지만, 하늘의 명령과 영원한 상급에 대한 생각이 그의 마음을 더 움직였습니다. 연약한 아내가 고생하고, 가녀린 아내가 모욕을 당하며, 어여쁜 아내가 뭇 사내들의 무절제를 자극하게 될지도 모르는 상황에서, 극도의 위험 없이 아내를 이끌어갈 수 있으리라고 생각했겠습니까? 그럼에도 그는 약삭빠르게 변명하기보다 이 모든 것을 겪어내기로 했습니다. 그리하여 이집트에 내려갔을 때, 그는 그녀가 자기 아내가 아니라 누이

외모는 자신을 비롯한 성직자들에게는 필요치 않다고 본다.

uxorem ipsius.

108. Aduerte quanti appetitus: Timebat uxoris pudori, timebat propriae saluti, suspectas habebat Aegyptiorum libidines et tamen praeualuit apud eum ratio exsequendae deuotionis. Considerauit enim quod Dei fauore ubique tutus esse posset, offenso autem Domino, etiam domi non posset illaesus manere. Vicit igitur appetitum ratio et obedientem sibi praestitit.

109. Capto nepote, non perterritus neque tot regum turbatus populis bellum repetiit; uictoria potitus praedae partem cuius ipse fuit auctor, recusauit. Promisso quoque sibi filio, cum consideraret emortui corporis sui uires depositas, sterilitatem coniugis et supremam senectutem, etiam contra usum naturae Deo credidit.

110. Aduerte conuenire omnia: Appetitus non defuit sed repressus est; animus aequalis gerendis, qui nec magna pro uilibus nec minora pro magnis duceret; moderatio pro negotiis; ordo rerum, opportunitas temporum, mensura uerborum. Fide primus, iustitia praecipuus, in proelio strenuus, in uictoria non auarus, domi hospitalis, uxori sedulus.

---

196 창세 12,10-20 참조.
197 암브로시우스, 「아브라함」 1,21 참조.
198 창세 14,12 참조.

라고 말하라고 권고했습니다.[196]

108. 얼마나 많은 욕구를 느꼈을지 생각해 보십시오. 아내의 정결을 염려했고, 자신의 구원을 걱정했습니다. 이집트인의 정욕에 의심을 품고 있었지만, 자신이 따라야 할 경건한 이성이 그에게서 더 큰 힘을 발휘했습니다.[197] 하느님의 도움으로 어디서나 안전할 수 있지만, 주님을 거역하고는 고향 집에서도 상처 없이 머무를 수 없다고 생각했습니다. 이성이 욕구를 이겼고, 자신에게 복종시켰습니다.

109. 그의 조카가 포로로 잡혀갔을 때[198] 그렇게 많은 임금의 백성들에게 겁을 먹거나 당황하지 않고 전쟁을 다시 시작했습니다. 승리를 거둔 뒤에는 전리품에서 자기 몫을 거부했습니다. 자신에게 아들을 약속하셨을 때에도, 시체 같은 자기 몸뚱이와 사그라진 기력, 불임의 아내와 너무 늙어버린 신세를 생각했지만, 심지어 자연의 관행을 거슬러 하느님을 믿었습니다.[199]

110. 모든 것이 어떻게 조화를 이루는지 눈여겨보십시오. 욕구가 없어지지는 않았지만 자제되었습니다. 영혼은 행위와 어우러져, 하찮은 것을 위대한 것으로 뒤바꾸지도 않았고, 중대한 것을 사소한 것으로 갈아치우지도 않았습니다. 사업에는 절도가 있었고, 일의 순서가 있었으며, 적절한 때와 말의 한도를 지켰습니다. 믿음으로는 첫째였고, 정의로도 빼어났으며, 전쟁에서 용맹했고, 승리에는 탐욕스럽지 않았으며, 집에는 따뜻이 맞아들였고, 아내에게는 성실했습니다.

---

199 창세 15,6; 로마 4,3-25; 갈라 3,6-29 참조.

111. Sanctum quoque eius nepotem Iacob delectabat domi securum degere sed mater uoluit peregrinari ut daret fraternae iracundiae locum. Vicit appetitum consilii salubritas: exsul domo, profugus a parentibus, ubique tamen conuenientem mensuram negotiis tenuit et temporibus opportunitatem reseruauit; acceptus domi parentibus ut alter maturitate prouocatus obsequii benedictionem daret, alter amore pio propenderet; fraterno quoque iudicio praelatus, cum cibum suum fratri cedendum putasset — delectabatur utique alimento secundum naturam sed secundum pietatem cessit petito; Pastor domino gregis fidus, socero gener sedulus, in labore impiger, in conuiuio parcus, in satisfactione praeuius, in remuneratione largus; denique sic fraternam mitigauit iracundiam ut cuius uerebatur inimicitias, adipisceretur gratiam.

112. Quid de Ioseph loquar qui utique habebat cupiditatem libertatis et suscepit seruitii necessitatem? Quam subditus in seruitute, quam in uirtute constans, quam benignus in carcere, sapiens in interpretatione, in potestate moderatus, in ubertate prouidus, in fame iustus, ordinem laudis rebus adiungens et opportunitatem temporibus, aequitatem populis officii sui moderatione dispensans!

---

200 창세 27,42 이하 참조.
201 야곱의 쌍둥이 형 에사우를 가리킨다.
202 직역은 "자기 음식"(cibum suum)이다. 참조: 창세 25,34.

111. 그의 거룩한 손자 야곱[200]도 집에서 편안하게 지내는 것을 즐겼습니다. 그러나 그의 어머니는 형[201]의 분노를 가라앉힐 여지를 주기 위해 떠돌아다니기를 바랐습니다. 건전한 조언이 욕구를 이겼습니다. 집을 떠나 귀양살이를 하고, 부모에게서 떠나왔지만, 어디에서든 사업에서 적절한 한도를 지켰으며, 알맞은 때를 기다렸습니다. 집에서는 부모에게 귀염받았고, 아버지는 성숙한 순종에 감동하여 축복해 주었습니다. 어머니는 경건한 사랑으로 호의를 베풀어주었습니다. 형도 자기 권리[202]를 동생에게 넘겨야 한다고 생각했을 때, 동생이 자기보다 뛰어나다고 판단했습니다. 의심할 나위 없이 본성에 따라서는 음식이 즐거웠지만, 신심에 따라서는 부탁을 들어주었습니다.[203] 양 떼의 주인에게는 충실한 목자였고, 장인에게는 싹싹한 사위였으며[204], 일에는 게으르지 않았고, 먹는 것에는 검소했으며, 채워주는 일에 앞장섰으며, 되갚는 데는 너그러웠습니다. 그리하여 형제의 적개심을 두려워하던 그가 마침내 형제의 분노를 가라앉히고 호의를 얻게 되었습니다.

112. 자유에 대한 열망을 분명히 지니고 있었지만 종살이를 필연으로 받아들인 요셉에 관해서는 제가 무슨 말을 하겠습니까? 종살이에는 얼마나 순종적이었고, 덕으로는 얼마나 한결같았으며, 감옥에서는 얼마나 친절했습니까! 해몽(解夢)에는 지혜로웠으며, 권력에는 절도가 있었고, 풍요 속에서는 선견지명이 있었으며, 기근 중에는 정의로웠고, 일에는 찬미의 질서를 매겨, 자기 의무를 절도 있게 수행하면서 적절한 때에 공정한 몫을 백성에

---

203 암브로시우스의 이 해석은 창세기 본문과 상충된다.
204 창세 29,1-30 참조.

113. Iob quoque iuxta secundis atque aduersis rebus irreprehensibilis, patiens, gratus Deo atque acceptus, uexabatur doloribus sed se consolabatur.

114. Dauid etiam fortis in bello, patiens in aduersis, in Hierusalem pacificus, in uictoria mansuetus, in peccato dolens, in senectute prouidus, rerum modos, uices temporum per singularum sonos seruauit aetatum ut mihi uideatur non minus uiuendi genere quam canendi suauitate praedulcis immortalem Deo sui fudisse meriti cantilenam

115. Quod his uiris uirtutum principalium officium defuit? Quarum primo loco constituerunt prudentiam quae in ueri inuestigatione uersatur et scientiae plenioris infundit cupiditatem; secundo iustitiam quae suum cuique tribuit, alienum non uindicat, utilitatem propriam neglegit ut communem aequitatem custodiat; tertio fortitudinem quae et in rebus bellicis excelsi animi magnitudine et domi eminet corporisque praestat uiribus; quarto temperantiam quae modum ordinemque seruat omnium quae uel agenda uel dicenda arbitramur.

---

205 창세 37,39-50 참조.

206 키케로는 『의무론』에서 사추덕(四樞德)을 다음과 같이 설명한다. 첫째, 참된 것에 관한 통찰과 이해인 지혜(sapientia)와 예지(prudentia), 둘째, 각자의 몫을 각자에게(suum cuique) 나누어주는 정의(iustitia), 셋째, 고귀하고 굽히지 않는 정신의 위대함과 강직함인

174

게 나누어주었습니다![205]

113. 좋을 때나 나쁠 때나 흠잡을 데 없었던 욥도 참을성이 있었고, 하느님께 기쁘게 받아들여진 인물입니다. 그는 고통에 시달렸으나 위로도 받았습니다.

114. 다윗도 전쟁에서 용맹했고, 역경에서 참을성이 있었으며, 예루살렘에서 평화적이었고, 승리를 거두었을 때 온유했으며, 죄를 짓고는 아파했고, 늙어서는 선견지명이 있었습니다. 그는 매사에 절도를 지켰고, 인생의 단계마다 들려오는 소리를 통해 시간의 흐름을 지켜나갔습니다. 내가 보기에, 그 삶의 방식은 시편의 감미로움보다 덜하지 않았으니, 다윗은 자기 덕행의 스러지지 않는 찬미가를 바친 셈입니다.

115. 이분들에게 부족했던 사추덕(四樞德)의 의무가 무엇입니까?[206] 사추덕 가운데 첫째 자리에 세우는 것은 예지(prudentia)인데, 참된 연구에 투신하게 하고 더 충만한 지식을 향한 열망을 불어넣습니다. 둘째는 정의(iustitia)인데, 각자의 몫을 각자에게 나누어주고[207] 다른 사람의 것을 제 것이라 우기지 않으며, 공동의 공정함을 지키기 위해 자신의 이익을 무시합니다. 셋째는 용기(fortitudo)로서, 전시에나 평시에나 영혼의 숭고함으로도 훌륭해지고 체력으로도 뛰어나게 합니다. 넷째는 절제(temperantia)인데, 우리가

용기(fortitudo), 넷째, 절도(modestia)와 절제(temperantia)이다. 키케로, 『의무론』 1,5,15-17; 플라톤, 『국가』 427e 참조.

207 "각자의 것을 각자에게"(suum cuique)는 정의(正義)에 관한 고전적 정의(定義)이다. 키케로, 『신들의 본성』 3,38 참조.

116. Haec forsitan aliquis dicat primo loco poni oportuisse quoniam ab his quattuor uirtutibus nascuntur officiorum genera; sed hoc artis est ut primo officium definiatur, postea certa in genera diuidatur. Nos autem artem fugimus exempla maiorum proponimus quae neque obscuritatem adferunt ad intelligendum neque ad tractandum uersutias. Sit igitur nobis uita maiorum disciplinae speculum, non calliditatis commentarium, imitandi reuerentia, non disputandi astutia.

117. Fuit igitur in sancto Abraham primo loco prudentia, de quo dicit Scriptura: "Credidit Abraham Deo et reputatum est ei ad iustitiam." Nemo enim prudens qui Dominum nescit. Denique insipiens dixit quia "non est Deus", nam sapiens non diceret. Quomodo enim sapiens qui non requirit auctorem suum, qui dicit lapidi: "Pater meus es tu", qui dicit diabolo ut manichaeus: "Auctor meus es tu?" Quomodo sapiens, ut arianus, qui mauult imperfectum auctorem habere atque degenerem quam uerum atque perfectum? Quomodo sapiens,

---

208 키케로가 『의무론』에서 사추덕을 작품의 앞부분에서 다룬 반면(『의무론』 1,7-10 참조), 암브로시우스는 자기 나름의 구상에 따라 재배치했다.
209 창세 15,6 참조.
210 시편 13,1.
211 마니교는 바빌로니아 출신 마니(216-276년)가 유대교와 비정통 그리스도교의 몇몇 요소를 꿰맞추어 만들어낸 철저한 이원론에 바탕을 두고 있다. 이 세상에는 선과 악의 원리가

행동하거나 말해야 한다고 판단하는 모든 것의 절도와 질서를 지켜줍니다.

제25장 사추덕에 관한 그리스도교적 해석

116. 아마도 어떤 사람은 이 사추덕에서 의무들의 종류가 나오기 때문에 맨 첫 자리에 둘 필요가 있었다고 말할 수도 있겠습니다. 그러나 먼저 의무를 정의한 다음 다양한 종류로 구분하는 것은 기교적입니다.[208] 우리는 기교적인 것을 피하고 성조(聖祖)의 본보기를 제시하고 있습니다. 이 본보기들은 이해하기에 어렵지도 않고, 다루기에 까다롭지도 않습니다. 독창적 해설이 아니라 성조들의 삶이, 수사적 기교가 아니라 본받아야 할 존경스러운 모습이 우리에게 윤리 규범의 거울[寶鑑]이 되기를 바랍니다.

117. 거룩한 아브라함에게 첫째 자리는 예지였습니다. 그에 관하여 성경은 이렇게 말합니다. "아브라함이 하느님을 믿었고, 하느님께서 그에게 의로움으로 인정해 주셨다."[209] 주님을 모르는 이는 아무도 지혜롭지 않습니다. 그래서 어리석은 자는 "하느님은 없다."[210]고 말했지만, 지혜로운 이는 그렇게 말하지 않습니다. 자기 창조자를 찾지 않는 자, 돌더러 "당신이 내 아버지이십니다."라고 말하는 자, 마니교도[211]처럼 악마에게 "당신이 나의 창조자이십니까?"라고 지껄이는 자가 어떻게 지혜롭습니까? 참되고 완전한 창조자보다 불완전하고 타락한 창조자를 모시기를 더 원하는 아리우스파[212]가 어떻게 지혜롭습니까? 마르키온[213]과 에우노미우스[214]처럼 선하신 주님

서로 맞서 싸우고 있으며, 이 세상은 그 싸움터라는 것이다. 참조: 미셸 따르디외, 『마니교』, 이수민 편역, 분도출판사 2005; 줄리아노 비지니, 『성 아우구스티누스』, 이연학·최원오 역주, 분도출판사 2015, 37-49 참조.

Marcion atque Eunomius, qui mauult Dominum malum quam bonum habere? Quomodo sapiens qui Deum suum non timet? "Initium enim sapientiae timor Domini." Et alibi habes: "Sapientes non declinant de ore Domini sed tractant in confessionibus suis." Simul quoque dicendo Scriptura: "Reputatum est ei ad iustitiam" alterius uirtutis ei gratiam detulit.

118. Primi igitur nostri definierunt prudentiam in ueri consistere cognitione—quis enim illorum ante Abraham, Dauid, Salomonem?—deinde iustitiam spectare ad societatem generis humani; denique Dauid ait: "Dispersit, dedit pauperibus, iustitia eius manet in aeternum"; iustus miseretur, iustus commodat. Sapienti et iusto totus mundus diuitiarum est: Iustus communia pro suis habet, sua pro communibus. Iustus se ipsum priusquam alios accusat; ille enim iustus, qui nec sibi parcit et occulta sua latere non patitur. Vide quam iustus Abraham: susceperat in senectute filium per repromissionem; reposcenti Domino negandum ad sacrificium, quamuis unicum, non putauit.

---

212 알렉산드리아의 사제였던 아리우스(256-336년)는 성자의 신성을 부정하고, 성자는 초월적 존재이기는 하되 피조물에 지나지 않으며, 성부와 본질이 다르다고 주장했다. 아리우스파의 교설은 니케아 공의회(325년)와 제1차 콘스탄티노플 공의회(381년)에서 단죄되었다.

213 폰투스 출신 마르키온(2세기)은 구약의 하느님을 복수의 신이라고 주장함으로써 예수 그리스도를 통해 계시된 사랑의 하느님과 대립시킨 이단이다.

214 아리우스 근본주의자 에우노미우스(325-394년)는 자기 스승 아에티우스와 더불어 '신아리우스파'라고도 불리는 에우노미우스파의 주인공이다. 그들은 성부와 성자의 본질이 다를 뿐 아니라, 성자는 성부에게서 나지도 않았다고 주장했다. 제1차 콘스탄티노플 공의회(381년)에서 단죄되었다.

보다 악한 주인을 모시기를 더 바라는 자가 어찌 지혜롭습니까? 자기 하느님을 두려워하지 않는 자가 어떻게 지혜롭습니까? "지혜의 시작은 주님을 두려워함이다."[215] 다른 곳에서 이런 말씀도 찾게 됩니다. "지혜로운 이들은 주님의 입에서 벗어나지 않고, 자기 고백으로 선포한다."[216] 동시에 성경도 "그에게 의로움으로 인정해 주셨다."고 말함으로써, 아브라함에게 둘째 덕[정의]의 은혜도 선사해 줍니다.

118. 예지란 참된 것을 아는 데 있다[217]고 정의한 최초의 사람은 우리 성조들이었습니다. 철학자들 가운데 그 누가 아브라함과 다윗과 솔로몬 이전에 살았습니까? 그들은 인류 사회를 돌보는 것을 정의라고 했습니다. 그래서 다윗은 이렇게 말합니다. "가난한 이들에게 베풀어주고 나누어주니 그의 정의는 영원히 남네."[218] 의로운 이는 불쌍히 여기고, 의로운 이는 베풀어줍니다. 지혜로운 이와 의로운 이에게는 온 세상이 자기 재산입니다. 의로운 이는 공동의 것을 제 것으로 지니고, 자기 것을 공동의 것으로 소유합니다. 의로운 이는 다른 사람들에 앞서 자신을 고소합니다. 자신을 아끼지 않고, 자신의 숨은 잘못을 차마 감추지 못하는 이가 의로운 사람입니다. 아브라함이 얼마나 의로웠는지 보십시오. 약속을 통해 늘그막에 아들을 얻었습니다. 비록 외아들이었지만 주님께 돌려드려야 했을 때 그는 희생 제사를 거부할 생각을 하지 않았습니다.[219]

---

215 시편 111,10.
216 잠언 24,7(불가타) 참조.
217 키케로, 『의무론』 1,5,18 참조. "첫 번째 덕[예지]은 참된 인식(vera cognitio)에 있다."
218 시편 112,9 참조.
219 암브로시우스, 『아브라함』 1,66-79 참조.

119. Aduerte hic omnes uirtutes quattuor in uno facto. Fuit sapientiae Deo credere nec filii gratiam anteferre auctoris praecepto; fuit iustitiae acceptum reddere; fuit fortitudinis appetitum ratione cohibere: Ducebat hostiam pater, interrogabat filius, temptabatur adfectus patrius sed non uincebatur; repetebat filius appellationem paternam, compungebat paterna uiscera sed non minuebat deuotionem. Accedit et quarta uirtus, temperantia: Tenebat iustus et pietatis modum et exsecutionis ordinem. Denique dum sacrificio necessaria uehit, dum ignem adolet, dum filium ligat, dum gladium educit, hoc immolandi ordine meruit ut filium reseruaret.

120. Quid sapientius sancto Iacob qui Deum uidit "facie ad faciem" et benedictionem meruit? Quid iustius, qui ea quae acquisierat oblatis muneribus cum fratre diuisit? Quid fortius, qui cum Deo luctatus est? Quid modestius eo qui modestiam ita et locis et temporibus deferebat ut filiae iniuriam mallet praetexere coniugio quam uindicare eo quod inter alienos positus amori potius consulendum quam odia colligenda censebat?

121. Noe quam sapiens qui tantam fabricauit arcam! Quam iustus qui ad semen omnium reseruatus, solus ex omnibus et praeteritae generationis supers-

---

220 창세 32,31 참조.
221 창세 32,22-32 참조.

119. 하나의 행위 안에서 네 가지 모든 덕을 보십시오. 하느님을 믿고 자식에 대한 애정을 창조자의 명령보다 앞세우지 않은 것은 지혜의 덕이었습니다. 받은 것을 되돌려드리는 것은 정의의 덕이었습니다. 이성으로 욕구를 붙들어 맨 것은 용기의 덕이었습니다. 아버지는 희생 제물을 데려갔고, 아들은 무슨 일인지 물었습니다. 아버지 마음은 흔들렸지만 굴복하지는 않았습니다. 아들은 아빠라는 이름을 거듭 불러대며 아버지의 애간장을 꿰찔렀지만, 신심은 줄어들지 않았습니다. 넷째 덕인 절제가 덧붙습니다. 의로운 이는 신심의 절도와 실행의 질서를 지켰습니다. 그리하여 희생 제사에 필요한 것을 가져오고, 불을 피우고, 아들을 묶고, 칼을 꺼냅니다. 이렇게 희생의 질서를 지킴으로써 그는 아들을 지켜내는 상급을 받아 누리게 되었습니다.

120. 하느님을 "얼굴을 맞대고"[220] 뵈었고 축복을 받아 누린 거룩한 야곱보다 더 지혜로운 이가 누구였습니까? 자기가 차지한 봉헌 예물을 형제와 나눈 이보다 더 의로운 이가 누구였습니까? 하느님과 씨름한 이보다 더 용감한 이가 누구였습니까?[221] 딸이 겪은 능욕을 보복하기보다 결혼으로 덮고자 했을 만큼 장소와 때에 맞춰 절도 있게 처신했던 이보다 더 절제한 이가 누구였습니까? 이방인들 가운데 둘러싸여 있었던 그는 증오를 불러일으키기보다는 오히려 사랑에 호소하는 편이 더 낫다고 여겼습니다.[222]

121. 거대한 방주를 만든 노아는 얼마나 지혜로웠습니까! 모든 피조물의 씨로 보존된 그는 얼마나 의로웠습니까! 모든 인류 가운데 과거의 세대에

---

222 창세 34 참조.

tes est factus et auctor futurae, mundo potius et uniuersis magis quam sibi natus! Quam fortis ut diluuium uicerit! Quam temperans ut diluuium tolerauerit: quando introiret, qua moderatione degeret, quando coruum, quando columbam dimitteret, quando reciperet reuertentes, quando exeundi opportunitatem captaret, agnosceret!

26

122. Itaque tractant in ueri inuestigatione tenendum illud decorum ut summo studio requiramus quid uerum sit, non falsa pro ueris ducere, non obscuris uera inuoluere, non superfluis uel implexis atque ambiguis occupare animum. Quid tam indecorum quam uenerari ligna, quod ipsi faciunt? Quid tam obscurum quam de astronomia et geometria tractare, quod probant, et profundi aeris spatia metiri, caelum quoque et mare numeris includere, relinquere causas salutis, errores quaerere?

123. An non ille eruditus in omni sapientia Aegyptiorum Moyses probauit ista? Sed illam sapientiam detrimentum et stultitiam iudicauit et auersus ab ea intimo Deum quaesiuit adfectu ideoque uidit, interrogauit, audiuit loquentem.

---

223 창세 6,14 참조.

서 홀로 살아남아 미래의 주역이 된 그는 자기 자신을 위해서라기보다 세상과 우주를 위해 태어났습니다! 그는 홍수를 이겨내는 데 얼마나 용감했습니까! 그는 홍수를 견뎌내기 위해 얼마나 절제했습니까! 그는 방주에 들어갔을 때 얼마나 큰 절제력으로 시간을 보내야 할지 알고 있었고, 까마귀와 비둘기를 내보내야 할 때와, 돌아오는 놈들을 맞아들여야 할 때를 알았으며, 나가기에 적합한 때를 포착할 줄 알았습니다![223]

제26장 인생의 참된 지식

122. 그들[철학자들]은 참된 것을 탐구할 때 그 적절함(decorum)[224]을 유지해야 한다고 말합니다. 참된 것이 무엇인지 열성을 다해 찾아내고, 참 대신 거짓을 이끌어내지 않고, 모호한 것으로 참된 것을 덮어버리지 않으며, 과도하거나 뒤죽박죽인 모호한 것들로 영혼을 채우지 않으려면 그러해야 한다는 것입니다. 그들이 하는 짓 가운데 나무토막을 숭배하는 것보다 더 부적절한 것이 무엇입니까? 천문학과 기하학에 관해 증명한답시고 입씨름을 하고, 대기의 광활한 공간을 측량하고, 하늘과 바다까지도 숫자 놀음에 가두어두며, 오류를 탐구하느라 구원의 원인을 내팽개치는 것처럼 무지몽매한 짓이 무엇입니까?

123. 이집트인들의 온갖 지식을 배웠던 모세가 이런 것들을 시도해 보지 않았겠습니까? 그러나 모세는 이런 지식은 해롭고 어리석다고 판단하여

---

224 '어울림' 또는 '적절함'을 뜻하는 decorum의 번역 문제에 관해서는 『성직자의 의무』 1,10,30 의 각주 참조.

Quis magis sapiens quam ille quem docuit Deus, qui omnem Aegyptiorum sapientiam omnesque artium potentias operis sui uirtute uacuauit? Non hic incognita pro cognitis habebat hisque temere adsentiebatur; quae duo in hoc maxime naturali atque honesto loco uitanda discant qui sibi nec contra naturam esse nec turpe iudicant saxa adorare et a simulacris auxilium petere quae nihil sentiant.

124. Quanto igitur excelsior uirtus est sapientia, tanto magis enitendum arbitror ut adsequi eam possimus. Itaque ne quid contra naturam, ne quid turpe atque indecorum sentiamus, duo haec, id est, et tempus et diligentiam ad considerationem rerum examinandi gratia conferre debemus. Nihil est enim magis quod homo ceteris animantibus praestet quam quod rationis est particeps, causas rerum requirit, generis sui auctorem inuestigandum putat, in cuius potestate uitae necisque nostrae potestas sit, qui mundum hunc suo nutu regat, cui sciamus rationem esse reddendam nostrorum actuum. Nihil est enim quod magis proficiat ad uitam honestam quam ut credamus eum iudicem futurum, quem et occulta non fallant et indecora offendant et honesta delectent.

---

225 탈출 3,2 이하 참조.
226 키케로, 『의무론』 1,6,18 참조.
227 모르는 것을 안다고 하지 않고, 맹목적으로 동의하지 않는 것.

그것에서 돌아섰고, 마음 깊은 곳에서부터 하느님을 찾았습니다. 그리하여 그분을 뵙고 여쭈었으며, 말씀하시는 것을 들었습니다.[225] 하느님께서 몸소 가르쳐주셨던 모세보다 더 지혜로운 자가 누구입니까? 모세는 자기행위의 능력으로 이집트인들의 모든 지식과 모든 기술력을 무력하게 만들었습니다. 그는 모르는 것을 안다고 하지 않았고, 맹목적으로 동의하지도 않았습니다.[226] 그들은 이 두 가지[227]를 특히 인간의 본성과 올바름의 영역에서 피해야 하는 오류라고 말하면서도, 돌을 숭배하고 아무것도 느끼지 못하는 석상에 도움을 청하는 것은 본성을 거스르는 추악한 일이라 여기지도 않습니다.

124. 지혜는 그것을 얻을 수 있도록 더 많이 노력하겠노라고 내가 생각하는 만큼 더 높아지는 덕이라고 생각합니다. 본성을 거스른다거나 추악하고 꼴사납다고 느끼지 않으려면 사물을 성찰하는 데 시간과 열성 두 가지를 함께 사용해야 합니다. 인간이 이성에 참여하고 있다는 사실, 사물의 원인을 탐구하고, 자기 존재의 창조자를 찾아 나서야 한다고 생각하는 사실, 우리의 삶과 죽음의 권한이 그분의 능력에 달려 있고, 그분은 당신 의지로 이 세상을 다스리시고, 그분께 우리 행위에 대한 셈을 해드려야 한다는 것을 우리가 알고 있다는 사실보다 인간을 다른 생명체들보다 더 앞서게 하는 능력은 없습니다. 그분께서 심판관이 되실 것이고, 숨은 행실도 그분을 비껴갈 수 없으며, 추악한 행위는 아픔을 주고 올바른 행위는 기쁨을 주리라는 사실을 믿는 것보다 올바른 삶에 더 도움이 되는 것은 아무것도 없습니다.

125. Omnibus igitur hominibus inest secundum naturam humanam uerum in-
uestigare, quae nos ad studium cognitionis et scientiae trahit et inquirendi in-
fundit cupiditatem. In quo excellere uniuersis pulchrum uidetur sed paucorum
est adsequi qui uoluendo cogitationes, consilia examinando, non mediocrem
impendunt laborem ut ad illud beate honesteque uiuendum peruenire possint
atque operibus appropinquare: "Non enim qui dixerit, inquit, mihi: Domine,
Domine, intrabit in regnum coelorum, sed qui fecerit ea quae dico." Nam stu-
dia scientiae sine factis haud scio an etiam inuoluant magis.

27

126. Primus igitur officii fons prudentia est. Quid enim tam plenum officii
quam deferre auctori studium atque reuerentiam? Qui tamen fons et in uir-
tutes deriuatur ceteras; neque enim potest iustitia sine prudentia esse cum
examinare quid iustum, quidue iniustum sit, non mediocris prudentiae sit;
summus in utroque error. "Qui enim iustum iudicat iniustum, iniustum autem
iustum, exsecrabilis apud Deum. Vt quid abundant iustitiae imprudenti?"
Salomon ait. Neque iterum prudentia sine iustitia est; pietas enim in Deum
initium intellectus. Quod aduertimus illud ab huius saeculi translatum magis
quam inuentum sapientibus, quia "pietas fundamentum est uirtutum omnium."

---

228 마태 7,21 참조.
229 키케로, 『의무론』 1,6,19 참조.
230 키케로, 『의무론』 1,6,19 참조.

125. 모든 이에게는 인간 본성에 따라 참된 것을 찾아 나서려는 본능이 내재해 있습니다. 이것이 우리에게 앎과 지식에 대한 열정을 불러일으키고, 탐구욕을 부어줍니다. 이런 일에 훌륭해지는 것은 어디에서나 아름답게 보이지만, 그것을 이루어내는 사람은 얼마 되지 않습니다. 그들은 그런 삶을 향해 행복하고 올바르게 나아가고 행동으로 다가갈 수 있도록 조언을 분석하고 이론을 점검하느라 적지 않은 노력을 들입니다. 사실 "나에게 '주님, 주님' 한다고 하늘나라에 들어가는 것이 아니라, 내가 말하는 것을 실행하는 이라야 들어갈 것이다."[228] 실천 없는 지적 열성이 오히려 더 큰 족쇄가 되지는 않을지 모르겠습니다.[229]

제27장 예지에 관하여

126. 의무의 첫째 원천은 예지(prudentia)입니다.[230] 창조자에게 열성과 존경을 드리는 것보다 더 충만한 의무가 무엇입니까? 그러나 이 원천은 다른 덕들에게도 흘러나갑니다. 무엇이 의롭고 무엇이 불의한지 판단하는 데는 적지 않은 예지가 있어야 하기에, 예지 없이는 정의가 있을 수 없습니다. [예지와 정의] 둘 다에 오류가 있을 경우는 매우 심각합니다. "불의한 자를 의롭다 하고 의로운 이를 불의하다 하는 자는 하느님 앞에서 역겹다. 우둔한 이에게 정의가 풍성한들 무엇하랴?"[231]고 솔로몬이 말합니다. 다른 한편, 정의 없는 예지도 존재하지 않습니다. 사실 하느님에 대한 경건(pietas)이 지혜의 시작입니다.[232] "경건이 모든 덕의 토대"[233]라는 말은 이 세속 현자

---

231 잠언 17,15-16 참조.
232 시편 111,10 참조.

127. Iustitiae autem pietas est: prima in Deum, secunda in patriam, tertia in parentes, item in omnes; quae et ipsa secundum naturae est magisterium siquidem ab ineunte aetate ubi primum sensus infundi coeperit, uitam amamus tamquam Dei munus, patriam, parentesque diligimus, deinde aequales quibus sociari cupimus. Hinc caritas nascitur quae alios sibi praefert non quaerens quae sua sunt in quibus est principatus iustitiae.

128. Omnibus quoque animantibus innascitur primo salutem tueri, cauere quae noceant, expetere quae prosint "ut pastum, ut latibula" quibus se a periculo, imbribus, sole defendant, quod est prudentiae. Succedit quoque ut omnium genera animantium "congregabilia natura sint" primo generis sui ac formae consortibus, tum etiam caeteris; ut boues uidemus armentis, equos gregibus et maxime pares paribus delectari; ceruos quoque ceruis et plerumque hominibus adiungi. Iam de procreandi studio et sobole uel etiam generantium amore quid loquar, in quo est iustitiae forma praecipua?

---

233 키케로, 『플란키우스를 위한 변론』 12,29 참조.
234 『의무론』 1,4,11 참조.
235 생명체의 군집성(群集性, congregabilitas)에 관해서는 아리스토텔레스, 『정치』 1253a1-3.7-
     9; 키케로, 『의무론』 1,44,157 참조.

들의 창작이라기보다는 물려받은 것임을 우리는 압니다.

127. 그러나 정의의 덕은 경건입니다. 첫째, 하느님을 향한 경건이고, 둘째, 조국에 대한 경건이며, 셋째, 부모에 대한 경건이고, 끝으로 모든 이를 향한 경건입니다. 이는 본성의 가르침에 따른 것이기도 합니다. 왜냐하면 첫 감각이 주입되기 시작하는 어린 시절부터 우리는 삶을 하느님의 선물로 사랑하고, 조국과 부모를 사랑하며, 사귀고 싶은 또래들을 사랑하기 때문입니다. 자기 것을 추구하지 않으면서 다른 이들을 자신보다 앞세우는 사랑이 여기서 탄생하며, 바로 여기에 정의의 기원이 있습니다.

128. 모든 생명체는 가장 먼저 자기 안전을 지키고, 해로운 것을 피하고, 자신을 위험에서 지키고 비와 해에서 보호하기 위한 "식량이나 은신처처럼"[234] 유익한 것을 열망하는 본능을 타고납니다. 이것이 예지의 덕입니다. 또한 모든 종류의 생명체는 "본성상 떼 지어 삽니다."[235] 우선 자기 종에 속하고 같은 모습을 지닌 공동 운명체와 떼 지어 살고, 다른 생명체들과도 마찬가지입니다. 소들이 떼 지어 살기를 좋아하고, 말들이 무리를 이루어 지내기를 즐기며, 특히 비슷한 존재끼리 어울려 살기를 좋아한다는 사실을 우리는 알고 있습니다. 사슴들도 사슴들과 더불어 지내고, 종종 사람들과 어울려 지내기도 합니다. 정의의 훌륭한 모습이 깃들어 있는 자녀 출산에 대한 열망과 후손에 관해서나 부모의 사랑에 관해서는 이제 내가 무슨 말을 하겠습니까?

129. Liquet igitur et has et reliquas cognatas sibi esse uirtutes siquidem et fortitudo quae uel in bello tuetur a barbaris patriam uel domi defendit infirmos uel a latronibus socios, plena iustitiae sit; et scire quo consilio defendat atque adiuuet, captare etiam temporum et locorum opportunitates, prudentiae ac modestiae sit; et temperantia ipsa sine prudentia modum scire non possit; opportunitatem noscere et secundum mensuram reddere, sit iustitiae; et in omnibus istis magnanimitas necessaria sit et quaedam fortitudo mentis plerumque et corporis ut quis quod uelit implere possit.

28

130. Iustitia igitur ad societatem generis humani et ad communitatem refertur. Societatis enim ratio diuiditur in partes duas: iustitiam et beneficentiam quam eamdem liberalitatem et benignitatem uocant; iustitia mihi excelsior uidetur, liberalitas gratior; illa censuram tenet, ista bonitatem.

131. Sed primum ipsum quod putant philosophi iustitiae munus apud nos excluditur. Dicunt enim illi eam primam esse iustitiae formam ut nemini quis noceat nisi lacessitus iniuria; quod Euangelii auctoritate uacuatur; uult enim Scriptura ut sit in nobis spiritus filii hominis qui uenit conferre gratiam, non

---

236 키케로, 『최고선악론』 4,2,4 참조.
237 사랑(caritas)이나 자선(eleemosyna)과 구별되는 '너그러운 행위'인 관대함(liberalitas)의
　　　의미에 관해서는 『성직자의 의무』 2,15,69 각주 참조.

129. 이 덕들[예지와 정의]은 나머지 덕들과 연관된 것이 분명합니다. 용기는 전시에 조국을 야만족으로부터 지키거나 평상시에 약한 사람들이나 동료들을 강도로부터 보호하지만 정의로 가득합니다. 어떤 계획으로 사람들을 보호하고 도울 것인지 알아내고, 적절한 때와 장소를 포착하는 것은 예지와 절도의 몫입니다. 절제 자체는 예지 없이 절도를 알 수 없습니다. 적절한 때를 아는 것과 [공정한] 척도에 따라 되돌려주는 것은 정의의 덕입니다. 이 모든 것에는 대범함과 일종의 정신적 용기가 필요하며, 바라는 바를 이룰 수 있으려면 육체적 용기도 자주 필요합니다.

제28장 정의에 관하여

130. 정의는 인류 사회와 연관되어 있고 공동체와 연결되어 있습니다.[236] 사회 원리는 두 부분으로 나누어집니다. 곧 정의(iustitia)와 선행(beneficentia)인데, 이것을 관대함(liberalitas)[237]과 자애(benignitas)라고도 일컫습니다.[238] 내가 보기에 정의는 더 훌륭하고, 관대함은 더 유쾌한 것 같습니다. 정의는 심판을 품고 있으며, 관대함은 선을 지니고 있기 때문입니다.

131. 그러나 철학자들이 정의의 첫째 임무라고 여기는 것이 우리에게는 배제됩니다. 왜냐하면 그들은 불의에 해를 입은 경우가 아니라면 아무도 해치지 않는 것이 정의의 첫째 규범이라고 말하기 때문입니다.[239] 이것은 복음의 권위로 폐기되었습니다.[240] 성경은 보복하기 위해서가 아니라 은총을

---

238 키케로, 『의무론』 1,7,20 참조.
239 키케로, 『의무론』 1,7,20; 락탄티우스, 『거룩한 가르침』 6,18 참조.
240 마태 5,43-48; 루카 6,27-38 참조.

inferre iniuriam.

132. Deinde formam iustitiae putauerunt ut quis communia, id est, publica pro publicis habeat, priuata pro suis. Ne hoc quidem secundum naturam: natura enim omnia omnibus in commune profudit. Sic enim Deus generari iussit omnia ut pastus omnibus communis esset et terra ergo foret omnium quaedam communis possessio. Natura igitur ius commune generauit, usurpatio ius fecit priuatum. Quo in loco aiunt placuisse Stoicis quae in terris gignantur, omnia ad usus hominum creari; homines autem hominum causa esse generatos ut ipsi inter se aliis alii prodesse possint.

133. Vnde hoc nisi de Scripturis nostris dicendum adsumpserunt? Moyses enim scripsit quia dixit Deus: "Faciamus hominem ad imaginem nostram et secundum similitudinem et habeat potestatem piscium maris et uolatilium co-

---

241 루카 9,56 참조.
242 키케로, 『의무론』 1,7,20 참조.
243 일찍이 키케로는 정의의 일차적 기능은 "공공물은 공공을 위해 사용하고, 개인의 사유물은 그 개인 자신을 위해 사용케 하는 데 있다."(『의무론』 1,7,20: 허승일 옮김, 서광사 2016, 30)고 주장했다. 공적 가치와 사적 권리를 구분하여 보장해 주는 것이 정의의 첫째 목적이라고 본 것이다. 그러나 암브로시우스는 키케로의 『의무론』의 틀을 활용하여 『성직자의 의무』를 저술하면서도, 정의의 목적이 사유권 보장에 있다는 키케로의 사상을 반박한다. 자연은 모든 이에게 모든 것을 공유물로 주었고, 하느님께서는 식량과 땅을 공동 소유가 되게 하라고 명령하셨기 때문에 공유물이 사유화되는 것 자체가 자연법에 어긋난다는 것이다.(『성직자의 의무』 3,7,45 참조) 재화의 보편적 목적에 관한 암브로시우스를 비롯한 교부들의 가르침은 최원오, 「암브로시우스의 사회교리」, 『신학전망』 200(2018), 69-103; 최원오, 『교부들의 사회교리』, 분도출판사 2020, 149-167 참조.

주러 오신 사람의 아들의 영이 우리 안에 머무르기를 바라기 때문입니다.[241]

132. 그들이 생각한 정의의 둘째 규범은 공동의 것, 곧 공적인 것은 공공의 것으로 여기고 사적인 것은 자신을 위해서 지니라는 것입니다.[242] 그러나 이것도 자연에 어긋납니다. 자연은 모든 이에게 모든 것을 공동의 것으로 베풀어주었기 때문입니다. 하느님께서는 음식이 모든 이에게 공동의 것이 되고 땅이 어떤 의미에서 모든 이의 공동 소유가 되게 하라고 명하셨습니다.[243] 그러므로 자연은 공동 권리를 낳았고, 강탈(usurpatio)이 사유권을 만들었습니다.[244] 이 점에서 스토아학파는 땅에서 나는 모든 것은 인간이 이용하도록 창조되었고, 인간은 다른 이들에게 서로 도움이 될 수 있도록 인간을 위해 태어났다고 즐겨 말했다고 합니다.[245]

133. 그들이 우리 성경 말고 어디서 그런 말을 끌어왔겠습니까? 모세는 하느님께서 이렇게 말씀하셨다고 적었습니다. "우리 모습대로 비슷하게[246] 사람을 만들자. 그래서 그가 바다의 물고기와 하늘의 새와 집짐승과 온갖 들짐승과 땅 위를 기어 다니는 온갖 것을 다스릴 능력을 지니게 하자."[247]

---

244 『성직자의 의무』 1,28,132. 라틴어 usurpatio를 탐욕(avaritia)이나 욕심(aviditas)이 빚어낸 강탈의 의미로 해석해야 한다는 주장과, 고전 라틴어 용법에 따라 사용(usus)이나 관습(consuetudo)이라는 뜻으로 이해해야 한다는 상반된 주장들에 관해서는 M. Testard, *Les Devoirs*, vol. 1, 252-253; I.J. Davidson, *De officiis*, vol 2, 251 참조.

245 『의무론』 1,7,22 참조.

246 "우리 모습대로 비슷하게"(ad imaginem nostram et secundum similitudinem)의 직역은 "우리 모상대로 유사성에 따라"이다. 오리게네스는 모상(imago)과 유사성(similitudo)을 다음과 같이 구별한다. "인간은 첫 창조에서 하느님 모상(模像, imago)의 품위를 받은 반면, 하느님과 비슷해지는 완전함(類似性, similitudo)은 완성 때까지 유보되었다."(오리게네스, 『원리론』 3,6,1; 이성효·이형우·최원오·하성수 역주, 한국연구재단총서 567, 아카넷 2014, 720)

eli et pecorum omnium repentium super terram." Et Dauid ait: "Omnia subie-
cisti sub pedes eius, oues et boues, uniuersa insuper et pecora campi, uolucres
caeli et pisces maris." Ergo omnia subiecta esse homini de nostris didicerunt
et ideo censent propter hominem esse generata.

134. Hominem quoque hominis causa generatum esse in libris Moysi repperi-
mus, dicente Deo: "Non est bonum hominem esse solum, faciamus ei adiuto-
rium similem sibi." Ad adiumentum ergo mulier data est uiro quae generaret,
ut homo homini adiumento foret. Denique antequam mulier formaretur, dic-
tum est de Adam: "Non est inuentus adiutor similis illi", adiumentum enim
homini nisi de homine habere non poterat. Ex omnibus igitur animalibus
nullum animal simile et, ut absolute dicamus, nullus adiutor hominis inuentus
est: muliebris igitur sexus adiutor exspectabatur.

135. Ergo secundum Dei uoluntatem uel naturae copulam, inuicem nobis esse
auxilio debemus, certare officiis, uelut in medio omnes utilitates ponere et, ut
uerbo Scripturae utar, adiumentum ferre alter alteri uel studio uel officio uel
pecunia uel operibus uel quolibet modo ut inter nos societatis augeatur gratia;
nec quisquam ab officio uel periculi terrore reuocetur, sed omnia sua ducat
uel aduersa uel prospera. Denique sanctus Moyses pro populo patriae bella

---

247 창세 1,26 참조.
248 시편 8,7-9 참조.
249 창세 2,18 참조.

다윗도 말합니다. "당신은 만물을 그의 발아래 두셨으니, 양 떼와 소 떼, 모든 들짐승, 하늘의 새들과 바다의 물고기들입니다."[248] 그리하여 그들은 만물이 인간 아래에 있다는 사실을 우리에게 배웠고, 모든 것이 인간을 위해 창조되었다고 생각합니다.

134. 인간이 인간을 위해 창조된 이유도 우리는 모세의 책에서 찾아냈습니다. 하느님께서 이렇게 말씀하십니다. "사람이 혼자 있는 것이 좋지 않으니, 그를 닮은 협력자를 그에게 만들어주자."[249] 그래서 아기를 낳을 여자가 남자에게 협력자로 주어졌고, 인간이 인간에게 협력자가 되게 하셨습니다. 실제로 여자가 빚어지기 전에는 아담에 관해 이렇게 말했습니다. "그와 닮은 협력자는 찾을 수 없었다."[250] 인간은 인간 말고는 어디서도 도움을 받을 수 없었습니다. 모든 짐승 가운데 인간과 비슷한 짐승은 전혀 없었습니다. 정확히 말하자면, 인간의 협력자는 아무도 찾을 수 없었습니다. 그래서 여성을 협력자로 기다리고 있었습니다.

135. 우리는 하느님의 뜻이나 본성의 유대에 따라 서로에게 도움이 되어야 합니다. 예컨대 모든 재산을 공동의 몫으로 내어놓고서 의무에서 경쟁해야 합니다. 성경 말씀을 빌려 쓰자면, 우리 사이에서 사회적 우정이 자라날 수 있도록 열성이나 의무나 돈이나 선행이나 다른 어떤 방법으로든 서로 도움이 되어야 합니다. 누구도 위험에 대한 두려움 때문에 자기 의무에서 물러서서는 안 됩니다. 역경이든 순경이든 모두 제 몫으로 받아들여야 합니다.[251] 거룩한 모세는 조국의 백성을 위해 힘겨운 전쟁을 치르기를 두

---

250 창세 2,20 참조.

suscipere grauia non reformidauit nec regis potentissimi trepidauit arma nec barbaricae immanitatis expauit ferociam, sed abiecit salutem suam ut plebi libertatem redderet.

136. Magnus itaque iustitiae splendor, quae aliis potius nata quam sibi, communitatem et societatem nostram adiuuat; excelsitatem tenet ut suo iudicio omnia subiecta habeat, opem aliis ferat, pecuniam conferat, officia non abnuat, pericula suscipiat aliena.

137. Quis non cuperet hanc uirtutis arcem tenere nisi prima auaritia infirmaret atque inflecteret tantae uirtutis uigorem? Etenim dum augere opes, aggerare pecunias, occupare terras possessionibus cupimus, praestare diuitiis, iustitiae formam exuimus, beneficentiam communem amisimus: quomodo enim potest iustus esse qui studet eripere alteri quod sibi quaerat?

138. Potentiae quoque cupiditas formam iustitiae uirilem effeminat: quomodo enim potest pro aliis interuenire qui alios sibi subicere conatur, et infirmo aduersum potentes opem ferre qui ipse grauem libertati adfectat potentiam?

---

251 키케로, 『의무론』 1,9,30 참조.
252 키케로, 『플란키우스를 위한 변론』 79 참조.

려워하지 않았고, 가장 힘센 임금의 무기도 겁내지 않았으며, 야만족들의
끔찍한 사나움을 무서워하지도 않았습니다. 그는 백성에게 자유를 되돌려
주기 위해 자신의 안위를 내팽개쳤습니다.[252]

136. 그러므로 정의의 광채는 위대합니다. 자기보다는 다른 이들을 위해
태어난 정의는[253] 우리 공동체와 사회를 도와줍니다.[254] 정의는 그 아래에
있는 모든 것을 판결하기 위해 높은 자리를 차지하고 있습니다. 정의는 다
른 이들을 구제하고, 돈을 나누어주고, 의무를 마다하지 않으며, 다른 사
람들의 위험을 받아들입니다.

137. 이토록 위대한 덕행의 힘을 최초의 탐욕이 허약하게 만들어 꺾어놓지
않았더라면, 누군들 이 덕목의 요새를 차지하고 싶어 하지 않겠습니까? 사
실, 우리는 재산을 늘리고, 돈을 축적하며, 땅을 사유 재산으로 차지하고,
부유함으로 다른 이들을 앞서려고 욕심을 부리면서 정의의 아름다운 모습
을 망가뜨렸고 공동의 선행을 잃어버렸습니다. 자신을 위해 추구하는 바
를 다른 이에게서 빼앗으려 애쓰는 자가 어찌 정의로울 수 있겠습니까?

138. 권력욕도 정의의 씩씩한 모습을 일그러뜨립니다. 다른 이들을 자신
에게 굴복시키려는 자가 어찌 다른 이들을 위해 끼어들 수 있으며, 자유를
위한답시고 묵직한 권력을 욕심내는 자가 어찌 권력자들에게 맞서 약자를
도울 수 있겠습니까?

---

253 키케로, 『국가』 3,8,12 참조.
254 키케로, 『의무론』 1,7,20 참조.

139. Quanta autem iustitia sit ex hoc intellegi potest quod nec locis nec personis nec temporibus excipitur, quae etiam hostibus reseruatur; ut si constitutus sit cum hoste aut locus aut dies proelio, aduersus iustitiam putetur aut loco praeuenire aut tempore. Interest enim utrum aliqui pugna aliqua et conflictu graui capiatur an superiore gratia uel aliquo euentu, siquidem uehementioribus hostibus et infidis et his qui amplius laeserint, uehementior refertur ultio; ut de Madianitis qui per mulieres suas plerosque peccare fecerant ex plebe Iudaeorum, unde et Dei in populum patrum iracundia effusa est; et ideo factum est ut nullum Moyses uictor superesse pateretur, Gabaonitas autem qui fraude magis quam bello temptauerant plebem patrum, non expugnaret Iesus, sed conditionis impositae adficeret iniuria; Syros uero Eliseus, quos obsidentes in ciuitatem induxerat, momentaria caecitate percussos cum quo ingrederentur uidere non possent, uolenti regi Israel percutere non acquiesceret dicens: "Non percuties quos non captiuasti in gladio et lancea tua: pone eis panem et aquam, et manducent et bibant et remittantur et eant ad dominum suum", ut humanitate prouocati gratiam repraesentarent. Denique postea in terram Israel uenire piratae Syriae destiterunt.

---

255 키케로, 『의무론』 1,10,34-1,13,40 참조.
256 여호 9,1-27 참조.
257 2열왕 6,18 참조.
258 2열왕 6,22 참조.

제29장 정의의 본보기

139. 정의가 얼마나 위대한지는 이 사실에서 이해할 수 있으니, 그것은 정의가 장소에도 사람에도 시간에도 예외를 두지 않는다는 점입니다. 이는 심지어 원수들에게도 지켜집니다.[255] 그래서 적과 전투 장소나 날짜를 정했다면, 그 장소에 미리 도착하거나 시간을 앞당기는 것은 정의에 어긋나는 일이라고 생각합니다. 전투와 모진 싸움 끝에 포로로 잡히는 것과, 높은 사람의 호의나 행운 같은 것을 얻는 것 사이에는 차이가 있습니다. 더 사납고 신용 없는 적들과 더 심하게 상처를 입힌 자들에게는 더 가혹한 응징이 내려지게 마련입니다. 미디안인들의 경우, 그들은 자기네 여자들을 시켜 많은 유대 백성이 죄를 짓도록 만들었고, 그 때문에 하느님의 진노가 성조들의 백성에게 내렸습니다. 승리자 모세는 [미디안인들 가운데] 아무도 살려두지 말라고 명했습니다. 그러나 전쟁보다는 속임수로 성조들의 백성을 유혹했던 기브온 사람들의 경우, 여호수아는 그들을 치지 않는 대신 속국의 지위로 격하되는 수모를 겪게 하였습니다.[256] 한편, 엘리사는 시리아 사람들이 성읍을 포위하고 있을 때 일시적으로 그들의 눈이 멀게 하여 한동안 아무것도 볼 수 없게 했습니다.[257] 그러나 엘리사는 그들을 쳐 죽이고 싶어 하는 이스라엘 임금에게 이렇게 말하면서 허락하지 않았습니다. "당신의 칼과 창으로 사로잡은 그들을 쳐 죽여서는 안 됩니다. 그들에게 빵과 물을 주어 먹고 마시게 한 다음, 자기 주군에게 돌아가게 하십시오."[258] 엘리사는 그들이 인간애로 감동받아 그들도 은혜를 갚게 하려는 것이었습니다. 그리하여 그 뒤로 시리아 약탈자들은 이스라엘 땅에 쳐들어오는 일을 포기했습니다.

140. Si ergo etiam in bello iustitia ualet, quanto magis in pace seruanda est! Et hanc gratiam propheta his detulit qui ad eum corripiendum uenerant. Sic enim legimus quod in obsidionem eius miserat rex Syriae exercitum suum, cognito quod Eliseus esset qui consiliis et argumentationibus eius obuiaret omnibus. Quem uidens exercitum Giezi seruus prophetae de salutis periculo trepidare coepit. Cui dixit propheta: "Noli timere, quoniam plures nobiscum sunt quam cum illis." Et rogante propheta ut aperirentur oculi seruo suo, aperti sunt. Et uidit itaque Giezi totum montem equis repletum et curribus in circuitu Elisei. Quibus descendentibus ait propheta: "Percutiat Dominus caecitate exercitum Syriae." Quo impetrato, ad Syros dixit: "Venite post me et ducam uos ad hominem quem quaeritis." Et uiderunt Eliseum quem corripere gestiebant; et uidentes tenere non poterant. Liquet igitur etiam in bello fidem et iustitiam seruari oportere nec illud decorum esse posse si uioletur fides.

141. Denique etiam aduersarios molli ueteres appellatione nominabant ut peregrinos uocarent; hostes enim antiquo ritu peregrini dicebantur. Quod aeque etiam ipsum de nostris adsumptum dicere possumus: aduersarios enim suos

---

259 2열왕 6,16.
260 2열왕 6,18 참조. 직역은 "주님께서 눈멂으로 시리아 군대를 치시기를"이다.
261 2열왕 6,19.

140. 심지어 전쟁 중에도 정의가 유효하다면, 평시에는 얼마나 더 정의를 지켜야 하겠습니까! [엘리사] 예언자는 자신을 잡으러 온 사람들에게 이러한 호의를 보여주었습니다. 시리아 임금이 엘리사를 사로잡으려고 자기 부대를 이렇게 보냈다는 것을 우리는 성경에서 읽었습니다. 임금은 자신의 모든 계획과 논의들에 반대하는 이가 바로 엘리사라는 사실을 알았기 때문입니다. 예언자의 종 게하지는 군대를 보고는 목숨이 위태로워질까 두려워하기 시작했습니다. 예언자는 종에게 이렇게 말했습니다. "두려워하지 마라. 우리 편이 그들 편보다 많다."²⁵⁹ 그런 다음 예언자가 자기 종의 눈이 열리도록 기도하자 그 눈이 열렸습니다. 게하지는 온 산에 군마와 불 병거가 엘리사를 둘러싸고 있는 것을 보게 되었습니다. 시리아인들이 내려오자 [엘리사] 예언자는 이렇게 말했습니다. "주님께서 시리아 군대를 치시어 눈이 멀게 해주시기를."²⁶⁰ 이 기도를 들어주시자 그는 시리아인들에게 말했습니다. "나를 따라오시오. 당신들이 찾는 그 사람에게 여러분을 데려다주겠소."²⁶¹ 그들은 자신들이 붙잡으려 애쓰던 엘리사를 보았지만, 그를 보면서도 붙잡을 수 없었습니다. 여기서 분명히 드러나듯, 신의(信義)와 정의는 전쟁 중에도 지켜야 합니다. 신의가 훼손되면 그런 어울리는 일은 있을 수 없습니다.

141. 옛사람들은 심지어 적(敵)을 부드러운 호칭으로 부르기까지 했으니, 외국인(peregrini)이라고 불렀습니다.²⁶² 그래서 옛 관습으로는 원수(hostes)가 외국인(peregrini)이라 일컬어졌던 것입니다.²⁶³ 이 또한 우리에게서 받아

---

262 키케로, 『의무론』 1,12,37 참조: "우리 선조들에게는 적(hostis)이라고 일컬어지던 것을 우리는 지금 외국인(peregrinus)이라고 부른다."

Hebraei allophylos, hoc est, alienigenas latino appellabant uocabulo. Denique in libro Regnorum primo sic legimus: "Et factum est in diebus illis, conuenerunt alienigenae in pugnam ad Israel."

142. Fundamentum ergo est "iustitiae fides"; iustorum enim corda meditantur fidem: et qui se iustus accusat, iustitiam supra fidem collocat; nam tunc iustitia eius apparet si uera fateatur. Denique et Dominus per Isaiam: "Ecce, inquit, mitto lapidem in fundamentum Sion" id est Christum in fundamenta Ecclesiae. Fides enim omnium Christus; Ecclesia autem quaedam forma iustitiae est: Commune ius omnium, in commune orat, in commune operatur, in commune temptatur; denique qui seipsum sibi abnegat, ipse iustus, ipse dignus Christo. Ideo et Paulus fundamentum posuit Christum ut supra eum opera

---

263 실제로 라틴어 호스티스(hostis / 복수: hostes)는 원수·적이라는 뜻과 외국인·손님이라는 이중 의미를 지니고 있다.

264 암브로시우스는 히브리 용법을 얘기하면서도 칠십인역 그리스어 알로필로이(ἀλλόφυλοι)를 인용하고 있다. 칠십인역을 히브리인의 성경이라고 여긴 까닭일 것이다.

265 칠십인역 성경의 왕국기(βίβλοι βασιλειῶν)에 상응하는 라틴어 Libri Regnorum은 사무엘기 두 권과 열왕기 두 권을 아우른다. 제3차 카르타고 교회회의(397년) 법규 47에서 "하느님의 책"이라고 밝힌 정경(canon) 목록은 다음과 같다. "정경은 이와 같다. 창세기, 탈출기, 레위기, 민수기, 신명기, 여호수아기, 판관기, 룻기, 왕국기 4권(regnorum libri quatuor: 사무엘기 상·하권, 열왕기 상·하권), 역대기 상·하권, 욥기, 다윗의 시편, 솔로몬이 쓴 5권, 열두 예언서, 이사야서, 예레미아서, 다니엘서, 에제키엘서, 토빗기, 유딧기, 에스테르기, 에즈라기 2권(에즈라기, 느헤미야기), 마카베오기 상·하권. 신약성경의 복음서 4권, 사도행전 1권, 사도 바오로의 13서간, 바오로가 쓴 히브리인들에게 보낸 서간, 베드로의 첫째·둘째 서간, 요한의 세 서간, 야고보 서간, 유다 서간, 요한 묵시록." 『신경, 신앙과 도덕에 관한 규정 선언 편람』*Enchiridion Symbolorum Definitionum et*

들인 것이라고 할 수 있습니다. 히브리인들은 자기 원수들을 알로필로이 (allophiloi, 외국인)[264], 곧 라틴어로 알리에니게나이(alienigenae, 외국인)라고 불렀습니다. 그래서 왕국기(Libri Regnorum)[265] 첫째 권에서 이런 대목을 읽게 됩니다. "그 시절에 벌어진 일인데, 외국인들[266]이 이스라엘에 맞서 싸우기 위해 뭉쳤다."[267]

142. 그러므로 정의의 토대는 신의입니다.[268] 의인들의 마음은 신의를 살피기 때문입니다. 그리고 자신을 고발하는 의로운 사람은 신의 위에 정의를 세웁니다. 그의 정의는 진실을 고백할 때 드러나기 때문입니다. 그래서 주님께서는 이사야를 통해 이렇게 말씀하십니다. "보라, 내가 시온에 기초로 쓰일 돌을 놓는다."[269] 이 돌은 교회의 기초이신 그리스도이십니다. 그리스도께서는 모든 이에게 믿음[270]이십니다. 그러나 교회는 정의의 형상 같은 것이고, 모든 사람의 공동 권리입니다. 교회는 공동으로 기도하고, 공동으로 일하고, 공동으로 유혹을 받습니다. 자신을 끊어버리는 사람은[271] 의로운 사람이며 그리스도에게 합당한 사람입니다.[272] 그래서 바오로도 정의의 활동이 그분 위에 자리 잡을 수 있도록 그리스도를 기초로 삼았습니다.

Declarationum de Rebus Fidei et Morum, P. 휘너만 엮음, 한국천주교중앙협의회 2017, 186항 참조.

266 필리스티아인들을 가리킨다.

267 1사무 4,1 참조.

268 키케로, 『의무론』 1,7,23 참조.

269 이사 28,16 참조.

270 여기서 암브로시우스는 이 단락에서 지금까지 '신의'라는 뜻으로 사용해 온 라틴어 fides를 '믿음'이라는 종교적 의미로 바꾸어 설명한다. G. Banterle, *I doveri*, 111; I.J. Davidson, *De officiis*, vol. 2, 581; M. Testard, *Les devoirs*, vol. 1, 256 참조.

271 마태 16,24 참조.

272 마태 10,37-38 참조.

iustitiae locaremus quia fides fundamentum est: in operibus autem aut malis iniquitas aut bonis iustitia est.

30

143. Sed iam de beneficentia loquamur quae diuiditur etiam ipsa in beneuolentiam et liberalitatem. Ex his igitur duobus constat beneficentia ut sit perfecta: non enim satis est bene uelle sed etiam bene facere; nec satis est iterum bene facere, nisi id ex bono fonte, hoc est, bona uoluntate proficiscatur. "Hilarem enim datorem diligit Deus." Nam si inuitus facias, quae tibi merces est? Vnde apostolus generaliter: "Si uolens hoc ago, mercedem habeo; si inuitus, dispensatio, inquit mihi credita est." In Euangelio quoque multas disciplinas accepimus iustae liberalitatis.

144. Pulchrum est igitur bene uelle et eo largiri consilio ut prosis, non ut noceas. Nam si luxurioso ad luxuriae effusionem, adultero ad mercedem adulterii largiendum putes, non est beneficentia ista ubi nulla est beneuolentia. Officere enim istud est, non prodesse alteri, si largiaris ei qui conspiret aduersus

---

273 1코린 3,9-15 참조.
274 『성직자의 의무』 1,28,130; 키케로, 『의무론』 1,14,42 참조.
275 2코린 9,7 참조.
276 1코린 9,17 참조.

믿음이 기초이기 때문입니다. 그러나 악행에는 불법이 있고, 선행에는 정의가 있습니다.[273]

제30장 선의와 관대함으로 실천하는 선행

143. 이제 선행(beneficentia)에 관해 말해 봅시다. 선행 자체는 선의(benevolentia)와 관대함(liberalitas)으로 나누어집니다.[274] 선행이 완전해지려면 이 두 가지[선의와 관대함]를 갖추어야 합니다. 잘 원하는 것만으로는 충분치 않으며, 잘 행동해야 합니다. 우리 행동이 선한 원천에서, 다시 말해 선한 의지에서 비롯하지 않는다면 잘 행동하는 것 역시 충분치 않습니다. "하느님께서는 기쁘게 주는 이를 사랑하시기 때문입니다."[275] 마지못해 행동한다면 그대에게 무슨 상급이 있겠습니까? 그래서 사도는 이렇게 일반적으로 말합니다. "내가 원해서 이 일을 한다면 나는 상급을 받습니다. 그러나 마지못해 한다면 나에게는 관리직이 맡겨진 것입니다."[276] 복음에서도 우리는 의로운 관대함에 관해 많은 가르침을 받습니다.

144. 그러므로 잘 원하는 것, 해치기 위해서가 아니라 도움이 되기 위해 베푸는 것은 아름다운 일입니다.[277] 만일 사치하는 사람에게 넘쳐흐르는 호화로움을 퍼주고, 간음하는 이에게 간음의 품삯을 베풀어주어야 한다고 생각한다면, 그것은 선행이 아니며, 거기에는 어떤 선의도 없습니다. 조국을 거슬러 반란을 꾀하는 이에게 베풀어주거나, 교회를 공격하려는 망할 인간들을 그대의 자금으로 끌어모으고 싶어 하는 이에게 베풀어준다면, 그것은

---

277 키케로, 『의무론』1,14,42 참조.

patriam, qui congregare cupiat tuo sumptu perditos qui impugnent Ecclesiam. Non est haec probabilis liberalitas si adiuues eum qui aduersus uiduam et pupillos graui decernit iurgio aut ui aliqua possessiones eorum eripere conatur.

145. Non probatur largitas si quod alteri largitur alteri quis extorqueat, si iniuste quaerat et iuste dispensandum putet; nisi forte ut ille Zachaeus reddas prius ei quadruplum quem fraudaueris, et gentilitatis uitia fidei studio et credentis operatione compenses. Fundamentum igitur habeat liberalitas tua.

146. Hoc primum quaeritur ut cum fide conferas, fraudem non facias oblatis, ne dicas te plus conferre et minus conferas. Quid enim opus est dicere? Fraus promissi est: in tua potestate est largiri quod uelles. Fraus fundamentum soluit et opus corruit. Numquid Petrus ita indignatione efferbuit ut Ananiam exstingui uellet uel uxorem eius? Sed exemplo eorum noluit perire ceteros.

147. Nec illa perfecta est liberalitas si iactantiae causa magis quam misericordiae largiaris. Adfectus tuus nomen imponit operi tuo: quomodo a te pro-

---

278 『성직자의 의무』 1,50,254 참조.
279 루카 19,1-10 참조.
280 사도 5,1-11 참조.

다른 사람에게 도움을 주는 것이 아니라 해를 끼치는 일입니다.[278] 과부와 고아를 거슬러 가혹한 법적 다툼을 벌이는 이를 돕거나, 어떤 폭력으로 그들의 재산을 빼앗으려는 자들을 돕는다면, 이것은 용인될 수 있는 관대함이 아닙니다.

145. 남에게 빼앗은 것을 다른 사람에게 베푼다면, 또는 불의하게 차지한 것을 정의롭게 베풀어야 한다고 생각한다면, 이런 관대함은 인정할 수 없습니다. 만일 자캐오[279]처럼 하지 않는다면 말입니다. 우선 그대는 속여서 빼앗은 것을 네 곱절로 그에게 갚아준 다음, 신앙의 열성과 신자다운 선행으로 이교의 악습을 갚아야 합니다. 그러므로 그대의 관대함은 기초를 갖추어야 합니다.

146. 무엇보다 그대는 신의 있게 희사하고, 예물로 속임수를 쓰지 않으며, 적게 내면서 많이 낸다고 말하지 말아야 합니다. 무어 말할 필요가 있겠습니까? 약속에는 속임수가 있는 법입니다. 그대가 원하는 것을 베푸는 것은 그대의 능력에 달려 있기 때문입니다. 속임수는 기초를 허물고, 일을 망가뜨립니다. 베드로가 하나니아스나 그 아내를 죽이고 싶어서 화를 냈습니까?[280] 다만 그들의 본보기로 다른 이들이 멸망하지 않기를 바랐을 따름입니다.

147. 그대가 자비의 동기보다 뽐내려는 목적으로 베푼다면 그 관대함은 완전하지 않습니다. 그대의 의도는 그대의 행위에 이름을 남기고, 어떻게 그대에게서 그런 행위가 나왔는지 평가받게 됩니다.[281] 그대는 어떤 윤리

---

281 키케로, 『의무론』 1,14,44 참조.

ficiscitur sic aestimatur. Vides quam moralem iudicem habeas: te consulit; quomodo opus suscipiat tuum mentem tuam prius interrogat; "nesciat, inquit, sinistra tua quod faciat dextera tua." Non de corpore loquitur; sed etiam unanimus tuus, frater tuus quod facis nesciat ne dum hic mercedem quaeris iactantiae, illic remunerationis fructum amittas. Perfecta autem est liberalitas ubi silentio quis tegit opus suum et necessitatibus singulorum occulte subuenit, quem laudat os pauperis et non labia sua.

148. Deinde perfecta liberalitas fide, causa, loco, tempore commendatur ut primum opereris circa domesticos fidei. Grandis culpa si sciente te fidelis egeat, si scias eum sine sumptu esse, famem tolerare, aerumnam perpeti — qui praesertim egere erubescat — si in causam ceciderit aut captiuitatis suorum aut calumniae et non adiuues, si sit in carcere et poenis et suppliciis propter debitum aliquod iustus excrucietur — nam etsi omnibus debetur misericordia, tamen iusto amplius — si tempore adflictionis suae nihil a te impetret, si tempore periculi quo rapitur ad mortem, plus apud te pecunia tua ualeat quam uita morituri. De quo pulchre Iob dixit: "Benedictio perituri in me ueniat."

---

282 마태 6,3 참조.
283 잠언 27,2 참조.
284 욥 29,13 참조.

심판관을 모시고 있는지 보십시오. 그분이 그대를 살피십니다. 그대의 행위를 어떻게 받아들일지 알아보기 전에 그분은 먼저 그대의 정신을 물어 보십니다. "네 오른손이 하는 일을 네 왼손이 모르게 하여라."[282] 이 구절은 신체에 관해 이야기하는 것이 아니라, 그대와 마음이 맞는 벗이나 그대 형제조차도 그대가 하는 일을 몰라야 한다는 뜻입니다. 이승에서 허영심의 보상을 좇다가 저승에서 상급의 열매를 잃는 일이 없어야 하겠습니다. 자신의 행위를 침묵으로 덮고, 한 사람 한 사람에게 필요한 일들을 숨어서 도와줄 때 그 관대함은 완전합니다. 자기 입술이 아니라 가난한 이들의 입이 그를 칭찬하기 때문입니다.[283]

148. 완전한 관대함은 신의와 이유와 장소와 때에 달려 있습니다. 무엇보다도 그대는 신앙의 가족들을 배려해서 행동해야 합니다. 어느 신자가 궁핍한 처지에 있다는 사실을 그대가 알고 있다면 큰 잘못입니다. 그러한 궁핍을 몹시 부끄러워하는 그 사람이 생계수단도 없이 굶주림을 참으며 시련을 겪고 있다는 사실을 그대가 알고 있다면 말입니다. 만일 소송에 휘말려 자기 친척들의 노예로 전락한 사람이나 누명을 뒤집어쓴 사람을 그대가 도와주지 않는다면 말입니다. 만일 의로운 사람이 얼마 되지 않는 빚때문에 옥에 갇혀 형벌과 고문에 시달리고 있으며—모든 이에게 자비가 베풀어져야 하지만, 의인은 더욱 그러합니다.—고통을 겪고 있을 때에 그대가 그를 위해 아무것도 하지 않는다면 말입니다. 그가 위험에 빠져 죽음으로 내몰리고 있을 때라면, 그대에게는 그대의 돈이 죽어가는 사람의 생명보다 더 소중한 셈입니다. 이에 관하여 욥이 아름답게 말했습니다. "죽어가는 이의 축복이 나에게 오기를."[284]

149. Personarum quidem Deus acceptor non est quia nouit omnia. Nos autem omnibus quidem debemus misericordiam sed quia plerique fraude eam quaerunt et adfingunt aerumnam, ideo ubi causa manifestatur, persona cognoscitur, tempus urget, largius se debet profundere misericordia. Non enim auarus Dominus est ut plurimum quaerat: beatus quidem qui dimittit omnia et sequitur eum, sed et ille beatus est qui quod habet, ex adfectu facit. Denique duo aera uiduae illius diuitum muneribus praetulit quia totum illa quod habuit, contulit, illi autem ex abundantia partem exiguam contulerunt. Adfectus igitur diuitem collationem aut pauperem facit et pretium rebus imponit. Ceterum Dominus non uult simul effundi opes, sed dispensari; nisi forte ut Eliseus boues suos occidit et pauit pauperes ex eo quod habuit ut nulla cura teneretur domestica sed, relictis omnibus, in disciplinam se propheticam daret.

150. Est etiam illa probanda liberalitas ut proximos seminis tui non despicias si egere cognoscas. Melius est enim ut ipse subuenias tuis quibus pudor est ab aliis sumptum deposcere aut alicui postulare subsidium necessitati, non tamen ut illi ditiores eo fieri uelint quod tu potes conferre inopibus; causa enim prae-

---

285 사도 10,34 참조.
286 마태 19,21 참조.
287 1열왕 19,19-21 참조.

149. 물론 하느님은 인간을 차별하는 분이 아닙니다.[285] 그분은 모든 것을 아시기 때문입니다. 우리는 분명 모든 이에게 자비를 베풀어야 합니다. 그러나 사기로 자비를 구하고 비참을 꾸며내는 사람들이 수없이 많습니다. 그러므로 이유가 분명히 드러나 있고, 당사자가 알려져 있으며, 시간이 재촉하는 곳에는 자비가 더 풍성히 흘러넘쳐야 합니다. 주님께서는 많은 것을 요구하실 만큼 탐욕스럽지 않으십니다. 모든 것을 포기하고 그분을 따르는 이는 행복합니다.[286] 그러나 자기가 가진 것을 진심으로 나누어주는 사람도 행복합니다. 주님께서는 저 과부의 동전 두 닢을 부자들의 예물보다도 더 높이 평가하셨습니다. 과부는 가진 것을 모두 내놓았지만, 부자들은 자신들의 풍요로움에서 작은 부분만 내놓았기 때문입니다. 그러므로 헌금을 풍요롭게 하거나 빈약하게 만들고 사물에 가치를 부여하는 것은 정성입니다. 또 주님께서는 우리가 한꺼번에 전 재산을 쏟아붓기를 바라시지 않고, 재산이 나누어지기를 바라십니다. 경우가 다르기는 하지만, 엘리사는 자신의 겨릿소를 잡고 자신이 가진 것으로 가난한 이들을 먹였습니다.[287] 어떠한 집안 걱정에도 얽매이지 않도록 모든 것을 버리고 예언 직무에 투신하려는 것이었습니다.

150. 이 또한 인정해야 하는 관대함인데, 그대의 가까운 친지가 궁핍한 처지에 있는 것을 알고 있다면 깔보지 않는 것입니다.[288] 그대의 가족에게는 그대 몸소 도움을 주는 게 낫습니다. 그들이 남들에게 생활비를 요구하거나 필요한 도움을 청하는 것은 부끄러운 일이기 때문입니다. 그러나 그대가 가난한 이들에게 줄 수 있었던 것을 더 부유해지려는 사람들을 위해서

---

288 키케로, 『의무론』 1,17,58 참조.

stat, non gratia. Neque enim propterea te Domino dicasti ut tuos diuites facias sed ut uitam tibi perpetuam fructu boni operis acquiras et pretio miserationis peccata redimas tua. Putant se parum poscere: pretium tuum quaerunt, uitae fructum adimere contendunt! Et accusat quod eum diuitem non feceris, cum te ille uelit aeternae uitae fraudare mercede.

151. Consilium prompsimus, auctoritatem petamus. Primum neminem debet pudere si ex diuite pauper fiat dum largitur pauperi, quia Christus "pauper factus est cum diues esset" ut omnes sua inopia ditaret. Dedit regulam quam sequamur ut bona ratio sit exinaniti patrimonii, si quis pauperum famem re- pulit, inopiam subleuauit. Vnde "et consilium in hoc do, apostolus dicit: hoc enim uobis utile est" ut Christum imitemini. Consilium bonis datur, correptio errantes coercet. Denique quasi bonis dicit quia "non tantum facere sed et uel- le coepistis ab anno praeterito." Perfectorum utrumque est, non pars. Itaque docet et liberalitatem sine beneuolentia et beneuolentiam sine liberalitate non esse perfectam. Vnde ad perfectum hortatur, dicens: "Nunc ergo et facere consummate ut quemadmodum prompta est in uobis uoluntas faciendi ita sit

---

289 죄를 없애는 자선에 관해서는 키프리아누스, 『선행과 자선』 참조.
290 2코린 8,9 참조.
291 2코린 8,10 참조.
292 2코린 8,10 참조.
293 행동[facere＝관대함(liberalitas)]과 의지[velle＝선의(benevolentia)]가 둘 다 필요하다는 뜻이다.

주어서는 안 됩니다. 친분이 아니라 동기(動機)를 앞세워야 합니다. 사실 그대가 주님께 헌신한 것은 그대의 가족을 부자로 만들기 위해서가 아니라, 선행의 열매로 영원한 생명을 얻고 자비의 상급으로 그대의 죄를 용서받기 위해서입니다.[289] 그들은 자신들이 조금만 청하고 있다고 생각하지만, 그들이 노리는 것은 그대의 상급이고 그들이 앗아가려는 것은 생명의 열매입니다! 자기를 부자로 만들어주지 않았다고 그대를 비난하는 자는 영원한 생명의 상급에서 그대를 속이려 합니다.

151. 우리가 충고했으니, [이를 뒷받침할] 권위를 찾아봅시다. 우선, 자신이 한때 부자였는데 가난한 이들에게 베풀다가 가난해졌다면 그 누구도 부끄러워하지 말아야 합니다. 왜냐하면 그리스도께서 "부유하시면서도 가난하게 되시어" 모든 이가 그 가난으로 부유해지도록 하셨기 때문입니다.[290] 그분께서는 우리가 따라야 할 규칙을 주셨으니, 가산의 탕진에는 선한 이유가 있어야 한다는 것입니다. 예컨대 가난한 이들의 굶주림을 물리치고, 궁핍한 사람을 도와주는 일입니다. 그래서 사도는 이렇게 말합니다. "이 일에 관하여 충고하겠습니다. 이것은 여러분에게 이로우니[291] 그리스도를 본받으십시오." 그는 선한 이들에게는 충고하지만, 오류에 빠진 이들은 꾸짖습니다. 마치 선한 이들을 향한 듯 이렇게 말합니다. "여러분이 작년부터 이미 실천하기 시작하였을 뿐 아니라 원하기 시작했기 때문입니다."[292] [관대함(liberalitas)과 선의(benevolentia)] 한 부분만이 아니라, 둘 다[293] 완전한 이들의 몫입니다. 그래서 사도는 관대함은 선의 없이는 완전할 수 없고, 선의는 관대함 없이는 완전할 수 없다고 가르쳐줍니다. 그는 완전함을 향해 나아가라고 권고하면서 이렇게 말합니다. "이제 그 일을 마무리 지으십시오. 여러분 안에 실천할 의지가 갖추어져 있는 것처럼, 여러분이 지닌 것

et perficiendi ex eo quod habetis. Si enim uoluntas proposita est, secundum id quod habet acceptum est, non secundum quod non habet. Non enim ut aliis refectio sit, uobis autem angustia; sed ex aequalitate in hoc tempore uestra abundantia ad illorum inopiam ut et illorum abundantia sit ad uestram inopiam, ut fiat aequalitas sicut scriptum est: Qui multum, non abundauit et qui modicum, non minorauit."

152. Aduertimus quemadmodum et beneuolentiam et liberalitatem et modum comprehendit et fructum atque personas. Ideo modum, quia imperfectis dabat consilium: non enim patiuntur angustias nisi imperfecti. Sed et si quis Ecclesiam nolens grauare in sacerdotio aliquo constitutus aut ministerio, non totum quod habet, conferat sed operetur cum honestate quantum officio sat est, non mihi imperfectus uidetur. Et puto quod hic angustiam non animi sed rei familiaris dixerit.

153. De personis autem puto dictum: "Vt uestra abundantia sit ad illorum inopiam et illorum abundantia ad uestram inopiam", id est ut populi abundantia sit bonae operationis ad illorum subleuandam alendi inopiam et illorum

---

294 2코린 8,11-15 참조.

295 암브로시우스는 주교나 사제의 '사제직'을 일컬을 때는 sacerdotium이라고 쓰고, 성직을 통틀어 부르거나 부제직(봉사직)을 특정할 때에는 ministerium이라고 쓴다. 『성직자의 의무』 1,20,86; 1,50,247; 2,24,121; 2,27,134; 3,9,58 참조.

으로 완성할 의지도 갖추어져 있습니다. 의지만 있으면 지니고 있지 않은 것에 따라서가 아니라, 지닌 것에 따라서 받아들여집니다. 그렇다고 다른 이들은 편안하게 하면서 여러분은 괴롭히자는 것이 아닙니다. 이 시대에 여러분의 풍요가 그들의 궁핍을 채워주고, 그들의 풍요가 여러분의 궁핍을 채워줌으로써, 평등이 이루어지게 하려는 것입니다. 이는 성경에 기록된 그대로입니다. '많이 거둔 이도 남지 않았고 적게 거둔 이도 모자라지 않았다.'"[294]

152. 우리는 사도가 선의와 관대함과 절도(節度)와 열매와 사람을 아울러 말하고 있음을 알아차리게 됩니다. 절도가 불완전한 이들에게 충고했듯이, 불완전한 이들 말고는 괴로움을 겪지 않습니다. 그러나 사제직이나 봉사직[295]에 세워진 이가 교회에 부담 주기를 원치 않으면서, 자신이 가진 모든 것을 내놓지는 않더라도, 의무에 충분한 만큼 올바르게 내어놓으며 일한다면, 그런 사람은 내가 보기에 불완전하지 않습니다.[296] 사도가 여기서 말하는 것은 영혼의 괴로움이 아니라, 가정사의 괴로움이라고 나는 생각합니다.

153. 그러나 이 말씀은 사람들에 관한 것이라고 나는 생각합니다. "여러분의 풍요가 그들의 궁핍을 채워주고, 그들의 풍요가 여러분의 궁핍을 채워주게 하려는 것입니다."[297] 곧, 이 백성의 풍요[298]는 다른 백성의 식량 부족

---

296 암브로시우스, 『성직자의 의무』 1,185 참조.
297 2코린 8,10 참조.
298 풍요를 누리는 백성은 코린토 신자들을 가리키고, 영적 풍요를 누리는 이들은 예루살렘 신자들을 일컫는다. 참조: 키프리아누스, 『편지』 5,1,2.

abundantia spiritalis adiuuet in plebe inopiam meriti spiritalis et conferat ei gratiam.

154. Vnde exemplum optimum posuit: "Qui multum, non abundauit et qui modicum, non minuit." Bene hortatur ad officium misericordiae omnes homines istud exemplum quoniam et qui plurimum auri possidet non abundat quia nihil est quidquid in saeculo est; et qui exiguum habet non minuit quia nihil est quod amittit. Res sine dispendio est quae tota dispendium est.

155. Est etiam sic intellectus bonus: Qui plurimum habet etsi non donat, non abundat quia quantumuis acquirat, eget semper qui plus concupiscit; et qui exiguum habet, non minuit quia non multum est quod pauperem pascit. Similiter ergo et ille pauper qui confert spiritalia pro pecuniariis etsi plurimum habeat gratiae, non abundat: non enim onerat gratia sed alleuat mentem.

156. Sed etiam sic potest intelligi: Non abundas, o homo. Quantum est enim quod accepisti, etsi tibi multum est? Iohannes quo nemo maior est inter natos mulierum, inferior tamen erat eo qui minor est in regno caelorum.

---

299 2코린 8,15.

을 채워주는 선행을 제공하고, 저 백성의 영적 풍요는 다른 백성 가운데 부족한 영적 공로를 도와주어 그들에게 은총을 베풀라는 말입니다.

154. 이에 관하여 훌륭한 본보기를 세웠습니다. "많이 거둔 이도 남지 않았고 적게 거둔 이도 모자라지 않았다."[299] 이 본보기는 모든 사람이 자비의 의무를 다하도록 훌륭하게 권고합니다. 한편에는 많은 금을 소유하고 있지만 풍요롭지 않은 사람이 있는데, 세상만사 허무입니다. 그리고 조금밖에 지니고 있지 않지만 아쉽지 않은 사람이 있는데, 그는 잃을 것이 아무것도 없습니다. 모든 것을 잃었으니 잃을 것이 없다는 말입니다.

155. 이렇게 이해하는 것도 좋습니다. 어떤 사람이 많이 갖고 있으면서도 베풀지 않는다면 그는 풍요롭지 않습니다. 아무리 많이 차지한들, 더 많은 욕심을 부리는 자는 늘 궁핍하기 때문입니다.[300] 또 가진 것이 적지만 아쉬워하지 않는 사람도 있습니다. 가난한 사람을 먹이는 데에는 많은 것이 들지 않기 때문입니다. 마찬가지로, 돈 대신 영적 선물을 베푸는 그 가난한 이는 많은 은총을 지니고 있어도 넘치는 법이 없습니다. 은총은 정신을 짓누르지 않고 가볍게 하기 때문입니다.

156. 이렇게 이해할 수도 있습니다. 오, 사람아, 그대는 풍족하지 않습니다. 그대에게 많은 것이 있다 한들, 받은 것이 얼마나 됩니까? 여자에게서 태어난 이들 가운데 요한보다 더 큰 인물은 나오지 않았지만, 그는 하늘나라에서는 가장 작은 이보다 더 못했습니다.[301]

---

300 암브로시우스, 『카인과 아벨』 1,21; 『아브라함』 1,12; 『나봇 이야기』 4-15 참조.

157. Potest et sic: Non abundat Dei gratia corporaliter quia spiritalis est. Quis potest aut magnitudinem aut latitudinem comprehendere, quam non uidet? Fides si fuerit sicut granum sinapis, montes transferre potest, et non tibi datur ultra granum sinapis. Si abundet in te gratia, non est uerendum ne mens tua tanto munere incipiat extolli, quia multi sunt qui ab altitudine cordis sui grauius corruerunt quam si nullam habuissent Domini gratiam? Et qui parum habet non minuit quia non est corporeum ut diuidatur; et quod parum uidetur habenti, plurimum est cui nihil deest.

158. Consideranda etiam in largiendo aetas atque debilitas—nonnumquam etiam uerecundia quae ingenuos prodit natales—ut senibus plus largiaris qui sibi labore iam non queunt uictum quaerere. Similiter et debilitas corporis, et haec iuuanda promptius; tum si quis ex diuitiis cecidit in egestatem et maxime si non uitio suo sed aut latrociniis aut proscriptione aut calumniis, quae habebat amisit.

159. Sed forte dicat aliquis: "Caecus uno loco sedet et praeteritur... et iuuenis ualidus frequenter accipit." Et uerum est, quia obrepit per importunitatem. Non est illud iudicii sed taedii. Nam et Dominus ait in Euangelio de eo qui iam clauserat ostium suum, si quis ostium eius procacius pulset, quia surgit et

---

301 마태 11,11; 루카 7,28 참조.
302 에페 3,18-19 참조.

157. 이렇게 이해할 수도 있습니다. 하느님의 은총은 영적이기 때문에 물질적으로는 넘치지 않습니다. 누가 보지 않고서 그 크기나 너비를 깨달을 수 있겠습니까?[302] 겨자씨만한 믿음이라도 있으면 산을 옮길 수 있는데[303], 그대에게는 겨자씨보다 더 큰 것이 주어지지 않습니다. 그대 안에 은총이 넘친다면, 그대의 정신은 이 큰 선물로 우쭐하지 않도록 염려해야 합니다. 그 마음의 꼭대기에서 주님의 은총을 전혀 지니지 못한 이들보다 더 심하게 고꾸라지는 사람들이 많지 않습니까? 적게 가진 사람은 아쉬움이 없습니다. 은총은 나눌 수 있는 물질적인 것이 아니기 때문입니다. 가진 사람에게는 적게 보이는 것도, 전혀 아쉽지 않은 이에게는 많습니다.

158. 베푸는 일에서도 상대방의 나이와 허약함을 고려해야 하고, 때로는 타고난 염치도 고려해야 합니다. 자신의 노력만으로는 이미 양식을 구할 길이 없는 처지의 노인들에게 그대는 더 너그럽게 베풀어야 합니다. 마찬가지로 육체가 허약한 사람도 더 신속히 도움을 받아야 합니다. 부자였다가 궁핍에 빠진 사람, 특히 자기 잘못 때문이 아니라, 도둑질이나 몰수나 무고로 가진 것을 잃어버린 경우는 더욱 그러합니다.

159. 그러나 혹시 이렇게 말할 사람이 있을지도 모르겠습니다. "한 눈먼 사람이 어떤 곳에 앉아 있지만, 사람들은 지나쳐버립니다. … 그런데 건강한 젊은이가 종종 적선을 받습니다." 사실입니다. 젊은이는 끈질기게 파고들기 때문입니다. 그것은 판단의 문제가 아니라 끈질김의 문제입니다. 주님께서도 복음에서 이미 자기 문을 닫아건 사람에 관해 말씀하셨기 때문입

---

303 마태 17,20 참조.

dat illi propter importunitatem.

31

160. Pulchrum quoque est propensiorem eius haberi rationem qui tibi aut beneficium aliquod aut munus contulit, si ipse in necessitatem incidit. Quid enim tam contra officium quam non reddere quod acceperis? Nec mensuram parem sed uberiorem reddendum arbitror, et usum pensare beneficii ut tu sub-uenias quanto eius aerumnam repellas. Etenim superiorem non esse in refe-rendo quam in conferendo beneficio, hoc est minorem esse quoniam qui prior contulit, tempore superior est, humanitate prior.

161. Vnde imitanda nobis est in hoc quoque natura terrarum, quae susceptum semen multiplicatiore solet numero reddere quam acceperit. Ideo tibi scrip-tum: "Sicut agricultura est homo insipiens et tamquam uinea homo egens sensu; si reliqueris eum, desolabitur." Sicut agricultura ergo etiam sapiens, ut tamquam fenerata sibi maiore mensura semina suscepta restituat. Terra ergo aut spontaneos fructus germinat aut creditos uberiore cumulo refundit ac reddit. Vtrumque debes quodam hereditario usu parentis ne relinquaris sicut

---

304   루카 11,5-13 참조.
305   키케로, 「의무론」 1,15,47 참조.
306   잠언 24,30-31 (칠십인역) 참조.

니다. 만일 누군가 그의 문을 집요하게 두드리면 그 끈질김 때문에 마침내 일어나서 그에게 주리라는 것입니다.[304]

제31장 받은 은혜를 넉넉히 갚는 삶

160. 그대에게 어떤 선행을 베풀었거나 선물을 주었던 사람이 궁핍해진 경우에 관심을 기울이는 것도 아름다운 일입니다.[305] 그대가 받은 것을 갚지 않는 것보다 더 의무를 거스르는 일이 무엇입니까? 갚을 때는 받은 만큼이 아니라 더 넉넉히 갚아야 한다고 나는 생각합니다. 그대는 그의 고통을 몰아낼 수 있는 만큼 도와주는 방식으로 선행의 혜택을 되갚아야 합니다. 되돌려주는 것이 은혜 입는 것을 초과하지 않는다면, 이는 아랫사람이라는 뜻입니다. 먼저 베푼 사람은 시간으로도 선배이고, 인간애로도 앞서기 때문입니다.

161. 여기서도 우리는 땅의 본성을 본받아야 합니다. 땅은 받아들인 씨를 받은 것보다 몇 배로 되돌려주곤 합니다. 그래서 이렇게 쓰여 있습니다. "어리석은 사람은 밭과 같고 지각없는 자는 포도원과 같아서, 네가 그를 지나가면 그는 황폐해질 것이다."[306] 지혜로운 사람도 밭과 같습니다. 그는 자신이 받은 씨에 더 많은 이자를 붙여 되돌려주려 하기 때문입니다. 땅은 자발적으로 열매를 내기도 하고, 맡긴 것을 더 풍성한 덤으로 되갚고 되돌려주기도 합니다. 그대가 불모지처럼 버려지지 않으려거든 부모[307]에게

---

307 '부모'는 땅을 가리키는 듯하다. 『성직자의 의무』 3,7,45에 나오는 '공동의 부모'(communis parens)라는 표현도 인류 공동의 어머니인 '땅'으로 해석할 수 있다. I.J. Davidson, *De officiis*, vol 2, 594, 841 참조.

infecundus ager. Esto tamen ut aliquis excusare possit quod non dederit, quo-
modo excusare potest quod non reddiderit? Non dare cuiquam uix licet, non
reddere uero non licet.

162. Ideo pulchre Salomon ait: "Si sederis cenare ad mensam potentis, sa-
pienter intellege ea quae apponuntur tibi et mitte manum tuam sciens quod
oportet talia praeparare. Si autem insatiabilis es, noli concupiscere escas eius:
haec enim obtinent uitam falsam." Quas nos imitari cupientes sententias,
scripsimus. Conferre gratiam bonum est, at qui referre nescit, durissimus.
Humanitatis exemplum ipsa terra suggerit: Spontaneos fructus ministrat quos
non seueris, multiplicatum quoque reddit quod acceperit. Negare tibi pecu-
niam numeratam non licet, quomodo licet acceptam non referre gratiam?
In Prouerbiis quoque habes quod ita plurimum redhibitio ista gratiae apud
Dominum consueuit ualere ut etiam in die ruinae inueniat gratiam quando
possunt praeponderare peccata. Et quid aliis utar exemplis cum Dominus ipse
remunerationem uberiorem sanctorum meritis in Euangelio polliceatur atque
hortetur ut operemur bonum opus, dicens: "Dimittite et dimittemini, date et
dabitur uobis: mensuram bonam, commotam, supereffluentem dabunt in si-
num uestrum?"

---

308 잠언 23,1-3 (칠십인역) 참조.
309 잠언이 아니라 집회 3,31이다.
310 루카 6,38 참조.

물려받은 용도대로 이 둘을 모두 실천해야 합니다. 누군가 베풀지 않은 것에 대해 변명할 수 있다고 치더라도, 되돌려주지 않은 것에 대해서는 어떻게 변명할 수 있겠습니까? 누구에겐가 베풀지 않는 것도 허용하기 어렵다면, 되돌려주지 않는 것은 용인할 수 없는 일입니다.

162. 그래서 솔로몬이 멋지게 말했습니다. "권력자와 저녁 식사를 하러 식탁 앞에 앉게 되면 네 앞에 무엇이 차려져 있는지 지혜롭게 생각하고, 그런 식사를 마련하는 데 필요한 것이 무엇인지 인식하면서 네 손을 대어라. 그러나 네가 탐욕적이라면, 그의 진수성찬을 탐내지 마라. 이것은 그릇된 삶을 움켜쥐고 있기 때문이다."[308] 우리는 이러한 금언을 본받고 싶어서 글을 썼습니다. 호의를 베푸는 것은 좋은 일이나, 갚을 줄 모르는 사람은 완고하기 짝이 없는 자입니다. 땅 자체는 그대에게 인간애의 본보기를 보여줍니다. 땅은 그대가 씨 뿌리지 않은 기꺼운 열매들을 내주고, 자기가 받은 것은 몇 곱절로 되돌려주기도 합니다. 그대에게 계산된 돈을 잡아떼는 것이 옳지 않다면, 받은 호의를 되갚지 않는 것이 어찌 옳겠습니까? 잠언[309]에서도 이런 말씀을 찾을 수 있습니다. 은혜를 이렇게 갚는 일은 주님 앞에서는 엄청난 힘을 발휘합니다. 멸망의 날 죄가 무겁게 내리누를 수 있는 때에도 은총을 발견할 것입니다. 내가 다른 어떤 예를 더 들어야 하겠습니까? 주님 몸소 복음에서 성인들의 덕행에 대해 후한 상급을 약속하시고, 우리에게도 선행을 실천하라고 당부하시며 이렇게 말씀하십니다. "용서하여라. 그러면 너희도 용서받을 것이다. 주어라. 그러면 너희도 받을 것이다. 넘치도록 후하게 되어 너희 품에 담아주실 것이다."[310]

163. Itaque et illud conuiuium Salomonis non de cibis sed de operibus est bonis. Quo enim melius epulantur animi quam bonis factis? Aut quid aliud tam facile potest iustorum explere mentes quam boni operis conscientia? Qui autem iucundior cibus quam facere uoluntatem Dei? Quem cibum sibi solum Dominus abundare memorbat, sicut scriptum est in Euangelio: "Meus cibus est ut faciam uoluntatem Patris mei qui est in caelo est."

164. Hoc cibo delectemur de quo ait propheta: "Delectare in Domino." Hoc cibo delectantur qui superiores delectationes mirabili ingenio comprehenderunt, qui possunt scire qualis sit munda illa et intelligibilis mentis delectatio. Edamus ergo panes Sapientiae et saturemur in uerbo Dei quia non in solo pane sed in omni uerbo Dei uita est hominis facti ad imaginem Dei. De poculo uero satis expresse dicit sanctus Iob: "Sicut terra exspectans pluuiam sic et isti sermones meos."

32

165. Pulchrum est ergo ut diuinarum Scripturarum humescamus adloquio et quasi ros sic in nos Dei uerba descendant. Cum igitur sederis ad illam men-

---

311 요한 4,34 참조.
312 시편 36,4 참조.
313 신명 8,3; 마태 4,4; 루카 4,4 참조.

163. 그러니 솔로몬의 그 잔치는 음식이 아니라 선행과 관련된 것입니다. 선행보다 더 멋진 축제를 영혼이 누릴 수 있겠습니까? 선행에 대한 양심만큼이나 의인들의 정신을 손쉽게 채워줄 수 있는 것이 또 무엇이겠습니까? 어떤 음식이 하느님의 뜻을 행하는 것보다 더 즐겁겠습니까? 이것은 주님께서 풍성히 주시기로 하신 유일한 양식이었으며, 복음에 이렇게 쓰여 있는 바와 같습니다. "내 양식은 하늘에 계신 내 아버지의 뜻을 실천하는 것이다."[311]

164. 우리가 즐기는 이 양식에 관해 [다윗] 예언자는 이렇게 말합니다. "주님 안에서 즐거워하여라."[312] 이 양식으로 즐거워하는 이들은 놀라운 재능으로 더 높은 즐거움을 깨닫는 이들, 정신의 깨끗하고 지적인 즐거움이 무엇인지 알 수 있는 이들입니다. 그러니 우리는 지혜의 빵을 먹고, 하느님 말씀으로 배불립시다. 하느님 모상으로 만들어진 인간의 생명은 빵으로만 존속하는 것이 아니라, 하느님의 모든 말씀으로 존속하기 때문입니다.[313] 음료에 관해서는 거룩한 욥이 아주 분명하게 말해 줍니다. "비를 기다리는 땅처럼 그들은 내 말을 기다렸지."[314]

제32장 선의와 관대함의 조화

165. 그러니 우리가 성경 말씀으로 생기를 얻고, 하느님의 말씀이 우리에게 이슬처럼 내리는 것은 아름답습니다.[315] 권력자의 식탁에 앉을 때에는

---

314 욥 29,23 참조.
315 신명 32,2; 시편 72,6 참조.

sam potentis, intellege quis iste sit potens; et in paradiso delectationis positus atque in conuiuio sapientiae locatus considera quae apponuntur tibi: Scripura diuina conuiuium sapientiae est, singuli libri singula sunt fercula. Intellege prius quae habeant ferculorum dapes, et tunc mitte manum ut ea quae legis uel quae accipis a Domino Deo tuo operibus exsequaris et collatam in te gratiam officiis repraesentes, ut Petrus et Paulus qui euangelizando uicem quamdam largitori muneris reddiderunt ut possint singuli dicere: "Gratia autem Dei sum, quod sum, et gratia eius egena in me non fuit sed abundantius illis omnibus laboraui."

166. Alius ergo fructum accepti beneficii ut aurum auro, argentum argento rependit, alius laborem, alius—haud scio an etiam locupletius—solum restituit adfectum. Quid enim si reddendi nulla facultas suppetit? In beneficio referendo plus animus quam census operatur magisque praeponderat beneuolentia quam possibilitas referendi muneris. Gratia enim in eo ipso quod habetur, refertur. Magna igitur beneuolentia quae etiamsi nihil conferat, plus exhibet et cum in patrimonio nihil habeat, largitur pluribus; idque facit sine ullo sui dispendio, et lucro omnium. Et ideo praestat beneuolentia supra ipsam liberalitatem: ditior haec moribus quam illa muneribus; plures enim sunt qui indigent beneficio quam qui abundant.

---

316 1코린 15,10 참조.

이 권력자가 누구인지 생각하십시오. 즐거움의 낙원에서 지혜의 잔치에 자리하게 되거든, 그대 앞에 놓인 것들을 잘 살펴보십시오. 성경은 지혜의 잔치입니다. 성경 각 권은 각각의 요리들입니다. 어떤 접시의 요리를 가져갈지 먼저 생각한 다음 손을 뻗치십시오. 그리하여 그대가 읽는 것이나 그대의 주 하느님께 얻는 가르침을 행동으로 실천하고, 그대에게 베풀어주신 은총을 의무를 다해 갚으십시오. 베드로와 바오로가 그렇게 했듯이 말입니다. 그들은 복음을 선포함으로써 자신들에게 선물을 베풀어주신 분께 조금이나마 갚아드렸습니다. 그래서 저마다 이렇게 말할 수 있었습니다. "하느님의 은총으로 지금의 내가 있습니다. 내 안에 있는 그분의 은총은 부족하지 않았고, 나는 그 모든 이보다 더 많이 애를 썼습니다."[316]

166. 어떤 이는 자신이 받은 선행의 열매를 금에는 금으로, 은에는 은으로 되갚습니다. 어떤 사람은 자신의 수고로, 또 어떤 사람은 마음으로만—어쩌면 이것이 더 소중한지도 모르겠습니다만—갚습니다. 갚을 능력이 전혀 없을 때에는 어떻게 할까요? 선행을 갚는 데는 영혼이 재산보다 더 중요하고, 선물을 갚을 가능성보다는 선의가 훨씬 더 중요합니다. 감사하는 마음을 지니는 것 자체로 되갚을 수 있습니다. 그러므로 선의가 중요합니다. 비록 아무것도 주지는 못할지라도 더 많은 것을 내어놓습니다. 선의는 재산으로는 아무것도 지니고 있지 않지만, 많은 이에게 베풉니다. 자기 비용을 전혀 들이지 않고도 모든 이의 유익을 실천합니다. 그래서 선의는 관대함 자체보다 앞섭니다. 선의는 윤리적으로 더 풍요롭고, 관대함은 물질적으로 더 풍요롭습니다. 사실 선행이 간절히 필요한 사람들이 풍요를 누리는 이들보다 더 많습니다.

167. Est autem beneuolentia, et coniuncta liberalitati—a qua ipsa liberalitas proficiscitur cum largitatis adfectum sequitur largiendi usus—et separata atque discreta. Vbi enim deest liberalitas, beneuolentia manet, communis quaedam parens omnium, quae amicitiam connectit et copulat: in consiliis fidelis, in prosperis laeta, in tristibus maesta; ut unusquisque beneuolentiae se magis quam sapientis credat consilio ut Dauid cum esset prudentior, Ionathae tamen iunioris consiliis acquiescebat. Tolle ex usu hominum beneuolentiam, tamquam solem e mundo tuleris ita erit quia sine ea usus hominum esse non potest ut peregrinanti monstrare uiam, reuocare errantem, deferre hospiti-um—non igitur mediocris uirtus de qua sibi plaudebat Iob dicens: "Foris autem non habitabat hospes, ianua mea omni uenienti patebat"—aquam de aqua profluenti dare, lumen de lumine accendere. Beneuolentia itaque in his est omnibus tamquam fons aquae reficiens sitientem, tamquam lumen quod etiam in aliis luceat nec illis desit qui de suo lumine aliis lumen accenderint.

168. Est etiam illa beneuolentiae liberalitas ut si quod habes debitoris chiro-graphum, scindens restituas nihil a debitore consecutus debiti. Quod exemplo

---

317 1사무 18,1-20,42 참조.
318 욥 31,32 참조.

167. 그러나 선의는 관대함과 연결되어 있기도 합니다.—베푸는 행위는 베풀려는 마음에 딸려 있기 때문에 관대함 자체는 선의에서 비롯합니다.—또한 선의는 관대함에서 분리되고 구별되기도 합니다. 관대함이 부족한 곳에도 선의가 남아 있기 때문입니다. 마치 우정을 맺어주고 하나로 묶어주는 우리 모두의 공통분모처럼 말입니다. 선의는 조언에는 충실하고, 번영에는 기뻐하며, 슬픔에는 슬퍼합니다. 지혜로운 자의 조언보다는 선의를 지닌 사람의 조언을 누구나 더 신뢰합니다. 다윗이 그러하였으니, 그는 더 지혜로웠지만, 자기보다 어린 요나탄의 조언을 마음 놓고 믿었습니다.[317] 인간의 관습에서 선의를 없애보십시오. 세상에서 태양을 거두는 것과도 같을 것입니다. 이처럼 선의 없이는 인간 행동은 존재할 수 없습니다. 예컨대 나그네에게 길을 알려주고, 길을 잘못 든 사람을 다시 불러 환대를 베풉니다.—이것은 사소한 덕이 아닌데, 욥은 이 덕을 자랑스러워하면서 이렇게 말합니다. "나는 모든 길손에게 내 문을 열어놓아 나그네가 밖에서 지낸 일이 없었다네."[318] 이는 지나가는 사람을 위해 샘에서 물을 길어주거나, 등불에서 등불을 붙여주는 일입니다. 이 모든 일에는 선의가 있습니다. 그것은 목마른 이들에게 생기를 주는 샘물과도 같고, 다른 이들을 밝혀주는 등불과도 같습니다. 자기 등불로 다른 이들에게 불을 붙여준 이들에게는 불이 부족하지 않습니다.

168. 선의의 관대함도 있습니다. 예컨대, 그대가 빚 문서를 지니고 있다면, 채무자에게 한 푼도 되돌려받지 않고 찢어서 돌려주는 것입니다.[319] 이것은 거룩한 욥이 자신의 본보기로써 우리가 실천하도록 권고하는 일입니다.[320]

---

319 암브로시우스, 『나봇 이야기』 57 참조.

sui facere nos debere Iob sanctus admonet: Nam qui habet, non mutuatur; qui non habet, non liberat syngrapham. Quid igitur etiam si ipse non exigas, auaris heredibus seruas, quam potes cum beneuolentiae tuae laude sine damno pecuniae repraesentare?

169. Atque ut plenius discutiamus beneuolentiam: a domesticis primum profecta personis id est a filiis, parentibus, fratribus, per coniunctionum gradus in ciuitatum peruenit ambitum, et de paradiso egressa mundum repleuit. Denique cum in uiro et femina beneuolentem Deus posuisset adfectum, dixit: "Erunt ambo in una carne" et in uno spiritu. Vnde se Eua serpenti credidit quoniam quae beneuolentiam acceperat, esse maleuolentiam non opinabatur.

33

170. Augetur beneuolentia coetu Ecclesiae, fidei consortio, initiandi societate, percipiendae gratiae necessitudine, mysteriorum communione. Haec enim etiam appellationes necessitudinum: reuerentiam filiorum, auctoritatem et pietatem patrum, germanitatem fratrum, sibi uindicant. Multum igitur ad cumulandam spectat beneuolentiam necessitudo gratiae.

---

320 욥 31,35-36 (칠십인역) 참조.
321 키케로, 『의무론』 1,17,53-54 참조.
322 창세 1,28; 9,1.7 참조.

가진 사람은 돈놀이를 하지 않고, 가지지 못한 사람은 계약을 저버리지 않는 것입니다. 돈의 손실 없이 그대 선의에 대한 찬사로 빛날 수 있는데도, 그대 자신은 받아내지도 못하고 탐욕스러운 상속자들에게 물려주게 될 빚 문서를 무엇 하러 보관하고 있습니까?

169. 선의에 관해서도 더 깊이 논의해 봅시다. 선의는 우선 가정을 이루는 인격적 관계들, 곧 자식, 부모, 형제들에서 시작하여 여러 단계의 관계를 통해 도시의 영역에 이르렀습니다.[321] 낙원에서 출발하여 세상을 가득 채운 것입니다.[322] 하느님께서는 남자와 여자 안에 선의의 애정을 넣어주시며 이렇게 말씀하셨습니다. "둘이 한 몸이 될 것이며"[323] 한마음이 되리라고 말입니다. 하와가 뱀을 믿어버린 까닭이 있으니, 선의를 받아들인 그 여인은 거기 악의(惡意)가 있으리라고는 상상도 못했기 때문입니다.

제33장 정의는 선의의 벗

170. 선의는 교회 모임, 신앙 공동체, 입문 동아리[324], 은총을 받은 이들의 연대감, 신비[325] 예식의 친교를 통해 돈독해집니다. 이러한 유대는 필연관계라고도 일컬어지는데, 자녀의 공경, 아버지의 권위와 신심, 형제들의 우애가 그것입니다. 은총의 필연관계는 선의를 쌓아가는 데 많이 이바지합니다.

---

323 창세 2,24 참조.
324 입문성사인 세례·견진·성체성사의 친교를 이루는 교회 공동체를 가리킨다.
325 여기서 신비(mysterium)는 성사(sacramentum)와 동의어다.

171. Adiuuant etiam parium studia uirtutum siquidem beneuolentia etiam morum facit similitudinem. Denique Ionatha filius regis imitabatur sancti Dauid mansuetudinem propter quod diligebat eum. Vnde et illud: "Cum sancto sanctus eris" non solum ad conuersationem sed etiam ad beneuolentiam deriuandum uidetur. Nam utique et filii Noe simul habitabant et non erat in his morum concordia. Habitabant etiam in domo patria Esau et Iacob sed discrepabant. Non erat enim beneuolentia inter eos quae sibi praeferret alterum sed magis contentio, quae praeriperet benedictionem. Nam cum alter praedurus, alter mansuetus esset, inter dispares mores et studia compugnantia, beneuolentia esse non poterat. Adde quia sanctus Iacob paternae degenerem domus uirtuti praeferre non poterat.

172. Nihil autem tam consociabile quam cum aequitate iustitia quae uelut compar et socia beneuolentiae facit ut eos quos pares nobis credimus, diligamus. Habet autem in se beneuolentia fortitudinem; nam cum amicitia ex beneuolentiae fonte procedat, non dubitat pro amico grauia uitae sustinere pericula: "Et si mala, inquit, mihi euenerint per illum, sustineo."

---

326   시편 18,26 참조.
327   창세 9,18-23 참조.
328   창세 25,19-34; 27,1-45 참조.

171. 비슷한 덕들에 대한 열성도 도움을 줍니다. 선의는 품성도 비슷하게 만들기 때문입니다. 임금의 아들이었던 요나탄은 거룩한 다윗을 사랑했기에 그의 온순함을 본받았습니다. 이런 말씀도 있으니, "당신은 거룩한 이에게는 거룩하신 분이 되어주실 것입니다."[326]라는 말은 품성뿐 아니라 선의로도 이해해야 할 것 같습니다. 노아의 아들들의 경우를 봅시다. 분명 그들은 함께 살았지만 품성으로는 조화되지 않았습니다.[327] 에사우와 야곱도 아버지의 집에서 살았지만 서로 맞지 않았습니다.[328] 그들 사이에는 상대를 자기보다 앞세우려는 선의가 없었고, 누가 축복을 먼저 낚아챌 것인가에 관한 경쟁심이 더 컸습니다. 사실 한 사람은 거친 사내였고, 다른 하나는 온순했기에 그런 판이한 품성과 경쟁심 사이에 선의가 있을 수 없었습니다. 거룩한 야곱이 아버지 집에 합당치 못한 자를 덕보다 더 좋아할 수는 없었으리라는 점도 덧붙여야 하겠습니다.

172. 그러나 공정함과 결합된 정의만큼 사회적 특성을 지닌 것도 없습니다. 정의는 선의의 벗이요 동지와도 같습니다. 정의는 우리가 우리와 비슷하다고 믿는 사람들을 사랑하게 해줍니다.[329] 선의는 그 안에 용기를 지니고 있습니다. 우정은 선의의 샘에서 흘러나오기에, 벗을 위해 생명의 중대한 위험을 견디기를 망설이지 않기 때문입니다. "그 친구 때문에 내게 불행이 닥친다면 나 그것을 견디리라."[330]

---

329 키케로, 『의무론』 1,17,56 참조.
330 집회 22,26 (불가타) 참조.

173. Beneuolentia etiam gladium iracundiae extorquere consueuit. Beneuolentia facit ut amici uulnera utilia quam uoluntaria inimici oscula sint. Beneuolentia facit "ut unus fiat ex pluribus" quoniam si plures amici sint, unus fiunt in quibus spiritus unus et una sententia est. Simul aduertimus etiam correptiones in amicitia gratas esse quae aculeos habent, dolores non habent. Compungimur enim censoriis sermonibus sed beneuolentiae delectamur sedulitate.

174. Ad summam, non omnibus eadem semper officia debentur nec personarum semper sed plerumque causarum et temporum praelationes sunt ut uicinum quis interdum magis quam fratrem adiuuerit. Quoniam et Salomon dicit: "Melius est uicinus in proximo quam frater longe habitans." Et ideo plerumque amici se beneuolentiae quisque committit, quam fratris necessitudini. Tantum ualet beneuolentia ut plerumque pignora uincat naturae.

35

175. Satis copiose iustitiae loco honesti naturam et uim tractauimus. Nunc de fortitudine tractemus quae uelut excelsior ceteris diuiditur in res bellicas

---

331　키케로,『의무론』1,17,56 참조.
332　잠언 27,10 참조.

제34장 선의의 힘

173. 선의는 또한 분노의 칼을 앗아가곤 합니다. 선의는 친구가 입힌 상처를 원수의 의도적인 입맞춤보다 더 이롭게 만듭니다. 선의는 "여럿이었던 이들을 하나로"[331] 만듭니다. 친구들은 여럿이라도 한마음 한뜻으로 하나가 되기 때문입니다. 우정으로는 꾸지람조차 정겹다는 사실도 깨닫게 됩니다. 그런 꾸지람은 톡 쏘는 힘이 있으나 고통을 주지는 않습니다. 우리는 비판의 말들에 찔리기는 하지만, 선의의 정성에 기뻐합니다.

174. 어쨌든 언제나 모든 이에 대한 똑같은 의무를 져야 하는 것도 아닙니다. 사람들에 대한 우선순위가 늘 정해져 있는 것이 아니라, 이유와 때를 고려해야 하는 경우도 많습니다. 때로는 형제보다 이웃을 더 많이 도와주기도 합니다. 그래서 솔로몬도 "가까운 이웃이 멀리 사는 형제보다 낫다."[332]고 말합니다. 그래서 저마다 형제의 혈연보다 친구의 선의를 더 신뢰하는 경우가 많습니다.[333] 선의는 종종 본성의 유대를 이겨낼 정도로 매우 강력합니다.

제35장 용기에 관하여

175. 우리는 정의의 영역에서 올바름(honestum)의 본성과 힘을 충분히 다루었습니다.[334] 이제 용기(fortitudo)에 관하여 살펴봅시다. 용기는 다른 모든

---

333 키케로, 『의무론』 1,17,58 참조.
334 키케로, 『의무론』 1,6,18; 1,16,60 참조.

et domesticas. Sed bellicarum rerum studium a nostro officio iam alienum uidetur quia animi magis quam corporis officio intendimus nec ad arma iam spectat usus noster sed ad pacis negotia. Maiores autem nostri ut Iesus Naue, Ierobaal, Samson, Dauid summam rebus quoque bellicis retulere gloriam.

176. Est itaque fortitudo uelut excelsior ceteris sed numquam incomitata uirtus; non enim ipsam committit sibi, alioquin fortitudo sine iustitia iniquitatis materia est. Quo enim ualidior est, eo promptior ut inferiorem opprimat, cum in ipsis rebus bellicis iusta bella an iniusta sint spectandum putetur.

177. Numquam Dauid nisi lacessitus bellum intulit. Itaque prudentiam fortitudinis comitem habuit in proelio. Nam et aduersus Goliam immanem mole corporis uirum singulari certamine dimicaturus, arma quibus oneraretur, respuit; uirtus enim suis lacertis magis quam alienis integumentis nititur. Deinde eminus quo grauius feriret ictu lapidis hostem interemit. Postea numquam

---

335 키케로, 『의무론』 1,19,62 참조.

336 키케로, 『국가』 3,23,34-35; 암브로시우스, 『토빗 이야기』 15,51 참조. 전쟁이 현실이던 로마 제국의 상황에서 암브로시우스는 전쟁도 정의의 잣대로 식별한다. 초기 교부들 가운데 복음의 급진성과 평화주의 이상을 포기하지 않은 테르툴리아누스(160년경-220년경) 같은 교부도 있었지만, 콘스탄티누스 황제의 제국 교회가 시작되면서 오랜 세월 '정당한 전쟁'(bellum iustum) 논리가 이어져 왔다. 그러나 제2차 바티칸 공의회(1962-1965년) 이래 비폭력을 위한 양심의 저항을 존중하고 권고하는 현대 가톨릭 교회의 가르침은 중세의

덕보다 더 빼어난 것인데, 전시 상황과 평시 상황으로 나누어집니다. 그러나 전쟁에 대한 관심은 우리가 다루는 의무와는 사뭇 낯설게 보일 수도 있습니다. 우리는 육체보다는 영혼의 의무에 관심을 지니고 있으며, 우리의 활동은 무기가 아니라 평화의 일과 관련되어 있기 때문입니다. 그럼에도, 눈의 아들 여호수아나 여루빠알, 삼손, 다윗 같은 우리 조상들은 전쟁에서도 큰 영광을 얻었습니다.

176. 용기는 다른 덕보다 더 빼어나지만, 자기 나름의 원천에만 기대고 있지 않기에 결코 독립적인 덕이 아닙니다. 정의 없는 용기는 불법의 밑천일 따름입니다.[335] 강해질수록 약한 이를 더 서슴지 않고 억누르기 때문입니다. 그리고 전쟁의 상황 자체에서도 정당한 전쟁인지 불의한 전쟁은 아닌지 가늠할 필요가 있습니다.[336]

177. 다윗은 싸움을 걸어오지 않으면 결코 전쟁을 벌이지 않았습니다. 이렇게 하여 그는 전투에서 용기를 예지와 결합시켰습니다. 다윗이 엄청난 덩치를 지닌 인간 골리앗에 맞서 홀로 싸우러 나가려던 경우를 들어봅시다.[337] 무장은 자기를 짓누를 뿐이었기에 사양했습니다. 용기는 다른 보호 장비가 아니라 자신의 근력에 달려 있는 법입니다. 더 치명적으로 상처를 입힐

거룩한 전쟁론과 정당한 전쟁론을 넘어 거룩한 평화와 정당한 평화의 길로 재촉해 왔으며 (교황청 정의평화평의회, 『간추린 사회교리』 502 참조), 마침내 2020년 10월 3일 프란치스코 교황은 현대 사회에서 정당한 전쟁은 없다고 선언했다.(『모든 형제들』 258) 토머스 머튼, 『머튼의 평화론』, 조효제 옮김, 분도출판사 2006; 강인철, 『전쟁과 종교』, 한신대학교출판부 2003; M. Testard, *Les devoirs*, vol. 1, 260-261; J.-P. Brisson, *Problèmes de la guerre à Rome*, Paris 1969; C. Corbellini, "Il problema della Militia in sant'Ambrogio", *Historia* 27(1978), 630-636 참조.

337   1사무 17,1-54 참조.

nisi consulto Domino bellum adorsus. Ideo in omnibus uictor proeliis, usque ad summam senectutem manu promptus, bello aduersus Titanas suscepto, ferocibus bellator miscebatur agminibus, gloriae cupidus, incuriosus salutis.

178. Sed non haec sola praeclara fortitudo est, sed etiam illorum gloriosam fortitudinem accipimus qui per fidem magnitudine animi "obstruxerunt leonum ora, exstinxerunt uirtutem ignis, effugerunt aciem gladii, eualuerunt de infirmitate fortes", qui non comitatu et legionibus subiecti communem cum multis uictoriam, sed nuda uirtute animi singularem de perfidis retulerunt triumphum. Quam insuperabilis Daniel qui circa latera sua rudentes non expauit leones! Fremebant bestiae et ille epulabatur.

36

179. Non igitur in uiribus corporis et lacertis tantummodo fortitudinis gloria est sed magis in uirtute animi, neque in inferenda sed depellenda iniuria lex uirtutis est. Qui enim non repellit a socio iniuriam si potest, tam est in uitio

---

338 암브로시우스는 필리스티아의 전사들을 '거인들'(Titanas)이라고 부른다. 2사무 21,15-22 참조.

339 히브 11,33-34.

수 있는 거리를 유지한 다윗은, 돌팔매질로 원수를 쓰러뜨렸습니다. 그 이후 다윗은 주님께 먼저 여쭙지 않고는 결코 전쟁을 일으키지 않았습니다. 그리하여 그는 모든 전투에서 승리자가 되었으며, 아주 늙어서도 손에 무기를 들 준비가 되어 있었습니다. 거인들[338]에 맞서 전쟁에 뛰어든 투사 다윗은 사나운 군사들과 뒤섞인 채 자신의 안위에는 신경 쓰지 않고 영광만을 열망하며 싸웠습니다.

178. 그렇지만 이러한 용기만 훌륭한 것은 아닙니다. 믿음을 통해 위대한 영혼으로 "사자들의 입을 막았으며, 맹렬한 불을 껐고, 칼날을 벗어났으며, 약하였지만 강해진"[339] 이들의 영광스러운 용기도 우리는 받아들입니다. 그들은 부대와 군대에 소속되어 많은 이들과 함께 공동 승리를 거둔 것이 아니라, 오직 영혼의 덕으로만 믿지 않는 자들에 맞서 단독 승리를 얻었습니다. 자기 곁에서 포효하던 사자들을 두려워하지 않았던 다니엘은 얼마나 꺾일 줄 모르는 인물이었습니까! 맹수들이 으르렁거리고 있었지만, 그는 태연히 음식을 먹고 있었습니다.[340]

제36장 영적 용기

179. 그러므로 용기의 영광은 단지 육체적 힘이나 근력보다 영혼의 힘에 더 달려 있습니다.[341] 용덕(勇德)의 법은 불의를 몰고 오는 데 있지 않고 몰아내는 데 있습니다. 할 수 있으면서도 이웃에게서 불의를 몰아내지 않는

---

340 다니 14,23-42 참조.
341 키케로, 『의무론』 1,23,79 참조.

quam ille qui facit. Vnde sanctus Moyses hinc prius orsus est temptamenta bellicae fortitudinis. Nam cum uidisset Hebraeum ab Aegyptio iniuriam accipientem, defendit ita ut Aegyptium sterneret atque in arena absconderet. Salomon quoque ait: "Eripe eum qui ducitur ad mortem."

180. Vnde igitur hoc uel Tullius uel etiam Panaetius aut ipse Aristoteles transtulerint, apertum est satis quamque etiam his duobus antiquior dixerit Iob: "Saluum feci pauperem de manu potentis et pupillum cui adiutor non erat, adiuui. Benedictio perituri in me ueniat." Nonne hic fortissimus qui tam fortiter pertulit impetus diaboli et uicit eum uirtute mentis suae? Neque uero de eius dubitandum fortitudine, cui dicit Dominus: "Accinge sicut uir lumbos tuos... suscipe altitudinem et uirtutem... omnem autem iniuriosum humiliato." Apostolus quoque ait: "Habetis fortissimam consolationem." Est ergo fortis qui se in dolore aliquo consolatur.

181. Et reuera iure ea fortitudo uocatur, quando unusquisque se ipsum uincit, iram continet, nullis illecebris emollitur atque inflectitur, non aduersis perturbatur, non extollitur secundis et quasi uento quodam, uariarum rerum cir-

---

342   키케로, 『의무론』 1,7,23 참조.

343   탈출 2,11-12 참조.

344   잠언 24,11 참조.

사람은 불의를 저지르는 자만큼이나 불법적입니다.[342] 거룩한 모세는 일찌 감치 전투적 용기를 펼치기 시작했습니다. 그는 히브리 사람이 이집트 사람에게 불의를 겪는 것을 보고는, 이집트 사람을 쓰러뜨려 모래 속에 파묻어버림으로써 그를 지켜주었습니다.[343] 솔로몬도 말합니다. "죽음으로 끌려가는 이들을 구해내라."[344]

180. 툴리우스[키케로]든, 아니면 파나이티오스나 아리스토텔레스든 어디서 이런 생각을 가져왔는지는 매우 분명합니다. 이 두 사람[345]보다 더 오래된 인물인 욥도 이렇게 말했기 때문입니다. "가난한 이를 권력자의 손에서 구해주었고, 도와줄 이 없는 고아를 내가 도와주었네. 죽어가는 이의 축복이 나에게 오기를."[346] 악마의 공격을 그토록 용감하게 견디어내고 자기 정신력으로 악마를 이겨낸 이 사람이 가장 용기 있는 사람이 아니겠습니까? 진실로 그의 용기는 의심할 바 없습니다. 주님께서 그에게 이렇게 말씀하십니다. "사내답게 네 허리를 동여매어라. … 존귀와 덕을 입어라. … 그러나 불의한 자는 모두 낮추어라."[347] 사도도 말합니다. "여러분은 가장 용감한 위로를 지니십시오."[348] 그러므로 어떤 고통 속에서도 자신을 위로하는 사람은 용감합니다.

181. 어떤 사람이 자기 자신을 이겨내고, 분노를 자제하며, 유혹에 약해지거나 굴복하지 않고, 역경에도 당황하지 않고 순경에도 들뜨지 않으며, 다

---

345 파나이티오스와 아리스토텔레스를 가리킨다.
346 욥 29,12-13 참조.
347 욥 40,7.10-11 참조.
348 히브 6,18 참조.

제1권 LIBER PRIMVS **241**

cumfertur mutatione. Quid autem excelsius et magnificentius quam exercere mentem, adficere carnem, in seruitutem redigere ut oboediat imperio, consiliis obtemperet ut in adeundis laboribus impigre exsequatur propositum animi ac uoluntatem?

182. Haec igitur prima uis fortitudinis quoniam in duobus generibus fortitudo spectatur animi: primo, ut externa corporis pro minimis habeat et quasi superflua despicienda magis quam expetenda ducat; secundo, ut ea quae summa sunt omnesque res in quibus honestas et illud πρέπον cernitur, praeclara animi intentione usque ad effectum persequatur. Quid enim tam praeclarum quam ut ita animum informes tuum ut neque diuitias nec uoluptates neque honores in maximis constituas, neque in his studium omne conteras? Quod cum ita adfectus animo fueris, necesse est ut illud honestum ac decorum praeponendum putes illique mentem ita intendas tuam ut quidquid acciderit quo frangi animi solent, aut patrimonii amissio aut honoris imminutio aut obtrectatio infidelium, quasi superior non sentias; deinde ut te salutis ipsius pericula pro iustitia suscepta non moueant.

양한 상황들의 변화에 바람처럼 휩쓸리지 않을 때 참으로 합당하게 용기라고 일컬어질 수 있습니다.[349] 정신을 수련하는 것, 이성의 명령에 순종하도록 몸을 만들고 고분고분하게 길들이는 것, 충고를 수용하는 것, 그리하여 아무리 고생스럽더라도 언제나 영혼의 의도와 의지를 부지런히 수행하는 것보다 더 탁월하고 훌륭한 것이 무엇이겠습니까?

182. 용기의 가장 본질적인 특징이 이것입니다. 영혼의 용기는 두 가지로 생각해야 합니다. 첫째, 외적이고 물질적인 것들을 하찮게 받아들이고, 이 것들을 필요 이상의 것처럼 여겨, 추구하기보다는 멸시해야 할 것으로 여기는 용기입니다. 둘째, 올바른 것과 프레폰(πρέπον, 어울리는 것)[350]을 일깨워주는 참으로 중요한 모든 것을, 그것이 실현될 때까지 지극히 맑은 영혼의 지향으로 추구하는 용기입니다. 그대가 그대의 영혼을 가꿈으로써 부도 쾌락도 명예도 전혀 중요시하지 않게 되고, 이런 것들에 온갖 열정을 낭비하지 않게 된다면, 무엇이 그처럼 찬란하겠습니까? 그대가 이런 영혼을 갖추게 되면, 그대는 올바르고 어울리는 것을 앞세워야 하고 거기에 그대의 정신을 돌려야 한다고 필연적으로 생각하게 됩니다. 그리하여 영혼을 갈라놓곤 하는 그 어떤 일이 일어나더라도, 예컨대 재산을 잃어버리거나, 명예를 잃거나, 믿지 않는 이들의 공격을 받더라도 그대는 초연한 사람처럼 마음을 쓰지 않게 됩니다. 게다가 정의를 위해 겪어야 하는 목숨 자체의 위험조차 그대를 동요시키지 못할 것입니다.

---

349 키케로, 『의무론』 1,20,66 참조.
350 키케로는 어울리는 것이나 적절한 것을 뜻하는 그리스어 프레폰(πρέπον)을 라틴어 데코룸(decorum)으로 번역했다.(『의무론』 1,10,30; 1,26,93 참조) 데코룸의 우리말 번역 문제에 관해서는 『성직자의 의무』 1,10,30의 각주 참조.

183. Haec uera fortitudo est quam habet Christi athleta qui "nisi legitime certauerit non coronatur." An mediocre tibi uidetur praeceptum fortitudinis: "Tribulatio patientiam operatur, patientia probationem, probatio autem spem"? Vide quot certamina, et una corona. Quod praeceptum non dat nisi qui est confortatus in Christo Iesu, cuius caro requiem non habebat. Adflictio undique: "foris pugnae, intus timores." Et quamuis in periculis, in laboribus plurimis, in carceribus, in mortibus positus, animo tamen non frangebatur sed proeliabatur adeo ut potentior suis fieret infirmitatibus.

184. Itaque considera quemadmodum eos qui ad officia Ecclesiae accedunt, despicientiam rerum humanarum habere debere doceat: "Si ergo mortui estis cum Christo ab elementis huius mundi, quid adhuc uelut uiuentes de hoc mundo decernitis: ne tetigeritis, ne adtaminaueritis, ne gustaueritis, quae sunt omnia ad corruptelam ipso usu?" Et infra: "Si ergo consurrexistis cum Christo, quae sursum sunt quaerite." Et iterum: "Mortificate ergo membra uestra quae sunt super terram." Et haec quidem adhuc omnibus fidelibus, tibi autem, fili, contemptum diuitiarum, profanarum quoque et anilium fabularum suadet declinationem, nihil permittens nisi quod te exerceat ad pietatem, quia corpo-

---

351   2티모 2,5 참조.
352   로마 5,3-4 참조.
353   1코린 9,24 참조.
354   2코린 7,5 참조.
355   콜로 2,20-22 참조.

183. 여기 참된 용기가 있으니, "규칙대로 경기를 하지 않으면 화관을 얻지 못하는"[351] 그리스도의 운동선수가 지닌 용기입니다. "환난은 인내를 자아내고, 인내는 수양을, 수양은 희망을 자아낸다."[352]는 용기의 계명이 그대에게는 사소해 보입니까? 얼마나 많은 경쟁자들이 있는지 보십시오. 그러나 화관은 하나뿐입니다.[353] 예수 그리스도 안에서 위로를 받았고, 그 육신은 쉴 줄 몰랐던 이[바오로]가 이 계명을 줍니다. 모든 면에서 겪은 환난은 "밖으로는 싸움이고 안으로는 두려움"[354]이었습니다. 그러나 위험 속에서도, 숱한 고생 속에서도, 감옥에서도, 죽을 위험 속에서도 그의 영혼은 꺾이지 않았고 계속 싸워나갔기에, 그는 마침내 자신의 나약함보다 더 강해졌습니다.

184. 그가 교회의 직무를 향해 나아가는 이들에게 인간사를 멸시해야 한다고 어떻게 가르치는지 살펴보십시오. "여러분은 그리스도와 함께 죽어 이 세상의 정령들에게서 벗어났으면서도, 어찌하여 아직도 이 세상에 살고 있는 것처럼 규정에 얽매여, '손대지 마라, 더럽히지 마라, 맛보지 마라.' 합니까? 그 모든 것은 쓰고 나면 없어져 버리는 것들에 대한 규정일 뿐입니다."[355] 더 아래에서는 이렇게 말합니다. "그러므로 여러분은 그리스도와 함께 살아났으니, 저 위에 있는 것을 추구하십시오."[356] 그리고 다시 이렇게 말합니다. "땅 위에 있는 여러분의 지체를 죽이십시오."[357] 이 규정들은 물론 모든 신자를 향한 것입니다. 그러나 나의 아들인 그대에게 이렇게 권고합니다. 부를 하찮게 여겨야 하며, 불경하고 망령된 미신도 피해야 합니다.[358]

---

356 콜로 3,1.
357 콜로 3,5 참조.

ralis exercitatio nulli rei usui est "pietas autem ad omnia utilis."

185. Exerceat ergo te pietas ad iustitiam, continentiam, mansuetudinem ut fugias iuuenilia opera, confirmatus et radicatus in gratia bonum fidei subeas certamen, non te implices negotiis saecularibus quoniam Deo militas. Etenim si hi qui imperatori militant, susceptionibus litium, actu negotiorum forensium, uenditione mercium prohibentur humanis legibus, quanto magis qui fidei exercet militiam, ab omni usu negotiationis abstinere debet, agelluli sui contentus fructibus si habet, si non habet, stipendiorum suorum fructu? Siquidem bonus testis est qui dicit: "Iuuenis fui et senui et non uidi iustum derelictum nec semen eius quaerens panem." Ea est enim tranquillitas animi et temperantia quae neque studio quaerendi adficitur neque egestatis metu angitur.

37

186. Ea est etiam quae dicitur uacuitas animi ab angoribus ut neque in dolori-

---

358   1티모 4,7 참조.
359   1티모 4,8 참조.
360   2티모 2,4 참조.

그대를 신심 깊게 단련시키는 것이 아니면 아무것도 허용해서는 안 됩니다. 육체적 훈련은 아무짝에도 쓸모없지만 "신심은 모든 면에서 유익하기"[359] 때문입니다.

185. 신심이 그대를 정의와 절제와 온유로 담금질하게 하십시오. 그러면 유치한 행동을 피할 수 있고, 은총 안에 굳건해지고 뿌리내린 그대는 신앙의 선한 전투를 벌일 수 있습니다. 세속의 자질구레한 일들에 그대를 얽어매지 마십시오. 그대는 하느님을 위해 싸우는 군사이기 때문입니다.[360] 황제를 위해 군 복무를 하는 사람들에게는 송사를 벌이는 것도 공공사업에 종사하는 것도 상품을 파는 것도 인간의 법으로 금지되어 있습니다. 그렇다면 믿음의 병역(兵役)을 수행하는 사람은 모든 자질구레한 일을 얼마나 더 멀리해야 하겠습니까? 가진 것이 있는 사람은 자그마한 땅에서 거둔 열매로 만족하십시오. 가진 것이 없는 사람은 자기 품삯의 열매로 만족하십시오. 이렇게 말하는 이는 좋은 증인입니다. "어리던 내가 이제 늙었는데 의인이 버림을 받음도, 그 자손이 빵을 구걸함도 보지 못하였다."[361] 이것이 바로 영혼의 평정이요 절제입니다. 얻으려는 열망에 사로잡히지도 않고, 결핍에 대한 두려움으로 마음 졸이지도 않습니다.

제37장 마음을 비우는 용기

186. 근심에서 '마음 비우기'라는 것도 있습니다.[362] 그것은 우리가 고통 속

---

361 시편 36,25 참조.
362 키케로, 『의무론』 1,21,73 참조.

bus molliores simus neque in prosperis elatiores. Quod si hi qui ad capescen-
dam rem publicam adhortantur aliquos, haec praecepta dant, quanto magis
nos qui ad officium Ecclesiae uocamur, talia debemus agere quae placeant
Deo ut praetendat in nobis uirtus Christi, et ita simus nostro probati imperato-
ri ut membra nostra arma iustitiae sint, arma non carnalia in quibus peccatum
regnet, sed arma fortia Deo quibus peccatum destruatur. Moriatur caro nostra
ut in ea omnis culpa moriatur et "quasi ex mortuis uiuentes" nouis resurga-
mus operibus ac moribus.

187. Haec sunt plena honesti et decori officii stipendia fortitudinis. Sed quia
in omnibus quae agimus, non solum quid honestum sed etiam quid possibile
sit quaerimus ne forte adgrediamur aliquid quod non possimus exsequi, unde
nos tempore persecutionis de ciuitate in ciuitatem concedere, immo ut uerbo
ipso utar, "fugere" uult Dominus ne temere aliquis dum martyrii desiderat
gloriam, offerat se periculis quae fortasse caro infirmior aut remissior animus
ferre ac tolerare non queat.

---

363 키케로, 『의무론』 1,26,90 참조.
364 하느님을 가리킨다.

에서도 더 나약해지지 않고 번영 속에서도 더 들뜨지 않게 해줍니다.[363] 뭇 사람에게 국정(國政)에 발을 들여놓도록 권하는 이들도 이런 규정을 전해 줄진대, 교회의 직무에 부름받은 우리는 하느님 마음에 드는 일을 얼마나 더 잘 행해야 하겠습니까? 그리스도의 힘이 우리 안에서 드러나야 하고, 우리는 우리 황제님[364]의 인정을 받아야 합니다. 그러므로 우리 지체는 정의의 무기가 되어야 합니다. 죄가 다스리는 육신의 무기가 아니라, 하느님을 위해 죄를 쳐부수는 강력한 무기입니다. 우리 육신이 죽고, 그 안에서 모든 잘못도 죽어야 합니다. "죽은 이들 가운데에서 살아난 사람들처럼"[365] 우리도 새로운 활동과 품행으로 다시 살아날 것입니다.

187. 이것들이 이 용기의 의무가 치러야 할 대가인데, 올바르고 어울리는 것들로 가득 차 있습니다. 그러나 우리가 행하는 모든 일에서 우리는 올바른 것뿐 아니라 가능한 것도 추구합니다. 그렇지 않다면 우리는 어떤 일을 시작해 놓고도 그것을 완수할 수 없습니다.[366] 그래서 박해 시기에 우리가 이 고을에서 저 고을로 물러나는 것, 아니 그분의 말씀을 그대로 쓰자면 "피하는 것"[367]은 주님께서 원하시는 바입니다. 어떤 사람이 순교의 영광을 매우 갈망하여 자기 몸이 너무 약하다거나 자기 영혼이 너무 느슨하다는 것을 생각지도 않고 스스로를 위험에 노출시켰다가 그것을 감당하거나 견디지 못하게 될 수도 있기 때문입니다.

---

365 로마 6,13 참조.
366 키케로, 『의무론』 1,21,73 참조.
367 마태 10,23 참조.

188. Nec rursus propter ignauiam cedere quis ac deserere fidem debet metu periculi. Qua gratia praeparandus est animus, exercenda mens, stabilienda ad constantiam ut nullis perturbari animus possit terroribus, nullis frangi molestiis, nullis suppliciis cedere. Quae difficile quidem sustinentur sed quia omnia supplicia grauiorum suppliciorum uincuntur formidine, ideo si consilio firmes animum tuum nec ratione descedendum putes et proponas diuini iudicii metum, perpetui supplicii tormenta, potes animi subire tolerantiam.

189. Hoc igitur diligentiae est ut quis ita se comparet, illud ingenii si quis potest uigore mentis praeuidere quae futura sunt et tamquam ante oculos locare quid possit accidere et quid agere debeat, si ita acciderit, definire; interdum duo et tria simul uoluere animo quae coniciat aut singula aut coniuncta accidere posse et aut singulis aut coniunctis disponere actus quos intellegat profuturos.

190. Fortis ergo est uiri non dissimulare cum aliquid immineat, sed praetendere et tamquam explorare de specula quadam mentis et obuiare cogitatione

---

368 키케로, 「의무론」 1,23,81 참조.

제38장 꽁무니 빼지 않는 용기

188. 비겁함 때문에 뒤로 물러나서도 안 되고, 위험이 두려워 신앙을 저버려서도 안 됩니다. 이를 위해 영혼은 준비하고 있어야 하고, 정신은 꿋꿋해지도록 훈련받고 단련되어야 합니다. 그러면 영혼은 어떤 무서움에도 환란을 겪지 않고, 어떤 괴로움에도 꺾이지 않으며, 어떤 고문에도 굴복하지 않을 수 있습니다. 이것들은 분명 견디기 어려운 시련들입니다. 그러나 모든 고통은 더 큰 고통에 대한 두려움으로 극복될 수 있으니, 그대가 성찰로써 그대 영혼을 단단히 챙기고 이성(理性)을 저버리지 말아야 한다고 생각한다면, 하느님의 심판에 대한 두려움과 영원한 벌의 고통을 그대 눈앞에 두고 살아간다면, 그대는 영혼의 인내를 감당할 수 있을 것입니다.

189. 이렇게 준비하는 사람에게는 이것은 성실의 문제입니다. 미래를 예견할 수 있는 정신력을 지니고, 일어날 수 있는 일을 자기 눈앞에 두고서, 이런 일이 벌어진다면 무엇을 해야 할지 결정할 수 있으려면 재능이 필요합니다.[368] 때로 마음속에 두세 개의 각본을 동시에 돌리면서, 그것들이 하나씩 또는 한꺼번에 일어날 수 있다고 예측하고, 그런 일이 하나씩 또는 한꺼번에 일어날 경우 도움이 된다고 판단되는 행동을 선택해야 하기 때문입니다.

190. 그러므로 어떤 위협이 생길 때 모른 체하지 않고 정면에 나서는 것은 용감한 사람의 몫입니다. 그런 사람은 이른바 정신의 초소(哨所)에서 감시하고 미래의 일들을 앞서 생각하여 훗날 이렇게 말할 일이 없도록 할 것입니다. "이런 일이 일어날 수 있다고 생각도 못 했기 때문에 내가 이런 문제

prouida rebus futuris ne forte dicat postea: "Ideo ista incidi quia non arbitrabar posse euenire." Denique nisi explorentur aduersa, cito occupant; ut in bello improuisus hostis uix sustinetur et si imparatos inueniat, facile opprimit, ita animum mala inexplorata plus frangunt.

191. In his igitur duobus illa est animi excellentia ut primum animus tuus bonis exercitus cogitationibus mundo corde quod uerum et honestum est uideat: "Beati enim mundo corde quia ipsi etiam Deum uidebunt", atque id quod honestum est solum bonum iudicet; deinde nullis perturbetur occupationibus, nullis cupiditatibus fluctuet.

192. Neque uero id facile quisquam facit. Quid enim tam difficile quam dispicere tamquam ex arce aliqua sapientiae opes aliaque omnia quae plerisque uidentur magna et praecelsa? Deinde ut iudicium tuum stabili ratione confirmes et quae iudicaueris leuia, tamquam nihil profutura contemnas? Deinde ut si quid acciderit aduersi, idque graue et acerbum putetur, ita feras ut nihil praeter naturam accidisse putes cum legeris: "Nudus sum natus, nudus exibo. Quae Dominus dedit, Dominus abstulit"—et utique filios amiserat et facultates—seruesque in omnibus personam sapientis et iusti sicut ille seruauit qui ait: "Sicut Domino placuit, ita factum est; sit nomen Domini benedictum",

---

369 키케로, 『의무론』 1,23,81 참조.
370 마태 5,9.
371 키케로, 『의무론』 1,5,17 참조.

에 빠진 거야."³⁶⁹ 원수를 감시하지 않으면 그들은 단박에 우리를 사로잡아 버립니다. 마치 전쟁에서 예상치 못한 적군에게는 힘겹게 맞서게 되고, 그대가 준비되어 있지 않은 것을 본다면 손쉽게 짓이길 것입니다. 이처럼 감시하지 못한 악은 영혼을 훨씬 더 심하게 박살냅니다.

191. 그러므로 영혼의 훌륭함은 이러한 두 특징으로 이루어집니다. 첫째, 좋은 생각으로 단련된 그대의 영혼은 참되고 올바른 것을 보기 위해 깨끗한 마음을 간직해야 합니다. "행복하여라, 마음이 깨끗한 사람들! 그들은 하느님을 볼 것이다."³⁷⁰ 그리고 올바른 것을 유일한 선으로 여겨야 합니다. 둘째, 그 어떤 분주함에도 혼란을 겪지 않고 어떤 욕망에도 휘둘리지 말아야 합니다.

192. 그러나 이것은 누구나 쉽게 행할 수 있는 일이 아닙니다. 많은 이에게 대단하고 멋져 보이는 부와 다른 모든 것을 지혜의 요새에서 감시하는 것만큼 어려운 일이 무엇이겠습니까?³⁷¹ 다시 말하자면, 안정된 이성으로 그대의 판단을 확인하고, 그대가 하찮다고 판단한 것을 아무짝에도 쓸모없는 것으로 경멸하는 것만큼이나 어려운 일이 있겠습니까? 아니면, 부담스럽고 떫게 여기는 역경들을 겪고서도, 자연 질서를 벗어나서 벌어지는 일은 아무것도 없다고 여기며 견뎌내는 것만큼 어려운 일이 어디 있겠습니까? 그대는 이런 말씀을 읽었습니다. "알몸으로 태어났으니 알몸으로 돌아가리라. 주님께서 주신 것 주님께서 가져가셨다."³⁷²—무엇보다 그는 자식들과 재산을 잃은 사람[욥]이었습니다.—그는 모든 데서 지혜롭고 의로운

---

372 욥 1,21 참조.

et infra: "Sicut una insipientium mulierum locuta es: si bona suscepimus de manu Domini, quae mala sunt non sustinebimus"?

39

193. Non est igitur mediocris nec discreta a caeteris animi fortitudo quae bellum cum uirtutibus gerat sed quae sola defendat ornamenta uirtutum omnium et iudicia custodiat et quae inexpiabili proelio aduersus omnia uitia decernat, inuicta ad labores, fortis ad pericula, rigidior aduersus uoluptates, dura aduersus illecebras quibus aurem deferre nesciat nec, ut dicitur, aue dicat, pecuniam neglegat, auaritiam fugiat tamquam labem quamdam quae uirtutem effeminet. Nihil enim tam contrarium fortitudini quam lucro uinci. Frequenter pulsis hostibus, et inclinata in fugam aduersariorum acie, dum exuuiis caesorum capitur proeliator, inter ipsos quos strauit, miserandus occubuit; et triumphis suis deiectae legiones dum spoliis occupantur, hostem in se reuocarunt, qui fugerat.

---

373 욥 1,21 참조.
374 욥 2,10 참조.

사람의 특성을 지니고 있었습니다. 그는 이런 말을 지킨 사람이었습니다. "주님 마음에 든 대로 그리 이루어졌으니, 주님의 이름은 찬미받으소서."[373] 그 아래에서는 이렇게 말합니다. "당신은 미련한 여자들처럼 말하는구려. 우리가 하느님의 손에서 좋은 것을 받았다면, 나쁜 것도 받아들여야 하지 않겠소?"[374]

제39장 돈 명예 권력을 하찮게 여기는 용기

193. 그러므로 영혼의 용기는 사소한 덕도 아니고, 다른 덕들과 동떨어져 있지도 않습니다. 용기는 다른 덕들과 함께 전쟁을 벌이지만, 자기 홀로 모든 덕의 명예를 지키고 그 판단을 지킵니다. 모든 악습에 맞서 돌이킬 수 없는 전투를 벌입니다. 용기는 고난에 꺾이지 않고, 위험 앞에서 용감하며, 쾌락에 맞서 더 군세고, 유혹을 거슬러 굳건하며, 그 따위 것들에게 귀를 기울일 줄도, 안녕이라고 인사를 건넬 줄도 모릅니다. 돈을 무시하고, 덕을 갉아먹는 재앙 같은 탐욕을 피합니다. 이기려는 욕심만큼 용기를 거스르는 것도 없기 때문입니다. 종종 원수들을 물리치고 적들의 군단이 도망친 다음, 살인자들의 전리품에 사로잡힌 전사(戰士)는 자기가 쓰러뜨린 자들 가운데 불쌍하게 널브러지기도 합니다. 군대가 전리품에 매달려 있는 동안 도망쳤던 원수를 스스로 다시 불러들임으로써 자신들의 승리를 빼앗게 됩니다.

194. Fortitudo igitur tam immanem pestem repellat et proterat nec temptetur cupiditatibus nec frangatur metu quia uirtus sibi constat ut fortiter omnia persequatur uitia tamquam uirtutis uenena: iracundiam uelut quibusdam pro-pulset armis quae tollat consilium, et tamquam aegritudinem uitet; gloriae quoque caueat appetentiam, quae frequenter nocuit immoderatius expetita, semper autem usurpata.

195. Quid horum sancto Iob uel in uirtute defuit uel in uitio obrepsit? Quo-modo laborem aegritudinis, frigoris, famis pertulit! Quomodo despexit salutis periculum! Numquid rapinis diuitiae coaceruatae de quibus tanta inopibus adfluebant? Numquid auaritiam census aut uoluptatis studia cupiditatesque excitauit? Numquid trium regum iniuriosa contentio uel seruorum contumelia in iram excussit? Numquid gloria sicut leuem extulit qui imprecabatur grau-ia sibi si umquam uel non uoluntariam celauerit culpam uel reueritus esset multitudinem plebis quominus adnuntiaret eam in conspectu omnium? Neque enim consentaneae sunt uitiis uirtutes sed sibi constant. Quis igitur tam fortis quam sanctus Iob cui secundus adiudicari potest, qui parem uix reperit?

---

375 키케로, 『의무론』 1,20,68 참조.
376 키케로, 『의무론』 1,19,65 참조.
377 욥의 세 친구 엘리파즈와 발닷과 초바르를 일컫는다. 『성직자의 의무』 1,12,41; 3,22,138 참조.

194. 그러므로 용기는 이처럼 어마어마한 역병을 물리치고 쫓아내고, 욕망에 유혹을 받거나 두려움으로 망가지지 않아야 합니다. 덕은 스스로 한결같아서 덕의 독과도 같은 모든 악습을 추격하기 때문입니다. 용기는 생각을 없애버리는 분노를 마치 무기 같은 것으로써 몰아내고 질병처럼 피합니다. 명예욕도 조심해야 합니다.[375] 명예욕은 종종 더 과도한 욕심을 부리도록 해를 끼치지만, 언제나 잃어버리고 맙니다.[376]

195. 이 모든 것 가운데 거룩한 욥에게 부족했던 덕이나 그에게 스며든 악습이 무엇이었습니까? 그가 질병과 추위와 굶주림의 괴로움을 어떻게 견뎌냈습니까! 그가 목숨의 위험을 어떻게 하찮게 보았는지 보십시오! 많은 부분 가난한 이들에게 흘러 들어갔던 그 부를 쌓기 위해 강도질이라도 했습니까? 재산에 대한 탐욕이나 쾌락에 대한 열망과 욕정에 타올랐습니까? 세 임금[377]의 부당한 논쟁이나 그 종들의 모욕이 분노를 불러일으켰습니까?[378] 영광이 욥을 바람처럼 띄운 적이 있었습니까? 그는 본의 아닌 잘못이라도 감추었거나, 많은 군중이 부끄러워 그 잘못을 모든 이 앞에서 고백하지 않았다면, 스스로에게 무거운 벌을 내려달라고 간청했던 사람입니다.[379] 덕은 악덕과 사귀지 않고, 스스로 한결같습니다. 그렇다면 누가 거룩한 욥처럼 용감했습니까? 누가 그에게 버금갈 수 있겠습니까만, 그의 맞수를 찾기란 힘들지 않겠습니까?

---

378 욥 19,15-16 참조.
379 욥 31,33-34 참조.

196. Sed fortasse aliquos bellica defixos gloria tenet ut putent solam esse pro-
eliarem fortitudinem et ideo me ad haec deflexisse quia illa nostris deforet.
Quam fortis Iesus Naue ut uno proelio quinque reges captos sterneret cum
populis suis! Deinde cum aduersum Gabaonitas surgeret praelium et uereretur
ne nox impediret uictoriam, magnitudine mentis et fidei clamauit: "Stet sol"
et stetit donec uictoria consummaretur. Gedeon in trecentis uiris de ingenti
populo et acerbo hoste reuexit triumphum. Ionatha adulescens uirtutem fecit
in magno proelio. Quid de Machabaeis loquar?

197. Sed prius de populo dicam patrum qui cum essent parati ad repugnan-
dum pro templo Dei et pro legitimis suis, dolo hostium die lacessiti sabbati
maluerunt uulneribus offerre nuda corpora quam repugnare, ne uiolarent sab-
batum. Itaque omnes laeti se morti obtulerunt. Sed Machabaei considerantes
quod hoc exemplo gens omnis posset perire, sabbatum etiam, ipsi cum in bel-
lum prouocarentur, ulti sunt innocentium necem fratrum suorum. Vnde postea

---

380 키케로, 『의무론』 1,21,70 참조.
381 여호 10,1-28 참조.
382 여호 10,1-15 참조.
383 판관 7,1-25 참조.

제40장 위기상황에서의 용기

196. 그러나 어떤 이들은 전쟁에서 거둔 영광에 너무 집중해서 오직 전쟁 터에만 용기가 존재한다고 생각합니다.[380] 이런 일이 우리에게는 없기 때문에 그들은 내가 이 논제에서 벗어났다고 여길지도 모릅니다. 눈의 아들 여호수아가 얼마나 용감했는지요. 그는 단 한 번의 전투에서 다섯 임금을 그 백성들과 함께 잡아 쓰러뜨렸습니다![381] 그가 기브온 사람들을 거슬러 전투를 벌이고 있을 때, 밤이 승리를 가로막지나 않을까 염려하여 위대한 정신과 믿음으로 "해야, 그대로 서 있어라!" 하고 소리쳤습니다. 그러자 승리가 이루어지는 동안 해가 그대로 서 있었습니다.[382] 기드온은 고작 삼백 명의 장정으로 거대한 백성과 잔인한 적에게 승리를 거두었습니다.[383] 한갓 젊은이였던 요나탄은 큰 전투에서 용맹을 떨쳤습니다.[384] 마카베오에 관해서는 무슨 말을 할까요?

197. 그러나 성조들의 백성에 관해 먼저 말씀 드리겠습니다. 그들은 하느님의 성전과 그들의 율법을 위해 싸울 준비가 되어 있었습니다. 그러나 적들의 속임수로 안식일에 공격받자, 그들은 안식일을 어기지 않기 위해 맞서 싸우기보다 오히려 무장 해제된 몸을 상처 입게 내어주기를 더 바랐습니다. 그리하여 그들은 모두 기꺼이 자신을 죽음에 바쳤습니다.[385] 그러나 마카베오는 이러한 본보기를 따른다면 온 민족이 멸망할 수 있다고 판단했습니다. 그래서 그들은 전쟁에 부름받을 때면 안식일에도 무고한 자기

---

384 1사무 14,1-15 참조.
385 1마카 2,29-38 참조.

stimulatus rex Antiochus, cum bellum accenderet per duces suos Lysiam, Nicanorem, Gorgiam, ita cum Orientalibus suis et Assyriis adtritus est copiis ut quadraginta et octo millia in medio campi a tribus millibus prosternerentur.

198. Virtutem ducis Iudae Machabaei de uno eius milite considerate. Namque Eleazarus cum supereminentem ceteris elephantum, lorica uestitum regia, aduerteret, arbitratus quod in eo rex esset, cursu concitus in medium legionis se proripuit et abiecto clipeo utraque manu interficiebat bestiam atque intrauit sub eam et subiecto gladio interemit eam. Itaque cadens bestia oppressit Eleazarum atque ita mortuus est. Quanta igitur uirtus animi! Primo ut mortem non timeret, deinde ut circumfusus legionibus inimicorum in confertos raperetur hostes, medium penetraret agmen et contempta morte ferocior, abiecto clipeo, utraque manu uulneratae molem bestiae subiret ac sustineret, post intra ipsam succederet quod pleniore feriret ictu; cuius ruina inclusus magis quam oppressus, suo est sepultus triumpho.

199. Nec fefellit opinio uirum quamuis regius fefellerit habitus: tanto enim uirtutis spectaculo defixi hostes inermem, occupatum incursare non ausi, post casum ruentis bestiae sic trepidauerunt ut impares se omnes unius uirtuti ar-

---

386 1마카 2,39-48 참조.

387 1마카 3,27-4,25 참조. 안티오코스 4세 에피파네스의 군대는 기원전 167년에 남녀노소 1,000명을 학살했다.

형제들의 죽음을 되갚았습니다.[386] 나중에 안티오코스 임금은 격노하여, 자기 장군들인 리시아스와 니카노르와 고르기아스를 통해 다시 한 번 전쟁의 불을 붙였습니다. 그는 자신의 동방 군대와 아시리아 군대와 함께 참패했으니, 고작 삼천 병력에 사만팔천 명이 전쟁터에서 쓰러졌습니다.[387]

198. 유다 장군 마카베오의 용기를 그의 군사들 가운데 한 사람[엘아자르]에서 살펴봅시다. 다른 코끼리들보다 더 우뚝 솟아 있고 왕의 갑옷으로 무장한 코끼리를 발견한 엘아자르는 임금이 거기 타고 있으리라 여겼습니다. 그는 힘껏 달려가서 군대 한가운데로 뛰어들었고, 방패를 버리고는 두 손으로 그 짐승을 죽이려고 했습니다. 그는 짐승 아래로 들어가 밑에서 칼로 끝장냈습니다. 짐승이 쓰러지면서 엘아자르를 덮쳤고, 그는 이렇게 죽었습니다.[388] 영혼의 용기는 얼마나 위대합니까! 첫째, 그는 죽음을 두려워하지 않았습니다. 다음으로, 그는 적군에 둘러싸여서도 빽빽한 적진에 뛰어들어 군대의 중심을 꿰뚫고, 죽음을 하찮게 여겨 더욱 맹렬하게 방패를 버리고 두 손으로 상처 입은 짐승의 몸뚱이 밑으로 들어가 버렸습니다. 그런 다음 더 치명적으로 공격하기 위해 그 아래에 들어간 것입니다. 그는 쓰러진 코끼리에 짓눌렸다기보다 갇혔습니다. 자신이 거둔 승리로 매장된 셈입니다.[389]

199. 비록 왕의 복장이 그를 속였을지라도 그 사람은 생각으로는 틀리지 않았습니다. 엄청나게 용기 있는 광경에 굳어버린 적들은 무기도 없이 뛰어든 그를 감히 공격하지 못했습니다. 짐승이 쓰러져 죽은 다음 그들 모두는

---

388 1마카 6,43-46 참조.
389 1마카 6,43-46 참조.

bitrarentur, denique rex Antiochus Lysiae filius qui centum uiginti hominum milibus armatus uenerat et cum triginta duobus elephantis ita ut ab ortu solis per singulas bestias uelut montes quidam armorum corusco tamquam lampadibus ardentibus refulgeret, unius territus fortitudine pacem rogaret. Itaque Eleazarus heredem uirtutis suae pacem reliquit. Sed haec triumphorum sint.

41

200. Verum quia fortitudo non solum secundis rebus sed etiam aduersis probatur, spectemus Iudae Machabaei exitum. Is enim post uictum Nicanorem regis Demetrii ducem, securior aduersus uiginti millia exercitus regis, cum nongentis uiris bellum adorsus, uolentibus his cedere ne multitudine opprimerentur, gloriosam magis mortem quam turpem fugam suasit: "Ne crimen, inquit, nostrae relinquamus gloriae." Itaque commisso proelio, cum a primo ortu diei in uesperam dimicaretur dextrum cornu in quo ualidissimam manum aduertit hostium, adgressus facile auertit. Sed dum fugientes sequitur, a tergo uulneri locum praebuit; ita gloriosiorem triumphis locum mortis inuenit.

---

390   1마카 3,32-33 참조. 안티오코스 4세의 아들이자 리시아스의 양자인 안티오코스 5세 (Antiochus V Eupator, 기원전 163-162년)를 가리킨다.
391   1마카 6,39 참조.

겁에 질려 이 한 사람의 용기와 맞먹을 수 없다고 판단했습니다. 해가 뜨기만 하면 각각의 짐승들을 통해 마치 산처럼 무기를 번쩍이며 활활 타오르는 횃불처럼 빛을 내던 그들이었지만 리시아스의 아들인 안티오코스[390]는 십이만 군사와 산만큼 거대한 짐승인 코끼리 서른두 마리를 갖고서도 한 사람의 용기에 겁을 먹고서 화친을 청했습니다.[391] 엘아자르는 자기 용기의 유산으로 평화를 남겼습니다. 그러나 이것들은 승리의 위업이기도 합니다.

제41장 순교자들의 용기

200. 그러나 용기는 순경(順境)뿐 아니라 역경(逆境)에서도 검증되므로, 유다의 마카베오의 종말을 살펴보도록 합시다. 데메트리오스 임금의 장군인 니카노르를 무찌른 다음[392], 유다는 임금의 이만 대군에 맞서 더욱 담대해졌으며, 고작 구백 명의 군사로 전쟁에 뛰어들었습니다. 대군에 짓밟히지 않으려고 항복하기를 원하는 자들을 향해 그는 수치스레 도망치느니 영광스럽게 죽자며 이렇게 설득했습니다. "우리의 영광에 오점을 남기지 말자."[393] 이렇게 전투는 시작되었고, 새벽부터 저녁까지 계속되었습니다. 그는 적군의 주력 부대가 있는 오른쪽 날개를 공격하여 쉽게 물리쳤습니다. 그러나 도망치는 이들을 뒤쫓는 동안 뒤에서 공격당할 공간을 내어주고 말았습니다. 이렇게 그는 승리보다는 더 영광스러운 죽음의 자리를 찾았습니다.[394]

---

392 1마카 7,39-50 참조. 유다가 시리아 임금 데메트리오스 1세(Demetrius I Soter, 기원전 162-150년)의 장군 니카노르에게 승리를 거둔 것은 161년 3월이었다.
393 1마카 9,10 참조.

201. Quid Ionatham fratrem eius adtexam? Qui cum parua manu aduersus exercitus regios pugnans, desertus a suis et cum duobus tantum relictus reparauit bellum, auertit hostem, fugitantes suos ad societatem reuocauit triumphi.

202. Habes fortitudinem bellicam; in quo non mediocris honesti ac decori forma est quod mortem seruituti praeferat ac turpitudini. Quid autem de martyrum dicam passionibus? Et ne longius uagemur, num minorem de superbo rege Antiocho Machabaei pueri reuexerunt triumphum quam parentes proprii? Siquidem illi armati, isti sine armis uicerunt. Stetit inuicta septem puerorum cohors, regiis cincta legionibus: defecerunt supplicia, cesserunt tortores, non defecerunt martyres; alius corium capitis exutus speciem mutauerat, uirtutem auxerat; alius linguam iussus amputandam promere respondit: Non solum Dominus audit loquentes qui audiebat Moysen tacentem; plus audit tacitas cogitationes suorum quam uoces omnium. Linguae flagellum times, flagellum sanguinis non times? Habet et sanguis uocem suam qua clamat ad Deum sicut clamauit in Abel.

---

394 1마카 9,1-22 참조.
395 1마카 11,67-74 참조.
396 안티오코스 4세(Antiochus IV Epiphanes, 기원전 175-163년)를 가리킨다.
397 2마카 7,1-42 참조.
398 탈출 14,14 참조.

201. 그의 형제 요나탄에 관해서는 무슨 말을 덧붙일까요? 그는 작은 병력으로 임금의 군대에 맞서 싸우면서, 자기 부하들에게 버림받고 두 사람만 남았을 때도 전쟁을 다시 준비하여 적을 몰아냈고, 승리를 함께 나누도록 도망친 자기 부하들을 다시 불러 모았습니다.[395]

202. 이것이 전쟁에서의 용기입니다. 여기에서는 올바름과 적절함의 평범하지 않은 형태가 있습니다. 종살이와 불명예보다 죽음을 택하기 때문입니다. 그러나 순교자들의 수난에 관해서는 내가 어떻게 말할까요? 논제에서 너무 멀리 벗어나지 않기 위해 묻거니와, 마카베오의 아이들이 교만한 안티오코스[396] 임금에게 거둔 승리가 그들 조상의 승리보다 더 작습니까? 그들 조상은 무장했지만, 아이들은 무기도 없이 이겼습니다. 일곱 아이의 무리는 임금의 군사들에게 둘러싸여 굴하지 않고 서 있었습니다.[397] 온갖 처벌이 실패했고, 고문자들은 포기했지만, 순교자들은 실패하지 않았습니다. 한 명은 머리 가죽이 벗겨져 모습이 바뀌었지만 용기를 키웠습니다. 혀를 자르라는 처벌 명령을 받은 다른 하나는 이렇게 대답했습니다. "주님께서는 말하는 이들의 기도만 들으시는 것이 아니라, 침묵하는 모세의 기도도 들으십니다.[398] 그분은 다른 모든 이의 목소리보다 당신 백성의 말 없는 생각들을 들어주십니다. 당신은 혀의 재앙을 두려워하면서[399], 왜 피의 재앙은 두려워하지 않습니까? 아벨 안에서 부르짖었던 것처럼, 피도 제 목소리를 갖고 있어서 그 소리로 하느님께 울부짖습니다."[400]

---

399 욥 5,21 참조.
400 창세 4,10 참조.

203. Quid de matre loquar quae spectabat laeta filiorum quot funera tot tropaea et morientium uocibus tamquam psallentium cantibus delectabatur, pulcherrimam uentris sui citharam in filiis cernens et pietatis harmoniam omni lyrae numero dulciorem?

204. Quid de bimulis loquar qui ante palmam uictoriae acceperunt quam sensum naturae? Quid de sancta Agne quae in duarum maximarum rerum posita periculo, castitatis et salutis, castitatem protexit, salutem cum immortalitate commutauit?

205. Non praetereamus etiam sanctum Laurentium qui cum uideret Xistum episcopum suum ad martyrium duci, flere coepit non passionem illius sed suam remansionem. Itaque his uerbis appellare coepit: "Quo progrederis sine filio, pater? Quo, sacerdos sancte, sine diacono properas tuo? Numquam sacrificium sine ministro offerre consueueras. Quid in me ergo displicuit, pater? Num degenerem probasti? Experire certe utrum idoneum ministrum elegeris.

---

401 2마카 7,20-23 참조.

402 동방 박사들이 아기 예수를 경배한 뒤 다른 길로 돌아가자, 헤로데 임금이 베들레헴과 그 일대에 사는 두 살 이하의 사내아이들을 모조리 죽인 '무죄한 어린이들의 순교'를 가리킨다. 마태 2,16-17 참조.

403 동정 순교자 성 아그네스(Agnes)는 4세기경 12살에 로마에서 순교했고, 성 베드로, 성 바오로, 성 라우렌티우스와 함께 로마의 수호성인으로 사랑받고 있다. 암브로시우스, 『동정녀』 1,5-9 참조.

404 암브로시우스, 『동정녀』 머리말 참조.

203. 그 어머니에 관해서는 무슨 말을 할까요? 그 어머니는 아들들의 주검을 마치 승전 상패인 양 기꺼이 바라보았고, 죽어가는 이들의 목소리를 거문고 가락의 노래처럼 기뻐했으며, 자기 태중의 가장 아름다운 기타 소리와 온갖 수금보다 더 달콤한 신심의 화음을 아들들 안에서 알아듣지 않았습니까?[401]

204. 자연 인지 능력을 얻기도 전에 승리의 종려가지를 받은 두 살배기 아기들[402]에 관해서는 제가 무슨 말을 하겠습니까? 거룩한 아그네스[403]는 어떠합니까? 그는 가장 소중한 두 가지인 정결과 목숨을 잃을 위험에 놓였을 때, 정결을 지키고 목숨을 불사불멸과 맞바꾸지 않았습니까?[404]

205. 거룩한 라우렌티우스[405]도 잊지 맙시다. 그는 자기 주교 식스투스[406]가 순교하러 끌려가는 것을 보고는 울기 시작했습니다. 그[주교]의 수난 때문이 아니라 자신만 남는 것 때문에 울었습니다. 그래서 그는 이런 말로 간청하기 시작했습니다. "아버지, 아들 없이 어디로 가십니까? 거룩한 사제(sacerdos)여, 당신의 부제(diaconus) 없이 어디로 서둘러 가십니까? 당신은 한 번도 봉사자(minister)[407] 없이 희생 제사를 바치지 않으셨습니다. 아버지, 제가 당신을 언짢게 해드린 것이 무엇입니까? 당신은 저를 부당하다고 하신 적이 없지 않습니까? 당신이 합당한 봉사자를 뽑으셨는지 분명히 살

---

405 258년 발레리아누스 황제 박해 때 순교한 라우렌티우스(Laurentius, †258년)에 관해서는 암브로시우스, 『편지』 36-37; 『성직자의 의무』 2,28,140 참조.
406 로마의 주교 식스투스(Sixtus, 257-258년 재위)는 258년 8월 6일 발레리아누스 황제 박해 때 부제 네 명과 함께 로마 공동묘지에서 순교했다. 키프리아누스, 『편지』 80,1.4 참조.
407 라우렌티우스는 부제(副祭, diaconus) 신분이었기에 여기서는 minister를 봉사자라고 옮겼다. 『성직자의 의무』 1,20,86; 1,50,247; 2,24,121; 2,27,134; 3,9,58 참조.

Cui commisisti dominici sanguinis consecrationem, cui consummandorum consortium sacramentorum, huic sanguinis tui consortium negas? Vide ne periclitetur iudicium tuum dum fortitudo laudatur. Abiectio discipuli detrimentum est magisterii. Quid quod illustres, et praestantes uiri discipulorum certaminibus quam suis uincunt? Denique Abraham filium obtulit, Petrus Stephanum praemisit. Et tu, pater, ostende in filio uirtutem tuam, offer quem erudisti ut securus iudicii tui comitatu nobili peruenias ad coronam."

206. Tunc Xistus ait: "Non ego, fili, te relinquo ac desero sed maiora tibi debentur certamina. Nos quasi senes leuioris pugnae cursum recipimus, te quasi iuuenem manet gloriosior de tyranno triumphus. Mox uenies, flere desiste, post triduum me sequeris: sacerdotem et leuitam hic medius numerus decet. Non erat tuum sub magistro uincere, quasi adiutorem quaereres. Quid consortium passionis meae expetis? Totam tibi hereditatem eius dimitto. Quid praesentiam meam requiris? Infirmi discipuli magistrum praecedant, fortes sequantur ut uincant sine magistro qui iam non indigent magisterio. Sic et Elias Eliseum reliquit. Tibi ergo mando nostrae uirtutis successionem."

---

408 성체와 성혈의 축성 행위가 아니라, 축성된 주님의 몸과 피를 가리킨다.
409 식스투스는 258년 8월 6일에, 라우렌티우스는 8월 10일에 순교했다. 여기서 '사흘'은 예수
　　　그리스도의 부활을 상징하는 성서적 의미일 수도 있고, 주교-사제-부제의 세 단계 교계제도
　　　를 상징한다고 해석하기도 한다. I.J. Davidson, *De officiis*, vol 2, 636 참조.

펴보십시오. 당신은 저에게 주님 피의 축성[408]을 맡기셨고, 성사 집전에 참여하게 해주셨는데, 이제 당신 피에 동참하는 것을 거절하시는 겁니까? 당신의 용기가 칭송을 받는 동안 당신의 판단력이 위태로워지지 않도록 살피십시오. 제자를 뿌리치는 것은 스승의 손실입니다. 그 유명하고 훌륭한 사람들은 자신들의 시합이 아니라 제자들의 시합에서 승리를 거두지 않았습니까? 아브라함은 아들을 바쳤고, 베드로는 스테파노를 먼저 보냈습니다. 아버지, 당신도 아들 안에서 당신의 용기를 드러내십시오. 당신이 가르치신 그 아들을 바치십시오. 그리하면 당신의 판단을 확신하시면서 당신의 탁월한 호위병과 함께 [순교의] 화관에 다다르게 되실 것입니다."

206. 그러자 식스투스는 이렇게 말했습니다. "아들아, 나는 너를 남겨두거나 저버리는 것이 아니며, 너에게는 더 큰 시합이 마련되어 있다. 우리 같은 늙은이들은 더 가벼운 싸움을 맞았지만, 너 같은 젊은이에게는 폭군에게 거둘 더 영광스러운 승리가 남아 있다. 머잖아 너도 올 터이니, 울음을 멈추어라, 사흘 뒤면[409] 너도 나를 따라올 것이다. 사제와 레위에게는 이 정도 날수의 간격이 적절하다. 네가 조력자라도 필요한 듯이 스승 아래에서 승리를 거두는 것은 합당치 않다. 너는 왜 나의 수난에 동참하고 싶어 하느냐? 나는 그 모든 유산을 너에게 고스란히 물려준다. 왜 너는 내가 있기를 바라느냐? 약한 제자들은 스승을 앞서가고, 강한 제자들은 뒤따르는 법이다. 그래야 더는 가르침이 아쉽지 않은 그들이 스승 없이도 이길 수 있기 때문이다. 그래서 엘리야는 엘리사를 남겨두었다. 그러므로 나는 우리 용기의 상속을 너에게 맡긴다."

207. Talis erat contentio digna sane de qua certarent sacerdos et minister quis prior pateretur pro Christi nomine. In fabulis ferunt tragicis excitatos theatri magnos esse plausus cum se Pylades Orestem diceret, Orestes, ut erat, Orestem se esse adseueraret: ille ut pro Oreste necaretur, Orestes ne Pyladem pro se pateretur necari. Sed illis non licebat uiuere quod uterque esset parricidii reus: alter qui fecisset, alter qui adiuuisset. Hic Laurentium sanctum adhuc nullus urgebat nisi amor deuotionis; tamen et ipse post triduum cum, illuso tyranno, impositus super craticulam exureretur: "Assum est, inquit, uersa et manduca." Ita uirtute animi uincebat ignis naturam.

42

208. Cauendum etiam reor ne dum aliqui nimia gloriae ducuntur cupiditate, insolentius abutantur potestatibus et plerumque auersos a nobis animos gentilium in studia persecutionis excitent atque inflamment ad iracundiam. Itaque ut illi perseuerare possint et supplicia uincere, quantos perire faciunt?

---

410   키케로, 『우정론』 24; 『최고선악론』 2,79; 5,63 참조.
411   테르툴리아누스, 『인내』 13,6; 『아내에게』 1,3,4; 키프리아누스, 『편지』 5; 7,1 참조.

207. 사제와 봉사자가 벌인 논쟁은 이러했으니, 그들의 경쟁은 분명 합당한 대의가 있었습니다. 그들은 누가 그리스도의 이름을 위해 먼저 고난을 겪을 것인지 다투었기 때문입니다. 비극 공연에서, 필라데스가 자신이 오레스테스라고 말하고, 오레스테스는 실제로 그러했듯이 오레스테스가 자신이라고 주장하는 장면에서 극장의 관객들이 크게 손뼉을 친다고 합니다. 필라데스는 오레스테스 대신 자신이 처형되려 하고, 오레스테스는 필라데스가 자기 대신 죽임 당하는 것을 막으려 합니다.[410] 그러나 살아남는 것은 그들에게 합당치 않았습니다. 둘 다 존속살인의 범죄자였으니, 하나는 행동으로 옮겼고, 다른 하나는 도왔기 때문입니다. 여기서 신심 깊은 사랑 말고는, 아무도 거룩한 라우렌티우스를 재촉하지 않았습니다. 그러나 그도 사흘 뒤에 폭군을 놀렸다는 죄로 석쇠에 올려져 불타면서 이렇게 말했습니다. "잘 구워졌으니 뒤집어 먹으시오." 이렇게 영혼의 용기는 불의 본성을 이겼습니다.

제42장 건방진 용기에 대한 경고

208. 주의할 점도 있습니다. 영광에 대한 욕망에 지나치게 끌려다니면서 권력자들에게 너무 오만불손하게 구는 사람들이 있습니다.[411] 그렇게 되면 많은 경우 우리에게 적대적인 이교도들의 마음에 박해에 대한 광기를 불러일으키고 분노에 불을 지르게 됩니다. 이처럼 자신들이 꿋꿋하게 버티고 고문을 이겨낼 수 있다는 것을 과시하려는 자들이 얼마나 많은 이들을 파멸시킵니까?

209. Prospiciendum etiam ne adulantibus aperiamus aurem: emolliri enim adulatione non solum fortitudinis non esse sed etiam ignauiae uidetur.

43

210. Quoniam de tribus uirtutibus diximus, restat ut de quarta uirtute dicamus quae temperantia ac modestia uocatur; in qua maxime tranquillitas animi, studium mansuetudinis, moderationis gratia, honesti cura, decoris consideratio spectatur et quaeritur.

211. Ordo igitur quidam uitae nobis tenendus est ut a uerecundia prima quaedam fundamenta ducantur, quae socia ac familiaris est mentis placiditati, proteruiae fugitans, ab omni aliena luxu, sobrietatem diligit, honestatem fouet, decorum illud requirit.

212. Sequatur conuersationis electio ut adiungamur probatissimis quibusque senioribus. Namque ut aequalium usus dulcior ita senum tutior est, qui magisterio quodam et ductu uitae colorat mores adulescentium et uelut murice probitatis inficit. Namque si hi qui sunt ignari locorum, cum sollertibus uiarum iter adoriri gestiunt, quanto magis adulescentes cum senibus debent nouum sibi iter uitae adgredi quo minus errare possint et a uero tramite uirtutis deflectere? Nihil enim pulchrius quam eosdem et magistros uitae et testes habere.

---

412 키케로, 『의무론』 1,27,93 참조.
413 『성직자의 의무』 1,18,67 참조.

209. 우리는 또한 아첨꾼들에게 귀를 열지 않도록 조심해야 합니다. 아첨에 넘어가는 것은 용기가 없을 뿐 아니라 비겁하게 보입니다.

제43장 절제에 관하여

210. 세 가지 덕에 관하여 이야기했으니, 네 번째 덕에 관하여 이야기할 것이 남았습니다. 그것은 절제(temperantia)와 절도(modestia)라고 불립니다. 여기서 찾고 추구하는 것은 무엇보다도 영혼의 평정, 온유함에 대한 열성, 절도의 은총, 올바름에 대한 관심, 적절함에 대한 성찰입니다.[412]

211. 그러므로 우리는 삶의 일정한 질서를 유지해야 하는데, 무엇보다 염치로써 어떤 토대를 놓게 됩니다.[413] 염치는 차분해진 정신의 동료이자 가족으로서, 뻔뻔함을 피하고, 모든 사치를 멀리하고, 맑은 정신을 사랑하며, 올바른 것을 소중히 여기고, 적절한 것을 추구합니다.

212. 다음으로는 인간관계의 선택 문제인데, 우리는 매우 존경받는 노인들에게 다가가 봅시다.[414] 또래 사람들과 교제하는 것이 더 달콤하듯, 노인들과 교제하는 것은 더 안전합니다. 그들은 인생에 대한 가르침과 인도로 젊은이들의 품행을 채색하고, 정직함의 보랏빛으로 물들입니다. 지리를 모르는 사람이 길을 잘 아는 사람들과 함께 여행한다면, 젊은이들이 인생의 새로운 여정에 나설 때 얼마나 더 많이 노인들과 동행해야 하겠습니까? 길을 잃지 않고 덕의 참된 길에서 벗어나지 않기 위해서 말입니다. 노인들

---

414 키케로, 『의무론』 1,34,122 참조.

213. Quaerendum etiam in omni actu quid personis, temporibus conueniat atque aetatibus, quid etiam singulorum ingeniis sit accommodum. Saepe enim quod alterum decet, alterum non decet. Aliud iuueni aptum, aliud seni; aliud in periculis, aliud in rebus secundis.

214. Saltauit ante arcam Domini Dauid, non saltauit Samuel; nec ille reprehensus sed magis iste laudatus. Mutauit uultum contra regem cui nomen Achis; at hoc si remota fecisset formidine quo minus cognosceretur, nequaquam leuitatis reprehensione carere potuisset. Saul quoque uallatus choro prophetarum, etiam ipse prophetauit; et de solo quasi indigno memoratum est: "Et Saul inter prophetas?"

44

215. Vnusquisque igitur suum ingenium nouerit et ad id se applicet quod sibi aptum elegerit. Itaque prius quid sequatur, consideret: Nouerit bona sua sed etiam uitia cognoscat aequalemque se iudicem sui praebeat ut bonis intendat,

---

415   1사무 21,10-15 참조.

을 그대 인생의 스승과 증인으로 모시는 것보다 더 아름다운 것은 아무것도 없습니다.

213. 모든 행동에서 인물과 때와 나이에 어울리는 것이 무엇이며, 저마다의 재능에 적합한 것이 무엇인지도 찾아내야 합니다. 어떤 사람에게 적합한 것이 다른 이에게는 적합하지 않은 경우가 자주 있습니다. 어떤 것은 젊은이에게는 알맞고, 또 어떤 것은 노인에게 알맞습니다. 어떤 것은 위험할 때에, 또 어떤 것은 상황이 좋을 때 알맞기도 합니다.

214. 다윗은 주님의 궤 앞에서 춤을 추었고, 사무엘은 춤추지 않았습니다. 다윗은 비난받지 않았지만, 오히려 사무엘이 칭송받았습니다. 다윗은 아키스라는 이름을 지닌 임금에 맞서 얼굴을 바꾸었지만[415], 만약 그가 신분이 발각될 염려와 동떨어진 상황에서 이렇게 했더라면 어떤 식으로도 방정맞다는 비난을 피할 수 없었을 것입니다. 사울도 예언자들 무리에 둘러싸여 있었기에 그 역시 예언을 했습니다. 그러자 사람들은 사울만이 부적절한 인물이라는 듯이 이렇게 말했습니다. "사울도 예언자들 가운데 하나인가?"[416]

제44장 성직자의 절제된 삶

215. 사람은 저마다 자기 재능을 알아야 하고, 거기에 자신을 적응시키고, 자신에게 알맞은 것을 선택해야 합니다. 먼저 어떤 결과가 따라올지 생각해야 합니다. 자신의 선도 알아야 하지만 악습도 알아야 하며, 선에서 진보

---

416 1사무 19,18-24 참조.

uitia declinet.

216. Alius distinguendae lectioni aptior, alius psalmo gratior, alius exorcizandis qui malo laborant spiritu sollicitior, alius sacrario opportunior habetur. Haec omnia spectet sacerdos et quid cuique congruat, id officii deputet. Quod etenim unumquemque suum ducit ingenium aut quod officium decet, id maiore impletur gratia.

217. Sed id cum in omni uita difficile, tum in nostro actu difficillimum est. Amat enim unusquisque sequi uitam parentum. Denique plerique ad militiam feruntur quorum militauerunt parentes, alii ad actiones diuersas.

218. In ecclesiastico uero officio nihil rarius inuenias quam eum qui sequatur institutum patris uel quia grauis deterret actus uel quia in lubrica aetate difficilior abstinentia uel quia alacri adulescentiae uidetur uita obscurior; et ideo ad ea conuertuntur studia quae plausibiliora arbitrantur. Praesentia quippe plures quam futura praeferunt. Illi autem praesentibus, nos futuris militamus.

---

417 『성직자의 의무』 2,27,135 참조.
418 암브로시우스 시대에는 자녀를 둔 기혼자에게도 서품을 허용했던 것 같다. 『성직자의 의무』
 1,50,248-249; I.J. Davidson, *De officiis*, vol 2, 644 참조.

하고 악습을 피하기 위해서는 자신에 대한 공정한 심판관의 모습을 보여 주어야 합니다.

216. 어떤 사람은 또박또박 읽는 데 더 알맞고, 또 어떤 사람은 시편 낭송에 더 매력적입니다. 어떤 사람은 악령으로 고생하는 사람들에게 구마 예식을 행하는 데 더 정성을 들이고, 또 어떤 사람은 제의실에 더 적절합니다. 주교는 이 모든 것을 고려하여 각자에게 어울리는 직무를 맡겨야 합니다.[417] 사실, 개인의 고유한 재능을 이끌어내는 직무나 자기에게 어울리는 직무는 더 큰 은총으로 수행됩니다.

217. 그러나 이것은 모든 인생살이에서도 지키기 어렵지만, 우리 활동에서는 가장 어렵습니다. 우리는 저마다 부모의 삶을 따르기를 좋아하기 때문입니다. 그래서 아버지들이 군대에서 복무한 사람들은 대체로 군 생활을 하러 가고, 다른 이들도 다양한 활동에서 마찬가지입니다.

218. 그러나 교회 직무에서 아버지의 직업을 따르는 사람보다 드문 일은 찾을 수 없을 것입니다.[418] 부담스러운 활동이 걸림돌이 되기도 하고, 위태로운 나이에는 금욕(abstinentia)이 더 어렵기 때문이기도 하며[419], 유쾌한 젊은이들에게는 삶이 더 칙칙해 보이기도 합니다. 그래서 더 큰 박수를 받을 수 있으리라 여기는 것으로 열정을 돌려버립니다. 사람들은 대부분 미래보다 현재를 선호합니다. 그들은 현세에 복무하지만, 우리는 내세에 복무합니다. 동기(動機)가 더 훌륭할수록, 거기에 더 주의 깊은 관심을 쏟아야

---

419 『성직자의 의무』 1,50,248-249, 256-259 참조.

Vnde quo praestantior causa, eo debet esse cura adtentior.

45

219. Teneamus igitur uerecundiam et eam quae totius uitae ornatum adtollit, modestiam. Non enim mediocre est rebus singulis modum seruare atque impertire ordinem in quo uere praelucet illud quod decorum dicitur quod ita cum honesto iungitur ut separari non queat. Siquidem et quod decet honestum est, et quod honestum est decet ut magis in sermone distinctio sit quam in uirtute discretio. Differre enim ea inter se intellegi potest, explicari non potest.

220. Et ut conemur aliquid eruere distinctionis, honestas uelut bona ualetudo est et quaedam salubritas corporis, decus autem tamquam uenustas et pulchritudo. Sicut ergo pulchritudo supra salubritatem ac ualetudinem uidetur excellere et tamen sine his esse non potest neque ullo separari modo quoniam nisi bona ualetudo sit, pulchritudo esse ac uenustas non potest, sic honestas decorum illud in se continet ut ab ea profectum uideatur et sine ea esse non possit. Velut salubritas igitur totius operis actusque nostri honestas est et sicut species est decorum quod cum honestate confusum opinione distinguitur. Nam etsi in aliquo uideatur excellere, tamen in radice est honestatis sed flore praecipuo ut sine ea decidat, in ea floreat. Quid est enim honestas nisi quae turpitudinem quasi mortem fugiat? Quid uero inhonestum nisi quod ariditatem ac mortem

---

420 키케로, 「의무론」 1,27,93 참조.

하는 법입니다.

제45장 염치와 절제가 어우러진 삶

219. 삶 전체를 장식하는 염치와 절제를 지닙시다.[420] 모든 일에서 절도를 지키고 질서를 유지하여 그 안에서 어울림이라 일컬어지는 것이 참으로 빛나게 하는 것은 하찮은 일이 아닙니다. 이는 올바름과 연결되어 있어 갈라질 수 없습니다. 어울리는 것은 올바르고, 올바른 것은 어울리기 때문입니다. 말로 하는 구별은 덕에서 존재하는 차이보다 더 큽니다. 그들 간의 차이는 이해될 수 있으나 설명할 수는 없습니다.[421]

220. 우리가 굳이 구분하자면, 올바름이란 튼튼함과 육체의 건강 같은 것이지만, 어울림은 육체의 우아함과 아름다움입니다. 아름다움이 건강과 튼튼함보다 훌륭해 보이지만, 이들 없이는 존재할 수도 없고 어떤 식으로든 분리될 수도 없습니다. 건강이 좋지 않으면 아름다움과 우아함이 있을 수 없듯이, 올바름은 어울리는 것을 그 안에 품고 있습니다. 하나는 다른 하나에서 비롯한 것 같고, 그것 없이는 존재할 수 없습니다. 올바름은 우리의 모든 일과 활동에서 건강과 같고, 어울림은 미모(美貌)와 같습니다. 올바른 것과 뒤섞여 있는 어울림은 개념적으로는 구별됩니다. 어떤 경우에 어울림이 더욱 훌륭해 보일지라도, 그 뿌리에는 올바름이 있습니다. 그러나 이 꽃은 유별나서 뿌리가 없으면 시들고 뿌리 안에서 꽃을 피웁니다. 올바름이란 죽음과 같은 추악함을 피하는 것이 아니고 무엇이겠습니까? 비열함(inhonestum)

---

421 키케로, 『의무론』 1,27,94-95; 『성직자의 의무』 2,6,22 참조.

adferat? Virente igitur substantia uirtutis, decorum illud tamquam flos emicat quia radix salua est, at uero propositi nostri radice uitiosa, nihil germinat.

221. Habes hoc in nostris aliquanto expressius. Dicit enim Dauid: "Dominus regnauit, decorem induit." Et apostolus ait: "Sicut in die honeste ambulate", quod graece dicunt εὐσχήμως, hoc autem proprie significat: bono habitu, bona specie. Deus ergo primum hominem cum conderet, bona habitudine, bona membrorum compositione formauit et optimam ei speciem dedit, remissionem non dederat peccatorum; sed posteaquam renouauit eum spiritu et infudit ei gratiam qui uenerat in serui forma et in hominis specie, adsumpsit decorem redemptionis humanae. Et ideo dixit propheta: "Dominus regnauit, decorem induit." Deinde alibi dicit: "Te decet hymnus, Deus, in Sion", hoc est dicere: Honestum est ut te timeamus, te diligamus, te precemur, te honorificemus; scriptum est enim: "Omnia uestra honeste fiant." Sed possumus et hominem timere, diligere, rogare, honorare; hymnus specialiter Deo dicitur: hoc tamquam excellentius ceteris credere est decorum, quod deferimus Deo. Mulierem quoque "in habitu ornato" orare conuenit sed specialiter eam decet orare uelatam et orare promittentem castitatem cum bona conuersatione.

---

422   시편 92,1 참조.
423   로마 13,13 참조.
424   로마 5,12-21 참조.
425   키케로, 『의무론』 1,28,98 참조.
426   시편 64,2 참조.
427   1코린 14,40 참조.

이란 불모와 죽음을 가져오는 것이 아니고 무엇이겠습니까? 덕의 본질이 푸르다면, 어울림은 꽃처럼 피어납니다. 그 뿌리가 건강하기 때문입니다. 그러나 우리 의지의 뿌리가 썩어 있다면 아무것도 싹트지 않습니다.

221. 이런 것은 우리 성경에 더욱 분명히 표현되어 있습니다. 다윗은 "주님께서 다스리셨고, 어울림을 차려입으셨다."[422]고 합니다. 사도[바오로]는 "대낮처럼 올바르게 걸어가십시오."[423]라고 말합니다. 그리스어로 에우스케모스(εὐσχήμως)라는 말은 글자 그대로 좋은 자세로, 좋은 모습으로라는 뜻입니다. 그래서 하느님께서는 첫 인간[424]을 창조하실 때 좋은 체격과 짜임새 좋은 지체를 빚어내셨고, 준수한 외모를 주셨습니다.[425] 그분은 그에게 죄 사함은 주지 않으셨으나, 나중에 종의 형상과 인간의 모습으로 오시어 인간 구원에 '어울리는 것'(decorum)을 받아들이신 분께서 영으로 그를 새롭게 하셨고 그에게 은총을 부어주셨습니다. 그래서 예언자는 "주님께서 다스리셨고, 어울림을 차려입으셨다."고 말한 것입니다. 다른 곳에서는 이렇게 말합니다. "하느님, 시온에서 찬미가 당신께 어울립니다."[426] 이 말은, 우리가 당신을 두려워하고 당신을 사랑하고 당신께 기도하고 당신을 공경하는 것이 올바르다는 뜻입니다. "여러분의 모든 일이 올바르게 이루어져야 합니다."[427]라고 적혀 있기 때문입니다. 우리는 사람을 두려워하고 사랑하며 사람에게 간청하고 사람을 존경할 수 있습니다. 그러나 찬미는 특별히 하느님께 바칩니다. 우리가 하느님께 바치는 이 찬미는 다른 것들보다 훨씬 더 훌륭하게 어울린다고 여길 만합니다. 여자가 "단정한 옷차림으로"[428] 기도하는 것은 어울리는 일이지만, 너울을 쓰고[429] 선한 품행으

---

428 1티모 2,9-10 참조.

46

222. Est igitur decorum quod praeeminet, cuius diuisio gemina est. Nam est decorum quasi generale quod per uniuersitatem funditur honestatis et quasi in toto spectatur corpore; est etiam speciale quod in parte aliqua enitet. Illud generale ita est ac si aequabilem formam atque uniuersitatem honestatis in omni actu suo habeat concinentem, cum omnis sibi eius uita consentit nec in ullo aliqua re discrepat; hoc speciale cum aliquem actum in suis habet uirtutibus praeeminentem.

223. Simul illud aduerte quod et decorum est secundum naturam uiuere, secundum naturam degere, et turpe est quod sit contra naturam. Ait enim apostolus quasi interrogans: "Decet mulierem non uelatam orare Deum? Nec ipsa natura docet uos quod uir quidem si comam habeat, ignominia est illi?" — quoniam contra naturam est. Et iterum dicit: "Mulier uero si capillos habeat, gloria est illi" — est enim secundum naturam — "quoniam quidem capilli pro uelamine sunt" — hoc est enim naturale uelamen. Personam igitur et speciem

---

429 1코린 11,5-6 참조.
430 키케로, 『의무론』 1,27,96 참조.
431 스토아학파의 근본 원리이다. 키케로, 『의무론』 1,27,96 참조.
432 암브로시우스는 올바름(honestum)과 어울림(decorum)의 반대 개념으로 추악함(turpe)을 내세운다. 『성직자의 의무』 1,45,220 참조.

로 순결을 약속하며 기도하는 것은 특히 어울리는 일입니다.

제46장 자연을 따르는 어울림과 자연을 거스르는 추악함

222. 그러므로 어울림이란 빼어난 것입니다. 이는 두 가지로 나누어집니다. 이른바 보편적 어울림은 올바름의 모든 것에 두루 스며 있어 총체적으로 볼 수 있습니다. 특별한 어울림은 어떤 부분에서 빛납니다.[430] 보편적 어울림은 자신의 모든 행동에서 한결같고 보편적인 올바름의 모습과 일관성을 지녀야 하고, 그 삶 전체가 자신과 조화되고 어떤 일에서도 어긋나지 않아야 합니다. 특별한 어울림은 자신의 덕행에서 어떤 빼어난 행위가 동반되어야 합니다.

223. 동시에 이 점에도 주의를 기울이십시오. 어울림이란 자연에 따라 살아가고, 자연에 따라 지내는 것입니다.[431] 추악함[432]이란 자연을 거스르는 것입니다. 사도는 질문하듯 이렇게 말합니다. "여자가 너울을 쓰지 않고 하느님께 기도하는 것이 어울립니까? 남자가 긴 머리를 하고 다니면 자기에게 수치라는 것을 자연 자체가 여러분에게 가르쳐주지 않습니까?"[433]―자연을 거스르기 때문입니다. 다시 이렇게 말합니다. "여자는 긴 머리카락을 지니고 있으니 자기에게 영광이 됩니다."[434]―이것은 자연에 따른 것입니다.―"왜냐하면 머리카락은 너울을 대신하기 때문입니다."―이것은 자연의 너울입니다. 자연 자체가 우리에게 역할과 모습을 부여한다는 것입

---

433 1코린 11,13-14 참조.
434 1코린 11,15 참조.

nobis natura ipsa dispensat, quam seruare debemus, utinamque et innocentiam custodire possemus nec acceptam nostra malitia mutaret.

224. Habes hunc decorum generalem quia fecit Deus mundi istius pulchritudinem. Habes et per partes quia cum faceret Deus lucem, et diem noctemque distingueret, cum conderet caelum, cum terras et maria separaret, cum solem et lunam et stellas constitueret lucere super terram, probauit singula. Ergo decorum hoc quod in singulis mundi partibus elucebat, in uniuersitate resplenduit sicut probat Sapientia dicens: "Ego eram cui applaudebat... cum laetaretur orbe perfecto." Similiter ergo et in fabrica humani corporis, gratia est uniuscuiusque membri portio sed plus in commune compositio membrorum apta delectat quod ita sibi quadrare et conuenire uideantur.

47

225. Si quis igitur aequabilitatem uniuersae uitae et singularum actionum modos seruet, ordinem quoque et constantiam dictorum atque operum moderationemque custodiat, in eius uita decorum illud excellit et quasi in quodam speculo elucet.

니다. 우리가 순수함을 지키고, 우리가 받은 선물을 악행과 맞바꾸지 않을 수 있기를 빕니다.

224. 그대는 보편적 어울림을 지니고 있습니다. 하느님께서 이 세상의 아름다움을 만드셨기 때문입니다. 그대는 부분적으로도 어울림을 지니고 있습니다. 하느님께서는 빛을 만드시고, 낮과 밤을 구분하시고, 하늘을 만드시고, 땅과 바다를 분리하셨을 때, 해와 달과 별들을 자리 잡게 하시어 땅 위를 비추게 하셨을 때, 그 하나하나를 [좋다고] 인정하셨기 때문입니다. 세상의 각 부분에서 빛났던 이 어울림은 전체에서도 빛을 내고 있었으니, 지혜이신 분께서 이렇게 말씀하시면서 인정하신 바와 같습니다. "그분께서 완성된 세상으로 말미암아 기뻐하시며 … 손뼉을 쳐주신 대상이 바로 나였노라."[435] 마찬가지로 사람의 육체가 빚어질 때도 지체의 한 부분 한 부분이 저마다 기쁨이지만, 지체들의 알맞은 구성이 어우러져 훨씬 더 기쁘게 합니다. 자신에게 알맞고 어울리게 보이기 때문입니다.

제47장 욕구와 분노의 절제

225. 만일 어떤 이가 삶의 전반에서 한결같음을 지니고, 개별 활동에서도 절도를 지킬 뿐 아니라, 말과 행동의 질서와 일관성과 절제를 지킨다면, 어울림은 그의 삶에서 훌륭해지고 마치 거울에 비치듯 빛날 것입니다.[436]

---

435 잠언 8,30-31 (칠십인역) 참조.
436 키케로, 『의무론』 1,28,98 참조.

226. Accedat tamen suauis sermo ut conciliet sibi adfectum audientium gratumque se uel familiaribus uel ciuibus uel, si fieri potest, omnibus praebeat. Neque adulantem se neque adulandum cuiquam exhibeat, alterum enim calliditatis est, uanitatis alterum.

227. Non despiciat quid de se unusquisque et maxime uir optimus sentiat; hoc enim modo discit bonis deferre reuerentiam. Nam neglegere bonorum iudicia uel adrogantiae uel dissolutionis est, quorum alterum superbiae ascribitur, alterum neglegentiae.

228. Caueat etiam motus animi sui; ipse enim sibi et obseruandus et circumspiciendus est et ut aduersum se cauendus ita etiam de se tuendus. Sunt enim motus in quibus est appetitus ille qui quasi quodam prorumpit impetu, unde graece ὁρμή dicitur quod ui quadam serpente proripiat. Non mediocris in his uis quaedam animi atque naturae est; quae tamen uis gemina est, una in appetitu, altera in ratione posita quae appetitum refrenet et sibi oboedientem praestet et ducat quo uelit et tamquam sedulo magisterio edoceat quid fieri, quid euitari oporteat, ut bonae domitrici obtemperet.

---

437 공격, 공습이라는 뜻이다.
438 키케로, 『의무론』 1,28,100-101 참조.

226. 그럼에도 덧붙여야 할 것이 있으니, 상냥한 말로 듣는 사람들의 공감을 얻어내고, 가족이나 시민들이나 가능하다면 모든 이에게 기쁨을 주어야 합니다. 아첨하는 사람이나 아첨을 받아야 하는 사람으로 자신을 드러내서는 안 됩니다. 하나는 교활함의 표지이고, 다른 하나는 허영심의 표지입니다.

227. 다른 누군가가, 특히 훌륭한 사람이 자신에 관해 생각하는 바를 하찮게 보아서는 안 됩니다. 이런 방식으로 선한 사람들에게 존경을 표시하는 법을 배우기 때문입니다. 그대가 선한 이들의 판단을 무시하는 것은 오만이나 경솔함이 그 원인입니다. 하나는 교만의 탓이고, 다른 하나는 태만의 탓입니다.

228. 또한 자기 영혼의 움직임을 조심해야 합니다. 자신을 살피고 둘러보아야 합니다. 자신을 거슬러 조심해야 하듯, 자신에 관하여 관찰해야 합니다. 수많은 영혼의 움직임이 있는데, 그 가운데에는 마치 충동처럼 흘러나오는 욕구가 있습니다. 그리스어로는 호르메(ὁρμή)[437]라고 하는데, 스멀거리는 어떤 힘이 갑자기 솟구치기 때문입니다. 이 움직임 안에 있는 영혼과 자연의 어떤 힘은 하찮지 않습니다. 그러나 이런 힘은 양면을 지니고 있습니다. 하나는 욕구에, 다른 하나는 이성에 자리 잡고 있습니다. 이성은 욕구를 억누르고 자기에게 고분고분하게 만들어 자기가 원하는 데로 이끌어가고, 행해야 할 것과 피해야 할 것을 부지런한 가르침으로 교육함으로써, 마치 훌륭한 조련사에게 하듯 순응하게 만듭니다.[438]

229. Solliciti enim debemus esse ne quid temere aut incuriose geramus aut quidquam omnino cuius probabilem non possimus rationem reddere. Actus enim nostri causa etsi non omnibus redditur, tamen ab omnibus examinatur; nec uero habemus, in quo possimus nos excusare: nam etsi uis quaedam naturae in omni appetitu sit, tamen idem appetitus rationi subiectus est lege naturae ipsius et oboedit ei. Vnde boni speculatoris est ita praetendere animo ut appetitus neque praecurrat rationem neque deserat, ne praecurrendo perturbet atque excludat, eam deserendo destituat. Perturbatio tollit constantiam, destitutio prodit ignauiam, accusat pigritiam. Perturbata enim mente latius se ac longius fundit appetitus et tamquam efferato impetu frenos rationis non suscipit nec ulla sentit aurigae moderamina quibus possit reflecti. Vnde plerumque non solum animus exagitatur, amittitur ratio sed etiam inflammatur uultus uel iracundia uel libidine, pallescit timore, uoluptate se non capit et nimia gestit laetitia.

230. Haec cum fiunt, abicitur illa naturalis quaedam censura grauitasque morum nec teneri potest illa quae in rebus gerendis atque consiliis sola potest auctoritatem suam atque illud quod deceat tenere, constantia.

231. Grauior autem appetitus ex indignatione nimia nascitur quam acceptae plerumque accendit iniuriae dolor. De quo satis nos psalmi quem in praefatione posuimus, praecepta instruunt; Pulchre autem et hoc accidit ut scripturi De officiis, ea praefationis nostrae adsertione uteremur quae et ipsa ad officii

229. 우리는 경솔하게 행동하거나 그럴싸한 이유를 댈 수 없는 일들을 피하도록 조심해야 합니다. 우리 행동의 동기가 모든 이에게 이해되지는 않을지라도, 모든 이에게 평가는 받습니다. 사실, 우리는 변명할 구실이 없습니다. 모든 욕구에 어떤 자연의 힘이 있다 하더라도, 그 욕구는 이성에 종속되고, 자연법에 따라 욕구는 이성에 순종합니다. 영혼으로 깨어 있는 것은 좋은 파수꾼의 몫이며, 욕구가 이성을 앞서지도 이성을 저버리지도 않도록 해야 합니다. 욕구가 이성을 앞서가면서 어지럽히고 몰아내서도 안 되며, 욕구가 이성을 내팽개치고 버려둬서도 안 됩니다. 혼란은 한결같음을 없애고, 내버려 둠[放置]은 무관심을 드러내고 게으름을 탓합니다. 정신이 혼란스러워지면 욕구는 더 폭넓게 더 오래 터져 나오고, 마치 사나워진 충동처럼 이성의 고삐를 받아들이지 않게 되며, 자신을 통제해 줄 수 있는 운전자의 조종 장치를 전혀 느끼지 못하게 됩니다. 그리하여 많은 경우 영혼만 뒤흔들리고 이성만 상실되는 것이 아니라, 분노나 정욕으로 얼굴이 불타오르고, 두려움으로 창백해지며, 욕정으로 자기통제력을 잃고 지나친 쾌락에 휩쓸려 다닙니다.

230. 이런 일이 일어나면, 적절한 본성적 판단과 품행의 무게를 잃어버리게 되고, 해야 할 일과 계획에서 자신의 권위와 어울리는 것을 지닐 수 있게 해주는 유일한 덕인 한결같음(constantia)을 유지할 수 없게 됩니다.[439]

231. 그러나 더 심각한 욕구는 지나친 분노에서 태어나는데, 종종 자기가 겪은 불의의 고통이 분노에 불을 지릅니다. 이에 관해서는 우리가 머리말에

---

439 키케로, 『의무론』 1,34,125 참조.

magisterium pertineret.

232. Sed quia supra, ut oportebat, perstrinximus quemadmodum unusquisque cauere possit ne excitetur accepta iniuria, uerentes ne praefatio prolixior fieret, nunc de eo uberius disputandum arbitror. Locus enim opportunus est ut in partibus temperantiae dicamus quemadmodum reprimatur iracundia.

48

233. Tria itaque genera esse hominum iniuriam accipientium in Scripturis diuinis demonstrare uolumus si possumus. Vnum est eorum quibus peccator insultat, conuiciatur, inequitat. Iis quia deest iustitia, pudor crescit, augetur dolor. Horum similes plurimi de eo ordine, de meo numero. Nam mihi infirmo si quis iniuriam faciat, forsitan, licet infirmus, donem iniuriam meam; si crimen obiciat, non sum tantus ut sim contentus conscientia mea etiamsi me eius obiecti alienum nouerim, sed cupio abluere ingenui pudoris notam tamquam infirmus. Ergo "oculum pro oculo et dentem pro dente" exigo et conuicium conuicio rependo.

---

440 『성직자의 의무』 1,2,5-1,6,22 모욕에도 동요하지 않는 침묵의 덕 참조.

서 인용한 시편의 계명이 우리를 충분히 가르쳐주었습니다.[440] 실제로, 우리가 『의무론』[441]을 쓰기 시작하면서 우리 머리말의 주제로 이것을 사용한 것도 멋진 일입니다. 그것 자체가 의무에 대한 가르침에 속하기 때문입니다.

232. 그러나 앞에서는 자기가 겪은 불의에 발끈하지 않도록 저마다 어떻게 조심할 수 있는가에 관해서만 간단히 이야기했습니다. 필요한 논의였지만, 머리말이 너무 장황해질까 염려했기 때문입니다. 이제 이 문제에 관해 더욱 깊이 논의해야 한다고 생각합니다. 절제의 다양한 부분들에 관해 이야기하기에 적절했듯이, 분노를 어떻게 억누를 수 있는지 논의하기에도 적절한 자리입니다.

제48장 앙심을 품지 않고 감사하며 기뻐하는 삶

233. 성경에는 불의를 겪은 세 유형의 사람이 있음을 우리가 할 수 있는 한 보여드리고 싶습니다. 한 유형은, 죄인이 퍼붓는 모욕과 비난과 굴욕을 겪는 사람들의 경우입니다. 이런 사람들에게는 정의가 결핍된 까닭에 수치심이 커지고 고통이 늘어납니다. 많은 이들이 이와 비슷한 단계에 속하고, 나도 그들 가운데 하나입니다. 누군가 나약한 나에게 불의를 행한다면 나는 비록 나약하지만 내가 받은 불의를 용서하렵니다. 그러나 나를 고소해 온다면 나는 내 양심으로만 만족할 만큼 그리 대단하지 않습니다. 내가 그의 비난과 아무 상관이 없다는 것을 알고 있기는 하지만 말입니다. 나는 비록 나약하지만, 자유인의 명예에 생긴 흠집을 지우고 싶습니다. 그래서

---

441 『성직자의 의무』를 일컫는다.

234. Si uero is sum qui proficiam etsi nondum perfectus, non retorqueo contumeliam; et si influat ille conuicium et inundet aures meas contumeliis, ego taceo, et nihil respondeo.

235. Si uero perfectus sim — uerbi gratia loquor, nam ueritate infirmus sum — si ergo perfectus sim, benedico maledicentem sicut benedicebat et Paulus qui ait: "Maledicimur et benedicimus." Audierat enim dicentem: "Diligite inimicos uestros, orate pro calumniantibus et persequentibus uos." Ideo ergo Paulus persecutionem patiebatur et sustinebat quia uincebat et mitigabat humanum adfectum propositae mercedis gratia ut filius Dei fieret si dilexisset inimicum.

236. Tamen et sanctum Dauid in hoc quoque genere uirtutis imparem Paulo non fuisse edocere possumus. Qui primo quidem cum malediceret ei filius Semei et crimina obiceret, tacebat et humiliabatur et silebat a bonis suis, hoc est bonorum operum conscientia; deinde expetebat maledici sibi quia maledicto illo diuinam acquirebat misericordiam.

---

442 탈출 21,24; 신명 19,21 참조.
443 1코린 4,12 참조.
444 마태 5,44 참조.

나는 "눈에는 눈, 이에는 이"[442]를 요구하고, 비난에는 비난으로 되갚습니다.

234. 그러나 내가 완전하지는 않을지라도 진보하고 있는 사람이라면, 모욕을 되돌려주지 않습니다. 그리고 그 비난이 물밀 듯 밀려와 모욕으로 내 귀를 잠기게 할지라도, 나는 침묵하고 아무런 대답도 하지 않습니다.

235. 그러나 내가 완전하다면,—내가 예를 들어 하는 말일 뿐, 진실로 나는 나약합니다.—만일 내가 완전하다면 나는 저주하는 사람에게 축복합니다. 이렇게 말하는 바오로도 축복한 것처럼 말입니다. "우리는 저주를 받으면 축복해 줍니다."[443] 그는 이렇게 말씀하시는 분의 가르침을 들었던 것입니다. "너희는 너희 원수를 사랑하여라. 그리고 너희를 모욕하고 박해하는 자들을 위하여 기도하여라."[444] 그래서 바오로는 박해를 참고 견뎌냈습니다. 그는 앞에 놓인 상급 덕분에 인간적 감정을 이겨내고 누그러뜨렸습니다. 그 상급이란 원수를 사랑하면 하느님의 자녀가 되리라는 것이었습니다.[445]

236. 거룩한 다윗은 이 점에서도 덕으로 바오로에 버금가지 않았음을 알려 드릴 수 있습니다. 우선, 시므이의 아들이 그를 저주하고 고소했을 때, 그는 침묵했고 자신을 낮추었으며, 자신의 선행에 관하여, 곧 선행에 대한 양심의 증언들에 관하여 함구했습니다. 그는 그 저주로써 하느님의 자비를 얻어 누리고 있었기 때문에 저주받기를 바라기까지 했습니다.[446]

---

445 마태 5,45; 루카 6,35 참조.
446 2사무 16,12 참조.

237. Vide autem quomodo et humilitatem et iustitiam et prudentiam emerendae a Domino gratiae reseruauerit. Primo dixit: "Ideo maledicit mihi quia Dominus dixit illi ut maledicat." Habes humilitatem quia ea quae diuinitus imperantur, aequanimiter quasi seruulus ferenda arbitrabatur. Iterum dixit: "Ecce filius meus qui exiuit de uentre meo, quaerit animam meam." Habes iustitiam: si enim a nostris grauiora patimur, cur indigne ferimus quae inferuntur ab alienis? Tertio ait: "Dimitte illum ut maledicat, quoniam dixit illi Dominus ut uideat humiliationem meam, et retribuet mihi Dominus pro maledicto hoc." Nec solum conuiciantem pertulit sed etiam lapidantem et sequentem illaesum reliquit; quin etiam post uictoriam petenti ueniam libenter ignouit.

238. Quod ideo inserui ut Euangelico spiritu sanctum Dauid non solum inoffensum sed etiam gratum fuisse conuicianti docerem et delectatum potius quam exasperatum iniuriis pro quibus mercedem sibi reddendam arbitrabatur. Sed tamen quamuis perfectus, adhuc perfectiora quaerebat. Incalescebat iniuriae dolore quas homo sed uincebat quasi bonus miles; tolerabat quasi

---

447 2사무 16,10 참조.
448 2사무 16,11 참조.
449 2사무 16,11-12 참조.
450 2사무 16,13 참조.
451 2사무 19,16-24 참조.

237. 그가 주님으로부터 은총을 누리기 위해서 어떻게 겸손과 정의와 예지를 보존했는지 보십시오. 우선 그는 이렇게 말했습니다. "주님께서 저주하라고 그에게 말씀하셨기 때문에 그는 나를 저주합니다."[447] 그대는 [다윗의] 겸손을 알고 있으니, 그는 거룩하신 분께서 명령하시는 것은 종처럼 순순히 실천해야 한다고 여기고 있었습니다. 다윗은 다시 이렇게 말했습니다. "보라, 내 배에서 나온 내 자식이 내 목숨을 노린다."[448] 그대는 정의를 지니고 있으니, 우리가 우리의 혈육에게서 더 심한 것들도 견디어낸다면, 낯선 이들에게서 모욕을 받는다 한들 격분하며 반격할 이유가 있겠습니까? 셋째로, 그는 이렇게 말했습니다. "주님께서 그에게 말씀하셨기 때문이니 그가 저주하게 내버려 두시오. 주님께서 나의 굴욕을 보시고, 이 저주 대신 나에게 되갚아주실 것입니다."[449] 다윗은 헐뜯는 말을 견뎠을 뿐 아니라, 돌을 던지며 뒤쫓아 온 자를 다치지 않게 내버려 두었습니다.[450] 또한 승리한 뒤에는 용서를 청하는 자에게 기꺼이 용서를 베풀어주었습니다.[451]

238. 내가 이 이야기를 집어넣은 것은 거룩한 다윗이 복음 정신으로 앙심을 품지 않았을 뿐 아니라, 자신을 헐뜯는 이에게 감사했기 때문이며, 자신이 겪는 불의에 분통을 터뜨리기보다 오히려 기뻐했으며, 그것에 대한 상급을 받으리라 믿었기 때문입니다. 그러나 그는 완전했음에도 아직 더 완전한 것을 추구했습니다. 한 인간으로서, 불의로 말미암은 고통으로 뜨겁게 달아올랐지만, 훌륭한 군인처럼 승리를 거두었고, 용감한 선수처럼 견뎌냈습니다. 그러나 인내의 끝[452]은 약속에 대한 기대[가 이루어질 날]이기에, 그는 이렇게 말하고는 했습니다. "주님, 저에게 제 끝을 알려주소서.

---

452 finis는 목적지라는 뜻도 지니고 있다.

athleta fortis. Patientiae autem finis promissorum exspectatio et ideo dicebat: "Notum mihi fac, Domine, finem meum et numerum dierum meorum qui est ut sciam quid desit mihi." Finem illum quaerit promissorum caelestium uel illum quando unusquisque surgit in suo ordine: "Primitiae Christus, deinde hi qui sunt Christi, qui in aduentum eius crediderunt, deinde finis." Tradito enim regno Deo et Patri, et euacuatis omnibus potestatibus, ut apostolus dixit, perfectio incipit. Hic ergo impedimentum, hic infirmitas etiam perfectorum, illic plena perfectio. Ideo et dies illos requirit uitae aeternae qui sunt, non qui praetereunt, ut cognoscat quid sibi desit, quae terra sit repromissionis perpe- tuos fructus ferens, quae prima apud patrem mansio, quae secunda et tertia in quibus pro ratione meritorum unusquisque requiescet.

239. Illa igitur nobis expetenda in quibus perfectio, in quibus ueritas est. Hic umbra, hic imago, illic ueritas: umbra in Lege, imago in Euangelio, ueritas in calestibus. Ante agnus offerebatur, offerebatur uitulus, nunc Christus offertur sed offertur quasi homo, quasi recipiens passionem; et offert se ipse quasi sacerdos ut peccata nostra dimittat, hic in imagine, ibi in ueritate, ubi apud Patrem pro nobis quasi aduocatus interuenit. Hic ergo in imagine ambulamus, in imagine uidemus; illic facie ad faciem, ubi plena perfectio quia perfectio

453 시편 38,5 참조.
454 1코린 15,23-24 참조.
455 1코린 15,24 참조.

제 남은 날수를 알려주소서. 그리하여 저에게 부족한 것을 알게 하소서."[453] 그가 묻고 있는 그 끝은 천상 약속이 실현되는 날, 또는 한 사람씩 자기 차례에 따라 부활하는 날입니다. "만물은 그리스도이십니다. 그다음은 그분의 재림을 믿었던 그리스도의 사람들입니다. 그러고는 끝입니다."[454] 사도가 말했듯, 그분께서 하느님 아버지께 나라를 넘겨드리시고, 모든 권력이 파멸된 다음 완성이 시작됩니다.[455] 그러니 이승에는 여전히 장애물들이 있습니다. 이승에서는 완전한 이들에게도 약함이 있습니다. 그러나 저승에서는 충만한 완성이 있을 것입니다. 그래서 그는 영원한 생명의 그 나날을 찾고 있습니다. 그 영원한 생명의 나날은 [머물러] 있는 것이지, 지나가는 것이 아닙니다. 그는 자신에게 부족한 것이 무엇인지 알고 싶어 합니다. 그는 영원한 열매를 맺는 약속의 땅이 무엇인지, 각자 공덕에 따라 안식을 누리게 될 아버지 곁에서 첫째 거처는 무엇이고, 둘째, 셋째 거처는 무엇인지 묻고 있습니다.

239. 우리가 바라야 할 이러한 것들 안에 완덕이 있고 진리가 있습니다. 이승에는 그림자가 있고, 이승에는 모상(模像)이 있고, 저승에는 진리가 있습니다. 그림자는 율법에, 모상은 복음에, 진리는 천상에 있습니다. 전에는 어린양을 바쳤고 송아지를 바쳤지만, 지금은 그리스도께서 봉헌되십니다. 그러나 그분은 인간으로서, 고통을 겪으시는 인간으로서 봉헌되십니다. 그분은 사제로서 우리 죄를 없애시기 위해 당신 자신을 봉헌하십니다. 이승에서는 모상 안에서, 저승에서는 진리 안에서 그렇게 하십니다. 거기서 그분께서는 우리를 위해 변호자로서 아버지 곁에서 중재하십니다. 그러므로 이승에서 우리는 모상 안에서 걷고, 모상 안에서 봅니다. 충만한 완성이 이루어질 그곳에서는 얼굴과 얼굴을 마주 볼 것입니다.[456] 모든 완성은

omnis in ueritate est.

49

240. Ergo dum hic sumus, seruemus imaginem ut ibi perueniamus ad ueritatem. Sit in nobis imago iustitiae, sit imago sapientiae quia uenietur ad illum diem et secundum imaginem aestimabimur.

241. Non inueniat in te aduersarius imaginem suam, non rabiem, non furorem; in his enim imago nequitiae est. Aduersarius enim diabolus sicut leo rugiens quaerit quem occidat, quem deuoret. Non inueniat auri cupiditatem, non argenti aceruos, non uitiorum simulacra ne auferat tibi uocem libertatis; uox enim libertatis illa est ut dicas: "Veniet huius mundi princeps et in me inueniet nihil." Itaque si securus es quod nihil in te inueniat, cum uenerit perscrutari, dices illud quod dixit ad Laban Iacob patriarcha: "Cognosce si quid tuorum apud me." Merito beatus Iacob apud quem nihil Laban suum potuit reperire! Absconderat enim Rachel simulacra deorum eius aurea et argentea.

---

456 1코린 13,12 참조.
457 1베드 5,8 참조.

진리 안에 있기 때문입니다.

제49장 악마의 모습 또는 그리스도의 모상

240. 우리는 저승에서 진리에 다다를 수 있도록 이승에 있는 동안 모상을 간직합시다. 우리 안에 정의의 모상이 있고, 지혜의 모상이 있기를 바랍니다. 그날이 오면 우리는 모상에 따라 평가받을 것이기 때문입니다.

241. 원수가 그대 안에서 자기 모상으로 분노도 격노도 찾지 못하게 하십시오. 이것들 안에는 사악함의 모상이 있습니다. 원수인 악마가 으르렁거리는 사자처럼 죽일 사람과 잡아먹을 사람을 찾아 어슬렁거립니다.[457] 악마가 그대 안에서 금에 대한 욕망이나 은 무더기나 악습의 우상들을 찾지 못하게 하고, 그대에게서 자유의 목소리를 앗아가는 일이 없게 하십시오. 그 자유의 목소리는 그대가 이렇게 말하게 합니다. "이 세상의 우두머리가 오고 있는데, 그는 내 안에서 아무것도 찾지 못할 것이다."[458] 그러니 그가 그대를 박해하러 와도 그대 안에서 아무것도 찾지 못하리라고 확신한다면, 성조 야곱이 라반에게 한 말을 그대도 하게 될 것입니다. "당신 것들이 나에게 있는지 알아보십시오."[459] 당연히 라반은 복된 야곱에게서 제 것이라곤 아무것도 찾을 수 없었습니다! 라헬이 그[라반]의 수호신들의 금은 우상을 숨겨놓았기 때문입니다.

---

458 요한 14,30 참조.
459 창세 31,32 참조.

242. Itaque si sapientia, si fides, si contemptus saeculi, si gratia tua abscondat omnem perfidiam, beatus eris quia non respicis in uanitates et in insanias falsas. An mediocre est tollere uocem aduersario ut arguendi te non possit habere auctoritatem? Itaque qui non respicit in uanitates, non conturbatur; qui enim respicit conturbatur et uanissime quidem. Quid est enim congregare opes nisi uanum? Quia caduca quaerere uanum est satis. Cum autem congregaueris, qui scias an possidere liceat tibi?

243. Nonne uanum est ut mercator noctibus ac diebus conficiat iter quo aggerare possit thesauri aceruos, merces congreget, conturbetur ad pretium, ne forte minoris uendat quam emerit, aucupetur locorum pretia et subito aut latrones in se inuidia famosae negotiationis excitet aut non exspectatis serenioribus flatibus, dum lucrum quaerit, naufragium impatiens morae incidat?

244. An non conturbatur etiam ille uane qui summo labore coaceruat quod nesciat cui heredi relinquat? Saepe quod auarus summa congesserit sollicitudine, praecipiti effusione dilacerat heres luxuriosus et diu quaesita turpis helluo praesentium caecus, futuri improuidus, quadam absorbet uoragine. Saepe etiam speratus successor inuidiam partae acquirit hereditatis et celeri obitu extraneis aditae successionis transcribit compendia.

242. [그대에게] 지혜가 있다면, 신앙이 있다면, 세속에 대한 경멸이 있다면, 그대의 은총으로 모든 배은망덕을 감출 수 있다면 그대는 행복할 것입니다. 그대는 헛된 것들이나 거짓된 어리석음을 쳐다보지도 않기 때문입니다. 원수가 그대를 비난할 빌미를 지닐 수 없도록 목소리를 제거하는 것은 사소한 일이 아니지 않습니까? 헛된 것들을 쳐다보지 않는 사람은 혼란을 겪지 않지만, 쳐다보는 사람은 혼란을 겪고 온통 허망해질 따름입니다. 재산을 긁어모으는 것이 헛된 일이 아니라면 도대체 무엇입니까? 스러지는 것을 좇는 일은 너무나 헛되기 때문입니다. 그대가 재산을 모았다 한들, 소유가 허용될지는 또 어찌 압니까?

243. 장사꾼은 보물 더미를 긁어모을 수 있는 여정을 밤낮없이 끝내고 나면, 물건들을 쌓아두고서 사들인 것보다 싸게 팔지 않도록 가격을 매기고 시장 가격을 살피지만, 그의 악명 높은 사업을 시기한 도둑들이 갑자기 털어가 버린다면, 또는 이윤을 추구하는 동안 거래가 지체되는 것을 견디지 못한 채 더 잔잔한 파도를 기다리지 못하여 난파되고 만다면, 헛된 일이 아니겠습니까?

244. 어떤 사람이 엄청난 수고로 부를 쌓으면서, 그것을 어떤 상속자에게 물려주게 될지 모른다면 이 또한 헛되이 고생하는 것 아니겠습니까? 탐욕스러운 사람이 고생스레 모은 재산을 사치스러운 상속자가 헤픈 낭비로 탕진하고, 오랜 세월에 걸쳐 축적한 부를, 현재에는 눈멀고 미래를 내다보지 못하며 흥청망청하는 꼴사나운 얼간이가 게걸스레 삼켜버리는 일이 종종 벌어집니다. 또한, 기대했던 상속자가 상속 재산에 대한 시기를 받아 갑작스레 죽음으로써 갓 얻은 유산의 이득을 낯선 이들에게 넘겨주는 경우도 잦습니다.

245. Quid ergo uane araneam texis quae inanis et sine fructu est, et tamquam casses suspendis inutiles diuitiarum copias? Quae etsi fluant, nihil prosunt; immo exuunt te imaginem Dei et induunt terreni imaginem. Si tyranni aliquis imaginem habeat, nonne obnoxius est damnationi? Tu deponis imaginem aeterni imperatoris et erigis in te imaginem mortis. Eice magis de ciuitate animae tuae imaginem diaboli et adtolle imaginem Christi. Haec in te fulgeat, in tua ciuitate, hoc est anima, resplendeat quae oblitterat uitiorum imagines. De quibus ait Dauid: "Domine, in ciuitate tua ad nihilum deduces imagines eorum." Cum enim pinxerit Hierusalem Dominus ad imaginem suam, tunc aduersariorum omnis imago deletur.

50

246. Quod si Euangelio Domini etiam populus ipse ad despicientiam opum informatus atque institutus est, quanto magis uos leuitas oportet terrenis non teneri cupiditatibus, quorum Deus portio est? Nam cum diuideretur a Moyse possessio terrena populo patrum, excepit leuitas Dominus aeternae possessionis consortio quod ipse illis esset funiculus hereditatis. Vnde ait Dauid: "Do-

---

460 하느님을 일컫는다.
461 시편 72,20 참조.
462 암브로시우스의 「성사론」과 「신비론」에서는 레위 지파의 사제들이 그리스도교 부제들을 주로 상징한다.

245. 그런데도 그대는 왜 이 허무하고 열매 없는 거미줄을 헛되이 치면서, 거미줄처럼 무익한 큰 재산에 대롱대롱 매달려 있습니까? 재산이 넘쳐난다 한들, 아무런 유익이 없습니다. 재산은 하느님의 모상을 그대에게서 몰아내고, 땅의 모습을 입힐 따름입니다. 누가 어떤 폭군의 모습을 지닌다면 단죄받을 일이 아니겠습니까? 그대는 영원하신 황제님[460]의 모상을 치우고 그대 안에 죽음의 모습을 세우는 셈입니다. 그대 영혼의 도성에서 악마의 모습을 몰아내고 그리스도의 모상을 세우십시오. 이것이 그대 안에서 빛나야 하는 모상입니다. 그대의 도성에서, 곧 그대의 영혼에서 악습의 모습을 걷어내고 찬란히 빛나야 하는 모상입니다. 이에 관하여 다윗이 이렇게 말합니다. "주님, 당신께서는 당신 도성에서 그들의 모습을 없애버리십니다."[461] 주님께서 당신 모상대로 예루살렘을 치장하실 때, 원수들의 온갖 모습은 파괴됩니다.

제50장 성직자의 고귀한 직무

246. 주님의 복음에서 백성도 부를 업신여기도록 배우고 교육받는다면, 레위 지파[462][의 사제들]인 여러분이 세속 욕망에 사로잡히지 말아야 할 의무는 훨씬 더 크지 않겠습니까? 하느님께서 여러분의 몫이기 때문입니다. 모세가 지상 재산을 성조들의 백성에게 나누어주었을 때, 주님께서 레위 지파는 제외하셨는데 그들은 영원한 재산에 공동으로 참여하고 있었기 때문입니다. 그분 몸소 그들에게 상속의 몫이었습니다. 그래서 다윗은 이렇게 말합니다. "주님께서는 제 유산과 제 잔의 몫이십니다."[463] 이것이 레위

---

463 시편 15,5 참조.

minus pars hereditatis meae et calicis mei." Denique sic appellatur leuita: ipse meus uel ipse pro me. Magnum ergo munus eius ut de eo Dominus dicat: "Ipse meus" uel quemadmodum Petro dixit de statere in ore piscis reperto: "Dabis his pro me et pro te." Vnde et apostolus cum episcopum dixisset debere esse sobrium, pudicum, ornatum, hospitalem, docibilem, non auarum, non litigiosum, domui suae bene praepositum, addidit: "Diaconos similiter oportet esse graues, non bilingues, non multo uino deditos, non turpe lucrum sectantes, habentes mysterium fidei in conscientia pura. Et hi autem probentur primum et sic ministrent, nullum crimen habentes."

247. Aduertimus quanta in nobis requirantur ut abstinens sit a uino minister Domini, ut testimonio bono fulciatur non solum fidelium sed etiam ab his qui foris sunt. Decet enim actuum operumque nostrorum testem esse publicam existimationem ne derogetur muneri, ut qui uidet ministrum altaris congruis ornatum uirtutibus, auctorem praedicet et Dominum ueneretur qui tales seruulos habeat. Laus enim Domini ubi munda possessio et innocens familiae disciplina.

라고 불리는 까닭이니, 레위는 "그는 나의 것" 또는 "그는 나를 위한 것"이라는 뜻입니다. 주님께서 그를 가리켜 "그는 나의 것"이라고 말씀하시니, 또 물고기 입에서 발견된 은전을 두고 베드로에게 "그것을 가져다가 나를 위하여 그리고 너를 위하여 그들에게 줄 것이다."[464] 하고 말씀하시니, 그 직무는 위대합니다. 그래서 사도도 주교란 모름지기 신중하고 염치 있고 단정하며 환대하고 잘 가르치고 탐욕스럽지 않고 다투지 않고 자기 집안을 잘 이끌어야 한다고 말하면서[465], 이렇게 덧붙였습니다. "봉사자들도 마찬가지로 품위가 있어야 하고, 한 입으로 두말하지 않으며, 포도주에 흠뻑 빠져서도 안 되고, 더러운 이익을 탐내서도 안 됩니다. 그리고 깨끗한 양심으로 신앙의 신비를 간직한 사람이어야 합니다. 또 그들을 먼저 시험해 보고 나서 흠잡을 데가 없는 경우에만 봉사직을 수행하게 해야 합니다."[466]

247. 우리에게 얼마나 많은 것이 요구되는지 깨달읍시다. 주님의 봉사자는 포도주를 절제해야 하고, 신자들뿐 아니라 외부 사람들의 좋은 평판으로 버텨야 합니다. 공적 평판이 우리의 행실과 활동에 대한 증인이 되게 하는 것이 적절합니다. 이렇게 할 때 우리 직무는 폄하되지 않을 것입니다. 합당한 덕으로 꾸며진 제대의 봉사자를 보는 사람은 그렇게 지어내신 분을 찬미하고, 그런 종들을 갖게 해주신 주님을 경배할 것이기 때문입니다. 깨끗한 소유와 가족의 흠 없는 행실이 있는 곳에서 비로소 주님께 찬미를 드리게 됩니다.

---

464 마태 17,27 참조.
465 1티모 3,1-5 참조.
466 1티모 3,8-10 참조.

248. De castimonia autem quid loquar, quando una tantum nec repetita permittitur copula? Et in ipso ergo coniugio lex est non iterare coniugium nec secundae coniugis sortiri coniunctionem. Quod plerisque mirum uidetur cur etiam ante haptismum iterati coniugii ad electionem muneris et ordinationis praerogatiuam impedimenta generentur, cum etiam delicta obesse non soleant si lauacri remissa fuerint sacramento. Sed intellegere debemus quia baptismo culpa dimitti potest, lex aboleri non potest: in coniugio non culpa sed lex est; quod culpae est igitur in baptismate relaxatur, quod legis est in coniugio non soluitur. Quomodo autem potest hortator esse uiduitatis qui ipse coniugia frequentauerit?

249. Inoffensum autem exhibendum et immaculatum ministerium nec ullo coniugali coitu uiolandum cognoscitis qui integri corpore, incorrupto pudore, alieni etiam ab ipso consortio coniugali, sacri ministerii gratiam recepistis? Quod eo non praeterii quia in plerisque abditioribus locis cum ministerium ingererent uel etiam sacerdotium, filios susceperunt et id tamquam usu ueteri defendunt quando per interualla dierum sacrificium deferebatur; et tamen castificabatur etiam populus per biduum aut triduum ut ad sacrificium purus

---

467 재혼한 사람의 서품에 관한 문제인데, 동방과 서방의 관행이 서로 달랐다. 동방에서는 세례 전의 혼인과 상관없이 세례받은 뒤 한 차례 결혼한 사람에게는 서품을 허락했다.(『사도 헌장』 6,17; 『사도 규범』 17; 요한 크리소스토무스, 『티모테오 1서 강해』 10,1 참조) 그러나 서방에서는 세례 전후와 상관없이 재혼한 사람에게는 서품을 금지하였고, 서품 뒤에는 엄격한 금욕을 요구했다.(306년경 엘리라 교회회의 법규 33; 시리키우스, 『편지』 1,18; 인노켄티우스 1세, 『편지』 2,5; 대 레오, 『편지』 4,3; 6,3; 12,3 참조) 암브로시우스는 세례로 죄는 없어지지만, 법적 혼인은 해소되지 않으므로 재혼한 경우에는 서품할 수 없다고 주장

248. 그러나 되풀이될 수 없는 단 한 번의 혼인만 허용되니, 정결에 관해서는 내가 무슨 말을 할까요? 혼인법은 혼인을 반복하지도 말고, 재혼한 배우자와 결합하지도 말라고 합니다. 많은 이들이 이를 놀랍게 여깁니다. 세례 성사로 용서받은 죄도 장애가 되지 않는 것이 관행일진대, 왜 세례받기 전에 재혼한 것이 성직에 뽑혀 서품의 특은을 받는 데 장애가 되어야 하는지 놀라워합니다.[467] 그러나 우리는 이 점을 이해해야 합니다. 죄는 세례로 용서받을 수 있지만, 법이 폐지될 수는 없습니다. 혼인에는 죄가 아니라 법이 있습니다. 그러므로 세례에서는 죄와 관련된 것이 없어지지만, 혼인에서는 법과 관련된 것이 해소되지 않습니다. 그러나 여러 번 혼인한 사람이 어찌 과부 신분의 권고자가 될 수 있겠습니까?

249. 그러나 흠 없고 나무랄 데 없어야 하고, 어떠한 부부 관계로도 더럽혀지지 않아야 하는 직무를 여러분은 알고 있습니다. 온전한 육체와 손상되지 않은 정결을 지니고서 혼인 결합 자체에서 멀어진 여러분은 거룩한 직무의 은총을 받지 않았습니까? 내가 이 문제를 그냥 넘어가지 않은 까닭이 있습니다. 봉사직을 수행하거나 심지어 사제직을 수행하면서 매우 은밀한 곳에 자식을 두고 있는 경우가 있기 때문입니다. 그들은 며칠씩 간격을 두고 제사를 띄엄띄엄 바쳤을 때의 옛 관습을 내세워 변론을 펼칩니다.[468]

한다. 그러나 히에로니무스는 재혼하고도 사제직과 주교직을 수행하는 동방의 관행을 지지하면서 서방의 입장을 비판했다.(『편지』 69; 『루피누스 저서 반박 변론』 1,32 참조) 그러나 아우구스티누스는 암브로시우스의 견해를 이어받았다.(『혼인의 유익』 21) 재혼을 반대하는 서방의 첫 흔적은 테르툴리아누스의 작품까지 거슬러 올라간다.(『아내에게』 1,5-8; 『정결 권면』 2-7; 『혼인의 단일성』 10-12 참조) I. J. Davidson, *De officiis*, vol 2, 676-677; 최성욱, 「사제독신의 역사」, 『덕의 윤리학과 성윤리』, 대구가톨릭대학교출판부 2020, 45-74 참조.

accederet, ut in ueteri Testamento legimus: "et lauat uestimenta sua." Si in figura tanta obseruantia, quanto in ueritate! Disce, sacerdos atque leuita, quid sit lauare uestimenta tua, ut mundum corpus celebrandis exhibeas sacramentis. Si populus sine ablutione uestimentorum suorum prohibebatur accedere ad hostiam suam, tu illotus mente pariter et corpore audes pro aliis supplicare, audes aliis ministrare?

250. Non mediocre officium leuitarum de quibus dicit Dominus: "Ecce eligo leuitas de medio filiorum Israel pro omni primogenito aperiente uuluam filiis Israel: redemptiones eorum erunt isti et erunt mihi leuitae. Mihi enim sanctificaui primogenitum in terra Aegypti." Cognouimus quia non inter ceteros leuitae computantur sed omnibus praeferuntur qui eliguntur ex omnibus et sanctificantur ut primogenita fructuum atque primitiae quae Domino deputantur in quibus est uotorum solutio et redemptio peccatorum. "Non accipies, inquit, eos inter filios Israel et constitues leuitas super tabernaculum testimonii et super omnia uasa eius adstare et super quaecumque sunt in ipso. Ipsi tollant

---

468 동방에서는 기혼 사제가 성사 집전을 위해 일정한 금욕 기간을 지키면서 아내와 합법적으로 살 수 있었고, 서방에서도 갈리아와 히스파니아 같은 시골에서는 이런 관행이 용인되었지만, 시리키우스 교황은 385년 타라고나의 히메리우스에게 보낸 편지에서 제대에 봉사하는 사람은 아내와 결코 동침할 수 없다고 썼다.(『편지』 1 참조) 암브로시우스는 여자 수도승들이 전통적으로 실천하던 온전한 정결은 성직자들도 지켜야 할 본질적 요소라고 여겼다. (『동정녀』 1,21; 『성직자의 의무』 1,44,218 참조)

그렇지만 백성은 정결한 상태로 제사에 나아가기 위해 이삼일 동안 금욕을 실천했습니다. 구약에서 이렇게 읽는 바와 같습니다. "그리고 자기 옷을 빨았다."[469] 예형(figura)[470]에서도 율법 준수가 이토록 대단했다면, 진리[471]에서는 얼마나 더 대단하겠습니까! 사제요 레위인 그대여, 그대의 옷을 빠는 것이 무슨 뜻인지 배우십시오. 그것은 그대가 성사 집전에서 깨끗한 몸을 보여주어야 한다는 뜻입니다. 백성도 자기 옷을 빨지 않고서는 자기 제물에 다가가는 일이 금지되었다면, 그대는 정신으로나 몸으로도 씻지 않은 채 어찌 감히 다른 이들을 위하여 기도하고 어찌 감히 다른 이들에게 [성사로] 봉사하겠습니까?

250. 레위인들의 직무는 사소한 것이 아닙니다. 주님께서 그들에 관해 이렇게 말씀하시기 때문입니다. "보라, 나는 이제 이스라엘 자손들 가운데에서 태를 맨 먼저 열고 나온 모든 맏아들 대신, 레위인들을 이스라엘 자손들 가운데에서 뽑는다. 그들은 맏아들들의 몸값이 될 것이고 이 레위인들은 나의 것이 될 것이다. 내가 이집트 땅에서 만물을 나에게 바쳤기 때문이다."[472] 우리는 레위인들이 다른 이들 사이에서 헤아려지지 않고, 모든 이 앞에 내세워진다는 것을 알았습니다. 그들은 모든 이 가운데 뽑혀 주님께 마련된 첫 수확과 만물을 위해 성별되었기 때문입니다. 그들 안에서 서원이 바쳐지고 죄인들이 해방됩니다. 주님께서 말씀하십니다. "이스라엘 자손들 가운데에서 레위인들을 포함하여 수를 세지 말고, 레위인들에게 증언

---

469 탈출 19,15 참조.
470 구약을 가리킨다.
471 신약을 가리킨다.
472 민수 3,12-13 참조.

tabernaculum et omnia uasa eius et ipsi ministrent in eo et in circuitu taberna-
culi castra ipsi constituant et promouendo tabernaculum ipsi deponant leuitae
et constituendo castra rursum ipsum tabernaculum ipsi statuant. Alienigena
quicumque accesserit, morte moriatur."

251. Tu ergo electus ex omni numero filiorum Israel, inter sacros fructus qua-
si primogenitos aestimatus, praepositus tabernaculo ut praetendas in castris
sanctitatis et fidei, ad quae si alienigena accesserit, morte morietur, positus
ut operias arcam Testamenti. Non enim omnes uident alta mysteriorum quia
operiuntur a leuitis ne uideant qui uidere non debent, et sumant qui seruare
non possunt. Moyses denique circumcisionem uidit spiritualem sed operuit
eam ut in signo circumcisionem praescriberet; uidit azyma ueritatis et since-
ritatis, uidit passionem Domini: operuit azymis corporalibus azyma ueritatis,
operuit passionem Domini agni uel uituli immolatione; et boni leuitae seruau-
erunt mysterium fidei suae tegmine. Et tu mediocre putas quod commissum
est tibi? Primum ut alta Dei uideas, quod est sapientiae; deinde ut excubias
pro populo deferas, quod est iustitiae; castra defendas tabernaculumque tuea-
ris, quod est fortitudinis; te ispum continentem ac sobrium praestes, quod est
temperantiae.

---

473 민수 1,49-51 참조.
474 성사들(sacramenta)을 암시한다.
475 1코린 5,8 참조.

의 성막과 그 모든 기물과 거기에 딸린 모든 물건을 맡겨라. 그들은 성막과 그 모든 기물을 보살피며 그 안에서 봉사해야 하고, 성막 둘레에 진을 치고 살아야 한다. 성막을 옮겨갈 때에 레위인들이 그것을 거두어 내려야 하고, 성막을 칠 때에도 레위인들이 그것을 세워야 한다. 누구든 낯선 자가 다가왔다가는 죽을 것이다."[473]

251. 그러니 그대는 이스라엘 자손의 무리 전체에서 뽑혀, 거룩한 열매들 가운데 맏물로 여겨지며, 성덕과 믿음의 진영에서 앞장서기 위해 성막에 내세워졌으니, 낯선 자가 거기에 다가가면 죽게 됩니다. 그대는 계약 궤를 감추도록 세워졌기 때문입니다. 모든 이가 신비들[474]의 깊이를 보는 것은 아닙니다. 그 신비들을 보지 말아야 하는 자는 보지 못하고, 그 신비들을 간직할 수 없는 자들은 받지 못하도록 신비들이 레위인들에 의해 감추어져 있기 때문입니다. 모세는 할례가 영적인 것임을 알면서도 그것을 감추었고, 할례를 표지(標識, signum)라고 규정했습니다. 그는 진리와 순결의 누룩 없는 빵을 보았고[475], 주님의 수난을 보았습니다. 그러나 그는 진리의 누룩 없는 빵을 물질적 누룩 없는 빵으로 감추었고, 주님의 수난을 어린양이나 송아지의 희생제로 감추었습니다. 선한 레위인들은 그들 신앙의 방패로써 신비를 지켰습니다. 그런데 그대는 그대에게 맡겨진 일이 사소하다고 여깁니까? 우선 그대는 하느님의 드높은 일들을 보아야 합니다. 이것은 지혜에 관한 것입니다. 그대는 백성을 위해 보초를 서야 합니다. 이것은 정의에 관한 것입니다. 그대는 진영을 방어하고 성막을 돌보아야 합니다. 이것은 용기에 관한 것입니다. 그리고 그대 자신을 통제하고 신중한 모습을 보여야 합니다. 이것은 절제에 관한 것입니다.

252. Haec uirtutum genera principalia constituerunt etiam hi qui foris sunt sed communitatis superiorem ordinem quam sapientiae iudicauerunt, cum sapientia fundamentum sit iustitiae opus sit quod manere non potest nisi fundamentum habeat. Fundamentum autem Christus est.

253. Prima ergo fides quae est sapientiae ut Salomon dicit secutus patrem: "Initium sapientiae timor Domini." Et Lex dicit: "Diliges Dominum tuum, diliges proximum tuum." Pulchrum est enim ut gratiam tuam atque officia in societatem humani generis conferas. Sed primum illud decorum, ut quod habes pretiosissimum, hoc est mentem tuam qua nihil habes praestantius, Deo deputes. Cum solueris auctori debitum, licet ut opera tua in beneficentiam et adiumenta hominum conferas, atque opem feras necessitatibus aut pecunia aut officio aut etiam quocumque munere; quod late patet in uestro ministerio: pecunia, ut subuenias—debito ut obligatum liberes—officio, ut seruanda suscipias quae metuat amittere qui deponenda credidit.

254. Officium est igitur depositum seruare ac reddere. Sed interdum commutatio fit aut tempore aut necessitate ut non sit officium reddere quod acceperis: ut si quis contra patriam opem barbaris ferens, pecuniam apertus hostis

---

476 키케로, 『의무론』 1,43,152-1,45,161 참조.
477 1코린 3,11 참조.
478 잠언 1,7; 9,1 참조.
479 신명 6,5; 레위 19,18 참조.

252. [교회] 밖에 있는 이들도 이것이 덕의 주요 종류라고 주장해 왔지만, 그들은 공동체의 질서가 지혜의 질서보다 더 높다고 판단했습니다.[476] 사실 지혜는 정의의 토대가 될 필요가 있습니다. 정의는 토대를 지니지 않고서는 존속할 수 없기 때문입니다. 그러나 토대는 그리스도이십니다.[477]

253. 그러므로 믿음이 첫째입니다. 솔로몬이 아버지를 따라 말하듯이, 믿음은 지혜에 관한 것입니다. "주님을 두려워함이 지혜의 시작이다."[478] 율법도 말합니다. "너는 네 주님을 사랑하고, 네 이웃을 사랑해야 한다."[479] 그대의 호의와 의무를 인류 사회에 집중시키는 것은 아름답습니다. 그러나 여기서 가장 어울리는 것은, 그대가 가진 가장 소중한 것, 곧 그대의 정신을 봉헌하는 것입니다. 그대는 이보다 더 소중한 아무것도 지니고 있지 않습니다. 그대가 창조자께 빚을 갚고 나면, 그대의 활동을 인간들에게 선행을 베풀고 도움을 주는 데 돌리고, 그대의 돈으로든 의무로든 어떤 소임으로든 필요한 곳에 재산을 쏟을 수 있습니다. 여러분의 직무로 널리 베푸는 것 가운데, 돈으로는 채무자를 빚에서 풀어 구제할 수 있으며, 의무로는 어떤 이가 잃어버릴까 두려워 보관해 달라고 맡긴 것을 지켜줄 수 있습니다.

254. 그러므로 의무란 맡은 것을 보관하고 되돌려주는 것입니다. 그러나 가끔 시절이나 필요에 변화가 생겨서 그대가 받은 것을 되돌려주는 것이 의무가 아닐 수도 있습니다. 예컨대, 조국에 맞서 오랑캐에게 도움을 주던 어떤 사람이 적이라는 사실이 밝혀지면서 돈을 되돌려달라고 요구한다고 합시다.[480] 또는 돈을 빼앗으려는 사람이 거기 있는데도, 그대가 누군가

---

480 『성직자의 의무』 1,30,144 참조.

reposcat aut si cui reddas cum adsit qui extorqueat; si furenti restituas, cum seruare non queat; si insanienti gladium depositum non neges quo se ille interimat, nonne soluisse contra officium est? Si furto quaesita sciens suscipias ut fraudetur qui amiserat, nonne contra officium est?

255. Est etiam contra officium nonnumquam promissum soluere, sacramentum custodire ut Herodes qui iurauit quoniam quidquid petitus esset, daret filiae Herodiadis et necem Iohannis praestitit ne promissum negaret. Nam de Iephte quid dicam, qui immolauit filiam quae sibi uictori prima occurrerat quo uotum impleret quod spoponderat ut quidquid sibi primum occurrisset, offerret Deo? Melius fuerat nihil tale promittere quam promissum soluere parricidio.

256. Haec quanti sit consilii prospicere non ignoratis. Et ideo eligitur leuita qui sacrarium custodiat, ne fallatur consilio, ne fidem deserat, ne mortem timeat, ne quid intemperantius gerat, ut specie ipsa grauitatem praeferat; nec solum animum sed etiam oculos continentes habere quem deceat ne uel ipse frontem sobrietatis fortuitus uiolet occursus quoniam "qui uiderit mulierem ad concupiscendam eam, adulterauit eam in corde suo." Ita adulterium non

---

481 플라톤, 「국가」 331c 참조.
482 키케로, 「의무론」 1,10,31; 3,25,95; 「최고선악론」 3,59 참조.
483 키케로, 「의무론」 1,10,32; 3,24,92-3,25,95; 「성직자의 의무」 3,12,76-81 참조.

에게 돈을 되돌려준다고 가정해 봅시다. 또는 돈을 챙길 수 없는 정신 나간 사람에게 그대가 돈을 돌려준다고 가정해 봅시다. 또는 맡겨둔 칼로 자살하려는 미친 사람에게 그대가 칼을 거절하지 않는다고 가정해 봅시다.[481] 이것은 직무유기가 아닙니까?[482] 만일 그대가 도둑질로 얻은 수익인 줄 알면서도 잃어버린 사람이 속아 넘어가도록 받는다면, 이것도 의무를 거스르는 것이 아니겠습니까?

255. 어떤 상황에서는 약속을 지키거나 선서를 지키는 것이 의무를 거스르는 일이 되기도 합니다.[483] 헤로데는 청하는 것은 무엇이든 주겠노라고 헤로디아의 딸에게 맹세했고, 약속을 깨지 않기 위해 요한의 살해에 동의했습니다.[484] 입타에 관해서는 무슨 말을 할까요? 그는 자신을 처음 맞는 것은 무엇이든 하느님께 바치겠다는 서원을 지키기 위해, [전투의] 승리자 [아버지]를 처음 맞았던 딸을 죽이지 않았습니까?[485] 존속살인으로 약속을 지키느니 그 따위 약속은 전혀 하지 않는 편이 훨씬 나았을 것입니다.

256. 이런 것들을 살피는 데 얼마나 큰 지혜가 있어야 하는지 여러분은 모르지 않습니다. 그러므로 성물을 지키기 위해 뽑힌 레위인들은 판단에서 그르치지 않아야 하고, 신앙을 저버리지 말아야 하며, 죽음을 두려워하지 말아야 하고, 무절제하게 행동해서도 안 됩니다. 오히려 자기 모습으로 품격을 보여주어야 합니다. 그는 자신에게 어울리는 영혼뿐 아니라 절제된 눈도 지녀야 합니다. 그러면 우연한 만남이 맑은 낯빛을 벌겋게 물들이지

---

484 마태 14,1-12; 마르 6,14-29 참조.
485 판관 11,29-40 참조.

solum facti colluuione sed etiam adspectus intentione committitur.

257. Magna haec uidentur ac nimis seuera sed in magno munere non super-
flua quando tanta est leuitarum gratia ut de his Moyses in benedictionibus
diceret: "Date Leui uiros eius, date Leui manifestos eius, date Leui sortem
suffragii sui et ueritatem eius uiro sancto quem temptauerunt in temptationi-
bus, maledixerunt super aquam contradictionis. Qui dicit patri suo et matri:
Non noui te, et fratres suos non cognouit, et filios suos abdicauit; hic custodit
uerba tua et testamentum tuum obseruauit."

258. Illi ergo uiri eius et manifesti eius, qui nihil in corde doli habeant, nihil
fraudis occultent, sed uerba eius custodiant et in corde suo conferant, sicut
conferebat et Maria; qui suos parentes officio suo non nouerint praeferendos,
qui uiolatores oderint castitatis, pudicitiae ulciscantur iniuriam, nouerint of-
ficiorum tempora, quod maius sit, quod minus sit, quod cui aptum tempori
est, et ut id solum sequatur quod honestum est, sane ubi duo honesta, id quod
honestius est, praeponendum putent; hi iure benedicti.

---

486 마태 5,28 참조.
487 므리바의 샘을 가리킨다. 참조: 신명 33,8.
488 신명 33,8-9 참조.

않을 것입니다. "음욕을 품고 여자를 바라보는 자는 자기 마음으로 그 여자와 간음한 것"[486]이기 때문입니다. 역겨운 행위만이 아니라 눈길의 의도를 통해서도 간음이 저질러집니다.

257. 이런 계명들이 방대하고 너무 엄격해 보이겠지만, 막중한 임무에서는 지나치지 않습니다. 레위인들의 은총이 너무나 크기에, 모세는 [열두 지파를] 축복하면서 그들에 관해 이렇게 말했습니다. "레위에게 그분의 사람들을 주십시오. 레위에게 그분의 것임이 분명한 사람들을 주십시오. 레위에게 그분께서 뽑으신 제비를 주십시오. 이 거룩한 사람에게 그분의 진리를 주십시오. 당신께서는 유혹 가운데 그를 시험하셨고, 반항의 물[487]을 저주하셨습니다. 그는 자기 아버지와 어머니에게 '나는 당신을 알지 못합니다.'라고 말합니다. 그는 자기 형제들을 외면했고, 자기 아들들을 아는 체하지 않았습니다. 그는 당신의 말씀을 지키고 당신의 계약을 준수하였습니다."[488]

258. 그분의 사람들, 그분의 것임이 분명한 사람들이 그들입니다. 그들은 마음에는 교활함이 전혀 없고, 어떤 속임수도 감추고 있지 않으며, 마리아도 간직한 것처럼 그분의 말씀을 자기 마음속에 간직합니다.[489] 그들은 자기 부모를 자기 의무보다 앞세울 줄 모르고, 정결을 해치는 이들을 혐오하고, 정절의 능욕을 응징하며, 무엇이 더 중요하고 무엇이 덜 중요한지 의무의 때를 알고, 시의적절한 것이 무엇인지 압니다. 오직 올바른 것만을 추구하며, 올바른 것 두 가지가 있을 때에는 더 올바른 것을 앞세워야 한다고 생각합니다. 그들은 축복받아 마땅합니다.

---

489 루카 2,19.51 참조.

259. Si quis ergo manifestet iustitias Dei, incensum imponat, "benedic, Domine, uirtutem ipsius, opera manuum eius suscipe" ut gratiam propheticae benedictionis inueniat.

259. 그러므로 하느님의 정의를 드러내는 사람은 분향을 드리는 셈입니다. "주님, 그의 힘을 축복하시고, 그의 손이 하는 일을 받아주소서."[490] 그리하여 그가 예언된 축복의 은총을 얻게 하소서.

---

490 신명 33,11 참조.

제2권

LIBER SECVNDVS

1

1. Superiore libro de officiis tractauimus quae conuenire honestati arbitrare-
mur in qua uitam beatam positam esse nulli dubitauerunt quam Scriptura
appellat uitam aeternam. Tantus enim splendor honestatis est ut uitam beatam
efficiant tranquillitas conscientiae et securitas innocentiae. Et ideo sicut exor-
tus sol lunae globum et cetera stellarum abscondit lumina, ita fulgor honesta-
tis, ubi uero et incorrupto uibrat decore, cetera quae putantur bona secundum
uoluptatem corporis aut secundum saeculum clara et illustria, obumbrat.

2. Beata plane, quae non alienis aestimatur iudiciis sed domesticis percipitur
sensibus, tamquam sui iudex. Neque enim populares opiniones pro mercede
aliqua requirit neque pro supplicio pauet. Itaque quo minus sequitur gloriam,
eo magis super eam eminet. Nam qui gloriam requirunt, his ea merces pra-

제1장 행복에 관하여*

1. 앞의 책에서 우리는 올바름(honestas)에 관련된 의무들에 관하여 다루었습니다. 거기에 성경이 영원한 생명이라 일컫는 행복한 삶이 달려 있다는 것은 누구도 의심하지 않았습니다. 올바름의 광채는 이토록 위대하니, 삶을 행복하게 만드는 양심의 평온과 무죄에 대한 확신과 같습니다. 떠오른 해가 둥근 달과 다른 별빛을 감추듯, 올바름의 광채가 그 참되고 흠 없는 아름다움으로 반짝일 때 사람들이 육체의 쾌락에 따라 선하다고 여기는 것 또는 세속의 기준으로 고귀하고 영예롭다고 여기는 다른 모든 것을 그늘지게 만듭니다.

2. 다른 이들의 판단으로 평가받기보다, 자기 심판관처럼 자신의 내적 감

---

* 『성직자의 의무』 2,1,1에서 2,5,21까지 암브로시우스의 행복론이 펼쳐진다. 암브로시우스, 『야곱과 행복한 삶』 참조.

esentium "umbra futurorum" est, quae impediat uitam aeternam; quod in Euangelio scriptum est: "Amen dico uobis, perceperunt mercedem suam", de his scilicet qui uelut tuba canenti uulgare liberalitatem suam quam faciunt circa pauperes, gestiunt. Similiter et de ieiunio quod ostentationis causa faciunt: "Habent, inquit, mercedem suam."

3. Honestatis igitur est uel misericordiam facere uel ieiunium deferre in abscondito ut mercedem uidearis a solo Deo tuo quaerere, non etiam ab hominibus. Nam qui ab hominibus quaerit, habet mercedem suam; qui autem a Deo, habet uitam aeternam quam praestare non potest nisi auctor aeternitatis, sicut illud est: "Amen, amen dico tibi, hodie mecum eris in paradiso." Vnde expressius Scriptura uitam aeternam appellauit eam quae sit beata ut non hominum opinionibus aestimandum relinqueretur sed diuino iudicio committeretur.

각으로 깨닫는 삶이 분명히 행복합니다. 그러한 삶은 대중의 평판을 일종의 상급으로 얻으려 하지도 않고, 그런 평판을 형벌인 양 두려워하지도 않습니다. 영광을 덜 추구할수록 그 영광보다 드높아지는 법입니다. 실제로, 영광을 좇는 이들은 이러한 현세적 보상은 "앞으로 올 것들의 그림자"[1]일 뿐이고, 복음에 적혀 있듯 영원한 생명을 가로막는다는 것을 알게 됩니다. "내가 진실로 너희에게 말한다. 그들은 자기들의 상을 받았다."[2] 이는 분명 가난한 이들에게 베푼 자신들의 관대함을 퍼뜨리려고 나팔을 불어대는 이들에 관한 말씀입니다. 보여주기 위해 행하는 단식에 관해서도 비슷하게 말씀하십니다. "그들은 자기들의 상을 지니고 있다."[3]

3. 그러므로 자비를 실천하든 숨어서 단식하든, 사람들이 아니라 오직 그대의 하느님께 상급을 얻기를 바란다면, 그것은 올바름 덕분입니다. 사람들에게 상을 얻으려는 사람은 자기의 상을 받지만, 하느님께 상을 얻으려는 사람은 영원한 생명을 받습니다. 이것은 영원의 창조자가 아니고는 베풀 수 없는 선물이니, 이렇게 말씀하신 바와 같습니다. "내가 진실로 너에게 말한다. 너는 오늘 나와 함께 낙원에 있을 것이다."[4] 성경은 영원한 생명을 행복한 삶이라고 더 분명하게 일컬었습니다. 행복한 삶은 사람들의 견해로 평가받도록 내버려 둘 것이 아니라, 하느님의 판단에 맡겨드려야 합니다.

---

1 콜로 2,17.
2 마태 6,2.
3 마태 6,16.
4 루카 23,43.

4. Itaque philosophi uitam beatam, alii in non dolendo posuerunt ut Hierony-
mus, alii in rerum scientia ut Herillus qui audiens ab Aristotele et Theophrasto
mirabiliter laudatam esse rerum scientiam, solam eam quasi summum bonum
posuit cum illi eam quasi bonum, non quasi solum bonum laudauerint. Alii
uoluptatem dixerunt ut Epicurus, alii—ut Callipho et post eum Diodorus—
ita interpretati sunt ut alter ad uoluptatem, alter ad uacuitatem doloris consor-
tium honestatis adiungerent, quod sine ea non possit esse beata uita. Zenon
Stoicus solum et summum bonum quod honestum est; Aristoteles autem uel
Theophrastus et ceteri peripatetici in uirtute quidem, hoc est honestate, uitam
beatam esse, sed compleri eius beatitudinem etiam corporis atque externis
bonis adseruerunt.

---

5 로데스의 히에로니모스는 기원전 3세기의 소요학파 철학자이다. 키케로는 최고선이란 고통
   이 없는 상태라고 보았지만(키케로, 『최고선악론』 2,3,8; 『투스쿨룸 대화』 2,5,15; 5,30,84-
   5,31,88 참조), 쾌락을 선으로 여기지는 않았다.(『최고선악론』 2,6,19 참조)
6 카르타고의 헤릴루스는 스토아학파의 창시자 제논(기원전 333/2-262년)의 제자이다. 스승과
   는 달리 삶의 목적이 아는 데 있다고 주장했다.(키케로, 『아카데미아학파』 2,42,129; 『최고선
   악론』 2,43; 4,36,40; 5,23,73 참조)
7 키케로, 『최고선악론』 5,25,73 참조. 테오프라스토스는 아리스토텔레스의 제자이자 친구이다.
8 에피쿠로스(기원전 341-271년)의 주장에 관해서는 키케로, 『최고선악론』 1,9,29 참조.
9 칼리폰은 거의 알려진 바 없는 철학자이며, 스토아학파와 에피쿠로스학파의 중도 노선을 택
   했다. 키케로, 『최고선악론』 2,6,19 참조.
10 티루스의 디오도로스는 소요학파 철학자로서 기원전 2세기 말에 활동한 크리톨라오스의
    제자요 후계자였다. 키케로, 『최고선악론』 5,5,14 참조.
11 키케로, 『의무론』 3,33,119 참조.

제2장 참된 행복

4. 철학자들은 행복한 삶에 관해 다양한 견해를 지니고 있었습니다. 히에로니모스[5] 같은 이들은 [행복한 삶이란] 고통이 없는 상태에 있다고 했고, 헤릴루스[6]와 같은 다른 이들은 사물에 대한 지식에 달려 있다고 보았습니다. 헤릴루스는 아리스토텔레스와 테오프라스토스[7]가 경탄스러운 방식으로 사물에 대한 지식을 칭송하는 말을 들을 때면 오로지 지식만이 최고선인 양 내세웠습니다. 그러나 그들[아리스토텔레스와 테오프라스토스]은 지식을 유일한 선이 아니라 그저 하나의 선이라고 칭송했을 따름입니다. 에피쿠로스[8] 같은 다른 이들은 [행복한 삶은] 쾌락이라고 했습니다. 칼리폰[9]과 그 뒤에 디오도로스[10] 같은 또 다른 이들은 이렇게 이해했습니다. 올바름 없이는 행복한 삶이 없다고 여긴 까닭에, 한 사람은 올바른 것을 쾌락에 연결했고, 다른 사람은 고통의 공백 상태에 연결했습니다.[11] 스토아학파 제논[12]은 [행복한 삶이란] 유일한 최고선, 곧 올바른 것이라고 했습니다. 그러나 아리스토텔레스나 테오프라스토스와 다른 소요학파는 행복한 삶이 분명 덕(virtus), 곧 올바름에 달려 있지만, 그 행복은 육체의 외적 선으로 보완될 때 완전해진다고 주장했습니다.[13]

---

12 제논은 스토아학파의 창시자로서 유일한 최고선은 덕이며, 행복한 삶을 위해서는 자연 규범에 따라 사는 것으로 넉넉하다고 가르쳤다. 키케로, 『의무론』 3,8,35; 『아카데미아학파』 1,35; 『최고선악론』 3과 5; 『투스쿨룸 대화』 5 참조.

13 아리스토텔레스, 『니코마코스 윤리학』 1099a31-b8; 1153b16-24; 키케로, 『아카데미아학파』 2,131; 『최고선악론』 2,6,19; 4,6,14-15 참조.

5. Scriptura autem diuina uitam aeternam in cognitione posuit Diuinitatis et fructu bonae operationis. Denique utriusque adsertionis euangelicum suppetit testimonium. Nam et de scientia ita dixit Dominus Iesus: "Haec est autem uita aeterna ut cognoscant te solum uerum Deum et quem misisti Iesum Christum." Et de operibus ita respondit: "Omnis qui reliquerit domum uel fratres aut sorores aut matrem aut filios aut agros propter nomen meum, centuplum accipiet et uitam aeternam possidebit."

6. Sed ne aestimetur hoc recens esse et prius tractatum philosophis quam in Euangelio praedicatum—anteriores enim Euangelio philosophi, id est, Aristoteles et Theophrastus, uel Zenon atque Hieronymus, sed posteriores prophetis—accipiant quam longe antequam philosophorum nomen audiretur, per os sancti Dauid utrumque aperte uideatur expressum. Scriptum est enim: "Beatus quem tu erudieris, Domine, et de lege tua docueris eum." Habemus et alibi: "Beatus uir qui timet Dominum, in mandatis eius cupiet nimis." Docuimus de cognitione cuius praemium aeternitatis fructum esse memorauit adiciens propheta quia in domo huius timentis Dominum uel eruditi in lege et cupientis in mandatis diuinis: "gloria et diuitiae et iustitia eius manet in saeculum saeculi." De operibus quoque in eodem psalmo subiunxit uitae aeternae suppetere

---

14 요한 17,3 참조.
15 마태 19,29 참조.
16 성경의 지혜는 그리스 철학보다 더 오래되었다는 암브로시우스의 주장에 관해서는 『성직자의 의무』 1,10,31의 각주 참조. 다른 교부들의 유사한 견해에 관해서는 테르툴리아누스, 『호교론』 47,1-3; 아우구스티누스, 『신국론』 8,11 참조.
17 시편 94,12 참조.

5. 그러나 성경은 영원한 생명이란 하느님을 아는 것과 선행의 열매에 달려 있다고 했습니다. 이 진술의 두 요소를 뒷받침할 복음의 증언이 있습니다. 지식에 관해서는 주 예수님께서 이렇게 말씀하셨습니다. "이것이 영원한 생명이니, 홀로 참 하느님이신 당신을 알고 당신께서 보내신 예수 그리스도를 아는 것입니다."[14] 선행에 관해서는 이렇게 대답하셨습니다. "내 이름 때문에 집이나 형제나 자매, 어머니나 자녀나 밭을 버린 사람은 모두 백배로 받을 것이고 영원한 생명도 지닐 것이다."[15]

6. 그러나 사람들은 이것이 최근의 일이며 철학자들이 이 문제를 논의한 것은 복음에서 선포되기 전이라고 생각하지 않도록—예컨대 아리스토텔레스나 테오프라스토스, 또는 제논이나 히에로니모스 같은 사람들은 예언자들보다는 나중이지만[16] 복음보다 이전에 살았기 때문입니다.—철학자들의 이름을 듣기 훨씬 전에, [행복의 이 두 요소는] 거룩한 다윗의 입으로 분명히 표현되었다는 사실을 직시해야 하겠습니다. 이렇게 적혀 있습니다. "주님, 행복합니다, 당신께서 교육하시고 당신 법으로 가르치시는 사람."[17] 다른 곳에서 이런 말씀이 있습니다. "행복하여라, 주님을 경외하고 그분의 계명들로 큰 즐거움을 삼는 이."[18] 우리는 영원의 상급이라는 결실을 얻게 하는 앎에 관하여 일러드렸습니다. 이는 예언자가 이렇게 덧붙이면서 되새겨준 바이기도 합니다. 주님을 경외하는 이와, 그분의 법 안에서 배우고 하느님의 계명으로 즐거움을 삼는 이의 집에는 "영광과 재물이 있고 그의 의로움은 세세대대로 남는다."[19]고 했기 때문입니다. 같은 시편에서 선행에 관해

---

18 시편 112,1.
19 시편 112,3 참조.

praemium uiro iusto. Denique ait: "Beatus uir qui miseretur et commodat, disponit sermones suos in iudicio, quia in saeculum non commouebitur. In memoria aeterna erit iustus." Et infra: "Dispersit, dedit pauperibus, iustitia eius manet in aeternum."

7. Habet ergo uitam aeternam fides quia fundamentum est bonum, habent et bona facta quia uir iustus et dictis et rebus probatur. Nam si exercitatus sit in sermonibus et desidiosus in operibus, prudentiam suam factis repellit; et grauius est scire quid facias nec fecisse quod faciendum cognoueris. Contra quoque strenuum esse in operibus, adfectu infidum, ita est ac si uitioso fundamento pulchra culminum uelis eleuare fastigia: quo plus struxeris, plus corruit, quia sine munimento fidei opera non possunt manere. Infida statio in portu nauem perforat et arenosum solum cito cedit nec potest impositae aedificationis sustinere onera. Ibi ergo plenitudo praemii, ubi uirtutum perfectio et quaedam in factis atque dictis aequalitas sobrietatis.

3

8. Et quoniam sola rerum scientia explosa est uel quasi inanis secundum

---

20 시편 112,5-7 참조.

서도 말하면서, 영원한 생명의 상급은 의로운 이에게 있다고 덧붙였습니다. 이렇게 말합니다. "행복하여라, 자비를 베풀고 꾸어주는 사람, 그는 세세에 흔들리지 않으리니 심판 때에 자신이 할 말을 준비하게 되리라. 의인은 영원히 기억되리라."[20] 더 아래에서는 이렇게 말합니다. "그는 가난한 이들에게 베풀고 나누어주었으니, 그의 의로움은 영원히 남으리라."[21]

7. 믿음은 영원한 생명을 지니고 있습니다. 믿음은 좋은 토대이기 때문입니다. 선행도 영원한 생명을 지니고 있습니다. 의로운 사람은 말과 행동으로 인정받기 때문입니다. 어떤 이가 말하는 데 능숙하고 행동에 굼뜨다면, 그는 행동으로 자신의 예지를 부정하는 셈입니다. 더구나, 그대가 무엇을 해야 할지 알지만, 마땅히 해야 한다고 알았던 바를 행하지 않는다면 더 심각한 일입니다. 반대로, 행동으로는 열성적이지만 마음에 믿음이 없다면, 그것은 마치 기초가 부실한 건물 꼭대기에 아름다운 원형 지붕을 올리려는 꼴입니다. 건물을 세워 올릴수록 더 무너져 내릴 것입니다. 행동은 신앙의 뒷받침 없이는 지속될 수 없기 때문입니다. 항구에 부실하게 닻을 내리면 파선되고, 모래로 된 땅은 그 위에 세워진 건물의 무게를 감당할 수 없어 금세 무너져 내립니다. 그러므로 '완전한 덕'[完德]이 있고 말과 행동에서 절제된 균형이 있는 곳에 충만한 상급이 있습니다.

제3장 행복의 길

8. 사물에 대한 지식만 [행복을 줄 수 있다는 주장을] 떨쳐낸 까닭은, 그것이

---

21 시편 112,9 참조.

philosophiae disputationes superfluas uel quasi semiperfecta sententia, consideremus quam enodem de eo scriptura diuina absoluat sententiam, de quo tam multiplices et implicatas atque confusas uidemus quaestiones esse philosophiae. Nihil enim bonum Scriptura nisi quod honestum adserit uirtutemque in omni rerum statu beatam iudicat, quae neque augeatur bonis corporis uel externis, neque minuatur aduersis; nihilque tam beatum nisi quod a peccato alienum sit, plenum innocentiae, repletum gratiae Dei. Scriptum est enim: "Beatus uir qui non abiit in consilio impiorum et in uia peccatorum non stetit et in cathedra pestilentiae non sedit sed in lege Domini fuit uoluntas eius." Et alibi: "Beati immaculati in uia qui ambulant in lege Domini."

9. Innocentia igitur et scientia beatum faciunt. Bonae quoque operationis mercedem esse beatitudinem uitae aeternae superius aduertimus. Restat igitur ut spreto patrocinio uoluptatis aut doloris metu—quorum alterum quasi infractum et molliculum, alterum quasi euiratum et infirmum despuit—in ipsis doloribus uitam beatam eminere demonstret. Quod facile doceri potest cum legerimus: "Beati estis cum uobis maledicent et persequentur et dicent omne malum aduersus uos propter iustitiam. Gaudete et exsultate quoniam merces uestra copiosa est in caelo. Sic enim persecuti sunt et prophetas qui erant ante uos." Et alibi: "Qui uult uenire post me, tollat crucem suam et sequatur me."

---

22   시편 1,1-2 참조.
23   시편 119,1 참조.

과도한 철학적 논의들에 기댄 헛된 지식이거나 불완전한 지식이기 때문입니다. 그토록 다양하고 복잡하고 혼란스러운 질문들만 늘어놓은 철학적 주제에 관하여 성경이 어떻게 해답을 내놓는지 살펴봅시다. 성경은 올바른 것 이외에 아무 선도 없다고 하고, 일의 형편이 어떠하든 덕을 행복이라고 판단합니다. 덕은 육체적이거나 외적인 재화로 늘어날 수도 없고, 역경으로 줄어들 수도 없기 때문입니다. 성경은 죄와 상관없고, 결백으로 가득하고, 하느님의 은총으로 충만한 상태만큼 행복한 것은 아무것도 없다고 합니다. 그래서 이렇게 적혀 있습니다. "행복하여라, 악인들의 뜻에 따라 걷지 않고 죄인들의 길에 들지 않으며 해로운 자들의 자리에 앉지 않는 사람, 오히려 주님의 법에 제 뜻을 둔 사람."[22] 다른 곳에서는 이렇게 말합니다. "행복하여라, 그 길에서 흠이 없으며, 주님의 법 안에서 걸어가는 이들."[23]

9. 그러므로 사람을 행복하게 하는 것은 결백과 지식입니다. 우리는 앞에서, 영원한 생명의 행복은 선행의 상급이기도 하다는 것을 살펴보았습니다. 쾌락에 대한 변명이나 고통에 대한 두려움을 뿌리치기만 하면—성경에서는 하나는 구차하고 비루한 것으로, 다른 하나는 유약하고 박약한 것으로 여겨 둘 다 거부합니다—고통 속에서도 행복한 삶이 두드러질 수 있다는 사실을 밝히는 일이 남아 있습니다. 이는 다음 말씀을 읽으면 쉽게 배울 수 있습니다. "사람들이 정의 때문에 너희를 모욕하고 박해하며, 너희를 거슬러 거짓으로 온갖 사악한 말을 하면, 너희는 행복하다. 기뻐하고 즐거워하여라. 하늘에서 너희의 상이 크다. 사실 너희에 앞서 예언자들도 그렇게 박해를 받았다."[24] 다른 곳에는 이런 말씀이 있습니다. "내 뒤를 따라

---

24 마태 5,11-12 참조.

4

10. Est ergo beatitudo et in doloribus quos plena suauitatis uirtus comprimit et coercet, ipsa sibi domesticis opibus abundans uel ad conscientiam uel ad gratiam. Neque enim parum beatus Moyses, cum Aegyptiorum uallatus populis et mari clausus, per fluctus sibi et populo patrum pedestrem uiam piis meritis inuenisset. Quando autem fortior quam tunc cum extremis circumuentus periculis non desperabat salutem, sed exigebat triumphum?

11. Quid Aaron? Quand beatiorem credidit quam tunc quando medius stetit inter uiuos ac mortuos et obiectu sui statuit mortem, ne ad uiuorum transiret agmina a cadaueribus mortuorum? Quid de puero Daniele loquor, qui tam sapiens erat ut inter leones fame exasperatos nulla bestialis saeuitiae frangeretur formidine; ita alienus a metu ut posset epulari nec uereretur ne ad pastum exemplo sui feras prouocaret?

---

25 마태 16,24 참조.
26 암브로시우스, 『야곱과 행복한 삶』 1,28 참조.
27 탈출 14,21-22 참조.

오려는 사람은 제 십자가를 지고 나를 따라야 한다."[25]

제4장 가난과 고통에도 행복한 삶

10. 그러니 고통 속에도 행복이 있습니다. 달콤함으로 가득한 덕이 제어하고 단속할 때 그러합니다. 덕의 내적 풍요는 양심이나 은총에 이르기까지 넘쳐납니다.[26] 모세가 누린 행복은 작지 않습니다. 이집트 백성에게 포위되고 바다에 갇혔을 때, 그는 자신의 경건한 공덕에 힘입어 자신과 성조들의 백성이 바다를 가로질러 걸어갈 수 있는 길을 찾아냈습니다.[27] 극도로 위험에 포위되었지만, 구원의 희망을 저버리지 않고 승리를 거둔 그때보다 더 용감했던 적이 언제였습니까?

11. 아론은 어떠합니까? 그는 죽은 이들의 시신에서 산 이들의 반열로 죽음이 건너가는 것을 막기 위해 산 이들과 죽은 이들 가운데 서서 몸소 죽음을 막는 방벽이 되었던 그 순간보다 더 행복하다고 느낀 적이 언제였습니까?[28] 소년 다니엘에 관해서는 무슨 말을 하겠습니까? 그가 얼마나 지혜로웠는지 보십시오. 그는 걸신들린 사자들 사이에 있으면서도 사나운 짐승을 전혀 두려워하지 않았습니다. 그는 자신의 행동으로 맹수들의 식욕을 자극할까 겁내지 않고 식사를 할 수 있을 정도로 두려움에서 벗어나 있지 않았습니까?[29]

---

28 민수 16,48 참조.
29 다니 14,31-39 참조.

12. Est ergo et in dolore uirtus quae sibi bonae suauitatem exhibeat conscientiae; et ideo indicio est quod non minuat dolor uirtutis uoluptatem. Sicut ergo nulla uirtuti decessio beatitudinis per dolorem, ita etiam nulla accessio per uoluptatem corporis, aut commodorum gratia. De quibus pulchre apostolus ait: "Quae mihi lucra fuerunt, haec duxi propter Christum detrimenta esse." Et addidit: "Propter quem omnia damna duxi et aestimo ut stercora ut Christum lucrifaciam."

13. Denique Moyses damnum suum credidit thesauros esse Aegyptiorum et opprobrium dominicae crucis praetulit; nec tunc diues cum abundaret pecunia nec postea pauper cum egeret alimento. Nisi forte tunc alicui minus beatus uideretur fuisse cum in deserto quotidiana alimonia sibi et populo suo deforet. Sed quod summi boni ac beatitudinis nemo negare audeat, manna ei, hoc est, "panis angelorum" ministrabatur e caelo, carnis quoque quotidiana pluuia totius plebis epulis redundabat.

14. Eliae quoque sancto panis ad uictum deerat si quaereretur, sed non uidebatur deesse quia non quaerebatur. Itaque diurno coruorum obsequio mane panis, caro ad uesperam deferebatur. Numquid ideo minus beatus quia erat

---

30 키케로, 『의무론』 3,33,120 참조.
31 필리 3,7 참조.
32 필리 3,8.

12. 그러므로 덕은 고통 가운데에도 존재합니다. 그 덕은 선한 양심의 달콤함을 자신에게 주고, 고통이 덕의 기쁨을 감소시키지 않는다는 사실을 보여줍니다. 덕으로 말미암아 행복이 고통을 통해서도 전혀 줄어들지 않듯이, 행복은 육체적 쾌락이나 편안함을 통해 조금도 늘어나지 않습니다.[30] 이에 관해서는 사도가 멋지게 말합니다. "나에게 이롭던 이것들을 나는 그리스도 때문에 해로운 것으로 여기게 되었습니다."[31] 그리고 이렇게 덧붙입니다. "나는 그리스도 때문에 모든 것을 잃었지만 그것들을 쓰레기로 여깁니다. 내가 그리스도를 얻으려는 것입니다."[32]

13. 모세도 이집트인들의 보화를 자신의 손실로 여겼고, 주님 십자가의 치욕을 더 좋아했습니다.[33] 그는 돈이 풍족했을 때 부유하지도 않았고, 나중에 끼니조차 아쉬웠을 때 가난하지도 않았습니다. 광야에서 자신과 자기 백성들에게 일용할 양식이 떨어졌을 때 그가 덜 행복했으리라고 여길 사람에게는 아마 그렇지 않겠지만 말입니다. 그러나 최고선과 행복의 증거를 누구도 감히 부인할 수 없을 것입니다. "천사들의 빵"[34]인 만나가 하늘에서 그에게 제공되었고, 온 백성이 먹을 양식으로 고기도 날마다 비처럼 풍성히 내렸습니다.[35]

14. 거룩한 엘리야도 먹을 것을 찾아 나섰다면 먹을 빵이 없었을 터였지만, 찾아 나서지 않았기 때문에 오히려 부족하지 않았던 것 같습니다. 까마귀가 날마다 그를 보살폈습니다. 아침에는 빵을, 저녁에는 고기를 날라

---

33 히브 11,26; 시편 89,51-52 참조.
34 시편 78,25 참조.
35 탈출 16,1-35 참조.

pauper sibi? Minime. Immo eo magis beatus quia erat Deo diues. Aliis enim esse quam sibi diuitem praestat, ut iste erat qui tempore famis cibum a uidua petebat, largiturus ut hydria farinae per triennium et sex menses non deficeret, et quotidianos usus olei uas uiduae inopi sufficeret ac ministraret. Merito ibi uolebat Petrus esse ubi istos uidebat. Merito in monte cum Christo in gloria apparuerunt quia et ipse pauper factus est cum diues esset.

15. Nullum ergo adminiculum praestant diuitiae ad uitam beatam. Quod euidenter Dominus demonstrauit in Euangelio dicens: "Beati pauperes, quoniam uestrum est regnum Dei. Beati qui nunc esuriunt et sitiunt, quia saturabuntur. Beati qui nunc fletis, quia ridebitis." Itaque paupertatem, famem, dolorem — quae putantur mala — non solum impedimento non esse ad uitam beatam, sed etiam adiumento euidentissime pronuntiatum est.

5

16. Sed et illa quae uidentur bona, diuitias, satietatem, laetitiam expertem do-

---

36 영광스러운 모습으로 변모하신 예수님 곁에 나타난 모세와 엘리야를 일컫는다.
37 마태 17,1-8; 마르 9,2-8; 루카 9,28-36 참조.
38 2코린 8,9 참조.

주었습니다. 자신이 가난했기에 덜 행복했을 것 같습니까? 전혀 그렇지 않습니다. 그는 하느님께 부유했기 때문에 더 행복했습니다. 자신에게 부유하기보다 다른 이들에게 부유한 것이 낫습니다. 이 엘리야가 그랬습니다. 그가 기근 중에 과부에게 음식을 청했던 까닭은 과부의 밀가루 단지에는 삼 년 육 개월 동안 밀가루가 떨어지지 않도록 하고 가난한 과부의 기름병에 날마다 필요한 만큼 넉넉히 채워주기 위해서였습니다. 베드로가 이런 이들을 볼 수 있는 곳에 머무르기를 바랐던 것도 마땅한 일입니다. 그들[36]이 산 위에서 영광에 싸이신 그리스도와 함께 나타난 것도 마땅한 일입니다.[37] 그분도 부유하셨으나 가난해지셨기 때문입니다.[38]

15. 부는 행복한 삶에 아무런 도움이 되지 않습니다. 주님께서 복음에서 이런 말씀으로 분명히 밝혀주셨습니다. "행복하여라, 가난한 사람들! 하느님의 나라가 너희 것이다. 행복하여라, 지금 굶주리고 목마른 사람들! 너희는 배부르게 될 것이다. 행복하여라, 지금 우는 사람들! 너희는 웃게 될 것이다."[39] 그러므로 가난, 굶주림, 고통―사람들이 악이라 여기는 이런 것들―이 행복한 삶에 걸림돌이 되지 않을 뿐 아니라, 오히려 도움이 된다고 명명백백 선포하셨습니다.

제5장 아픔과 고통 속에 영그는 인생의 행복

16. 그러나 부와 배부름과 고통 없는 기쁨처럼 좋아 보이는 것들도 행복의 결실을 맺는 데는 불리합니다.[40] 이는 주님의 판단으로 분명히 선언되었습

---

39 루카 6,20-21.

loris, detrimento esse ad fructum beatitudinis, Dominico declaratum iudicio liquet, cum dicitur: "Vae uobis diuitibus quia habetis consolationem uestram! Vae uobis qui saturati estis quia esurietis!" Et illis qui rident, quia lugebunt, si ergo non solum adminiculo non sunt ad uitam beatam corporis aut externa bona, sed etiam dispendio sunt.

17. Inde enim beatus Nabuthe etiam cum lapidaretur a diuite, quia pauper et infirmus aduersum opes regias solo erat adfectu et religione diues ut pecunia regali non commutaret paternae uineae hereditatem; eoque perfectus quia sanguine proprio defenderet iura maiorum suorum. Inde quoque miser Achab suo iudicio quia pauperem necari fecerat ut eius possideret uineam.

18. Certum est solum et summum bonum uirtutem esse eamque abundare solam ad uitae fructum beatae, nec externis aut corporis bonis sed uirtute sola uitam praestari beatam per quam uita aeterna acquiritur. Vita enim beata fructus praesentium uita autem aeterna spes futurorum est.

19. Et sunt tamen qui in hoc corpore tam infirmo, tam fragili, impossibilem uitam beatam putent, in quo necesse est angi, dolere, deplorare, aegrescere;

---

40 키케로, 『의무론』 3,3,18; 33-34; 84 참조.
41 루카 6,24-25 참조.

니다. "불행하여라, 너희 부유한 사람들! 너희는 너희의 위로를 받았다. 불행하여라, 너희 배부른 사람들! 너희는 굶주리게 될 것이다."[41] 웃는 이들도 불행합니다. 그들은 울게 될 것이기 때문입니다. 그러므로 육체적 선과 외적 재화는 행복한 삶에 아무런 도움도 되지 않을뿐더러, 손실일 따름입니다.

17. 그래서 나봇은 부자에게 돌팔매질을 당할 때도 행복했던 것입니다.[42] 가난하고 힘없는 그는 오직 애정과 신심만으로 임금의 부에 맞섰고, 조상들에게 물려받은 포도밭을 임금의 돈과 바꾸기를 거절했습니다. 여기에 완전한 사람이 있습니다. 그는 자기 피를 대가로 치르는 한이 있어도 자기 조상들의 권리를 지키고자 했습니다. 아합은 자신의 판단으로도 비참한 자입니다. 가난한 사람의 포도밭을 차지하기 위해 가난한 이를 죽였기 때문입니다.[43]

18. 분명 덕은 유일한 최고선이고, 오직 덕만이 행복한 삶의 열매를 풍성하게 해줍니다. 행복한 삶은 외적이거나 육체적인 재화가 아니라, 영원한 생명을 얻게 하는 덕으로만 보장됩니다. 행복한 삶은 현재의 열매이고, 영원한 생명은 미래의 희망입니다.

19. 이 연약하고 나약한 육체로 사는 한 행복한 삶은 불가능하다고 생각하는 사람이 더러 있습니다. 육체로는 괴로움과 고통, 슬픔과 병고를 겪을

---

42 1열왕 21,1-29 참조.
43 암브로시우스, 『나봇 이야기』; 『성직자의 의무』 3,9,63-64 참조.

quasi uero ego in corporis exsultatione dicam uitam beatam consistere et non in altitudine sapientiae, suauitate conscientiae, uirtutis sublimitate. Non enim in passione esse sed uictorem esse passionis beatum est, nec frangi temporalis motu doloris.

20. Pone accidere haec quae grauia ad uim doloris feruntur: caecitatem, exsilium, famem, stuprum filiae, amissionem liberum. Quis neget beatum Isaac qui non uidebat in senectute et beatitudines suis benedictionibus conferebat? An non beatus Iacob qui profugus patria domo, mercenarius pastor exsilium sustinuit, filiae pudicitiam ingemuit esse temeratam, famem pertulit? Non ergo beati quorum fide Deus accipit testimonium cum dicitur: "Deus Abraham, Deus Isaac, Deus Iacob?" Misera est seruitus sed non miser Ioseph; immo plane beatus cum dominae libidines in seruitute positus coerceret. Quid de sancto Dauid loquar qui trium filiorum deplorauit obitum et, quod his durius, incestum filiae? Quomodo non beatus de cuius successione beatitudinis auctor exortus est qui plurimos fecit beatos: "Beati enim qui non uiderunt et crediderunt"? Fuerunt et ipsi in sensu infirmitatis sed eualuerunt de infirmitate fortes. Quid laboriosius autem sancto Iob uel in domus incendio uel filiorum

---

44 눈멂도 귀양살이도 거친 음식도 행복을 감소시킬 수 없다는 스토아 사상을 키케로는 『투스 쿨룸 대화』 제5권에서 집중적으로 다룬다.
45 창세 27,1-29 참조.
46 창세 31,41 참조.
47 창세 34,5 참조.
48 창세 42,2 참조.
49 탈출 3,6 참조.
50 창세 39,7-20 참조.

수밖에 없기 때문이라는 것입니다. 그들은 내가 마치 행복한 삶이란 숭고한 지혜나 평화로운 양심, 드높은 덕이 아니라 육체적 원기에 달려 있다고 말했다고 여기는 모양입니다. 고난 속에 있는 것이 아니라 고난을 이기는 것이 행복하고, 일시적 고통의 힘에 휘둘리지 않는 것은 행복합니다.

20. 끔찍한 고통을 자아내는 일, 예컨대 눈이 멀거나 귀양살이를 하거나 굶주리거나 딸이 겁탈을 당하거나 자녀를 잃는 일이 닥쳤다고 가정해 봅시다.[44] 이사악이 행복하다는 사실을 누가 부인하겠습니까? 그는 노년에 앞을 보지 못했지만 자신의 축복으로 행복을 나누어주었습니다.[45] 아버지의 집에서 도망쳐 품삯 받는 목동으로 귀양살이하고[46] 딸이 겁탈당하는 슬픔을 겪었으며[47] 배고픔을 겪은[48] 야곱은 행복하지 않습니까? 하느님께서 그들의 믿음을 증거로 받아들이시어 "아브라함의 하느님, 이사악의 하느님, 야곱의 하느님"[49]이라고 일컬어지게 하신 그들은 행복하지 않습니까? 종살이는 비참한 일이지만, 요셉은 비참하지 않았습니다. 그는 종의 신분이면서도 주인 여자의 욕정을 제어했을 때 참으로 행복했습니다.[50] 거룩한 다윗에 대해서는 어떤 말을 할까요? 그는 세 아들이 죽는 슬픔을 겪었고[51], 그보다 더 혹독한, 딸의 근친상간까지 있지 않았습니까?[52] 그렇지만 많은 이들을 행복하게 하신 행복의 창조자께서 그 후손에게서 나셨으니 다윗이 어찌 행복하지 않겠습니까? "보지 않고도 믿은 사람은 행복하다."[53]고 하셨으니 말입니다. 위에서 말한 사람들은 자신의 나약함을 느끼고 있었지만 나약함을 떨치고 용감해졌습니다.[54] 집은 불타고 아들딸 열 명이 순식간

---

51 2사무 12,15-18; 13,30; 18,33 참조.

52 2사무 13,1-14 참조.

53 요한 20,29 참조.

decem interitu momentario, doloribus corporis? Numquid minus beatus quam si illa non pertulisset in quibus magis probatus est?

21. Esto tamen fuisse in illis aliquid acerbitatis, quem uirtus animi non abscondit dolorem. Neque enim profundum mare negauerim quia uadosa litora sunt neque caelum lucidum quia interdum obtexitur nubibus, neque terram fecundam quia aliquibus locis ieiuna glarea est, aut laetas segetes quia intermixtam solent habere sterilem auenam; similiter puta beatae messem conscientiae interpellari aliquo acerbo doloris. Nonne totius manipulis uitae beatae, si quid forte aduersi accidit atque amaritudinis, tamquam sterilis auena absconditur aut tamquam lolii amaritudo frumenti suauitate obducitur? Sed iam ad proposita pergamus.

6

22. Superiore libro ita diuisionem fecimus ut primo loco esset honestum et decorum, a quo officia ducerentur; secundo loco quid utile. Et quemadmodum in primo diximus quia inter honestum et decorum est quaedam distinctio quae magis intellegi quam explicari possit, sic et cum utile tractamus, consideran-

---

54 히브 11,34 참조.
55 욥 1,19 참조.

에 죽고[55] 육체적 고통에 시달린 거룩한 욥보다 더 고생한 사람이 누구입니까?[56] 그렇지만 그를 시험에 빠뜨렸던 그 재앙들을 겪었다고 해서 그가 덜 행복합니까?[57]

21. 그럼에도 인생에는 쓰라린 아픔들이 있고, 영혼의 힘이 이 고통을 숨기지 못한다는 사실을 인정해야 합니다. 해변의 물이 얕다고 해서 깊은 바다를 부정해서는 안 되고, 때때로 구름에 가린다고 해서 맑은 하늘을 부정할 수 없으며, 군데군데 불모의 땅이 있다고 해서 비옥한 대지를 부정할 수 없고, 야생 귀리가 뒤섞여 있다고 해서 풍성한 수확을 부정할 수는 없습니다. 이와 마찬가지로, 행복한 양심이 거두어들이는 수확물은 고통의 불행에 방해받기도 한다는 사실을 생각하십시오. 우연히 역경과 곤경을 맞닥뜨리게 된다면, 이는 행복한 삶 전체의 곡식단에 야생 귀리가 숨어 있거나 달콤한 알곡들 사이에 씁쓸한 가라지가 감추어져 있는 것과 같지 않습니까? 그러나 이제 우리 주제로 들어갑시다.

제6장 올바른 것은 이롭고 이로운 것은 올바르다

22. 앞의 책[제1권]에서 우리는 이렇게 주제를 나누었습니다. 첫째는 올바른 것(honestum)과 어울리는 것(decorum)이며, 여기에서 의무가 비롯합니다. 둘째는 이로운 것(utile)입니다. 첫째 부류에서, 우리는 올바른 것과 어울리는 것 사이에는 설명하는 것보다 더 잘 이해할 수 있는 어떤 차이가 있

---

56 욥 2,7 참조.
57 욥 42,10-17 참조.

dum uidetur quid utilius.

23. Vtilitatem autem non pecuniarii lucri aestimatione subducimus sed acquisitione pietatis, sicut apostolus ait: "Pietas autem ad omnia utilis est, promissionem habens uitae praesentis et futurae." Itaque in Scripturis diuinis, si diligenter quaeramus, saepe inuenimus quod honestum est utile uocari: "Omnia mihi licent sed non omnia sunt utilia." Supra de uitiis loquebatur. Hoc ergo dicit: Licet peccare, sed non decet. In potestate sunt peccata sed non sunt honesta. Luxuriari promptum sed non iustum. Non enim Deo esca sed uentri colligitur.

24. Ergo quia quod utile, id etiam iustum, iustum est ut seruiamus Christo qui nos redemit; ideo iusti, qui pro eius nomine se morti obtulerunt; iniusti, qui declinauerunt de quibus dicit: "Quae utilitas in sanguine meo?", id est: qui iustitiae meae profectus? Vnde et illi: "Adligemus iustum quia inutilis est nobis", id est: iniustus qui nos arguit, condemnat, corripit. Licet hoc possit etiam ad auaritiam impiorum hominum deriuari, quae perfidiae uicina est; sicut in

---

58 『성직자의 의무』 1,45,219; 키케로, 『의무론』 1,27,94-95 참조.

59 1티모 4,8 참조.

60 키케로, 『의무론』 2,3,10 참조.

61 1코린 6,12 참조.

다고 말씀 드렸습니다.[58] 이로운 것을 다룰 때도, 우리는 어떤 것이 더 이로운지 살펴야 하겠습니다.

23. 그러나 이로움(utilitas)이란 금전적 이익을 계산하는 것이 아니라, 사도가 말하는 바와 같이 신심을 지니는 일에 관한 것입니다. "신심은 모든 면에서 이롭습니다. 현재와 미래의 생명을 약속해 주기 때문입니다."[59] 우리가 성경에서 부지런히 찾는다면 종종 올바른 것은 이롭다고 일컬어진다는 사실을 발견하게 됩니다.[60] "나에게는 모든 것이 허용되지만, 모든 것이 이롭지는 않습니다."[61] 앞에서 사도는 악습들에 관하여 이야기했습니다. 그러므로 여기서 그가 하는 말은 이런 뜻입니다. "죄를 지을 수는 있다. 그러나 그것은 적절치 않다. 죄를 짓는 것은 우리 권한이지만 그것은 올바르지 않다." 사치를 부리기는 쉽지만 의롭지 않습니다. 음식은 하느님을 위해서가 아니라 배를 위해 모아들이기 때문입니다.[62]

24. 그러므로 이로운 것은 또한 의로우므로, 우리를 구원하신 그리스도를 섬기는 것은 의롭습니다. 그분의 이름 때문에 죽음으로 자신을 희생한 이들은 의롭지만, 그렇게 하기를 거부한 이들은 의롭지 않습니다. 그들에 관해서는 이렇게 말씀하십니다. "내 피에 무슨 이로움이 있는가?"[63] 곧, 내 의로움이 무슨 유익이 되었는가? 그들도 이렇게 말합니다. "의인에게 덫을 놓자. 우리에게 무익하기 때문이다."[64] 달리 말하면, 우리를 비난하고 단죄하고 질책하는 이는 누구든 불의하다는 것입니다. 불경한 인간들의 탐욕

---

62 1코린 6,13 참조.
63 시편 30,10 참조.
64 지혜 2,12 참조.

Iuda proditore legimus qui auaritiae studio et pecuniae cupiditate laqueum proditionis incurrit atque incidit.

25. De hac igitur tractandum est utilitate quae sit plena honestatis, sicut ipsis uerbis definiuit apostolus dicens: "Hoc autem ad utilitatem uestram dico, non ut laqueum iniciam uobis, sed ad id quod honestum est." Liquet igitur quod honestum est, utile esse; et quod utile, honestum; et quod utile, iustum; et quod iustum, utile. Neque enim mihi ad mercatores lucri cupidine auaros sed ad filios sermo est; et sermo de officiis quae uobis quos elegi in ministerium Domini, inculcare gestio atque infundere, ut ea quae mentibus ac moribus uestris usu atque institutione inolita atque impressa sunt, etiam sermone ac disciplina aperiantur.

26. Itaque de utilitate dicturus, utar illo uersiculo prophetico: "Declina cor meum in testimonia tua et non in auaritiam", ne utilitatis sonus excitet pecuniae cupiditatem. Denique aliqui habent: "Declina cor meum in testimonia tua et non ad utilitatem", hoc est illam quaestuum nundinas aucupantem utilitatem, illam usu hominum ad pecuniae studia inflexam ac deriuatam. Vulgo enim hoc solum dicunt utile quod quaestuosum; nos autem de ea tractamus

---

65 1코린 7,35 참조.
66 키케로, 『의무론』 2,3,10; 3,7,34 참조.
67 시편 119,36 참조.

에도 똑같이 적용할 수 있습니다. 탐욕은 배신의 이웃이기 때문입니다. 배신자 유다에게서 읽을 수 있듯이, 그가 배신의 올가미에 걸려 파멸한 것은 이글거리는 탐욕과 돈 욕심 때문이었습니다.

25. 올바름으로 가득한 이 이로움에 관하여 다루어야 하겠습니다. 이는 사도가 적절한 용어로 정의하여 다음과 같이 말하는 바와 같습니다. "나는 여러분의 이로움을 위하여 이 말을 합니다. 여러분에게 굴레를 씌우려는 것이 아니라, 올바른 것을 향하게 하려는 것입니다."[65] 그러므로 올바른 것은 이롭고, 이로운 것은 올바르며, 이로운 것은 의롭고, 의로운 것은 이롭다는 것이 분명합니다.[66] 나는 지금 이익만 갈망하는 탐욕적인 장사치들에게 이야기하고 있는 것이 아니라 내 아들들에게 말하고 있으며, 주님께 봉사하도록 내가 뽑은 여러분에게 심어주고 부어주기를 간절히 바라는 의무에 관하여 이야기하고 있습니다. 실천과 훈련을 통해 여러분의 정신과 행실에 뿌리 내리고 새겨진 기준들이 말과 가르침으로도 펼쳐지기를 바랍니다.

26. 이로운 것에 관하여 말씀 드리기 위해 이 예언 구절을 이용하겠습니다. "제 마음을 탐욕이 아니라 당신 가르침으로 기울게 하소서."[67] 이로움이라는 소리가 돈 욕심을 연상시키지 않도록 하려는 것입니다. 다른 필사본들은 이렇게 전하기도 합니다. "제 마음이 이로움이 아니라 당신 가르침으로 기울게 하소서."[68] 다시 말해, 이런 이로움은 이윤을 남길 기회를 찾고, 인간들의 습성으로 말미암아 돈에 대한 열망으로 뒤틀리고 일탈된

---

68 이 시편 본문에 관한 대표적인 주해는 다음과 같다. 암브로시우스, 『시편 제118편 해설』 5,13; 힐라리우스, 『시편 강해』 118,5,13; 아우구스티누스, 『시편 상해』 118,11,6.

utilitate, quae damnis quaeritur, ut Christum lucremur cuius "quaestus est pietas cum sufficientia." Magnus profecto quaestus quo pietatem acquirimus quae apud Deum diues est, non caducis facultatibus sed muneribus aeternis in quibus non tentatio lubrica sed constans et perpetua sit gratia.

27. Est igitur utilitas alia corporalis, alia pietatis, sicut diuisit apostolus: "Corporalis enim exercitatio ad modicum, inquit, utilis est, pietas autem ad omnia est utilis." Quid autem tam honestum quam integritas? Quid tam decorum quam immaculatum seruare corpus, et inuiolatum atque intaminatum pudorem? Quid etiam tam decorum quam ut uidua uxor defuncto coniugi fidem seruet? Quid etiam hoc utilius quo regnum caeleste acquiritur? "Sunt enim qui se castrauerunt propter regnum caelorum."

7

28. Est igitur non solum familiare contubernium honestatis et utilitatis sed eadem quoque utilitas quae honestas. Ideo et ille qui regnum caelorum uolebat omnibus aperire, non quod sibi utile quaerebat sed quod omnibus. Vnde ordo

---

69 필리 3,7-8 참조.
70 1티모 6,6 참조.

이로움을 뜻합니다. 사실 통속적으로는 이처럼 돈벌이가 되는 것만 이롭다고 일컫습니다. 그러나 우리는 그리스도를 얻기 위하여 손실을 추구하는 그런 이로움에 관하여 이야기하고 있습니다.[69] 그분을 "얻는 것은 자족할 줄 아는 신심입니다."[70] 신심을 획득하는 것은 실로 대단한 얻음입니다. 신심은 하느님 앞에서 풍족하며, 스러지는 재화가 아니라 영원한 선물입니다. 여기에는 발을 헛디디게 하는 유혹이 없고, 한결같고 영원한 은총이 있습니다.

27. 그러므로 육체적 이로움이 다르고, 신심의 이로움이 다른데, 사도가 구분한 바와 같습니다. "육체적 단련도 조금은 이롭지만 신심은 모든 면에서 이롭습니다."[71] 순결보다 더 올바른 것이 무엇이겠습니까? 육체를 티 없이 간직하고 정결을 손상하지 않고 때 묻히지 않는 것보다 더 어울리는 것이 무엇이겠습니까? 과부가 죽은 남편에게 신의를 지키는 것보다 더 어울리는 것이 무엇이겠습니까? 하늘나라를 얻는 것보다 더 이로운 것이 무엇이겠습니까? "하늘나라 때문에 스스로 고자가 된 이들도 있습니다."[72]

제7장 사랑의 이로움

28. 올바름과 이로움 사이에는 긴밀한 관계만 있는 것이 아닙니다. 사실 이로움도 올바름과 똑같습니다. 하늘나라를 모든 이에게 열어주기를 바라셨던 분께서는 당신에게 이로운 것이 아니라 모든 이에게 이로운 것을 추구

---

71 1티모 4,8 참조.
72 마태 19,12.

quidam nobis et gradus faciendus est etiam ab his usitatis et communibus ad ea quae sunt praecellentia, ut ex pluribus utilitatis colligamus profectum.

29. Ac primum norimus nihil tam utile quam diligi, nihil tam inutile quam non amari; nam odio haberi exitiale ac nimis capitale arbitror. Itaque id agamus ut omni sedulitate commendemus existimationem opinionemque nostram; ac primum placiditate mentis et animi benignitate influamus in adfectum hominum. Popularis enim et grata est omnibus bonitas nihilque quod tam facile humanis illabatur sensibus. Ea si mansuetudine morum ac facilitate, tum moderatione praecepti et adfabilitate sermonis, uerborum honore, patienti quoque sermonum uice modestiaeque adiuuetur gratia, incredibile quantum procedit ad cumulum dilectionis.

30. Legimus enim non solum in priuatis sed etiam in ipsis regibus quantum facilitas blandae adfabilitatis profecerit aut superbia uerborumque obfuerit tumor ut regna ipsa labefactaret et potestatem solueret. Iam si quis consilio, usu, ministerio, officiis popularem comprehendat gratiam aut si quis periculum suum pro uniuersa plebe offerat, non est dubium quod tantum caritatis a plebe in eum refundatur ut populus salutem eius et gratiam sibi praeferat.

하셨습니다. 그러므로 우리는 익숙하고 일상적인 것에서 시작하여 탁월한 것으로 나아가기까지 일련의 순서와 단계를 세워야 합니다. 그리하면 우리는 더 많은 기회에 이로움의 열매를 거둘 것입니다.

29. 우선 우리는 사랑받는 것보다 이로운 것은 없으며, 사랑받지 못하는 것보다 쓸모없는 것은 없음을 깨달아야 합니다. 내가 생각하기에, 미움받는 것은 처참하고 매우 치명적입니다. 그러므로 우리의 명성과 평판을 보존하기 위해 온갖 노력을 기울입시다. 그리고 무엇보다도 맑은 정신과 온유한 영혼으로 사람들의 마음속을 파고듭시다. 선함(bonitas)은 대중적인 자질로서 모든 이에게 기쁨을 주고, 그보다 더 쉽게 인간의 심금을 울리는 것도 없기 때문입니다. 온유하고 상냥한 품성, 정중한 명령과 친절한 대화, 품격 있는 말과 참을성 있는 대화와 멋진 절도가 더해진다면, 믿을 수 없을 정도로 사랑받게 될 것입니다.[73]

30. 다정하고 예의 바른 태도는 많은 유익을 낳지만, 오만불손한 말은 해를 끼쳐 나라 자체를 몰락시키고 정권을 무너뜨린 적이 얼마나 많았는지, 개인뿐 아니라 임금 자신들의 경우에서도 읽게 됩니다.[74] 어떤 사람이 조언과 행동 방식, 봉사와 백성들에 대한 의무로써 호감을 사거나, 온 백성을 위해 스스로 위험을 감수한다면 그 결과는 의심할 바 없습니다. 그는 백성에게 큰 사랑을 받고, 백성은 그의 안전과 행복을 자신들보다도 앞세울 것입니다.

---

73 키케로, 『의무론』 2,16,48 참조.
74 키케로, 『의무론』 2,14,48 참조.

31. Quantas Moyses a populo inlatas absorbebat contumelias! Et cum Domi-
nus in insolentes uindicare uellet, se tamen pro populo offerebat frequenter
ut indignationi diuinae plebem subduceret. Quam miti sermone post iniurias
appellabat populum, consolabatur in laboribus, delinibat oraculis, fouebat
operibus! Et cum Deo constanter loqueretur, homines tamen humili et grata
appellatione adfari solebat. Merito aestimatus est supra homines ut et uultum
eius non possent intendere et sepulturam eius non repertam crederent, quia
sic totius plebis mentes deuinxerat ut plus eum pro mansuetudine diligerent
quam pro factis admirarentur.

32. Quid? Eius imitator sanctus Dauid electus ex omnibus ad plebem regen-
dam, quam mitis et blandus, humilis spiritu, sedulus corde, facilis adfectu!
Ante regnum se pro omnibus offerebat: rex cum omnibus aequabat suam mi-
litiam et partiebatur laborem; fortis in proelio, mansuetus in imperio, patiens
in conuicio, ferre magis promptus quam referre iniurias. Ideo tam carus erat
omnibus ut iuuenis ad regnum etiam inuitus peteretur, resistens cogeretur,
senex ne proelio interesset a suis rogaretur quod mallent omnes pro ipso pe-
riclitari quam illum pro omnibus.

---

75 탈출 15,24; 16,2; 17,2 참조.
76 탈출 33,8-11 참조.
77 탈출 24,29-35 참조.
78 신명 34,6 참조.
79 1사무 16,11-13 참조.

31. 모세는 백성들로부터 얼마나 많은 비난을 받았습니까![75] 그러나 주님께서 그를 비난한 자들에게 되갚으시려고 할 때면, 그는 자주 백성을 대신하여 자신을 바쳤습니다. 하느님의 진노에서 백성들을 구하려는 것이었습니다. 그는 모욕을 당한 뒤에도 얼마나 다정한 말로 백성들을 불렀습니까! 그는 수고하는 이들을 위로했고, 말로 위안을 주었으며, 행동으로 용기를 불어넣어 주었습니다. 그는 하느님과 끊임없이 말씀을 나누었지만[76], 사람들에게도 겸손하고 유쾌하게 말하곤 했습니다. 그가 사람들보다 높은 존재로 여겨진 것은 마땅합니다. 사람들은 그의 얼굴을 바라볼 수도 없었고[77], 그의 무덤을 찾을 수 있다고 믿지도 않습니다.[78] 모세는 모든 백성의 마음을 사로잡았으니, 그들은 모세의 업적 때문에 존경했다기보다는 온화함 때문에 그를 더욱 사랑했습니다.

32. 또 누가 있습니까? 모세를 본받은 인물로서 백성을 다스리도록 모든 이 가운데 뽑힌 거룩한 다윗은 얼마나 온유하고 다정했으며, 겸손한 영과 성실한 마음과 상냥한 성품을 지녔습니까![79] 왕좌에 오르기 전에도 그는 모든 이를 위해 자신을 바쳤습니다. 임금으로서는 다른 이들과 공평하게 군대에서 복무했고, 자기 몫의 노동을 분담했습니다. 전투에는 용감했고, 통치에는 온화했으며, 비난에는 인내했고, 모욕을 되갚기보다는 견딜 준비를 하고 있었습니다. 그는 이렇게 모두에게 사랑스러웠습니다. 젊었을 때 왕좌에 오르도록 초대받았고, 사양했지만 억지로 받아들여야 했습니다. 늙어서는 백성들이 그에게 참전(參戰)하지 말라고 간청했습니다. 백성들은 그가 모두를 위해 위험해지는 것보다 차라리 그를 위해 모든 이가 위험에 빠지기를 더 원했기 때문입니다.[80]

33. Ita sibi gratis officiis plebem obligauerat, primum ut in discordiis populi exsulare in Hebron mallet quam regnare in Hierusalem; deinde ut etiam in hoste positam uirtutem diligeret, iustitiam etiam his qui arma contra se tulerant aeque ac suis praestandam putaret; denique fortissimum aduersae partis propugnatorem Abner ducem et inferentem proelia miratus est et orantem pacis gratiam non aspernatus honorauit conuiuio; interemptum insidiis doluit et fleuit, prosecutus exsequias honestauit, mortem ultus conscientiae fidem praestitit, quam filio inter hereditaria iura transcripsit, magis sollicitus ne innocentis mortem inultam relinqueret quam quo suam mortem doleret.

34. Non mediocre istud, praesertim in rege, sic obire humilitatis munia ut communem se exhiberet etiam infimis, alieno periculo cibum non quaerere, potum recusare, peccatum fateri seque ipsum pro populo offerre morti ut in se diuina indignatio conuerteretur cum ferienti angelo offerens se diceret: "Ecce sum, ego peccaui et ego pastor malum feci et iste grex quid fecit? Fiat manus tua in me."

---

80 2사무 18,2-3; 21,17 참조.
81 2사무 2,1-4 참조.
82 2사무 3,12-39 참조.
83 1열왕 2,5-6 참조.

33. 이렇게 기꺼이 의무를 다함으로써 백성들을 자신과 결속시켰습니다. 우선 백성이 불화를 겪는 동안 다윗은 예루살렘에서 다스리기보다 헤브론에서 귀양살이하기를 더 원했습니다.[81] 그는 심지어 원수 안에 있는 덕행마저 좋아했습니다. 다윗은 자기 부하들을 정의롭게 대하듯 자신에게 맞서 무기를 든 군사들도 똑같이 그렇게 대우해야 한다고 생각했습니다. 실제로 다윗은 자신과 전투를 벌이고 있던 아브네르 장군을 높이 평가하여, 적진에서 가장 용감한 장군으로 인정했습니다. 아브네르가 화친을 청해왔을 때는 퇴짜를 놓지 않고 잔치를 열어 예를 갖추어주었습니다. 다윗은 아브네르가 배반으로 말미암아 죽음을 당하자 애달파하며 울었고, 그의 상여 뒤를 따라가며 조의를 표했습니다.[82] 다윗은 그 죽음을 되갚겠다는 진심을 보여주었고, 법적 유산들 가운데에서도 이 임무를 자기 아들에게 물려주었습니다.[83] 그는 자신의 죽음을 애도하는 일보다, 무죄한 사람의 죽음을 되갚아주지 못한 채 내버려 두는 일을 더욱 염려했습니다.

34. 특히 임금으로서 이렇게 행동하는 것은 보통이 아닙니다. 겸손의 임무를 충실히 수행함으로써 보잘것없는 이들과 자신이 똑같다는 사실을 드러내는 것, 다른 사람이 위험에 빠져 있을 때 식음을 전폐하는 것, 자기 죄를 고백하는 것, 하느님의 분노를 자신에게 돌리기 위해 자기 백성을 위해 목숨을 바치는 것입니다. 그는 파괴의 천사에게 자신을 내놓으며 이렇게 말했습니다. "보십시오, 제가 여기 있습니다. 제가 죄를 지었습니다. 목자인 제가 못된 짓을 하였습니다. 그러나 이 양들이야 무슨 잘못을 저질렀습니까? 그러니 제발 당신 손으로 저를 쳐주십시오."[84]

---

84 2사무 24,17 참조.

35. Nam quid alia dicam? quod dolum meditantibus non aperiebat os suum et tamquam non audiens nullum sermonem referendum putabat: non respondebat conuiciis; cum sibi derogaretur, orabat; cum malediceretur, benedicebat. Ambulans in simplicitate, superborum fugitans, sectator immaculatorum, qui cinerem miscebat alimentis suis cum peccata propria deploraret, et potum suum temperabat fletibus, merito sic expetitus est ab uniuerso populo ut uenirent ad eum omnes tribus Israel dicentes: "Ecce nos ossa tua et caro tua sumus; heri et nudiustertius cum esset Saul et regnaret super nos, tu eras qui producebas et inducebas Israel"; et dixit tibi Dominus: "Tu pasces populum meum." Et quid plura de eo dicam de quo huiusmodi Dei processit sententia ut de eo diceret: "Inueni Dauid secundum cor meum"? Quis enim in sanctitate cordis et iustitia sicut iste ambulauit ut impleret uoluntatem Dei, propter quem et delinquentibus posteris eius uenia data et praerogatiua est reseruata heredibus?

36. Quis igitur non diligeret eum quem uidebat ita carum amicis ut, quia ipse sincere amicos diligebat, aeque diligi se a suis amicis arbitraretur? Denique

---

85 시편 38,14 참조.
86 시편 109,2-5; 28 참조.
87 시편 101 참조.
88 시편 102,10 참조.

35. 무슨 다른 말을 하겠습니까? 속임수를 꾸미는 이들에게 그는 자기 입을 열지 않았습니다. 그들의 말을 전혀 듣지 못한 것처럼 대답할 필요를 느끼지 못했습니다.[85] 그들의 모욕에도 대응하지 않았습니다. 사람들이 자신을 하찮게 여길 때면 그는 기도했습니다. 사람들이 저주할 때면 그는 축복했습니다.[86] 그는 단순하게 걷고, 교만한 이들을 피했습니다.[87] 그는 티 없는 이들의 길벗이었고, 자신의 죄로 슬퍼 울 때 자기 밥에 재를 뒤섞었으며, 자기 음료를 눈물로 섞었습니다.[88] 그가 모든 백성에게 그토록 존경받은 것은 마땅한 일이었습니다. 이스라엘 모든 지파가 그에게 와서 말했습니다. "우리는 임금님의 골육입니다. 어제와 엊그제 사울이 살아서 우리를 다스릴 때에도, 이스라엘을 인도하시고 이끄신 이는 임금님이셨습니다. 주님께서는 '너는 내 백성을 칠 것이다.' 하고 임금님께 말씀하셨습니다."[89] 그에 관해 내가 무슨 말을 더 하겠습니까? 거기에 관해서는 하느님의 판결이 내려졌고, 그에 관하여 이렇게까지 말씀하셨습니다. "내가 내 마음에 드는 다윗을 찾아냈다."[90] 다윗만큼 하느님의 뜻을 완수하기 위해 거룩한 마음과 이러한 의로움으로 걸어간 사람이 누구입니까? 다윗 덕분에 그 후손들은 죄를 지었을 때에도 용서받았으며, 그의 상속자들에게는 특권이 보존되어 있습니다.[91]

36. 벗들에게 그토록 다정한 그를 보고서도 그를 사랑하지 않을 사람이 누구이겠습니까? 그토록 진실하게 벗들을 사랑한 그는 자기 친구들에게도 똑같이 사랑받으리라고 누구나 생각할 것입니다. 마침내 부모들이 자기

---

89 2사무 5,1-2 참조.
90 시편 89,21 참조.
91 1열왕 11,12-13 참조.

parentes eum filiis suis, filii praeferebant parentibus. Vnde grauiter indignatus Saul percutere Ionatham filium hasta uoluit quia pluris apud eum ualere Dauid amicitiam iudicabat quam uel pietatem uel auctoritatem paternam.

37. Etenim ad incentiuum caritatis communis plurimum proficit si quis uicem amantibus reddat nec minus redamare se probet quam ipse amatur idque amicitiae fidelis faciat exemplis. Quid enim tam populare quam gratia? Quid tam insitum naturae quam ut diligentem diligas? Quid tam inolitum atque impressum adfectibus humanis quam ut eum amare inducas in animum, a quo te amari uelis? Merito sapiens dicit: "Perde pecuniam propter fratrem et amicum." Et alibi: "Amicum salutare non erubescam et a facie illius non me abscondam", siquidem uitae et immortalitatis medicamentum in amico esse ecclesiasticus sermo testatur; et summum in charitate praesidium nemo dubitauerit cum apostolus dicat: "Omnia suffert, omnia credit, omnia sperat, omnia sustinet, caritas numquam cadit."

38. Ideo Dauid non cecidit quia carus fuit omnibus et diligi a subiectis quam timeri maluit. Timor enim temporalis tutaminis seruat excubias, nescit diutur-

---

92 1사무 20,27-34 참조.
93 마태 5,46; 루카 6,32 참조.
94 집회 29,10 참조.

자식들보다도 그를 더 좋아하고, 자녀들은 부모들보다 그를 더 좋아하기까지 했습니다. 사울이 몹시 화가 나 창으로 아들 요나탄을 죽이려 한 것도, 요나탄이 아버지에 대한 효심이나 아버지의 권위보다도 다윗의 우정이 더 가치 있다고 여겼기 때문입니다.[92]

37. 자신을 사랑하는 이들에게 사랑을 되돌려주고, 자신이 사랑받는 것보다 덜 사랑하지 않는다는 사실을 충실한 우정의 본보기로 보여준다면, 그것은 대중의 사랑을 불러일으키는 데 매우 유익합니다. 감사하는 것보다 더 대중적인 것이 무엇입니까? 나를 사랑하는 이를 사랑하는 것보다 더 자연스러운 본성이 무엇입니까?[93] 사랑받고 싶은 사람을 사랑하는 데 정신을 기울이는 것보다 더 인간 마음에 뿌리박히고 각인된 본성이 무엇입니까? 현자가 이렇게 말하는 것도 마땅합니다. "형제와 친구를 위해 돈을 잃어버려라."[94] 다른 구절에서는 이렇게 말합니다. "나는 친구에게 인사하는 것을 수치로 여기지 않고 그 앞에서 나 자신을 숨기지도 않는다."[95] 집회서가 증언하듯 친구 안에는 생명과 불멸의 명약이 있기 때문입니다.[96] 최고의 보루는 사랑에 있음을 누구도 의심해서는 안 됩니다. 사도는 이렇게 말합니다. "사랑은 모든 것을 덮어주고 모든 것을 믿으며 모든 것을 바라고 모든 것을 견디어냅니다. 사랑은 언제까지나 스러지지 않습니다."[97]

38. 그래서 다윗은 넘어지지 않았습니다. 그는 모든 이에게 소중한 존재였고, 부하들에게 두려움의 대상이 되기보다 사랑받기를 더 바랐습니다. 두려

---

95 집회 22,25 참조.
96 집회 6,16 참조.
97 1코린 13,7-8.

nitatis custodiam. Itaque ubi timor decesserit, audacia obrepit quoniam fidem non timor cogit sed adfectus exhibet.

39. Prima ergo ad commendationem nostri est caritas. Bonum est ergo testimonium habere de plurimorum dilectione. Hinc nascitur fides, ut committere se tuo adfectui non uereantur etiam alieni, quem pluribus carum aduerterint. Similiter etiam per fidem ad caritatem peruenitur ut qui uni aut duobus praestiterit fidem, tamquam influat in animos uniuersorum et omnium acquirat gratiam.

8

40. Duo igitur haec ad commendationem nostri plurimum operantur, caritas et fides, et tertium hoc si habeas quod in te admiratione dignum plerique existiment et iure honorandum putent.

41. Et quia consiliorum usus maxime conciliat homines, ideo prudentia et iustitia in unoquoque desideratur, et eo exspectatur a pluribus ut in quo ea sint, illi deferatur fides quod possit utile consilium ac fidele desideranti dare. Quis enim ei se committat, quem non putet plus sapere quam ipse sapiat qui

---

98 키케로, 「의무론」 2,7,23 참조.
99 키케로, 「의무론」 2,8,30 참조.
100 키케로, 「의무론」 2,9,31 참조.

움은 일시적 방어책으로 보초를 설 수는 있겠지만, 지속적인 보호는 할 줄 모릅니다.[98] 두려움이 가라앉은 곳에 대담함이 들이닥칩니다. 두려움은 신뢰를 억지로 만들어낼 수 없지만, 애정은 신뢰를 보장해 주기 때문입니다.

39. 그러므로 우리가 평판을 얻는 최고의 길은 사랑입니다. 많은 이들에게 사랑받고 있다는 증거는 좋은 것입니다.[99] 이렇게 하여 신뢰가 생겨납니다. 그대가 많은 이에게 사랑받는 것이 드러나면, 낯선 사람들도 그대의 애정에 자신을 내맡기는 데 머뭇거리지 않게 됩니다. 마찬가지로, 사람들은 신뢰를 통해 사랑으로 나아가게 되고, 한두 사람의 신뢰에 보답한 사람은 이를테면 모든 이의 마음속으로 스며들어 모든 이의 호의를 얻게 됩니다.[100]

제8장 지혜와 정의의 이로움

40. 그러므로 사랑과 신뢰 이 두 가지는 우리가 최고의 평판을 얻게 해줍니다. 셋째는 이러합니다. 많은 이들이 경탄해 마땅하고 당연히 존경하는 인품을 그대 안에 갖추는 것입니다.[101]

41. 조언의 습관은 사람들의 호감을 얻는 데 특별히 좋은 것이기에, 예지와 정의가 매사에 바람직합니다. 실제로 이것이 많은 이들이 찾는 것이기도 합니다. 이러한 덕들을 지닌 사람을 신뢰하는 까닭은 그가 충고를 바라는 이에게 유익하고 충실한 조언을 해줄 수 있다는 사실을 알기 때문입니다.

---

101 암브로시우스는 키케로, 『의무론』 2,9,31을 따라, 인간이 최고의 평판을 얻게 되는 세 가지 요인(①사랑 ②신뢰 ③경탄스럽고 존경스러운 인품)에 관해 설명한다.

quaerit consilium? Necesse est igitur ut praestantior sit a quo consilium peti-
tur quam ille est qui petit. Quid enim consulas hominem quem non arbitreris
posse melius aliquid reperire quam ipse intellegis?

42. Quod si eum inueneris qui uiuacitate ingenii, mentis uigore atque aucto-
ritate praestet et accedat eo ut exemplo et usu paratior sit, praesentia soluat
pericula, prospiciat futura, denuntiet imminentia, argumentum expediat, re-
medium ferat in tempore, paratus sit non solum ad consulendum sed etiam ad
subueniendum, huic ita fides habetur ut dicat qui consilium petit: "Et si mala
mihi euenerint per illum, sustineo."

43. Huiusmodi igitur uiro salutem nostram et existimationem committimus,
qui sit, ut supra diximus, iustus et prudens. Facit enim iustitia ut nullus sit
fraudis metus, facit etiam prudentia ut nulla erroris suspicio sit. Promptius
tamen nos iusto uiro quam prudenti committimus, ut secundum usum uulgi
loquar. Denique sapientum definitione, in quo una uirtus est, concurrunt ce-
terae nec potest sine iustitia esse prudentia. Quod etiam in nostris inuenimus;
dicit enim Dauid: "Iustus miseretur et fenerat." Quid feneret iustus, alibi dicit:

---

102 키케로, 『의무론』 2,9,33 참조.
103 키케로, 『의무론』 2,9,33 참조.
104 집회 22,26 참조.
105 키케로, 『의무론』 2,9,33 참조.

조언을 구하는 사람이라면, 자기보다 더 지혜롭다고 판단되는 사람에게 의탁하지 않겠습니까? 조언을 구하는 사람보다 조언을 요청받는 사람이 더 훌륭해야 합니다. 그대 스스로 이해하는 것보다 무언가를 더 잘 생각할 수 없다고 여기는 사람한테 무엇을 상의하겠습니까?[102]

42. 활기찬 기질, 정신력과 권위를 보여주는 사람을 찾는다면, 본보기와 경험을 훌륭하게 갖춘 사람으로서, 그대를 현재의 위험에서 구해주고, 미래를 내다보게 하며, 시급한 일들을 알려주고, 사실을 설명해 주며, 시의적절한 구제책을 가져다줄 수 있는 사람[103], 조언만 해주는 것이 아니라 실제로 도와줄 수 있는 사람, 바로 이런 사람에게 신뢰를 지니게 됩니다. 그리하여 조언을 구하는 사람은 이렇게 말할 것입니다. "그 친구 때문에 내게 불행이 닥친다면 그것들을 견디리라."[104]

43. 우리가 우리 구원과 평판을 맡기고 싶은 사람은 이러합니다. 앞에서 말한 것처럼, 의롭고 지혜로운 사람입니다. 정의는 속임수에 대한 두려움을 전혀 없게 하며, 예지도 오류에 대한 어떠한 의심도 없애줍니다.[105] 그럼에도 민중 관행에 따라 말하자면, 우리는 지혜로운 사람보다는 정의로운 사람에게 더 의지하게 됩니다. 현자들의 견해로는 한 가지 덕이 있는 곳에 다른 덕들도 따라온다고 합니다. 그러니 예지는 정의 없이 존재할 수 없습니다.[106] 우리 성경에서도 이런 말씀을 찾을 수 있는데, 다윗이 이렇게 말합니다. "의인은 자비를 베풀고 꾸어준다."[107] 의인이 꾸어주는 것에 관해서

---

106   키케로, 『의무론』 2,10,35 참조.
107   시편 37,21 참조.

"Iucundus uir qui miseretur et fenerat, disponit sermones suos in iudicio."

44. Ipsum illud nobile Salomonis iudicium nonne sapientiae plenum ac iustitiae est? Itaque spectemus illud si ita est. Duae, inquit, mulieres in conspectu regis Salomonis steterunt et dixit una ad eum: Audi me, Domine. Ego et haec mulier in uno habitantes cubiculo, ante diem tertium partu edito, singulos filios suscepimus et eramus una, arbiter nullus domi nec ulla alia nobiscum femina nisi nos solae, et mortuus est filius eius hac nocte ut obdormiuit super eum; et surrexit media nocte et accepit filium meum de sinu meo et collocauit eum in gremio suo et filium suum mortuum posuit in sinu meo. Et surrexi mane ut lactarem paruulum, et inueni mortuum; et consideraui illum diluculo et non erat filius meus. Et respondit altera: Non, sed filius meus est hic qui uiuit, filius autem tuus qui mortuus est.

45. Et haec erat contentio cum utraque sibi filium uindicarent superstitem, defunctum autem suum negarent. Tum rex iussit adferri machaeram et infantem diuidi ac singulas partes dari singulis: dimidiam uni et dimidiam alteri. Exclamat mulier quae uero erat adfectu percita: Nequaquam, Domine, infantem diuidas; detur potius illi et uiuat et non interficias eum. At illa respondit altera: Neque meus neque huius sit infans, diuidite eum. Et statuit rex dari infantem

---

108   시편 112,5 참조.

는 다른 곳에서 이렇게 말해 줍니다. "즐거워라, 자비를 베풀고 꾸어주는 사람. 심판에서 자신이 할 말을 준비하게 되리라."[108]

44. 솔로몬의 저 유명한 판결에는 지혜와 정의가 가득하지 않습니까? 정말 그런지 살펴봅시다. 성경은 이렇게 말합니다. "두 여자가 솔로몬 임금 앞에 나와 섰다. 한 여자가 그에게 말하였다. '임금님, 제 말씀 좀 들어보십시오. 저와 이 여자는 한 방에 살고 있습니다. 저희는 사흘 간격으로 출산하였는데, 각자 아들을 낳고 함께 있었습니다. 집에는 다른 목격자가 없었고, 저희 말고는 다른 여자가 없었습니다. 이 여자가 아들을 깔고 자는 바람에 밤에 그 아들이 죽었습니다. 그 여자는 밤중에 일어나 제 품에서 제 아들을 데려다 자기 품에 뉘어놓고, 죽은 자기 아들을 제 품에 뉘어놓았습니다. 제가 아침에 일어나 갓난아기에게 젖을 먹이려다가 죽어 있는 것을 발견했습니다. 동틀 무렵 그 아이를 자세히 보니 제 아들이 아니었습니다.' 그러자 다른 여자가 '천만에! 산 아이는 내 아들이고 죽은 아이가 너의 아들이야.' 하고 대꾸했다."[109]

45. 이렇게 그들은 말다툼했습니다. 둘 다 산 아이를 자기 아들이라 하고 죽은 아이는 자기 아들이 아니라고 주장했습니다. 그때 임금은 칼을 가져오게 해서 아이를 둘로 나누어 한쪽씩 각자에게 주라고 합니다. 그러자 진짜 사랑에 솟구친 여인이 외쳤습니다. "임금님! 아기를 나누지 마십시오, 아기를 차라리 저 여자에게 주어 살려주시고 제발 죽이지 마십시오." 그러나 다른 여자는 이렇게 대답했습니다. "어차피 내 아이도 저 여자의 아이

---

109 1열왕 3,16-22 참조.

ei mulieri quae dixerat: Nolite interficere eum sed date eum illi mulieri quia
mota sunt, inquit, uiscera eius in filio suo.

46. Itaque non immerito aestimatus est "intellectus Dei in eo esse." Quoniam
quae occulta sunt Deo? Quid autem occultius internorum uiscerum testimo-
nio? In quae sapientis intellectus uelut quidam pietatis descendit arbiter et
uelut quamdam genitalis alui uocem meruit qua maternus patuit adfectus qui
eligeret filium suum uel apud alienam uiuere, quam in conspectu matris ne-
cari.

47. Sapientiae igitur fuit latentes distinguere conscientias, ex occultis eruere
ueritatem et, uelut quadam machaera, ita spiritus gladio penetrare non solum
uteri sed etiam animae et mentis uiscera; iustitiae quoque, ut quae suum ne-
cauerat, alienum non tolleret sed uera mater reciperet suum. Denique etiam
Scriptura hoc pronuntiauit: "Audiuit, inquit, omnis Israel hoc iudicium quod
iudicauit rex, et timuerunt a facie regis eo quod intellectus Dei in eo esset ut
faceret iustitiam." Denique et ipse Salomon ita poposcit sapientiam ut daretur

---

110 라틴어 viscera의 직역은 내장(內臟)이다. 오장(五臟, 심장·간장·폐·비장·신장)은 사랑과
자비를 비롯한 모든 감정의 본원으로 여겨졌다. 하느님 '자비의 심정'(viscera misericordiae,
루카 1,78)에 관한 해설은 정양모, 『200주년 신약 성서 주해』, 분도출판사 2001, 289; 한국
천주교주교회의, 『주석 성경』, 한국천주교중앙협의회, 2010, 237 참조.
111 1열왕 3,23-27 참조.

도 안 되니, 아기를 나누십시오." 그러자 임금은 "아기를 죽이지 마십시오. 아기를 저 여자에게 주십시오."라고 말한 여인에게 아기를 주라고 명령합니다. 자기 아들 때문에 그 여인의 애간장[110]이 타들어갔기 때문입니다.[111]

46. "그[솔로몬] 안에 하느님의 지성이 있다."[112]고 평가하는 것이 부당하지 않습니다. 하느님에게 감추어진 것은 무엇입니까? 내면의 애간장에서 터져 나온 증언보다 더 감추어져 있는 것은 무엇입니까? 이 지혜로운 사람의 지성은 이 깊은 내면, 말하자면 생명을 낳는 태에서 터져 나오는 소리를 감지할 수 있는 그 깊은 곳까지 내려가 마치 사랑의 심판관인 양 모성애를 자극했습니다. 그 모성애는 어미의 눈앞에서 자기 자식이 죽는 꼴을 보느니 차라리 다른 여자 곁에서라도 살아가는 길을 선택하게 했습니다.

47. 그렇기에 양심의 비밀을 식별하고, 숨어 있는 깊은 곳에서 진실을 길어 올려, 모태뿐 아니라 영혼과 정신의 애간장까지 영의 칼로 꿰찌르는 것은 지혜의 몫입니다.[113] 제 자식을 죽인 여자가 다른 자식까지 빼앗아가지 못하게 하면서 진짜 어머니가 자기 자식을 되돌려받게 하는 것은 정의의 몫입니다. 실제로 성경은 이렇게 선포했습니다. "임금이 이러한 판결을 내렸다는 소식을 온 이스라엘이 들었다. 그리고 정의를 실천하게 하는 하느님의 지성이 임금에게 있다는 것을 알고는 임금 앞에서 두려워하였다."[114] 그런 지혜를 청한 사람은 바로 솔로몬이었습니다. 그는 경청하고 정의롭게

---

112 1열왕 3,28 참조.
113 에페 6,17 참조.
114 1열왕 3,28 참조.

sibi cor prudens audire et iudicare cum iustitia.

9

48. Liquet igitur etiam secundum scripturam diuinam quae antiquior est, sapientiam sine iustitia esse non posse quia ubi una earum uirtutum, ibi utraque est. Daniel quoque quam sapienter alta interrogatione fraudulentae accusationis deprehendit mendacium ut calumniatorum sibi responsio non conueniret! Prudentiae igitur fuit uocis suae testimonio reos prodere, iustitiae quoque, nocentes supplicio dare, innocentem subducere.

49. Est ergo indiuiduum sapientiae atque iustitiae contubernium sed uulgi usu diuiditur una quaedam forma uirtutum ut temperantia sit in despiciendis uoluptatibus; fortitudo spectetur in laboribus et periculis; prudentia in delectu bonorum, sciens commoda et aduersa distinguere; iustitia quae sit bona custos iuris alieni, et uindex proprietatis, suum cuique conseruans. Sit ergo nobis communis opinionis gratia quadripartita haec facta diuisio ut ab illa subtili disputatione philosophiae sapientiaeque—limandae ueritatis causa quasi ex adyto quodam eruitur—retrahentes pedem, forensem usum ac popularem sensum sequamur. Haec igitur diuisione seruata ut reuertamur ad propositum.

---

115 1열왕 2,5-15; 2역대 1,7-12 참조.
116 다니 13,50-63의 수산나 이야기 참조.
117 키케로, 『국가』 3,8-41; 아우구스티누스, 『신국론』 2,21,1-2; 19,21,1-2 참조.

판단할 수 있는 지혜로운 마음을 자신에게 주시기를 청했습니다.[115]

제9장 지혜와 정의의 나뉠 수 없는 관계

48. 더 오래된 증언인 성경에서도 지혜는 정의 없이 존재할 수 없음을 분명히 밝힙니다. 이 지혜와 정의의 덕들 가운데 하나가 있는 곳에는 다른 하나도 있기 때문입니다. 다니엘도 예리한 물음들을 지혜롭게 던져 무고(誣告)하는 자들의 대답이 서로 맞아떨어지지 않는다는 사실을 보여줌으로써 속임수 고발의 거짓말을 들추어냈습니다! 범인들이 제 목소리로 범죄를 증언하게 한 것은 예지의 몫이었고, 범죄자들에게 벌을 주고 무죄한 이들을 구제하는 것은 정의의 몫이기도 했습니다.[116]

49. 그러니 지혜와 정의 사이에는 나뉠 수 없는 관계가 있습니다.[117] 그러나 민중 관행으로는 덕의 종류가 이렇게 구분됩니다. 절제는 감각적 쾌락을 무시하는 데 달려 있고, 용기는 고생스럽고 위험한 상황에서 드러납니다. 예지는 적절한 것과 적절치 못한 것을 구분하면서 선한 것을 사랑하는 것입니다. 타인의 권리를 훌륭하게 지켜주는 정의는 각자의 몫을 각자에게 보존하는 소유권의 수호자이기도 합니다. 공통 견해를 존중하면서 우리도 이 네 가지 구분을 받아들입시다. 진리를 다듬기 위해 내적 성소(聖所) 같은 데서 캐낸다고 하는 철학적 지혜에 대한 현학적 논의에서 발을 뺀다면, 우리는 공적 용법과 대중적 감각을 따를 수 있습니다. 이러한 구분을 유지하면서 우리 주제로 돌아가 봅시다.[118]

---

118 키케로, 『의무론』 2,10,35 참조.

10

50. Prudentissimo cuique causam nostram committimus et ab eo consilium promptius quam a ceteris poscimus. Praestat tamen fidele iusti consilium uiri et sapientissimi ingenio frequenter praeponderat: "Vtilia enim uulnera amici quam aliorum oscula." Deinde quia iusti iudicium est, sapientis autem argumentum, in illo censura disceptationis, in hoc calliditas inuentionis.

51. Quod si utrumque conectas, erit magna consiliorum salubritas quae ab uniuersis spectatur admiratione sapientiae et amore iustitiae, ut omnes quaerant audire sapientiam eius uiri in quo utriusque uirtutis copula sit; sicut quaerebant omnes reges terrae uidere faciem Salomonis et audire sapientiam eius ita ut Saba regina ueniret ad eum et tentaret eum in quaestionibus: "Et uenit et omnia locuta est quae habebat in corde suo, et audiuit omnem sapientiam Solomonis nec ullum uerbum praeteriuit eam."

52. Quae sit ista quam nihil praetereat nec sit aliquid quod ei non adnuntiauerit uerus Salomon, cognosce o homo, ex his quae audis loquentem: "Verus est, inquit, sermo quem audiui in terra mea de sermonibus tuis et de prudentia

---

119 잠언 27,6 참조.
120 키케로, 『의무론』 2,9,34 참조.

제10장 지혜와 정의를 겸비한 사람들

50. 우리는 소송 거리가 생기면 가장 지혜로운 사람에게 맡기고, 다른 이들보다도 그 사람에게 더욱 기꺼이 조언을 청합니다. 그럼에도 정의로운 사람의 충실한 조언이 더 뛰어나고, 그러한 조언은 종종 가장 지혜로운 사람들의 천재적 능력보다도 더 무게가 있는 법입니다. "친구가 주는 상처가 다른 이들의 입맞춤보다 더 이롭다."[119]고 했기 때문입니다. 또한 정의로운 사람의 판단은 지혜로운 이의 결론이기도 합니다. 정의로운 사람에게는 논쟁에 대한 판정을 구할 수 있고, 지혜로운 사람에게는 노련한 창의성을 얻을 수 있습니다.[120]

51. 이 둘을 결합한다면, 모든 이가 그 지혜에 경탄하고 정의를 사랑하게 될 매우 건전한 조언을 얻을 것입니다. 그리하여 이 두 덕목을 겸비한 그 사람의 지혜를 모두들 듣고 싶어 할 것입니다. 지상의 모든 임금이 솔로몬의 얼굴을 보고 그의 지혜를 듣고 싶어 했던 것과 마찬가지로 말입니다. 심지어 스바 여왕도 솔로몬을 찾아와 문제들로 그를 시험해 보려고 했습니다. "여왕은 솔로몬에게 와서 자기 마음속에 품고 있던 것을 모두 물어보고, 한마디도 놓치지 않고 솔로몬의 지혜를 모두 들었습니다."[121]

52. 오 사람이여, 아무 말도 놓치지 않았으며 진실한 솔로몬이 알려주지 않은 것은 하나도 없었던 이가 누구인지, 그 여인의 말에서 들어보십시오. "내가 임금님의 말씀과 지혜에 관하여 내 나라에서 들은 소문은 과연 사실

---

121   1열왕 10,1-3 참조.

tua, et non credidi his qui dicebant mihi, donec ueni et uiderunt oculi mei; et nunc non est nec dimidia quidem pars secundum ea quae adnuntiabant mihi. Apposuisti bona super omnia quae audiui in terra mea. Beatae mulieres tuae et beati pueri tui qui adsistunt tibi, qui audiunt omnem prudentiam tuam." Intellege conuiuium ueri Salomonis, et quae apponuntur in eo conuiuio intellege sapienter et considera in qua terra congregatio nationum audierit famam sapientiae uerae atque iustitiae et quibus eum uiderit oculis, contemplantibus utique ea quae non uidentur. Quoniam "quae uidentur temporalia sunt, quae autem non uidentur, aeterna."

53. Quae sunt beatae mulieres? De quibus dicitur quia multae uerbum Dei audiunt et pariunt? Et alibi: "Quicumque enim fecerit uerbum Dei, ipse meus et frater et soror et mater est." Qui etiam pueri tui beati qui adsistunt, nisi Paulus qui dicebat: "Vsque in hunc diem sto protestans minori ac maiori"; Simeon qui exspectabat in templo ut uideret consolationem Israel? Quomodo enim dimitti posceret nisi quia adsistens Domino, discedendi habere facultatem non poterat, nisi uoluntatem Domini adeptus esset? Exempli causa propositus nobis Salomon est a quo certatim ut audiretur eius sapientia, postulabatur.

---

122 1열왕 10,6-8 참조.

123 2코린 4,18 참조.

124 어떤 사본은 '열매 맺는'(pariunt) 대신 '실천하는'(faciunt)이라고 되어 있다. I.J. Davidson, *De officiis*, vol. 2, 734; M. Testard, *Les Devoirs*, vol. 2, 161-162 참조.

125 루카 11,28 참조.

이군요. 내가 여기 오기 전까지는 그 소문을 믿지 않았는데, 이제 내 눈으로 직접 보니, 내가 들은 이야기는 사실의 절반도 안 되는 것이었습니다. 임금님께서 펼치신 선은 내가 내 나라에서 들은 모든 것보다 뛰어납니다. 임금님 곁에서 임금님의 모든 지혜를 듣는 임금님의 여인들과 임금님의 신하들은 행복합니다."[122] 진실한 솔로몬의 잔치와 그 잔치에 자리 잡은 이들의 의미를 깨달으십시오. 현명하게 깨달으십시오. 어느 땅에서 민족들의 공동체가 참된 지혜와 정의의 명성을 듣고, 어떤 눈으로 그분을 직접 뵙고 보이지 않는 것들을 관상하게 될지 생각해 보십시오. "보이는 것은 잠시뿐이지만 보이지 않는 것은 영원하기 때문입니다."[123]

53. 어떤 여인들이 행복합니까? 하느님의 말씀을 많이 듣고 열매 맺는[124] 사람들이라고 하지 않습니까?[125] 다른 곳에서는 이렇게 말씀하십니다. "하느님의 말씀을 실행하는 사람이 내 형제요 누이요 어머니다."[126] "이날까지 이렇게 서서 낮은 사람에게나 높은 사람에게나 증언하고"[127] 있다고 말한 바오로가 아니라면, [당신을] 섬기는 당신의 복된 아이들이 누구이겠습니까? 이스라엘의 위로를 보기 위해 성전에서 기다리고 있었던 시메온 말고 누구이겠습니까?[128] 주님 앞에 머물면서 주님의 뜻을 따를 뿐 스스로 떠날 힘이 없다고 여기지 않았다면, 어찌 떠나가게 해주시기를 청했겠습니까? 솔로몬은 우리가 그의 지혜를 반드시 들어야 하는 본보기로서 우리에게 제시되었습니다.

---

126 마태 12,50 참조.
127 사도 26,22 참조.
128 루카 2,25 참조.

54. Ioseph quoque nec in carcere feriatus erat quominus de rebus incertis consuleretur. Cuius consilium Aegypto uniuersae profuit ut non sentiret septem annorum sterilitatem aliosque populos miserae famis leuaret ieiunio.

55. Daniel ex captiuis, gregalium consultorum arbiter factus, consiliis suis emendauit praesentia, adnuntiauit futura. Ex his enim quae frequente interpretatus ostenderat uere se esse adnuntiatum, fides ei in omnibus deferebatur

11

56. Sed etiam tertius locus de his qui admiratione digni aestimarentur, Ioseph et Salomonis et Danielis exemplo decursus uidetur. Nam quid de Moyse loquar cuius omnis Israel cottidie consilia praestolabatur? Quorum uita fidem sciebat prudentiae admirationemque eius augebat. Quis se non committeret consilio Moysi cui seniores si qua supra suum intellectum et uirtutem esse arbitrarentur, diiudicanda seruabant?

57. Quis Danielis consilium refugeret, de quo Deus ipse dixit: "Quis Daniele

---

129 창세 41,10-42,5 참조.
130 다니 2,1 참조.
131 최고의 평판을 얻게 하는 세 가지 요인 가운데 사랑과 신뢰에 관해서는 이미 설명했고, 셋째
     요인인 '경탄스럽고 존경스러운 인품'은 성경의 본보기(요셉, 솔로몬, 다니엘, 모세)로 증명

54. 요셉도 감옥에서 불확실한 일들에 관하여 조언하느라 쉴 수가 없었습니다. 그의 조언은 이집트 전체에 유익했기에, 그 나라는 일곱 해 동안의 흉년을 타지 않았고, 비참한 기근으로 고통받는 다른 민족들의 역경까지 덜어주었습니다.[129]

55. 다니엘은 포로였다가 왕실의 최고 자문관이 되었습니다. 그의 조언들로 현실을 개혁했고 다가올 일들을 선포했습니다.[130] 그 선포가 참되다는 사실을 지속적인 해석을 통하여 입증하였기에 사람들은 모든 상황에서 그를 신뢰했습니다.

제11장 지혜로운 조언

56. 그러나 경탄해 마땅하다는 평가를 받는 요셉과 솔로몬과 다니엘의 본보기로써 세 번째 지점도 드러난 것 같습니다.[131] 모세에 관해서는 무슨 말씀을 드릴까요? 이스라엘 전체가 날마다 그의 조언을 기다렸습니다.[132] 자신들의 삶으로써 지혜를 신뢰할 줄 알았고, 그에 대한 존경심도 키워갔습니다. 누가 모세의 조언에 의지하지 않을 수 있었겠습니까? 원로들도 자신의 이해와 능력을 넘어선다고 여기는 문제는 그에게 판단을 맡겼습니다.[133]

57. 하느님 몸소 "다니엘보다 지혜로운 이가 누구냐?"[134]고 말씀하신 다니엘

되다는 말이다. 『성직자의 의무』 2,8,40; 키케로, 『의무론』 2,10,36 참조.
132 탈출 18,13-16 참조.
133 탈출 18,22.26 참조.
134 에제 28,3 참조.

sapientior?" Aut quomodo homines de eorum dubitare mentibus possent, quibus Deus tantam conferebat gratiam? Moysi consilio bella conficiebantur; Moysi meritis de caelo adfluebat alimonia, potus e petra.

58. Quam purus Danielis animus, ut mulceret barbaros mores, mitigaret leones! Quae in illo temperantia! Quanta animi et corporis continentia! Nec immerito mirabilis factus omnibus, quando — quod uehementer admirantur homines — regalibus fultus amicitiis, aurum non quaerebat nec delatum sibi honorem plus faciebat quam fidem. Quin etiam periclitari malebat pro lege Domini quam pro gratia hominis inflecti.

59. Nam de sancti Ioseph — quem paene praeterieram — castimonia et iustitia quid dicam? Quam altera illecebras heriles respuit, refutauit praemia; altera mortem contempsit, metum reppulit, carcerem praeoptauit! Quis hunc priuatae causae ad consulendum idoneum non iudicaret cuius ferax animus et mens fertilis temporis sterilitatem quodam consiliorum et cordis ubere fecundauit?

---

135 키케로, 『의무론』 1,23,79 참조.
136 탈출 17,1-7 참조.
137 다니 5,16-17; 6,6-29 참조.
138 창세 39,7-23 참조.
139 창세 41,1-57 참조.

의 조언을 누가 거부하겠습니까? 하느님께서 그토록 큰 은총을 베푸신 이들의 정신을 어찌 사람들이 의심할 수 있었겠습니까? 모세의 조언으로 전쟁이 끝났습니다.[135] 모세 덕분에 하늘에서 양식이 내려오고 바위에서 물이 솟아났습니다.[136]

58. 다니엘의 영혼은 얼마나 순수했으면 야만인들의 품성을 부드럽게 만들고 사자들을 온순하게 길들였을까요! 그 안에 있던 절도는 대단합니다! 영혼과 육체의 절제가 위대합니다! 그가 모든 이에게 경탄의 대상이 된 것은 당연합니다. 모든 사람이 크게 경탄하는 점은, 그가 임금과 친구 사이이면서도 금을 좇지도 않았고 자신이 누리는 영예를 신앙보다 더 귀하게 여기지도 않았다는 것입니다. 그는 인간의 호의를 얻기 위해 굴종하기보다 주님의 법을 위해 위험해지기를 더 바랐습니다.[137]

59. 거룩한 요셉에 관해서—제가 하마터면 빠뜨릴 뻔했습니다.—그리고 그의 정결과 정의에 관해서는 무슨 말씀을 드릴까요? 정결로 말하자면, 주인 여자의 유혹을 뿌리치고 보상도 거절했습니다. 정의로 말하자면, 죽음을 하찮게 여겼으며 두려움을 떨치고 감옥살이를 선택했습니다![138] 그가 사적인 문제를 상의하는 데 적임자라고 여기지 않을 사람이 어디 있겠습니까? 그의 영혼은 충만했고, 그의 정신은 풍요로웠습니다. 그는 진심 어린 풍성한 조언들로 흉년을 풍요롭게 만들었습니다.[139]

12

60. Aduertimus igitur quod in acquirendis consiliis plurimum adiungat uitae probitas, uirtutum praerogatiua, beneuolentiae usus, facilitatis gratia. Quis enim in caeno fontem requirat? Quis e turbida aqua potum petat? Itaque ubi luxuria est, ubi intemperantia, ubi uitiorum confusio, quis inde sibi aliquid hauriendum existimet? Quis non despiciat morum colluuionem? Quis utilem causae alienae iudicet quem uidet inutilem suae uitae? Quis iterum impro-bum, maleuolum, contumeliosum non fugiat et, ad nocendum paratum, quis non eum omni studio declinet?

61. Quis uero quamuis instructum ad consilii opem, difficili tamen accessu, ambiat; in quo sit illud tamquam si qui aquae fontem praecludat? Quid enim prodest habere sapientiam, si consilium neges? Si consulendi intercludas co-piam, clausisti fontem ut nec aliis influat nec tibi prosit.

62. Pulchre autem et de illo conuenit qui habens prudentiam, commaculat

---

140 키케로, 『의무론』 2,10,36 참조.

141 아우구스티누스는 밀라노의 수사학 교수 시절 암브로시우스의 환대를 받았지만, 그와 속 시원히 이야기 나눌 기회를 갖지 못했다. 틈틈이 거룩한 독서로 정신을 가다듬는 그 짧은 시간을 차마 빼앗을 수 없었던 까닭이다. 『고백록』 5,13,23; 6,3,3 참조.

제12장 훌륭한 조언자

60. 그러므로 우리가 조언을 얻을 때 관련지어 눈여겨보는 매우 중요한 자질은 덕스러운 삶, 탁월한 덕, 선행의 습관, 상냥한 배려입니다. 누가 진흙탕에서 샘을 찾겠습니까? 누가 오염된 물에서 마실 것을 청하겠습니까? 방탕이 있는 곳, 무절제가 있는 곳, 악습들이 뒤엉켜 있는 곳에 자신에게 길어 올릴 무언가가 있으리라고 누가 생각하겠습니까? 더러운 행실을 누가 경멸하지 않겠습니까? 자기 삶에 무익해 보이는 사람을 누가 다른 이의 변호에 유익하다고 판단하겠습니까? 부정직하고 사악하고 무례하며 해칠 준비가 된 사람을 누가 거듭 피하지 않겠습니까? 그런 사람을 피하려고 갖은 노력을 다하지 않을 사람이 누구이겠습니까?[140]

61. 그러나 아무리 조언할 자질을 잘 갖추고 있다 한들, 다가가기 어렵다면 누가 그런 사람에게 부탁하겠습니까?[141] 마치 물의 원천을 틀어막고 있는 사람과 같다면, 그 안에 무엇이 들어가겠습니까? 조언을 거부한다면 지혜를 소유한다는 것이 무슨 도움이 됩니까? 그대가 조언할 가능성을 차단해 버린다면, 샘을 막아버림으로써 다른 이들에게 흘러가지도 못하게 하고 그대에게도 도움이 되지 못하는 꼴입니다.

62. 예지를 지니고 있으나 악습의 더러움으로 그 예지를 더럽혀 물의 발원지 자체를 오염시키는 사람에 대해서도 어울리게 말할 수 있습니다. 인생은 부당한 영혼들을 드러내줍니다.[142] 그대는 행실에서 더 못해 보이는 사람을

---

142 베르길리우스, 『아이네이스』 4,13 참조.

eam uitiorum sordibus, eo quod aquae exitum contaminet. Degeneres animos uita arguit. Quomodo enim potes eum iudicare consilio superiorem quem uideas inferiorem moribus? Supra me debet esse cui me committere paro. An uero eum idoneum putabo qui mihi det consilium quod non det sibi, et mihi eum uacare credam qui sibi non uacet, cuius animum uoluptates occupent, libido deuincat, auaritia subiuget, cupiditas perturbet, quatiat metus? Quomodo hic consilii locus, ubi nullus quieti?

63. Admirandus mihi et suspiciendus consiliarius quem propitius Dominus patribus dedit, offensus abstulit. Huius imitator debet esse qui potest consilium dare et alienam a uitiis custodire prudentiam quoniam "nihil inquinatum in illam incurrit."

13

64. Quis igitur tamquam uultu speciem praeferat pulchritudinis et beluinis posterioribus ac ferinis unguibus formae superioris dehonestet gratiam, cum tam admirabilis et praeclara forma uirtutum sit et specialiter pulchritudo sapientiae? Sicut series Scripturae indicat: "Est enim speciosior sole et super omnem stellarum dispositionem; luci comparata inuenitur prior. Lucem etenim hanc suscipit nox, sapientiam autem non uincit malitia."

---

143 이사 3,1-3 참조.

어찌 조언에서는 더 낫다고 판단할 수 있습니까? 만일 내가 나를 누군가에게 맡기려 한다면, 그는 나보다 더 나은 사람이어야 합니다. 자신에게조차 조언해 줄 수 없는 그 사람을 나에게 조언해 줄 적절한 인물이라 여겨야 하겠습니까? 자신도 돌보지 못하는 그 사람이 나를 돌보리라고 믿어야 하겠습니까? 그의 영혼을 쾌락이 사로잡고, 정욕이 정복하고, 탐욕이 지배하고, 욕망이 어지럽히고, 두려움이 불안에 떨게 하는데도 그리하겠습니까? 평정심이 전혀 없는 곳에 어찌 조언의 여지가 있겠습니까?

63. 나의 감탄과 존경을 받아 마땅한 조언자는 자비로우신 주님께서 성조들에게 자비로이 보내주셨다가 상처를 입어 다시 거두어가신 그런 사람입니다.[143] 조언해 줄 수도 있고, 예지를 악덕에서 멀찌감치 지켜줄 수도 있는 이런 사람을 본보기로 삼아야 합니다. "어떠한 오점도 그 안으로 기어들지 못하기"[144] 때문입니다.

제13장 지혜의 아름다움

64. 누가 동물의 하반신과 짐승의 발굽을 달아 상반신의 우아함을 망가뜨리면서 얼굴로만 아름다운 외모를 드러내려 하겠습니까? 덕의 형상은 경탄스럽고 찬란하며, 지혜의 아름다움은 특히 그러합니다. 성경 전반이 알려주는 바와 같습니다. "그[지혜]는 해보다 아름답고 모든 별보다 빼어나며 빛과 견주어보아도 그보다 더 밝음을 알 수 있다. 밤은 이 빛을 밀어내지만 악은 지혜를 이겨내지 못한다."[145]

---

144 지혜 7,25.

65. Diximus de eius pulchritudine et Scripturae testimonio comprobauimus. Superest ut doceamus Scripturae auctoritate nullum ei contubernium cum uitiis esse sed indiuiduam cum ceteris uirtutibus coniunctionem: "Cuius spiritus est disertus, sine inquinamento, certus, sanctus, amans bonum, acutus, qui nihil uetet benefacere, benignus, stabilis, certus, securus, omnem habens uirtutem, omnia prospiciens." Et infra: "Sobrietatem docet et iustitiam et uirtutem."

14

66. Omnia igitur operatur prudentia, cum omnibus bonis habet consortium. Nam quomodo potest utile consilium dare nisi habeat iustitiam ut induat constantiam, mortem non reformidet, nullo terrore, nullo reuocetur metu, nulla adulatione a uero deflectendum putet, exsilium non refugiat quae nouerit sapienti patriam mundum esse, egestatem non timeat quae nihil deesse sapienti sciat cui totus mundus diuitiarum est? Quid enim praecelsius eo uiro qui auro moueri nesciat, contemptum habeat pecuniarum et uelut ex arce quadam despiciat hominum cupiditates? Quod qui fecerit, hunc homines supra hominem esse arbitrantur: "Quis est, inquit, hic, et laudabimus eum? Fecit enim mirabilia in uita sua." Quomodo enim non admirandus qui diuitias spernit quas

---

145   지혜 7,29-30 참조.
146   지혜 7,22-23 참조.
147   지혜 8,7 참조.

65. 우리는 지혜의 아름다움에 관하여 말했고, 성경의 증언으로 이를 확인했습니다. 이제 남은 일은, 지혜는 악덕과 전혀 상관없고 다른 모든 덕과 불가분으로 결합해 있음을 성경의 권위로 가르치는 일입니다. "그[지혜]의 영은 명석하고 더러움이 없으며 분명하고 거룩하고 선을 사랑하고 예리하며 선행에 전혀 거침없이 인자하고 항구하고 확고하고 평온하며 모든 덕을 지니고 모두를 보살핀다."[146] 더 아래에는 이렇게 적혀 있습니다. "[지혜는] 절제를 가르쳐주고, 정의와 덕행을 가르쳐준다."[147]

제14장 돈을 하찮게 여기는 검소한 생활 방식

66. 예지는 모든 것 안에서 활동합니다. 선한 모든 것과 한몫을 누리기 때문입니다. 정의를 지니지 않고서 어떻게 이로운 조언을 해줄 수 있습니까? 꿋꿋함의 옷을 입고, 죽음을 두려워하지 않으며, 어떠한 공포나 두려움에도 물러나지 않습니다. 어떠한 아첨에도 참된 것에서 벗어나지 말아야 한다고 생각합니다. 유배를 피하지도 않으니, 지혜로운 이에게는 온 세상이 고향임을 알기 때문입니다.[148] 가난을 두려워하지 않으니, 지혜로운 이에게는 아무것도 부족하지 않고 온 세상의 부가 제 것임을 알고 있기 때문이지 않습니까? 금덩어리에도 꿈쩍할 줄 모르는 사람, 돈을 경멸하는 사람, 마치 요새 같은 곳에서 인간의 욕망을 내려다보는 사람보다 더 탁월한 존재가 누구이겠습니까? 사람들은 이렇게 행동하는 사람을 인간 이상의 존재로 여깁니다. 성경은 이렇게 말합니다. "우리가 이렇게 칭찬할 그는 누구

---

148 2세기 후반의 호교 교부 문헌 『디오그네투스에게』 5,5 참조: "그리스도인은 이역(異域)을 자신의 조국처럼 생각하고 모든 조국이 그들에게는 이역과 같습니다."

plerique saluti propriae praetulerunt?

67. Decet igitur omnes censura frugalitatis, continentiae auctoritas, et maxime eum qui honore praestet, ne praeeminentem uirum thesauri possideant sui et pecuniis seruiat qui praeest liberis. Illud magis decet ut supra thesaurum sit animo et infra amicum obsequio; humilitas enim auget gratiam. Haec plena laudis et digna primario uiro: Non communem cum Tyriis negotiatoribus et Galaaditis mercatoribus habere turpis lucri cupidinem nec omne bonum locare in pecunia et tamquam mercenario munere cottidianos numerare quaestus, calculari compendia.

15

68. Quod si ab his sobrium animum gerere laudabile est, quanto illud praestantius si dilectionem multitudinis liberalitate acquiras neque superflua circa importunos neque restricta circa indigentes!

69. Plurima autem genera liberalitatis sunt: non solum cottidiano sumptu

---

149 집회 31,9 참조.
150 이사 23,3.8 참조.

인가? 그는 자기 인생에서 놀라운 일을 하였다."[149] 많은 이가 자신의 구원보다 앞세운 부를 경멸하는 사람을 어찌 존경하지 않을 수 있겠습니까?

67. 검소한 생활 방식과 절제의 권위는 모든 이에게 어울리며, 특히 명예로운 지위에 있는 사람에게는 더욱 그러합니다. 탁월한 사람은 자기 보화에 사로잡히지 말아야 하고, 자유인을 감독하는 사람은 돈에 종살이하지 말아야 합니다. 마음으로는 보화 위에 있고 정중함으로는 친구 아래에 있는 것이 더 어울립니다. 겸손은 호감을 키워주기 때문입니다. 칭송을 받아 마땅한 훌륭한 사람은 이러합니다. 그런 사람은 티로의 상인들[150]이나 길앗의 대상들[151]처럼 더러운 이익을 챙기려는 욕심도 없고, 모든 선을 돈에 두지도 않으며, 날마다 번 것을 합산하고 이윤을 계산하는 것조차 마치 품팔이꾼의 일처럼 여깁니다.

제15장 관대함

68. 이러한 욕망에서 벗어나 맑은 영혼을 지니는 것이 칭찬할 만한 일이라면, 관대함으로 많은 사람의 사랑을 얻는 것은 얼마나 더 훌륭한 일입니까![152] 그는 적절치 않은 이들에게 마구 베풀지도 않으며 가난한 이들에게 인색하지도 않습니다!

69. 관대함(liberalitas)[153]에는 여러 종류가 있습니다.[154] 이는 단순히 자기 생

---

151 창세 37,25 참조.
152 키케로, 『의무론』 2,9,32 참조.

egentibus quo uitam sustinere suam possint, disponere ac dispensare ali-
moniam, uerum etiam his qui publice egere uerecundantur, consulere ac
subuenire quatenus communis egenorum alimonia non exhauriatur. De eo
enim loquor qui praeest alicui muneri—ut si officium sacerdotis gerat, aut
dispensatoris—ut de his suggerat episcopo nec reprimat si quem positum in
necessitate aliqua cognouerit aut deiectum opibus ad inopiae necessitatem
redactum, maxime si non effusione adolescentiae sed direptione alicuius et
amissione patrimonii in eam reciderit iniuriam ut sumptum exercere diurnum
non queat.

70. Summa etiam liberalitas, captos redimere, eripere ex hostium manibus,
subtrahere neci homines, et maxime feminas turpitudini, redimere parentibus
liberos, parentes liberis, ciues patriae restituere. Nota sunt haec nimis Illyrici
uastitate et Thraciae: quanti ubique uenales erant toto captiui orbe! Quos si
reuoces, unius prouinciae numerum explere non possint? Fuerunt tamen qui
et quos Ecclesiae redemerunt, in seruitutem reuocare uellent, ipsa grauiores

---

153 민중에게 선물을 나누어주고, 대중을 위한 극장, 목욕탕, 도서관을 지어주거나 마을 잔치
와 축제에 기부금을 내는 너그러운 행위 등을 통틀어 고대에는 관대함(liberalitas)이라 불렀
다. 이러한 관대함이 가난한 이들에게 도움이 되기는 했지만, 엄밀히 따지자면 그리스도교
의 사랑(caritas)이나 자선(eleemosyna)과는 구별된다. 암브로시우스는 고대의 전통을 존
중하여 관대함을 높이 평가하면서도, 이타적 동기보다는 자신을 내세우거나 남을 감동시키
려는 이기적 동기에 휘둘릴 위험성 또한 거듭 경고한다. 참조: 에른스트 다스만, 『교회사 I』,
하성수 옮김, 분도출판사 2007, 370.

계를 유지할 수 있는 나날의 생필품이 아쉬운 가난한 이들에게 양식을 마련해 주고 나누어주는 문제일 뿐 아니라, 가난한 이들의 몫으로 떼어둔 공동 식량이 바닥나지 않는 한, 자신의 가난을 공공연하게 드러내기를 부끄러워하는 사람들을 보살피고 도와주는 일이기도 합니다. 사제직이나 자선의 직무를 수행하는 사람처럼 어떤 책임을 맡은 사람에 관하여 말씀 드리는 것입니다. 그 책임자는 이런 가난한 사람들에 관하여 자기 주교에게 알려야 하고, 이런저런 궁핍에 빠져 있거나, 굴곡진 운명으로 부유한 상태에서 궁핍한 가난으로 곤두박질친 사람을 보거든 머뭇거려서는 안 됩니다. 특히 젊은 시절의 낭비 때문이 아니라, 누군가에게 빼앗기고 가산을 잃어버린 까닭에 이 비참한 처지로 전락하여 나날의 생계비조차 마련할 수 없는 사람이라면 더욱 그러합니다.

70. 또한, 최고의 관대함은 포로들을 몸값을 치러 해방하기[155], 사람들을 적의 손아귀에서 빼내어 죽음에서 구하기, 특히 여성을 추행에서 구하기, 어린이를 부모에게 되돌려주고 부모를 어린 자녀에게 되돌려주기, 시민을 조국으로 되돌려 보내기입니다. 일리리쿰과 트라키아의 파괴로 이러한 일들은 너무도 잘 알려져 있습니다.[156] 곳곳에서 얼마나 많은 포로들이 노예로 팔려갔습니까! 그들을 다시 불러 모은다면 한 지방 인구수를 채울 수

---

154 키케로, 『의무론』 2,18,61-62 참조.

155 redimere는 노예 제도나 전쟁 상황에서 통용되던 낱말로서 '몸값을 치러 해방하다.'[속량(贖良)하다]라는 뜻이다. 현대인에게 낯선 속량(redemptio)이라는 성경 용어를 되도록 해방 또는 자유로 풀어쓰자는 제안에 관해서는 정양모, 『로마서 풀이』, 지금여기 2012, 45-48, 133 참조.

156 고트족과 벌인 하드리아노폴리스 전투(378년 8월 9일)를 가리킨다. 이 전투에서 발렌스 황제가 전사하고, 고트족의 야만적 학살과 약탈이 이어졌다.

captiuitate qui inuiderent alienam misericordiam. Ipsi si in captiuitatem ue-
nissent, seruirent liberi; si uenditi fuissent, seruitutis ministerium non recusa-
rent. Et uolunt alienam libertatem rescindere qui suam seruitutem non possent
rescindere, nisi forte pretium recipere emptori placeret, in quo tamen non
rescinditur seruitus, sed redimitur.

71. Praecipua est igitur liberalitas redimere captiuos — et maxime ab hoste
barbaro qui nihil deferat humanitatis ad misericordiam nisi quod auaritia re-
seruauerit ad redemptionem — aes alienum subire si debitor soluendo non sit
atque arctetur ad solutionem quae sit iure debita et inopia destituta, enutrire
paruulos, pupillos tueri.

72. Sunt etiam qui uirgines orbatas parentibus tuendae pudicitiae gratia conu-
bio locent, nec solum studio sed etiam sumptu adiuuent. Est etiam illud genus
liberalitatis, quod apostolus docet ut: "Si quis fidelis habet uiduas, submi-
nistret illis ut earum alimoniis Ecclesia non grauetur ut his quae uere uiduae
sunt, sufficiat."

---

157 『성직자의 의무』 2,28,136-143 참조.
158 현대어 번역에서 공통적으로 어려움을 겪는 모호한 대목이다.(G. Banterle, *I doveri*, 223;
     I.J. Davidson, *De officiis*, vol 2, 748-749 참조) 포로들의 해방[贖良, redemptio]에 관한

있지 않겠습니까? 그러나 교회가 몸값을 치러주었던 그 사람들을 다시 노예 상태로 되돌리고 싶어 했던 자들이 있었습니다. 포로 생활 자체보다 더 가혹했던 그들은 다른 이들이 베푸는 자비를 시기했습니다.[157] 그들 자신이 포로 상태가 되었더라면 자유인으로서 기꺼이 종살이를 했거나, 그들 자신이 팔려갔더라면 종살이를 거부하지 않았을지는 모르겠습니다. 그러나 자신의 노예 상태를 끝장낼 수도 없는 자들이 다른 이들의 자유를 무효로 만들려고 합니다. 혹시라도 노예 상인이 대금 수령을 기꺼워하지 않는다면 그런 경우에도 노예 신분은 폐기하지 않은 채 몸값만 치르려고 합니다.[158]

71. 그러므로 몸값을 치러 포로들을 해방하는 것은 훌륭한 관대함입니다. 특히 몸값으로 탐욕스레 이익을 챙기는 일 말고는 인정스러운 자비에는 전혀 관심이 없는 야만적인 적에게서 해방하는 경우에는 더욱 그러합니다. 빚쟁이가 빚을 갚을 처지가 안 될 때 다른 사람의 빚을 떠안는 것[159], 법적으로 갚아야 하지만 가난 때문에 체념한 돈을 대주는 것도 훌륭한 일입니다. 어린아이들을 먹여 살리고 고아들을 보호하는 것도 훌륭합니다.

72. 부모를 잃은 처녀들이 정결을 지킬 수 있도록 혼인을 주선하는 이들도 있습니다. 그들은 열성뿐 아니라 돈으로도 도와줍니다. 바오로 사도가 가르쳐주는 또 다른 종류의 관대함도 있습니다. "어떤 신자에게 [친척] 과부들이 있으면 그들을 도와주어야 합니다. 교회가 참으로 [무의탁] 과부들을 도울 수 있도록 그들의 생계 문제로 교회에 짐을 지우지 말아야 합니다."[160]

암브로시우스의 또 다른 설명은 『성직자의 의무』 2,28,136 참조.
159 키케로, 『의무론』 2,15,55 참조.
160 1티모 5,16 참조.

73. Vtilis igitur huiusmodi liberalitas sed non communis omnibus. Sunt enim plerique etiam uiri boni qui tenues sunt censu, contenti quidem exiguo ad sui usum sed non idonei ad subsidium leuandae paupertatis alienae; tamen suppetit aliud beneficentiae genus quo iuuare possint inferiorem. Est enim duplex liberalitas: una quae subsidio rei adiuuat, id est, usu pecuniae; altera quae operum collatione impenditur, multo frequenter splendidior multoque clarior.

74. Quanto illustrius Abraham captum armis uictricibus recepit nepotem quam si redemisset! Quanto utilius regem Pharaonem sanctus Ioseph consilio prouidentiae iuuit quam si contulisset pecuniam! Pecunia enim unius ciuitatis non redemit ubertatem, prospicientia totius Aegypti per quinquennium famem reppulit.

75. Facile autem pecunia consumitur, consilia exhauriri nesciunt. Haec usu augentur, pecunia minuitur et cito deficit atque ipsam destituit benignitatem ut quo pluribus largiri uolueris, eo pauciores adiuues — et saepe tibi desit quod alii conferendum putaueris. Consilii autem operisque collatio, quo in plures diffunditur, eo redundantior manet et in suum fontem recurrit. In se enim refluit ubertas prudentiae et quo pluribus fluxerit, eo exercitius fit omne quod remanet.

---

161 키케로, 『의무론』 2,15,52 참조.

162 창세 14,12-16 참조.

163 창세기 41장 1-57절에서는 기근이 7년 동안 지속되었다고 한다. 5년이라는 암브로시우스의 진술은 창세기 45장 6절에 기댔을 수도 있다.

73. 이런 관대함은 이롭지만 모든 이에게 공통적이지는 않습니다. 재산이 얼마 되지 않는 선한 사람들도 많은데, 그들은 자신이 사용할 작은 것에 만족하지만 다른 사람의 가난을 덜어줄 형편은 아니기 때문입니다. 그러나 그들이 자신들보다 더 열악한 사람들을 도울 수 있는 다른 종류의 선행(beneficentia)이 있습니다. 관대함은 이중적입니다. 하나는 물질적 보조, 곧 돈을 사용하여 도움을 베푸는 것이고, 다른 하나는 선행 기부로써 이바지하는 것입니다. 이것이 훨씬 더 찬란하고 훨씬 더 빛나는 일이 잦습니다.[161]

74. 아브라함이 포로로 잡혀간 조카를 군사적 승리를 거두어 구한 것은 몸값을 치르고 구한 것보다 얼마나 더 뛰어납니까![162] 거룩한 요셉이 파라오 임금에게 그저 돈을 주기보다 지혜로운 조언으로 도운 것은 얼마나 더 유익했습니까! 돈은 한 도시의 풍요를 살 수 없었지만, 앞을 내다보는 지혜는 온 이집트의 굶주림을 다섯 해 동안 물리쳤습니다.[163]

75. 돈은 쉽게 소모되지만, 조언은 거덜날 줄 모릅니다. 조언은 쓸수록 늘어나지만, 돈은 줄어들어 금세 모자라고 선의(benignitas) 자체를 저버리게 하여, 그대가 더 많은 이에게 베풀어주려 할수록 더 적은 것을 돕게 되고, 종종 다른 사람에게 주려고 생각했던 것마저 그대에게 부족해집니다. 그러나 조언과 선행 기부는 많은 사람에게 퍼져나갈수록 더욱 풍성하게 남아 자기 원천으로 다시 흘러갑니다. 예지의 풍요로움은 자기 안으로 다시 흘러 들어가, 그 샘을 흘려주어야 할 사람이 많을수록 남아 있는 모든 것도 더 유용해집니다.

76. Liquet igitur debere esse liberalitatis modum ne fiat inutilis largitas. So-
brietas tenenda est, maxime sacerdotibus, ut non pro iactantia sed pro iustitia
dispensent. Nusquam enim maior auiditas petitionis: ueniunt ualidi, ueniunt
nullam causam nisi uagandi habentes, et uolunt subsidia euacuare pauperum,
exinanire sumptum; nec exiguo contenti, maiora quaerunt, ambitu uestium
captantes petitionis suffragium et natalium simulatione licitantes incrementa
quaestuum. His si quis facile fidem deferat, cito exhaurit pauperum alimoniis
futura compendia. Modus largiendi adsit ut nec illi inanes recedant neque
transcribatur uita pauperum in spolia fraudulentorum. Ea ergo mensura sit ut
neque humanitas deseratur nec destituatur necessitas.

77. Plerique simulant debita: sit ueri examen. Exutos se per latrocinia deplo-
rant: aut iniuria fidem faciat aut cognitio personae quo propensius iuuetur.
Ab Ecclesia relegatis sumptus impertiendus si desit eis alendi copia. Itaque
qui modum seruat, auarus nulli sed largus omnibus est. Non enim solas aures
praebere debemus audiendis precantum uocibus sed etiam oculos consideran-

---

164   키케로, 『의무론』 2,15,55 참조.
165   히에로니무스, 『편지』 58,7; 키케로, 『의무론』 2,15,52 참조.

제16장 절도 있는 관대함

76. 무익한 베풂이 되지 않게 하려면 관대함의 절도(modus)가 있어야 합니다.[164] 뽐내기 위해서가 아니라 정의를 위해 베풀려면 특히 사제들은 절도를 지녀야 합니다. 달라고 보채는 것보다 더 큰 탐욕은 없습니다. 건강한 이들이 찾아오지만, 그들은 떠돌이 생활을 하는 것 말고는 별다른 이유 없이 옵니다. 그들은 가난한 이들을 위한 보급품을 동내고 비용을 탕진하려 합니다. 그들은 작은 것으로 만족하지도 않고 더 큰 것을 찾습니다. 초라한 옷을 걸치고서 자신들의 요구에 동의를 얻어내려 하고, 출생 사연을 그럴듯하게 꾸며 몸값을 부풀리면서 수입을 올립니다. 그들을 쉽게 믿어버린 사람은, 가난한 이들의 앞날을 위해 아껴둔 것을 금세 다 써버립니다.[165] 베푸는 데는 절도가 있어야 합니다. 그렇게 해야 그런 자들이 빈손으로 돌아다니지 않을 것이며, 가난한 이들의 목숨이 사기꾼들의 전리품으로 전락하지 않을 것입니다. 인간애를 저버리지도 않고 궁핍한 사람을 내버려두지도 않으려면 잣대가 있어야 합니다.

77. 빚이 있는 척하는 사람들이 많습니다. 진짜인지 살펴보아야 합니다. 그들은 도둑에게 털렸다고 울먹입니다. 그 피해가 믿을 만하거나 그들이 어떤 사람인지 알아볼 수 있다면 더욱 신속하게 도와주어야 합니다. 교회에서 쫓겨난 이들도 먹고살 방도가 없다면 생활비를 나누어주어야 합니다. 그러므로 절도를 지키는 사람은 누구에게도 인색하지 않고, 오히려 모두에게 관대합니다. 간청하는 이들의 목소리를 듣는 귀뿐 아니라 궁핍한 이들을 살펴보는 눈도 내주어야 합니다. 선행을 실천하는 사람에게는 가난한 이의 무력함이 가난한 이의 목소리보다 더 강렬하게 외치는 법입니다.

dis necessitatibus. Plus clamat bono operatori debilitas, quam uox pauperis. Neque uero fieri potest ut non extorqueat amplius importunitas uociferantium; sed non semper impudentiae locus sit. Videndus est ille qui te non uidet; requirendus ille qui erubescit uideri. Ille etiam clausus in carcere occurrat tibi, ille adfectus aegritudine mentem tuam personet qui aures non potest

78. Quo plus te operari uiderit populus, magis diliget. Scio plerosque sacerdotes qui plus contulerunt, plus abundasse, quoniam quicumque bonum operarium uidet, ipsi confert quod ille suo officio dispenset, securus quod ad pauperem sua perueniat misericordia: nemo enim uult nisi pauperi proficere suam collationem. Nam si quem aut immoderatum aut nimis tenacem dispensatorem uiderit, utrumque displicet: si aut superfluis erogationibus dissipet alieni fructus laboris aut recondat sacculis. Sicut igitur modus liberalitatis tenendus est, ita etiam calcar. Plerumque adhibendus uidetur modus ideo ut quod benefacis, id cottidie facere possis, ne subtrahas necessitati quod indulseris effusioni; calcar propterea quia melius operatur pecunia in pauperis cibo quam in diuitis sacculo. Caue ne intra loculos tuos includas salutem inopum et tamquam in tumulis sepelias uitam pauperum.

---

166 마태 25,31-46; 로마의 클레멘스, 『코린토인들에게 보낸 편지』 59,4; 아리스티데스, 『호교론』 15; 테르툴리아누스, 『호교론』 39,5-6; 아우구스티누스, 『믿음 희망 사랑』 72 참조.
167 키케로, 『의무론』 2,15,54 참조.
168 암브로시우스, 『나봇 이야기』 39 참조.

고래고래 소리 지르는 이들이 끈질기게 더 많은 것을 털어가는 일이 생기지 않을 수는 없겠지만, 철면피들에게 늘 자리를 내주어서는 안 됩니다. 그대가 바라보아야 할 사람은 그대를 감히 바라보지도 못하는 사람입니다. 그대가 찾아가야 하는 사람은 드러날까 부끄러워하는 사람입니다. 감옥에 갇혀 있는 그 사람도 그대에게 다가와야 하고, 귀로는 들을 수 없는 그 사람이 겪는 병고에도 그대 마음이 공명(共鳴)해야 합니다.[166]

78. 그대가 선행을 베푸는 것을 백성들이 보면 볼수록 그대를 더 사랑할 것입니다. 더 많이 베풀수록 더 풍요롭게 지내는 많은 사제를 나는 알고 있습니다. 선한 일꾼을 보는 누구라도 그에게 무엇이든 주어 임무를 수행하면서 나누어주게 할 것입니다. 자신의 자비가 가난한 사람에게 미치리라는 사실을 확신하기 때문입니다. 그 누구도 자신의 기부가 가난한 사람이 아닌 다른 이의 수익이 되기를 바라지 않습니다. 어떤 자선가가 무절제하거나 너무 쩨쩨한 것을 사람들이 본다면, 둘 다 언짢을 것입니다. 한편으로는 다른 사람의 노고의 열매를 과도한 희사로 낭비하고, 다른 한편으로는 돈주머니에 감추어두기 때문입니다. 그러므로 관대함의 절도를 지녀야 하듯, 독려하는 데도 그래야 합니다. 그대가 날마다 할 수 있는 선행을 실천하고, 헤프게 베풀어서 궁핍한 사람의 몫을 빼앗는 일이 없도록 절도를 갖추어야 할 때가 많을 것입니다.[167] 독려해야 할 때도 있으니, 돈은 부자의 돈주머니 안에서보다 가난한 사람의 음식에서 더 쓸모 있기 때문입니다. 그대 지갑 안에 가난한 사람들의 구원을 가두지 않고, 무덤과 같은 곳에 가난한 이들의 생명을 파묻어버리지 않도록 조심하십시오.[168]

79. Potuit donare Ioseph totas Aegypti opes et effundere thesauros regios; noluit tamen de alieno effusus uideri: maluit frumenta uendere quam donare esurientibus, quia si paucis donasset, plurimis defuisset. Eam liberalitatem probauit quo abundaret omnibus. Patefecit horrea ut omnes emerent subsidium frumentarium, ne gratis accipiendo cultus terrarum relinquerent, quoniam qui alieno utitur, suum neglegit.

80. Itaque primo omnium coaceruauit pecunias, deinde instrumenta caetera, ad postremum iura terrarum regi acquisiuit, non ut omnes exueret suo sed fulciret publicum, tributum constitueret quo sua tutius habere possent. Quod ita fuit gratum omnibus quibus terras ademerat, ut non uenditionem sui iuris sed redemptionem salutis putarent. Denique dixerunt: "Sanasti nos, inuenimus gratiam in conspectu domini nostri." Nam et de proprietate nihil amiserant qui ius receperant, et de utilitate nihil perdiderant qui acquisierant perpetuitatem.

---

169 키케로, 『의무론』 2,15,52 참조.

170 창세 47,25 참조.

171 여기서 '재산'(instrumentum)은 가축들을 일컫는다. 창세 47,13-26 참조.

172 직역은 속량(贖良, redemptio)이다.

173 창세 47,25 참조.

79. 요셉은 이집트의 모든 부를 주고 왕실 보화를 퍼부어줄 수도 있었습니다. 그러나 그는 다른 사람의 자산을 탕진하는 사람으로 보이고 싶지 않았습니다. 그는 곡식을 굶주린 이들에게 주는 대신 팔기를 더 바랐습니다. 소수에게 선물로 주었더라면 다수에게 부족했을 것이기 때문입니다.[169] 그는 이러한 관대함을 택함으로써 모든 이에게 넉넉하도록 했습니다. 그는 곳간을 열어 모든 이가 보급 식량을 살 수 있게 했습니다.[170] 그들이 공짜로 받음으로써 땅을 일구는 일을 내팽개치지 않게 하려는 것이었습니다. 다른 사람의 것을 이용하는 사람은 자기 것을 게을리하기 때문입니다.

80. 우선, 그는 모든 사람의 돈을 모으고, 그런 다음에는 그들의 다른 재산[171]을 모은 다음, 마지막으로 그들의 농토에 대한 권리를 임금을 위해 사들였습니다. 그의 의도는 모든 백성에게서 그들의 재산을 빼앗으려는 것이 아니라, 공적 재화를 확보하고 조세 제도를 마련하여 저마다 자기 몫을 더욱 안전하게 소유할 수 있게 하려는 것이었습니다. 요셉이 땅을 사들여준 모든 이는 기뻐하였습니다. 그들은 자신들의 권리를 팔아넘긴 것이 아니라, 구원의 해방[172]이 이루어졌다고 여겼기 때문입니다. 그래서 그들은 이렇게 말했습니다. "나리께서 저희를 구해주셨기에, 저희는 우리 주님 앞에서 은총을 얻었습니다."[173] 그들은 권리를 받았으니 소유물 가운데 아무것도 잃지 않았습니다. 그리고 영속성을 차지했으니 이로운 것 가운데 아무것도 상실하지 않았습니다.

81. O uirum magnum qui non largitatis superfluae temporalem captauit gloriam sed perpetuam commoditatem constituit prouidentiae! Fecit enim ut tributis populi se iuuarent suis nec in tempore necessitatis aliena subsidia desiderarent. Melius enim fuit conferre aliquid de fructibus quam totum de iure amittere. Quintam portionem collationis statuit et in prouidendo perspicacior et in tributo liberalior. Denique nunquam postea Aegyptus huiusmodi famem pertulit.

82. Quam praeclare autem collegit futura! Primum, quam argute regalis interpres somnii ueritatem expressit! Somnium regis primum hoc fuit: Septem iuuencae ascendebant de flumine, uisu decorae, et pingues corpore, et ad oram pascebantur fluminis. Aliae quoque uitulae uisu deformes ac ieiunae corpore, post illas iuuencas ascendebant de flumine et iuxta eas in ipso riparum toro pascebantur; et uisae sunt eae uitulae tenues atque exiles deuorare illas quae praestabant et forma et gratia. Et somnium secundum hoc fuit: Septem spicae pingues, electae et bonae de terra surgebant et post eas septem spicae exiles et uento corruptae ac madidae se subicere moliebantur; et uisum est quod laetas et uberes spicas steriles et tenues deuorauerunt.

83. Hoc somnium ita aperuit sanctus Ioseph eo quod septem iuuencae septem anni forent et septem spicae similiter anni septem forent, ex fetu et fructu

---

174 키케로, 「의무론」 2,23,83 참조.

81. 오, 위대한 사람![174] 그는 과도한 관대함으로 일시적 영광을 좇지 않았고, 대신 선견지명의 끊임없는 유익을 이루어냈습니다. 백성들이 이렇게 조세를 바치게 함으로써 그들이 곤궁할 때에도 다른 이들의 원조를 바라지 않고 스스로 도울 수 있게 했습니다. 그들로서는 권리 전체를 잃어버리는 것보다 수확의 일부를 바치는 것이 더 나았습니다. 그는 바칠 양을 총수확의 오분의 일로 정하였습니다. 그리하여 그는 앞날을 내다보는 데서는 더 통찰력 있는 인물이요, 조세에서는 더 너그러운 인물이 되었습니다. 그 뒤로 이집트는 어떠한 기근도 겪지 않았습니다.

82. 그는 얼마나 탁월하게 미래를 꿰뚫어 보았습니까! 우선, 임금의 꿈을 날카롭게 해석하고 진리를 드러냈습니다![175] 임금의 첫 꿈은 이러했습니다. 잘생기고 살진 암소 일곱 마리가 강에서 올라와 강가에서 풀을 뜯고 있었습니다. 그런 다음 못생기고 야윈 다른 암소 무리도 강에서 올라와 그 암소들 곁으로 가서는 같은 강가에서 나란히 풀을 뜯었습니다. 그러다 이 수척하고 야윈 암소들은 체격과 외모가 뛰어난 암소들을 잡아먹는 것처럼 보였습니다. 두 번째 꿈은 이러했습니다. 훌륭하고 좋은 이삭 일곱이 땅에서 올라왔습니다. 그런 다음, 야위고 샛바람에 망가지고 축축해진 이삭 일곱이 솟아났습니다. 그리고 이 척박하고 깡마른 이삭이 풍요롭고 여문 이삭을 삼켜버리는 것처럼 보였습니다.

83. 거룩한 요셉은 이 꿈을 이렇게 풀이했습니다. 일곱 암소는 일곱 해를, 일곱 이삭도 마찬가지로 일곱 해를 나타냅니다. 암소의 분만은 일 년을 뜻

175　창세 41,1-32 참조.

interpretatus tempora: fetus enim iuuencae annum exprimit et fructus segetis annum consummat integrum. Quae ideo ascendebant de flumine quod dies, anni ac tempora fluminum praetereunt modo et cursim labuntur. Annos itaque septem priores uberis terrae fertiles ac fecundos declarat futuros, posteriores autem alios septem annos steriles atque infecundos quorum sterilitas adsumptura foret ubertatem superiorum. Qua gratia prospiciendum admonuit ut uberioribus annis congregaretur subsidium frumentarium quod sustentare posset inopiam futurae infecunditatis.

84. Quid primum mirer? Ingenium quo in ipso ueritatis descendit cubile an consilium quo tam graui atque diuturnae prospexit necessitati an uigilantiam atque iustitiam quarum altera, imposito sibi tanto munere, congregauit tam multiplices commeatus alteraque aequalitatem per omnes seruauit? Nam de magnanimitate quid loquar? Quod uenditus a fratribus in seruitutem non retulit iniuriam sed famem depulit. Quid de suauitate? Quod dilecti fratris praesentiam pia fraude quaesiuit, quem simulato per elegantiam furto reum statuit rapinae ut obsidem teneret gratiae.

85. Vnde merito ei a patre dicitur: "Filius ampliatus meus Ioseph, filius amp-

---

176 창세 41,33-37; 47,13-26 참조.
177 창세 37,12-36 참조.

하고, 곡식이 익는 데 일 년이 꼬박 걸리기 때문에, 이 기간은 수태에서 출산까지 걸리는 시간이라고 해석합니다. 그것들이 강에서 올라온 까닭은, 날들과 해들과 계절들이 강물처럼 지나가고 재빨리 흘러가기 때문입니다. 그래서 그는 비옥한 땅의 첫 일곱 해는 풍요롭고 풍년이 들 것이지만, 뒤에 오는 다른 일곱 해는 황폐하고 흉년이 들 것인데, 이 황폐함이 이전의 풍요로움을 거덜낼 것이라고 선언했습니다. 이를 통해 그는 앞으로 닥칠 흉년의 가난을 버텨나갈 수 있는 보급 식량을 풍년에 모아두라고 경고했습니다.

84. 무엇부터 먼저 감탄할까요? 진리의 방 깊숙한 곳까지 내려가게 만든 지성을 감탄할까요, 아니면 그렇게 심각하게 이어진 궁핍을 내다본 식견을 감탄할까요, 아니면 경계심과 정의를 감탄할까요? 엄청난 임무가 그에게 맡겨졌을 때 그렇게 많은 물자를 모을 수 있게 한 것은 그의 경계심이었고, 그가 모든 이에게 공정함을 지킬 수 있게 한 것은 그의 정의였습니다.[176] 그의 위대한 정신에 관해서는 무슨 말씀을 드릴까요? 그는 형제들 손에 종으로 팔려갔지만, 복수하지 않고 오히려 굶주림을 없애주었습니다.[177] 그의 온유함은 어떠합니까? 사랑하는 동생[178]을 곁에 두려고 경건한 속임수를 썼습니다. 그는 품격 있게 절도극을 꾸몄고 자기 동생을 은총의 인질로 잡기 위하여 도둑질의 용의자로 만들었습니다.[179]

85. 아버지가 그에게 이렇게 말할 만합니다. "내 아들 요셉은 위대해졌다.

---

178 요셉의 동생 벤야민을 일컫는다.
179 창세 42,15-20; 44,1-34 참조.

liatus meus, zelotes filius meus adulescentior... Adiuuit te Deus meus et bene-
dixit te benedictione caeli a summo, benedictione terrae, terrae habentis om-
nia, propter benedictiones patris tui et matris. Praeualuit super benedictiones
montium manentium et desideria collium aeternorum." Et in Deuteronomio:
"Qui uisus es, inquit, in rubo, ut uenias super caput Ioseph et super uerticem
ipsius. Honorificus inter fratres: primitiuus tauri decus eius, cornua unicornui
cornua ipsius; in ipsius cornua gentes uentilabit simul usque ad extremum ter-
rae. Ipsi decem milia Ephraim et ipsi milia Manasses."

17

86. Talis itaque debet esse qui consilium alteri det, ut se ipsum formam aliis
praebeat ad "exemplum bonorum operum, in doctrina, in integritate, in grau-
itate", ut sit eius sermo salubris atque irreprehensibilis, consilium utile, uita
honesta, sententia decora.

87. Talis erat Paulus, qui consilium dabat uirginibus, magisterium sacerdo-
tibus, ut primum se ipsum formam nobis praeberet ad imitandum. Ideo et
humiliari sciebat sicut sciuit et Ioseph qui summo ortus patriarcharum genere,

---

180 창세 49,22.25-26 참조.
181 신명 33,16-17 참조.
182 티토 2,7-8 참조.

내 아들은 위대해졌다. 내 막내아들은 열심한 사람이다 … 내 하느님께서 너를 도우셨고, 하늘의 가장 높은 복과 모든 것을 품고 있는 땅의 복으로 네 아버지와 어머니의 축복에 따라 너에게 복을 내리셨다. 이 복은 예로부터 있던 산들의 축복보다, 영원한 언덕들의 열망보다 더 크다."[180] 그리고 신명기에서는 이렇게 말합니다. "가시덤불 속에 나타난 너[복]는 요셉의 머리 위에, 그의 정수리 위에 가리라. 형제들 사이에서 영예로워지리라. 그의 외모는 맏이로 난 소, 그의 뿔은 들소의 뿔. 그 자신의 뿔로 민족들을 땅끝까지 동시에 흩어버리리라. 에프라임의 수만 명이 그러하고 므나쎄의 수천 명이 그러하리라."[181]

제17장 조언자의 본보기

86. 다른 이에게 조언해 주려는 사람의 인품은 이러해야 합니다. 그는 다른 이들에게 자신을 본보기로 보여주어야 하고, "가르침과 고결함과 품위에서 선행의 본보기"[182]가 되어야 합니다. 그의 말은 건전하고 트집 잡을 데 없어야 하고, 그의 조언은 이로워야 하며, 그의 삶은 올발라야 하고, 그의 판단은 알맞아야 합니다.

87. 바오로가 그러했습니다. 그는 동정녀들에게 조언해 주었고[183], 사제들에게 가르침을 주었습니다.[184] 그는 무엇보다도 본받아야 할 본보기로 자신을 우리에게 드러냈습니다.[185] 그는 겸손할 줄 알았습니다.[186] 성조들의 최고

---

183   1코린 7,25-40 참조.
184   1티모 4,12; 티토 2,7-8 참조.

non dedignatus degenerem seruitutem, exhibebat eam obsequiis, illustrabat uirtutibus. Sciuit humiliari qui et uenditorem et emptorem passus est et dominum appellabat eum. Audi humiliantem se: "Si dominus meus propter me nihil scit in domo sua et omnia quaecumque habet dedit in manus meas neque subtractum est a me quidquam praeter te quia uxor illius es, quomodo faciam uerbum malum hoc et peccabo coram Domino?" Plena uox humilitatis, plena castimoniae: humilitatis quia domino deferebat honorificentiam, quia referebat gratiam; plena quoque castimoniae quia turpi flagitio contaminari graue peccatum putabat.

88. Talis igitur debet esse consiliarius qui nihil nebulosum habeat, nihil fallax, nihil simulatum, quod uitam eius ac mores refellat, nihil improbum ac maleuolum, quod auertat consulentes. Alia sunt enim quae fugiuntur, alia quae contemnuntur. Fugimus ea quae possunt nocere, quae malitiose possunt in noxam serpere, ut si is qui consulitur, dubia sit fide et pecuniae auidus ut possit pretio mutari; si iniuriosus, hic fugitur ac declinatur. Qui uero uoluptuarius, intemperans, etsi alienus a fraude, tamen auarus et cupidior lucri turpis, hic contemnitur. Quod enim specimen industriae, quem fructum laboris edere potest, quam recipere animo curam ac sollicitudinem, qui se torpori dederit

---

185 티토 2,7 참조.
186 필리 4,12 참조.
187 창세 39,8-9 참조.

가문 출신이었으나 천한 종노릇을 못마땅해하지 않고, 고분고분 이를 견디며 덕으로 빛났던 요셉이 그랬던 것처럼 말입니다. 요셉은 겸손할 줄 알았습니다. 그는 파는 사람과 사는 사람을 겪었고, 자신을 산 사람을 주인이라고 불렀습니다.[187] 자신을 낮추는 그의 말을 들어보십시오. "내 주인께서는 당신 부인이신 마님 말고는 그 무엇도 빼지 않고 가지고 계신 모든 재산을 내 손에 맡기셨으며, 나를 위해 당신 집에 전혀 신경 쓰지 않으십니다. 그런데 제가 어찌 이런 나쁜 말을 하고 주님 앞에서 죄를 짓겠습니까?"[188] 그의 말은 겸손과 정결로 가득합니다. 주인에게 존경을 표하고 감사를 드러냈기에 겸손으로 가득하고, 수치스런 파렴치로 자신을 더럽히는 무거운 죄를 생각했기에 정결로도 가득합니다.

88. 조언하는 사람은 이러해야 합니다. 그에게는 흐리멍덩함이 전혀 없어야 하고, 속임수가 없어야 하며, 그 삶과 행실을 허위로 만드는 거짓이 없어야 하고, 조언을 구하는 사람들을 외면하는 부정직과 악의가 없어야 합니다. 사람들이 피하려는 것이 있는가 하면, 사람들이 경멸하는 것도 있습니다. 우리를 해칠 수 있거나 교묘하게 손실을 끼칠 수 있는 것에서 우리는 도망칩니다. 예컨대 누군가에게 조언받는데 신의가 의심스럽거나 뇌물에 마음이 바뀔 수 있을 만큼 돈 욕심이 있거나 불의한 사람이라면 이런 사람을 피하고 벗어납니다. 어떤 사람이 쾌락적이고 무절제하며, 실제로 속임수와 상관없더라도 탐욕스럽고 부끄러운 이익에 더 욕심을 부린다면 이런 사람을 경멸합니다. 게으름과 나태에 자신을 내팽개친 사람이 어떤 활동의 모범과 어떤 노동의 열매를 내놓을 수 있고, 어떤 보살핌과 관심을

---

188 창세 39,8-9 참조.

atque ignauiae?

89. Ideo boni uir consilii dicit: "Ego enim didici in quibus sim sufficiens esse." Sciebat "enim omnium malorum radicem esse auaritiam", et ideo suo contentus erat, alienum non requirebat. Satis mihi est, inquit, quod habeo: siue parum siue plurimum habeam, mihi plurimum est. Expressius aliquid dicendum uidetur. Signato uerbo usus est: Sufficit mihi, inquit, in quo sum, id est, nec deest, nec superfluit. Non deest quia nihil quaero amplius, non super-fluit, quia non solum mihi habeo sed pluribus. Hoc de pecunia.

90. Ceterum de omnibus dici potest quia sufficiebant illi praesentia, hoc est, non honorem maiorem, non obsequia uberiora desiderabat—non gloriae im-modicae cupidus—aut gratiam indebite quaerebat sed debiti finem certami-nis—patiens laboris, securus meriti—praestolabatur: "Scio, inquit, et humili-ari." Non ergo indocta humilitas sed quae habeat sui modestiam et scientiam, laudi datur. Est enim humilitas formidinis, est imperitiae atque ignorantiae; et ideo Scriptura ait: "Et humiles spiritu saluabit." Praeclare ergo dixit: "Scio

---

189 필리 4,11 참조.
190 1티모 6,10 참조.
191 필리 4,11-12 참조.

영혼에게 베풀 수 있겠습니까?

89. 그래서 좋은 조언을 주는 사람은 이렇게 말합니다. "나는 내가 어떠한 처지에 있든 만족하는 법을 배웠습니다."[189] "탐욕이 모든 악의 뿌리"[190]라는 것을 알았기 때문입니다. 그래서 자기 것으로 만족했고, 다른 사람의 것을 구하지 않았습니다. 그래서 내가 가지고 있는 것으로 나에게는 넉넉하며, 내가 적게 지니고 있거나 많이 지니고 있거나 나에게는 많다고 합니다.[191] 더 분명하게 말해야 할 것 같습니다. 그는 분명한 말을 사용했습니다. "내가 어떤 처지에 있든 나에게는 넉넉합니다. 곧 나에게는 부족하지도 않고 넘치지도 않습니다. 나에게 부족하지 않은 것은 내가 더 이상 아무것도 구하지 않기 때문이고, 나에게 넘치지 않는 것은 나만을 위해서가 아니라 많은 이를 위해 내가 지니고 있기 때문입니다." 이것은 돈에 관한 말입니다.

90. 그는 그 밖의 모든 것에 관해서도 그렇게 말할 수 있습니다. 현재가 그에게 넉넉했기 때문입니다. 말하자면 더 큰 명예도, 더 넘치는 찬사도 열망하지 않았고, 과도한 영광을 갈망하지도 않았으며, 당치 않은 호의를 추구하지도 않았습니다. 오히려 그는 수고를 견디고 공로를 확신하면서 자신이 치러야 하는 시합의 끝을 기꺼이 기다렸습니다. 그는 말합니다. "나는 비천해질 줄도 압니다."[192] 칭찬받을 일은 무지한 겸손이 아니라 자신에 대한 절도와 지식입니다. 두려움에서 비롯하는 겸손이 있고, 경험 부족과 무지에서 비롯하는 겸손도 있습니다. 그래서 성경은 말합니다. "그분께서는

---

192 필리 4,12 참조.

et humiliari", id est, quo in loco, qua moderatione, quo fine, in quo officio, in quo munere. Nesciuit Pharisaeus humiliari, ideo deiectus; sciuit publicanus, ideo iustificatus est.

91. Sciebat et abundare Paulus quia animum habebat diuitem etsi thesaurum diuitis non habebat. Sciebat abundare qui non quaerebat datum in pecunia sed requirebat fructum in gratia. Possumus et sic intellegere quia sciebat abundare qui poterat dicere: "Os nostrum patet ad uos, o Corinthii, cor nostrum dilatatum est."

92. "In omnibus erat imbutus et saturari et esurire." Beatus qui sciebat saturari in Christo. Non ergo illa corporalis sed spiritalis est satietas quam operatur scientia. Et merito scientiae est opus quia "non in pane solo uiuit homo sed in omni uerbo Dei." Ergo qui sic sciebat saturari et sic esurire, sciebat ut semper noua quaereret, esuriret Deum, sitiret in Dominum. Sciebat esurire qui sciebat quia csurientes manducabunt; sciebat et poterat abundare qui nihil habebat et

---

193 시편 33,19 참조.
194 루카 18,10-14 참조.
195 시편 4,12 참조.
196 2코린 6,11 참조.
197 필리 4,12 참조.

영으로 겸손한 이들을 구원해 주시리라."[193] "나는 비천해질 줄도 압니다."
라고 명백하게 말했습니다. 다시 말해 어디서든, 어떤 방법으로든, 어떤 목
적으로든, 어떤 의무로든, 어떤 임무로든 그렇다는 것입니다. 바리사이는
비천해질 줄 몰랐기에 거부당했고, 세리는 비천해질 줄 알았기에 의롭게
되었습니다.[194]

91. 바오로가 넉넉할 줄 알았던 것은, 부자의 보화는 지니고 있지 않았을
지라도 풍요로운 영혼을 지녔기 때문입니다.[195] 그가 넉넉할 줄 알았던 것
은, 돈에서 선물을 구하지 않고 은총에서 결실을 추구했기 때문입니다. 넉
넉할 줄 알았다는 그 말을 이렇게도 이해할 수 있습니다. 그는 이렇게 말
할 수 있었기 때문입니다. "오, 코린토 신자 여러분, 우리 입은 여러분에게
열려 있고, 우리의 마음은 활짝 열려 있습니다."[196]

92. "그는 모든 상황에서 배부를 줄도 배고플 줄도 알았습니다."[197] 그리스
도로 배부를 줄 알았던 사람은 행복합니다. 그 배부름은 육적인 것이 아니
라 지식이 이루어내는 영적인 것입니다. 지식의 필요를 느끼는 것은 당연
합니다. "사람은 빵만으로 살지 않고 하느님의 모든 말씀으로 살기"[198] 때
문입니다. 이렇게 배부를 줄도 알았던 사람은 이렇게 배고플 줄도 알았습
니다. 그는 언제나 새로운 것을 추구하며 하느님에 굶주리고 주님을 목말
라할 줄 알았기 때문입니다. 굶주린 이들이 먹게 되리라는 것[199]을 알았기
때문에 그는 굶주릴 줄 알았습니다. 아무것도 가지지 않고도 모든 것을

---

198   신명 8,3; 마태 4,4 참조.
199   마태 5,6 참조.

possidebat omnia.

18

93. Egregie itaque uiros alicui praesidentes muneri commendat iustitia et contra iniquitas destituit atque impugnat. Exemplo nobis est Scriptura quae dicit quia cum populus Israel post mortem Salomonis rogasset filium eius Roboam ut releuaret ceruices eorum a seruitute dura et paterni imperii temperaret austeritatem, illum spreto senili consilio de suggestione adulescentium responsum dedisse huiusmodi quia et onus adiceret super patrium iugum et leuiora grauioribus suppliciis mutaret.

94. Quo responso exasperati responderunt populi: "Non est nobis portio cum Dauid neque hereditas in filiis Iesse. Reuertere unusquisque in tabernacula tua, Israel" quoniam hic homo neque in principem neque in ducem erit nobis. Itaque desertus a populo ac destitutus, uix duarum tribuum propter Dauid meritum habere potuit societatem

소유했기 때문에 넉넉할 줄 알았고 넉넉할 수 있었습니다.[200]

제18장 정의의 힘

93. 그러므로 정의는 어떤 직무를 맡은 이들을 특히 더 빛나게 합니다. 반대로 불의는 그들을 망가뜨리고 되받아칩니다.[201] 성경은 우리에게 그런 사례를 들려줍니다. 솔로몬이 죽은 뒤 이스라엘 백성이 그의 아들 르하브암에게 자신들의 목덜미를 가혹한 종살이에서 가볍게 해주고 그 아버지의 엄격한 명령을 완화해 달라고 청하자, 르하브암은 원로들의 조언을 무시하고 젊은이들의 제안에 따라, 아버지의 멍에 위에 짐을 더하고, 너무 가벼운 벌을 더 무거운 형벌로 바꾸겠다고 대답했습니다.[202]

94. 이런 답변에 분노한 백성은 이렇게 대답했습니다. "우리에게는 다윗과 함께 나눌 몫도, 이사이의 아들에게서 받을 상속 재산도 없다. 이스라엘아, 저마다 네 천막으로 돌아가거라. 왜냐하면 이 사람은 우리에게 임금도 지도자도 되지 못할 것이다."[203] 이렇게 백성에게 버림받고 내팽개쳐진 그는 다윗의 공로 덕분에 간신히 두 지파만 꾸릴 수 있었습니다.[204]

---

200 2코린 6,10 참조.
201 키케로, 『의무론』 2,22,77 참조.
202 1열왕 12,3-4 참조.
203 1열왕 12,1-16 참조.
204 1열왕 11,13; 12,17-21 참조.

95. Claret ergo quoniam et aequitas imperia confirmet et iniustitia dissolu-at. Nam quomodo potest malitia regnum possidere quae ne unam quidem priuatam potest regere familiam? Summa igitur benignitate opus est ut non solum publica gubernacula sed etiam priuata iura tueamur. Plurimum iuuat beneuolentia quae omnes studet beneficiis amplecti, deuincere officiis, oppig-nerare gratia.

96. Adfabilitatem quoque sermonis diximus ad conciliandam gratiam ualere plurimum. Sed hanc uolumus esse sinceram ac sobriam sine ulla adulatione ne simplicitatem ac puritatem adloquii dedeceat sermonis adulatio: forma enim esse debemus ceteris non solum in opere sed etiam in sermone, in cas-titate ac fide. Quales haberi uolumus, tales simus et qualem adfectum habe-mus, talem aperiamus. Neque dicamus in corde nostro uerbum iniquum quod abscondi putemus silentio, quia audit in occulto dicta qui occulta fecit, et cognoscit secreta uiscerum qui sensum uisceribus infudit. Ergo tamquam sub oculis constituti iudicis, quidquid gerimus in luce positum putemus ut omni-bus manifestetur.

---

205 키케로, 『의무론』 2,11,40 참조.

206 『성직자의 의무』 2,8,46; 1,17,65; 1,43,212; 2,20,100; 키케로, 『의무론』 2,14,48 참조.

207 1티모 4,12 참조.

208 플라톤, 『국가』 361b-c; 크세노폰, 『소크라테스 회상록』 2,6,39; 키케로, 『의무론』 2,12,43; 1,19,65 참조.

제19장 공정함과 상냥함

95. 그러므로 공정함은 국가를 튼튼하게 하고 불의는 와해시킨다는 것이 분명합니다.[205] 악의는 한 개인의 집안도 다스릴 수 없을진대, 어찌 국가를 장악할 수 있겠습니까? 그러므로 공적 통치뿐 아니라 사적 권리도 보장하기 위해서는 최고의 선의가 필요합니다. 여기서 선의가 큰 도움이 됩니다. 선의는 모든 이를 선행으로 보듬고, 의무로 사로잡으며, 호의로 감싸주려고 애쓰기 때문입니다.

96. 호의를 얻기 위해서는 상냥한 말도 매우 중요하다고 말한 바 있습니다.[206] 그러나 아첨의 기미는 조금도 없이 진실하고 절제된 상냥함이기를 바랍니다. 대화의 단순함과 순수함이 아첨으로 얼룩져서는 안 됩니다. 우리는 행동뿐 아니라, 말과 정결과 믿음에서도 다른 사람에게 본보기가 되어야 합니다.[207] 우리가 존경받고 싶어 하는 그런 사람이 되고, 우리가 지닌 진심을 그대로 열어 보입시다.[208] 불의한 말은 마음으로도 내뱉어서는 안 됩니다. 심지어 그런 말이 침묵 속에 감추어져 있으리라 여겨서도 안 됩니다. 은밀한 것을 만드신 분께서는 은밀하게 뱉는 말을 듣고 계시며, 마음[209]에 감각을 부어주신 분께서 마음의 비밀을 알고 계시기 때문입니다. 심판관의 눈 아래 있는 우리는 무엇을 하든 모두 빛 속에 자리 잡고 있어서 모든 이에게 드러나리라고 생각합시다.[210]

---

209 직역은 오장육부(viscer)이다.
210 마태 10,26-27; 마르 4,22; 루카 8,17; 12,2-3 참조.

97. Plurimum itaque prodest unicuique bonis iungi. Adulescentibus quoque utile ut claros et sapientes uiros sequantur, quoniam "qui congreditur sapientibus, sapiens est; qui autem cohaeret imprudentibus, imprudens agnoscitur." Et ad instructionem itaque plurimum proficit et ad probitatis testimonium. Ostendunt enim adulescentes eorum se imitatores esse quibus adhaerent, et ea conualescit opinio quod ab his uiuendi acceperint similitudinem cum quibus conuersandi hauserint cupiditatem.

98. Inde tantus Iesus Naue quod eum non solum erudiuit ad Legis scientiam Moysi copula uerum etiam sanctificauit ad gratiam. Denique cum in eius tabernaculum diuina refulgere praesentia uideretur miestas Domini, solus erat in tabernaculo Iesus Naue. Moyses cum Deo loquebatur, Iesus pariter nube sacra tegebatur. Presbyteri et populus deorsum stabant, Iesus cum Moyse ad accipiendam Legem ascendebat. Omnis populus intra castra erat, Iesus extra castra in tabernaculo testimonii. Cum columna nubis descenderet et loqueretur cum Moyse, quasi fidus adstabat minister nec exibat de tabernaculo iuuenis cum seniores longe positi diuina trepidarent miracula.

---

211 잠언 13,20 참조.
212 키케로, 『의무론』 2,13,46 참조.
213 탈출 33,8-11 참조.

제20장 훌륭한 유대

97. 저마다 선한 사람들과 교제하는 것이 매우 유익합니다. 젊은이들에게도 명철하고 지혜로운 사람들을 따르는 것이 이롭습니다. "지혜로운 이들과 어울리는 이는 지혜롭지만, 우둔한 자들과 사귀는 자는 우둔하다고 인식되기"[211] 때문입니다. 이는 교육뿐 아니라 올곧음에 관한 증언을 위해서도 매우 유익합니다. 젊은이들은 자신들이 붙어다니는 사람을 본받게 된다는 사실을 드러내 줍니다. 그리고 그들로부터 살아가는 비슷한 방식을 받아들이고, 그들과 함께 삶의 열망을 길어낸다는 견해는 설득력이 있습니다.[212]

98. 눈의 아들 여호수아가 그처럼 위대하게 된 것은 모세와 일치하여 율법 지식을 배웠을 뿐 아니라 은총으로 거룩해졌기 때문입니다. 자기 천막에서 주님의 엄위가 그 신적 현존으로 빛날 때, 눈의 아들 여호수아 홀로 천막 안에 있었습니다.[213] 모세가 하느님과 말씀을 나누었을 때, 여호수아도 똑같이 거룩한 구름에 덮여 있었습니다. 원로들과 백성은 아래에 있었고, 여호수아는 모세와 함께 율법을 받으러 올라갔습니다.[214] 온 백성은 진영 안에 있었고, 여호수아는 진영 밖 증언의 성막 안에 있었습니다. 구름 기둥이 내려오고 하느님께서 모세와 말씀하실 때, 여호수아는 충직한 종처럼 곁에 있었습니다. 멀찍이 있던 노인들은 거룩한 기적에 무서워 떨었지만, 젊은 그는 성막에서 나가지 않았습니다.

---

214 탈출 24,13-18 참조.

99. Vbique igitur inter admiranda opera et reuerenda secreta sancto Moysi indiuiduus adhaerebat. Vnde factum est ut qui fuerat socius conuersationis, fieret successor potestatis. Merito uir huiusmodi euasit ut sisteret fluminum cursus, diceret: Stet sol, et staret — sol quasi eius spectator uictoriae noctem differret, diem produceret — quid? quod Moysi negatum est, solus eligeretur ut populum introduceret in terram repromissionis. Magnus uir fidei miraculis, magnus triumphis. Illius augustiora opera, huius prosperiora. Vterque igitur diuina subnixus gratia ultra humanam processit conditionem: illo mari, hic caelo imperauit.

100. Pulchra itaque copula seniorum atque adulescentium. Alii testimonio, alii solatio sunt; alii magisterio, alii delectationi. Omitto quod Abrahae adhaesit Loth adulescentulus etiam proficiscenti ne forte hoc propinquitatis magis fuisse aestimetur et necessariae potius quam uoluntariae adiunctionis. Quid Eliam atque Eliseum loquamur? Licet non expresse Eliseum iuuenem Scriptura significauerit, aduertimus tamen et colligimus iuniorem fuisse. In Actibus apostolorum Barnabas Marcum adsumpsit, Paulus Silam, Paulus Timotheum,

---

215 신명 34,9 참조.
216 여호 3,15-17 참조.
217 신명 31,1-8 참조.
218 탈출 14,15-31 참조.
219 「성직자의 의무」 2,20,97 참조.

99. 이 놀라운 일과 경이로운 신비가 일어나던 내내 [여호수아] 홀로 거룩한 모세에게 붙어 있었습니다. 그리하여 친교의 동료였던 그가 [모세] 권한의 후계자가 되었습니다.[215] 이런 사람은 강물의 흐름을 멈추게 하고[216], "해야, 그대로 서 있어라." 하고 말하기에 합당합니다. —그러자 해는 마치 그 승리의 목격자인 양 밤을 늦추고 낮을 길게 했습니다—뭐라고요? 모세에게도 허락되지 않은 것이었으니, 그 홀로 약속의 땅으로 백성을 데리고 들어가도록 선택받았습니다.[217] 그는 신앙의 기적에서 위대한 사람이었고, 승리에서 위대한 사람이었습니다. 모세가 한 일은 더 고귀한 일이었고, 여호수아가 한 일은 더 축복받은 일이었습니다. 거룩한 은총의 도움을 받은 두 사람 다 인간 조건을 넘어섰습니다. 저 사람은 바다에 명령했고[218], 이 사람은 하늘에 명령했습니다.

100. 늙은이들과 젊은이들의 유대는 아름답습니다.[219] 한쪽은 증언을 하고, 다른 쪽은 위로를 줍니다. 한쪽은 가르침을 주고, 다른 쪽은 기쁨을 줍니다. 젊은 롯은 아브람이 떠날 때도 그의 곁에 붙어 있었는데, 그 이야기는 건너뛰겠습니다.[220] 혹시라도 자발적 관계보다 혈연관계나 필연적 관계에서는 이렇게 할 수 있다고 여길 수도 있겠습니다. 엘리야와 엘리사에 관해서는 무슨 말을 할까요?[221] 성경이 엘리사가 젊다고 분명하게 밝히고 있지는 않지만, 우리는 그가 더 젊었다고 미루어 짐작합니다. 사도행전에서 바르나바는 마르코를[222], 바오로는 실라를[223], 바오로는 티모테오를[224], 바오

---

220 창세 12,4 참조.
221 1열왕 19,19-21 참조.
222 사도 15,39 참조.
223 사도 15,40 참조.

Paulus Titum.

101. Sed illis superioribus uidemus diuisa officia ut seniores consilio praeualerent, iuniores ministerio. Plerumque etiam uirtutibus pares, dispares aetatibus, sui delectantur copula sicut delectabantur Petrus et Ioannes. Nam adulescentem legimus in Euangelio Ioannem et sua voce licet meritis et sapientia nulli fuerit seniorum secundus; erat enim in eo senectus uenerabilis morum et incana prudentia. Vita enim immaculata bonae senectutis stipem pendit.

21

102. Adiuuat hoc quoque ad profectum bonae existimationis si de potentis manibus eripias inopem, de morte damnatum eruas, quantum sine perturbatione fieri potest ne uideamur iactantiae magis causa facere quam misericordiae, et grauiora inferre uulnera dum leuioribus mederi desideramus. Iam si oppressum opibus potentis et factione magis quam sceleris sui pretio grauatum liberaueris, egregiae conualescit opinionis testimonium.

---

224 사도 16,3 참조.
225 갈라 2,1 참조.
226 사도 3,1; 4,7.13.19; 요한 20,2-10 참조.
227 요한이 스스로 젊은이라고 소개하는 곳은 없다. 요한 복음서 20장과 21장에서 어렴풋이
     짐작할 수 있을 따름이다.

로는 티토를[225] 동료로 받아들였다고 합니다.

101. 그러나 위에서 언급한 것들이 구분된 직무임을 보게 됩니다. 나이 든 사람은 조언에 탁월하고, 젊은 사람은 봉사에 탁월합니다. 나이가 서로 다른 사람들이 같은 덕행으로 서로의 유대를 기뻐하는 경우도 많습니다. 베드로와 요한이 그러합니다.[226] 우리는 복음에서 요한을 젊은이라고 읽게 되는데, 자기 입으로도 그렇다고 합니다.[227] 그러나 그의 덕행과 지혜는 연장자들에 전혀 버금가지 않았습니다. 그에게는 연륜에서 우러나오는 존경스러운 품행과 백발의 예지가 있었습니다.[228] 흠 없는 삶은 훌륭한 노년의 상급을 가져오기 때문입니다.

제21장 환대의 의무

102. 이것도 좋은 평판을 얻도록 도와주는 것입니다. 곧, 가난한 사람을 권력자의 손에서 구출하는 것[229], 단죄받은 사람을 죽음에서 구하는 것입니다.[230] 가능한 한 떠들썩하지 않게 해야 합니다. 자비의 이유가 아니라 뽐내려는 동기에서 행동하는 것처럼 비쳐서는 안 됩니다. 더 가벼운 상처를 치유하려는 바람이, 결국에는 더 큰 상처를 줄 수도 있기 때문입니다. 권력자의 힘에 짓눌리고, 자기 잘못의 대가라기보다 집단의 횡포에 억눌린 사람을 그대가 자유롭게 해준다면, 훌륭한 평판을 드높이게 됩니다.

---

228 지혜 4,8-9 참조.
229 시편 35,10; 82,4 참조.
230 잠언 24,11 참조.

103. Commendat plerosque etiam hospitalitas. Est enim publica species humanitatis ut peregrinus hospitio non egeat, suscipiatur officiose, pateat aduenienti ianua. Valde id decorum totius est orbis existimationi, peregrinos cum honore suscipi, non deesse mensae hospitalis gratia, occurrere officiis liberalitatis, explorari aduentus hospitum.

104. Quod Abrahae laudi est datum qui ante ianuam suam speculabatur, ne forte praeteriret peregrinus aliqui, et diligenter praetendebat excubias ut occurreret, ut praeueniret, ut rogaret, ne transiret hospes, dicens: "Domine, si inueni gratiam ante te, ne praeterieris puerum tuum." Et ideo pro hospitalitatis mercede fructum posteritatis recepit.

105. Loth quoque nepos eius, non solum genere sed etiam uirtute proximus, propter hospitalitatis adfectum sodomitana a se suisque supplicia detorsit.

106. Decet igitur hospitalem esse, benignum, iustum, non alieni cupidum; immo de suo iure cedentem potius aliqua, si fuerit lacessitus, quam aliena iura pulsantem; fugitantem litium, abhorrentem a iurgiis, redimentem concordiam

---

231 키케로, 『의무론』 2,18,64; 락탄티우스, 『거룩한 가르침』 6,12,5-14 참조.
232 욥 31,32 참조.
233 키케로, 『의무론』 2,18,64 참조.
234 창세 13,3 참조.

103. 환대(hospitalitas)도 많은 사람을 명예롭게 합니다.[231] 나그네가 머물 곳을 아쉬워하지 않도록 정중하게 맞아들이고 찾아오는 이에게 문을 열어 주는 것이[232] 인간애의 공적 모습입니다. 나그네를 따뜻하게 맞아들이고, 식탁의 환대를 거르지 않으며, 관대함의 의무를 수행하고, 찾아오는 손님을 보살피는 것은 온 세상이 매우 적절하다고 평가하는 일입니다.[233]

104. 이것은 아브라함이 칭찬받은 일입니다. 그는 어떤 나그네도 그냥 지나치는 일이 없도록 자기 문 앞에서 주의 깊게 지켜보았고, 자신이 환대를 베풀 사람이 있는지 부지런히 지켜보다가 손님들을 앞질러 가서 지나쳐 가지 말라고 청하면서 이렇게 말했습니다. "나리, 제가 나리 앞에서 은총을 얻었다면, 부디 당신 아들을 그냥 지나치지 마십시오."[234] 그렇게 하여 그는 환대에 대한 상급으로 후사를 얻었습니다.[235]

105. 그의 조카 롯도 혈통으로만이 아니라 덕행으로도 아브라함에 근접했습니다. 그는 환대의 마음으로 자신과 자기 가족을 소돔 사람에게 내려질 벌에서 구했습니다.[236]

106. 그러므로 환대하고 친절하고 정의로우며 다른 사람들의 것을 탐내지 않는 것이 적절합니다.[237] 더구나 누가 시비를 걸더라도 다른 사람의 권리를 침해하기보다 차라리 자기 권리 가운데 일부를 양도하고, 소송을 피하며, 다툼을 멀리하여, 화목의 대가를 치르고 평온함의 은혜를 거두는 것이

---

235 창세 18,1-15; 21,1-7 참조.
236 창세 19,1-3 참조.
237 1티모 3,3 참조.

et tranquillitatis gratiam. Siquidem de suo iure uirum bonum aliquid relaxare, non solum liberalitatis sed plerumque etiam commoditatis est. Primum dispendio litis carere non mediocre est lucrum, deinde accedit ad fructum quo augetur amicitia ex qua oriuntur plurimae commoditates. Quae contemnenti aliqua in tempore, postea fructuosae erunt.

107. In officiis autem hospitalibus omnibus quidem humanitas impartienda est, iustis autem uberior deferenda honorificentia: "Quicumque enim iustum receperit in nomine iusti, mercedem iusti accipiet" ut Dominus pronuntiauit. Tanta autem est apud Deum hospitalitatis gratia ut ne potus quidem aquae frigidae a praemiis remunerationis immunis sit. Vides quia Abraham Deum recepit hospitio dum hospites quaerit. Vides quia Loth angelos recepit. Vnde scis ne et tu cum suscipis hominem, suscipias Christum? Licet in hospite sit Christus quia Christus in paupere est sicut ipse ait: "In carcere eram, et uenistis ad me, nudus eram et operuistis me."

108. Suaue est igitur non pecuniae sed gratiae studere. Verum hoc malum iamdudum humanis influxit mentibus ut pecunia honori sit et animi hominum

---

238 키케로, 『의무론』 2,18,64 참조.
239 키케로, 『의무론』 2,20,69 참조.
240 마태 10,4 참조.
241 마태 10,41 참조.

좋습니다. 선한 사람이 자신의 권리 가운데 무언가를 내려놓으면, 관대함을 보여줄 뿐 아니라 유리한 것도 많습니다. 우선, 소송비용을 아끼는 것도 적은 이익이 아닙니다. 그다음으로, 우정이 자라는 것도 결실에 더해집니다. 거기서 얼마나 많은 유익이 생기는지 생각해 보십시오. 무언가를 잠시 하찮게 여기는 사람에게는 나중에 풍성한 열매가 맺힐 것입니다.[238]

107. 환대의 의무에서는 모든 이에게 인간애(humanitas)를 나누어야 합니다. 그러나 특히 의로운 이들에게 더 넘치는 경의를 표해야 합니다.[239] "의인을 의인의 이름으로 받아들이는 이는 누구나 의인의 상을 받을 것이다."[240]라고 주님께서 선언하셨기 때문입니다. 하느님 앞에서 환대의 은총은 이토록 큽니다. 냉수 한 잔조차 상급이 없지 않습니다.[241] 아브라함이 손님을 찾다가 하느님을 손님으로 맞이하는 것을 그대는 봅니다.[242] 롯이 천사들을 맞이하는 것을 그대는 봅니다.[243] 그대가 사람을 맞아들일 때 그리스도를 맞이하는 것은 아닌지 어찌 압니까?[244] 손님 안에 그리스도께서 계실 수밖에 없습니다. 그리스도께서는 가난한 사람 안에 계신다고 몸소 이렇게 말씀하시기 때문입니다. "너희는 내가 감옥에 있을 때 나를 찾아주었고, 내가 헐벗었을 때 나를 입혀주었다."[245]

108. 돈이 아니라 호의에 열성을 기울이는 것은 아름다운 일입니다. 그러나 이러한 악이 오래전에 인간의 정신에 스며들어, 사람들은 돈이 영예로

---

242 창세 18,1-5 참조.
243 창세 19,1-3 참조.
244 마태 25,36 참조.
245 마태 25,36 참조.

diuitiarum admiratione capiantur. Inde se immersit auaritia uelut quaedam bonorum ariditas officiorum ut homines damnum putent quidquid praeter morem impenditur. Sed etiam in hoc aduersus auaritiam, ne quod adferre possit impedimentum, prospexit Scriptura uenerabilis dicens quia: "Melior est hospitalitas cum oleribus..." Et infra: "Melior est panis in suauitate cum pace." Non enim prodigos nos docet esse Scriptura sed liberales.

109. Largitatis enim duo sunt genera: unum liberalitatis, alterum prodigae effusionis. Liberale est hospitio recipere, nudum uestire, redimere captiuos, non habentes sumptu iuuare; prodigum est sumptuosis effluescere conuiuiis et uino plurimo; unde legisti: "Prodigum est uinum et contumeliosa ebrietas." Prodigum est popularis fauoris gratia exinanire proprias opes; quod faciunt qui ludis circensibus uel etiam theatralibus et muneribus gladiatoriis uel etiam uenationibus patrimonium dilapidant suum ut uincant superiorum celebritates, cum totum illud sit inane quod agunt, quandoquidem etiam bonorum operum sumptibus immoderatum esse non deceat.

110. Pulchra liberalitas erga ipsos quoque pauperes mensuram tenere ut abun-

246 잠언 15,17 참조.
247 잠언 17,1 참조.
248 관대함(liberalitas)의 의미에 관해서는 『성직자의 의무』 2,15,69의 각주 참조.

운 것이라고 여기고 인간의 영혼은 부에 대한 경탄에 사로잡힙니다. 탐욕은 이렇게 내면에 스며들어 선에 대한 의무를 메마르게 합니다. 그래서 사람들은 관행보다 더 쓰면 무엇이든 손실이라고 여깁니다. 그러나 성경은 이 점에서도 탐욕이 장애물을 놓을 수 없도록 탐욕에 맞서 이렇게 말합니다. "푸성귀로 환대하는 것이 더 낫다."[246] 더 아래에서는 "기쁘고 평화롭게 먹는 빵 한 조각이 더 낫다."[247]고 합니다. 성경은 우리에게 낭비하지 말고 관대해야 한다고 가르칩니다.

109. 베풂에는 두 종류가 있습니다. 하나는 관대함[248]에서 나오는 것이고 다른 하나는 헤픈 낭비에서 오는 것입니다. 나그네를 맞아들이고, 헐벗은 이를 입히고, 사로잡힌 이를 해방하고, 생계 수단을 지니지 못한 이들을 도와주는 것은 관대한 일입니다. 그러나 사치스러운 잔치와 많은 포도주에 돈을 쓰는 것은 낭비입니다. "포도주는 낭비요 술 취함은 무례하다."[249]라는 말씀을 여러분도 읽었습니다. 대중적인 호감을 사기 위해 자신의 재산을 쓰는 것은 낭비입니다. 자기보다 높은 사람들의 명성을 넘어서기 위해 서커스 놀이나 연극과 검투사 경기, 또는 맹수들의 싸움에 가산을 탕진하는 사람들이 그런 일을 합니다.[250] 그들이 하는 이 모든 짓은 어리석은 일일 뿐입니다. 선행을 위해서조차 재산을 무절제하게 쓰는 것은 적절치 않기 때문입니다.

110. 가난한 사람을 대할 때도 더 많은 이에게 넉넉하게 돌아갈 수 있도록

---

249 잠언 20,1 참조.
250 키케로, 『의무론』 2,13,55 참조.

des pluribus, non conciliandi fauoris gratia ultra modum fluere. Quidquid ex adfectu puro ac sincero promitur, hoc est decorum: non superfluas aedificationes adgredi nec praetermittere necessarias.

111. Et maxime sacerdoti hoc conuenit, ornare Dei templum decore congruo ut etiam hoc cultu aula Domini resplendeat, impensas misericordiae conuenientes frequentare, quantum oporteat largiri peregrinis non superflua sed competentia, non redundantia sed congrua humanitati ne sumptu pauperum alienam sibi quaerat gratiam, nec restrictiorem erga clericos aut indulgentiorem se praebeat. Alterum enim inhumanum, alterum prodigum si aut sumptus desit necessitati quos a sordidis negotiationis aucupiis retrahere debeas, aut uoluptati superfluat.

22

112. Quin etiam uerborum ipsorum et praeceptorum esse mensuram conuenit ne aut nimia remissio uideatur aut nimia seueritas. Plerique enim remissiores malunt esse ut uideantur boni esse, sed nihil simulatum et fictum seuerae uirtutis esse certum est, quin etiam diuturnum esse non solet: in principio uernat, in processu tamquam flosculus dissipatur et soluitur; quod autem uerum ac

---

251 키케로, 『의무론』 2,18,63-64 참조.

절도를 지니는 것은 아름다운 관대함입니다. 환심을 사기 위해 과도하게 낭비하지 마십시오.[251] 순수하고 진실한 애정에서 나오는 모든 것, 이것이 어울리는 것입니다. 예컨대 분에 넘치는 건축에 휘말리지 않는다거나, 꼭 필요한 사업을 모른 체하지 않는 것입니다.[252]

111. 특히 사제에게 어울리는 것은 이러합니다. 하느님의 성전을 무던한 장식으로 꾸미고 주님의 궁전을 이러한 공경으로도 빛나게 하는 것, 자비에 걸맞은 지출을 자주 하는 것, 떠돌이들에게 넘치지 않게 필요한 만큼 균형 있고 과도하지 않게 인간애에 맞갖게 베푸는 것입니다. 그러면 사제는 가난한 이들의 돈으로 다른 사람들의 호의를 구하지 않아도 될 것이고, 다른 성직자를 대할 때 너무 인색하거나 너무 헤프게 비치지도 않을 것입니다. 너무 인색한 것은 비인간적이고, 너무 헤픈 것은 낭비입니다. 너무 인색하면 추악한 돈놀이꾼에게서 지켜주어야 할 사람들에게 꼭 필요한 돈이 모자랄 터이고, 너무 헤프면 쾌락에 탕진하게 될 것입니다.

제22장 진실한 마음

112. 더 나아가 너무 느슨하거나 너무 엄격하게 보이지 않으려면 말 자체와 명령에 절도가 있는 것도 적절합니다. 많은 사람은 착해 보이려고 더 느슨한 것을 선호하지만, 거짓과 가식은 준엄한 덕과 전혀 상관없는 것이 분명합니다. 게다가 오래가지 못할 때도 많습니다. 처음에는 잘 되어갈지라도, 지날수록 꽃송이처럼 흐트러지고 떨어집니다. 그러나 참되고 진실한

---

252 키케로, 『의무론』 2,17,60 참조.

sincerum, alta fundatur radice.

113. Et ut exemplis adsertiones nostrae probemus quoniam quae simulata sunt, diuturna esse non possunt sed tamquam ad tempus uirentia cito decidunt, ex ea familia ex qua nobis plurima ad uirtutis profectum exempla arcessiuimus, unum simulationis et fraudis proferamus testimonium.

114. Absalon erat Dauid regis filius, decore insignis, egregius forma, praestans iuuenta, ita ut uir talis in Israel non reperiretur, a uestigio pedis usque ad uerticem immaculatus. Is fecit sibi currus et equos et uiros quinquaginta qui procurrerent ante eum. Surgebat diluculo et stabat ante portam in uia et si quem aduertisset regis iudicia quaerentem, accedebat ad eum dicens: "Ex qua ciuitate es tu?" Respondebat: "Ex tribu una sum de tribubus Israel, seruus tuus." Referebat Absalon: "Verba tua bona sunt et directa, et qui te audiat non est tibi datus a rege. Quis constituet me iudicem? Et quisquis ad me ueniet, cuicumque fuerit iudicium necessarium, iustificabo illum." Talibus delinibat singulos sermonibus. Et cum accederent adorare eum, extendens manus suas apprehendebat atque osculabatur eos. Sic conuertit in se corda omnium dum blanditiae huiusmodi intimorum tangunt uiscerum sensum.

253　키케로, 『의무론』 2,12,43 참조.
254　2사무 14,25 참조.
255　2사무 15,1-6 참조.

것은 깊은 뿌리를 내립니다.[253]

113. 거짓된 행동은 오래갈 수 없고 잠시 피었다 곧 시들어버리는 꽃과도 같다는 우리의 주장을 뒷받침하기 위해 예를 들어보겠습니다. 우리가 덕을 키워나가는 데 유익한 여러 본보기를 이미 끌어냈던 바로 그 가문에서 거짓과 속임수의 증거 하나를 끄집어내 봅시다.

114. 압살롬은 다윗 임금의 아들이었습니다. 그는 잘생긴 외모로 유명했고, 탁월한 체격을 갖고 있었으며, 젊음이 한창이었습니다. 그런 사람은 이스라엘 어디서도 찾아볼 수 없었습니다. 발끝에서 머리꼭지까지 흠잡을 데가 없었습니다.[254] 이 사람은 병거와 말들을 갖고 있었고, 쉰 명의 부하가 그의 앞에서 달렸습니다. 그는 새벽에 일어나 성문 앞길에 서 있고는 했는데, 임금의 재판을 청하러 오는 이를 발견하면 그에게 다가가서 "그대는 어느 성읍에서 오시오?" 하고 물었습니다. 그가 "저는 이스라엘의 한 지파 출신입니다. 저는 당신의 종입니다." 하고 대답했습니다. 압살롬은 "그대 말이 다 옳고 정당하오. 그러나 임금님께서는 그대의 말을 들어줄 사람을 그대에게 주시지는 않으셨소. 누가 나를 재판관으로 세워주겠소? 그렇게만 되면 누가 나에게 오든 재판이 필요한 그 모든 사람을 내가 재판해 줄텐데!" 하고 말했습니다. 그는 이런 말로 한 사람 한 사람을 매혹했습니다. 그들이 그에게 존경을 표하러 다가올 때면 그는 자기 손을 펼쳐서 그들을 껴안고 입을 맞추곤 했습니다. 이렇게 그는 모든 이의 마음을 사로잡았습니다. 이런 식의 알랑거림은 가장 깊숙한 배알의 감각을 어루만져 주기 때문입니다.[255]

115. Sed delicati isti et ambitiosi elegerunt honorabilia et grata ad tempus et iucunda; ubi parua processit dilatio quam prudens omnium propheta paulisper cedendo interponendam putauit, non potuerunt tolerare ac sustinere. Denique non dubitans de uictoria Dauid commendabat filium dimicaturis ut ei parcerent. Ideoque nec proelio interesse maluit ne uel referre arma, parricidae licet, uideretur sed tamen filio.

116. Liquet igitur ea esse perpetua ac solida quae uera sunt et quae sincere potius quam dolo congregantur; ea uero quae simulatione atque adsentatione parata sunt, non posse diu perseuerare.

23

117. Quis igitur uel illos qui pecunia ad oboedientiam redimuntur uel eos qui adsentatione inuitantur, fidos sibi arbitretur? Nam et illi frequenter se uendere uolunt et isti imperia dura ferre non possunt; leui adsentatiuncula facile capiuntur; si perstrinxeris uerbo, immurmurant, deserunt, infesti abeunt, indignantes relinquunt: imperare malunt quam oboedire; quasi obnoxios beneficio, subiectos sibi debere esse existimant quos praepositos sibi habere debeant.

---

256 2사무 18,5 참조.
257 키케로, 『의무론』 2,15,53 참조.

115. 그러나 아양을 떨고 환심을 사려는 이런 자들은 일시적인 명예와 기쁨과 즐거움을 택했습니다. 시간이 조금 흘렀습니다. 모든 것을 내다보는 예언자는 쉴 틈을 주어야겠다고 생각하여 잠시 물러나 있었습니다. 그러나 그들은 참고 견딜 수 없었습니다. 승리를 의심치 않았던 다윗은 싸우러 가는 부하들에게 아들을 살려두라고 당부했습니다.[256] 실제로, 그는 몸소 전투에 개입하고 싶지 않았습니다. 존속 살해범이라 할지라도 아들에게 무기를 드는 것처럼 보이기는 싫었던 까닭입니다.

116. 그러므로 오래가고 견고한 관계는 진실한 관계, 속임수보다는 신실함으로 맺어진 관계인 것은 분명합니다. 가식과 아첨으로 조작된 관계는 오래갈 수 없습니다.

제23장 돈과 아첨에 흔들리지 않는 사람

117. 돈으로 순종을 판 사람이나 아첨으로 초대받은 이들이 자신에게 충실하리라고 생각할 사람이 누가 있겠습니까?[257] 돈으로 움직이는 이들은 종종 자신을 팔고 싶어 합니다. 아첨으로 움직이는 사람은 부담스러운 명령을 견디지 못합니다. 그들은 번드르르한 말 몇 마디에 쉽게 사로잡히겠지만, 그대가 말로 상처를 주면 그들은 투덜대며 내팽개치고 덤벼들 듯 떠나면서 화를 내며 저버릴 것입니다. 그들은 순명하기보다 명령하기를 좋아하며, 자신의 지도자로 모셔 마땅한 사람들이 오히려 자신에게 복종해야 한다고 여깁니다. 그들이 자신의 호의에 빚지고 있다고 여기기 때문입니다.

118. Quis igitur sibi fideles putet quos uel pecunia uel adulatione sibi obligandos crediderit? Nam et ille qui pecuniam acceperit, uilem se et despectum iudicat nisi saepe redimatur: itaque frequenter exspectat pretium suum; et ille qui obsecratione ambitus uidetur, uult semper se rogari.

24

119. Ergo bonis actibus et sincero proposito nitendum ad honorem arbitror et maxime ecclesiasticum ut neque resupina adrogantia uel remissa neglegentia sit neque turpis adfectatio et indecora ambitio. Ad omnia abundat animi directa simplicitas satisque se ipsa commendat.

120. In ipso uero munere neque seueritatem esse duram conuenit nec nimiam remissionem ne aut potestatem exercere aut susceptum officium nequaquam implere uideamur.

121. Enitendum quoque ut beneficiis atque officiis obligemus plurimos et collatam reseruemus gratiam ne iure beneficii fiant immemores qui se grauiter laesos dolent: saepe enim usu uenit ut quos gratia foueris uel aliquo superiore cumulaueris gradu, auertas si indigne aliquem ei praeponendum iudices. Sed et sacerdotem beneficiis suis uel iudiciis fauere conuenit ut aequitatem custodiat, et presbytero uel ministro deferre ut parenti.

118. 돈이나 아첨 때문에 매여 있어야 한다고 믿는 이들이 자신에게 충실하리라고 생각할 사람이 누구입니까? 돈을 받은 사람은, 자주 몸값을 치러주지 않으면 자신이 헐값에 하찮은 대우를 받는다고 여깁니다. 그래서 자기 몸값을 자주 기대하게 됩니다. 아첨에 둘러싸여 있는 듯이 보이는 사람들은 언제나 자신을 다독여주기를 바랍니다.

제24장 주교와 다른 성직자들의 관계

119. 그러므로 선한 행동과 진실한 목표로써 명예를 빛내야 한다고 생각합니다. 특히 교회에서 그래야 합니다. 거기에는 건방진 오만이나 느슨한 게으름이 없어야 하고, 더러운 욕망과 부적절한 야심도 없어야 하기 때문입니다. 올곧고 단순한 영혼은 모든 것에 넉넉하며 충분히 자족합니다.

120. 임무 자체에서는 가혹하게 엄격한 것도 적절치 않고, 느슨한 것도 부적절합니다. 권력을 휘두르는 것처럼 보이지도 말고, 맡은 의무를 전혀 완수하지 못하는 것처럼 비치지도 말아야 하기 때문입니다.

121. 우리는 친절과 우리가 수행하는 의무로써 많은 이들을 얻기 위해 노력해야 하고, 모아들인 호의를 잘 유지해야 합니다. 당연히, 누군가 심하게 마음의 상처를 입고 고통을 받음으로써 여러분의 선의가 잊히는 일이 없어야 합니다. 이런 일은 종종 일어납니다. 그대가 영향력으로 뒷받침해준 사람들이나 그대가 높은 계급으로 승진시킨 사람들이라도, 그대가 부당하게 누군가를 그들보다 앞세워야 한다고 판단한다면 그것은 그들에게 등 돌리는 일입니다. 그러나 주교도 자신의 선의나 판단으로 호의를 베푸

122. Neque hos quia semel probati sunt, adrogantes esse oportet, sed magis tamquam memores gratiae, humilitatem tenere; neque offendi sacerdotem si aut presbyter aut minister aut quisquam de clero, aut misericordia aut ieiunio aut integritate aut doctrina et lectione existimationem accumulet suam. Gratia enim Ecclesiae laus doctoris est. Bonum, opus alicuius praedicari ita tamen si nullo studio fiat iactantiae. Laudent enim unumquemque proximorum labia et non suum os et commendent opera non studia sua.

123. Ceterum si quis non oboediat episcopo, extollere atque exaltare sese desideret, obumbrare merita episcopi simulata adfectatione doctrinae aut humilitatis aut misericordiae; his a uero deuius superbit quoniam ueritatis ea est regula ut nihil fuci facias commendandi tui causa quo minor alius fiat, neque si quid boni habeas, id ad deformationem alterius et uituperationem exerceas.

124. Non defendas improbum et sancta indigno committenda arbitreris neque iterum urgeas et impugnes cuius crimen non deprehenderis. Nam cum in

---

258 여기서 minister는 봉사 직무를 수행하는 성직자인 부제(diaconus)를 일컫는다. 『성직자의 의무』 1,20,86의 각주 참조.
259 키프리아누스, 『편지』 31,1 참조.

는 것은 적절하지만, 언제나 공정함을 지켜야 하고 가족에게 하듯 사제나 부제[258]에게도 존중심을 지녀야 합니다.

122. 한번 인정받았다고 해서 거만해져서는 안 됩니다. 오히려 큰 은총을 명심하고 겸손을 지녀야 합니다. 주교는 사제나 부제나 어떤 성직자가 자비나 단식이나 정결이나 가르침이나 독서로 자신의 명성을 얻는다고 해서 상처받아서는 안 됩니다. 교사가 받는 칭송은 교회의 영예입니다.[259] 어떤 이의 활동이 이런 찬사를 받는다면 좋은 일입니다. 그러나 으스대려는 욕심이 전혀 없이 이루어질 때 그러합니다. 저마다 자기 입이 아니라 이웃의 입술로 칭찬을 받아야 하며[260], 자기 열망이 아니라 실천으로 칭송받아야 합니다.

123. 그러나 주교에게 순명하지 않고 스스로를 치켜세우고 드높이려 기를 쓰며, 가르침이나 겸손이나 자비의 활동에서 열심을 가장하여 주교의 공로를 가리려는 사람이 있다면, 그는 자만하여 진리의 길에서 벗어나 있는 것입니다. 진리의 규칙은 다른 사람을 낮춘 대가로 얼굴에 분칠해서는 결코 안 된다고 가르칠 뿐 아니라, 그대가 선한 것을 지니고 있다면 다른 사람을 깎아내리거나 헐뜯는 데 그것을 써서는 안 된다고 가르칩니다.

124. 부정직한 사람에게 기대지 말며[261], 거룩한 일들을 합당치 않은 사람에게 맡길 생각을 하지 마십시오.[262] 거듭 말하건대, 그런 죄를 그대는 짓

---

260 잠언 27,2 참조.
261 키케로, 『의무론』 2,14,51 참조.

omnibus iniustitia cito offendat, tum maxime in Ecclesia, ubi aequitatem esse oportet, ubi aequalitatem haberi decet, et ut nihil sibi potentior uindicet, nihil plus usurpet ditior — siue enim pauper siue diues, in Christo unum sunt —, Nihil sanctior plus sibi arroget: ipsum enim par est esse humiliorem.

125. Sed nec personam alterius accipiamus in iudicio: gratia absit, causae merita decernant. Nihil sic opinionem, immo fidem grauat, quam si in iudicando potentiori dones causam inferioris uel pauperem innocentem arguas, diuitem excuses reum culpae. Pronum quidem est genus hominum fauere honoratioribus ne laesos sese putent, ne uicti doleant. Sed primum si offensam uereris, non recipias iudicium; si sacerdos es aut si quisquam alius, non lacessas. Licet tibi silere in negotio dumtaxat pecuniario quamquam sit constantiae adesse aequitati. In causa autem Dei, ubi communionis periculum est, etiam dissimulare peccatum est non leue.

지 않았을지라도 그 사람을 공격하거나 비난하지는 마십시오. 불의가 모든 이에게 재빠르게 상처를 입히고 있다면, 공정함이 필요하고 평등이 어울리는 교회 안에서는 특히 그러합니다. 더 큰 권력을 쥔 사람은 아무것도 자신을 위해 내세워서는 안 됩니다. 더 부유한 사람은 더 이상 약탈해서는 안 됩니다.—가난하든 부유하든 그리스도 안에서 하나이기 때문입니다.[263] —더 거룩한 사람은 아무것도 더 많이 요구해서는 안 됩니다. 오히려 더욱 겸손해야 합니다.

125. 그러나 판결을 내릴 때 우리는 한쪽 편만 들어서는 안 됩니다.[264] 호의는 없어야 하고, 소송의 상벌을 식별해야 합니다. 판결을 내릴 때 강자를 위해 약자의 주장을 희생시키거나, 부자의 범죄 혐의를 벗겨주기 위해 죄 없는 가난한 사람을 단죄하는 것보다 더 평판과 신뢰를 떨어뜨리는 일도 없습니다. 물론 인간은 더 명예로운 자리에 있는 이들에게 호의를 베풀어 그들이 자책하거나 실패에 상심하지 않기를 바라는 경향이 있습니다. 그러나 무엇보다 상처 주는 것을 염려한다면, 그대는 판결을 맡지 말아야 합니다. 그대가 사제이거나 다른 직무를 맡고 있다면 다투어서는 안 됩니다. 공정성은 꾸준히 유지해야 하겠지만, 금전 업무에는 침묵해도 괜찮습니다. 그러나 하느님의 일에 관련된 것이고 교회의 친교가 위험한데도 모른 체하는 것은 작은 죄가 아닙니다.

---

262 마태 7,6 참조.
263 요한 17,21-23 참조.
264 야고 2,1-13 참조.

126. Quid autem et tibi prodest fauere diuiti? An quia citius amantem remuneratur? His enim fauemus frequentius a quibus referendae uicem speramus gratiae. Sed eo magis infirmo et inopi nos studere conuenit quia pro eo qui non habet, remunerationem speramus a Domino Iesu qui sub specie conuiuii generalem uirtutum edidit formam ut his potius nostra conferamus beneficia qui nobis ea non possint repraesentare, docens ad conuiuium atque epulas non eos qui diuites sunt sed pauperes inuitandos. Diuites enim rogari uidentur ut ipsi quoque nobis reddant conuiuium; pauperes, quia non habent quod restituant, cum acceperint, remuneratorem nobis faciunt Dominum qui se pro paupere obligandum obtulit.

127. Ad ipsum quoque saeculi usum collatio beneficii, facta in pauperes magis quam in locupletes, plus iuuat quia diues dedignatur beneficium et pudet eum debitorem esse gratiae. Quin etiam id quod collatum est sibi, meritis suis adrogat quod uelut debitum acceperit uel ideo datum sit eo quod is qui dedit reddendum sibi a diuite uberius aestimauerit. Ita in accipiendo beneficio, eo

265 키케로, 『의무론』 2,20,69 참조.
266 루카 14,12-14 참조.
267 마태 19,21; 마르 10,21; 루카 18,22; 마태 25,40 참조.

제25장 가난한 이들을 위한 자선

126. 부자에게 호의를 보인다고 그대에게 무슨 유익이 있습니까? 자기를 좋아해주는 사람에게 더 빨리 보상해 줄 것 같습니까? 우리는 호의를 되돌려받을 수 있으리라 기대하는 사람들에게 더 자주 호의를 베풉니다.[265] 그러나 약하고 가난한 사람에게 관심을 기울이는 것이 더 합당합니다. 가진 것이 없는 그런 사람을 대신해서 주 예수님께서 되갚아주시리라 우리는 희망합니다. 주 예수님께서는 잔치 비유로 덕행의 일반 규범을 주셨으니, 우리에게 되갚을 수 없는 사람들에게 우리의 자선을 베풀라는 것입니다. 또 잔치와 식사를 베풀 때에는 부유한 이들이 아니라 가난한 이들을 초대해야 한다는 것입니다.[266] 우리가 부자들을 초청한다면 그들도 우리에게 잔치를 다시 베풀어달라고 요구하는 것처럼 보일지도 모릅니다. 그러나 가난한 이들은 되돌려줄 것이라고는 아무것도 없기 때문에 그들이 받을 때 주님께서 우리에게 되갚아주실 것입니다. 그분께서는 가난한 사람을 위하여 당신 자신을 바치셨기 때문입니다.[267]

127. 게다가, 이는 현세에서도 이롭습니다. 가난한 이들에게 베푼 자선은 부자들에게 베푼 자선보다 더 도움이 됩니다. 부자는 자선을 하찮게 여기고 호의에 빚지는 것을 수치스러워하기 때문입니다.[268] 실제로 부자는 호의를 입으면 그것이 자기 공로라고 자화자찬합니다. 부자는 마치 빚을 되돌려 받거나, 주는 사람이 부자에게 더 후하게 돌려받으려고 준 것으로 여깁니다. 그러므로 부자들은 선행을 받아들일 때 선행을 받아준 행위 자체가

---

268 키케로, 『의무론』 2,20,69 참조.

ipso quod acceperint, diuites dedisse magis quam accepisse existimant; pauper uero etsi non habet unde reddat pecuniam, refert gratiam. In quo certum est quod plus reddat quam acceperit: pecunia enim nummo soluitur, gratia numquam exinanitur. Reddendo uacuatur pecunia, gratia autem et habendo soluitur et soluendo retinetur. Deinde quod diues refugit, pauper fatetur quod sit obligatus debito, sibique subuentum, non honori suo delatum putat: donatos sibi arbitratur filios, uitam redditam, seruatam familiam. Quanto igitur melius apud bonos quam apud ingratos locare beneficium!

128. Vnde Dominus ad discipulos ait: "Nolite possidere aurum neque argentum neque pecuniam." Qua uelut falce pullulantem in pectoribus humanis succidit auaritiam. Petrus quoque claudo qui ex utero matris suae portabatur, ait: "Argentum et aurum non habeo sed quod habeo do tibi. In nomine Iesu Christi Nazarei surge et ambula." Itaque pecuniam non dedit, sanitatem dedit. Quanto melius est salutem habere sine pecunia quam pecuniam sine salute! Surrexit claudus, quod non sperabat; pecuniam non accepit quam sperabat. Sed haec uix in sanctis Domini reperiuntur ut diuitiae contemptui sint.

---

269 키케로, 『의무론』 2,20,71 참조.
270 마태 10,9 참조.
271 사도 3,6 참조.

받은 것 이상으로 베풀어준 것이라 판단합니다. 그러나 가난한 사람은 갚을 돈은 없지만, 고마움을 되돌려줍니다. 여기에는 의심할 여지가 없습니다. 이렇게 그는 자기가 받은 것 이상으로 돌려줍니다. 돈은 동전으로 갚으면 그만이지만, 감사는 결코 동나지 않습니다. 돈의 빚은 갚으면서 없어지지만, 감사의 빚은 지닌 채로 갚고, 갚으면서 간직합니다. 부자는 회피하는 일이지만, 가난한 사람은 자신이 빚쟁이임을 고백합니다. 그리고 자신에게 베풀어진 도움이 자신의 평판 때문에 주어진 것이 아니라고 생각합니다. 그는 이 일이 자녀를 되돌려받아 생명을 얻고 가정을 구원한 사건이라 여깁니다. 그러니 배은망덕한 사람들보다 착한 사람들에게 자선을 베푸는 것이 얼마나 더 낫습니까![269]

128. 그런 까닭에 주님께서는 제자들에게 이렇게 말씀하십니다. "금도 은도 돈도 지니지 마라."[270] 그분은 이 말씀으로 인간의 마음속에 무성히 올라오는 탐욕을 낫으로 베시는 듯합니다. 베드로는 모태에서부터 들려 다녔던 장애인에게 이렇게 말합니다. "나는 은도 금도 없습니다. 그러나 내가 가진 것을 당신에게 주겠습니다. 나자렛 사람 예수 그리스도의 이름으로 일어나 걸으시오."[271] 이렇게 베드로는 돈을 주지는 않았으나, 건강을 주었습니다. 돈 없이 건강을 지니는 것이 건강 없이 돈을 가지는 것보다 훨씬 낫습니다! 장애인이 일어났습니다. 감히 바랄 수 없었던 일입니다. 그는 자신이 바랐던 선물인 돈을 받지는 못했습니다. 그러나 주님의 성인들 가운데 이처럼 돈과 엮인 경우를 찾기는 어렵습니다. 그들은 부를 하찮게 여기기 때문입니다.

129. Ceterum ita incubuerunt mores hominum admirationi diuitiarum ut nemo nisi diues honore dignus putetur. Neque hic recens usus sed iamdudum, quod peius est, inoleuit hoc uitium humanis mentibus: siquidem cum Hiericho magna ciuitas tubarum sacerdotalium sono corruisset et Iesus Naue potiretur uictoria, cognouit infirmatam esse uirtutem populi per auaritiam atque auri cupiditatem; nam cum de spoliis urbis incensae sustulisset Achar uestem auream et ducenta argenti didrachma et linguam auream, oblatus Domino negare non potuit sed prodidit furtum.

130. Vetus igitur et antiqua auaritia est, quae cum ipsis diuinae legis coepit oraculis, immo propter ipsam reprimendam lex delata est. Propter auaritiam Balac putauit Balaam praemiis posse temptari ut malediceret populum patrum, et uicisset auaritia nisi Dominus a maledicto eum abstineri uetuisset. Propter auaritiam praecipitatus Achar, in exitium deduxerat totam plebem parentum. Itaque Iesus Naue qui potuit solem statuere ne procederet, auaritiam hominum non potuit sistere ne serperet. Ad uocem eius sol stetit, auaritia non stetit. Sole itaque stante, confecit Iesus triumphum, auaritia autem proceden-

---

272 키케로, 『의무론』 2,20,71 참조.
273 여호 6,1-21 참조.
274 여호 7,1-26 참조.
275 탈출 20,17 참조.

제26장 치명적 탐욕

129. 인간의 관습이 부를 찬양하는 데 이토록 오래 젖어 있어서, 부자가 아니면 아무도 영예를 누릴 자격이 없다고 생각합니다.[272] 이것은 최근의 관습이 아니라 오래된 것입니다. 더 나쁜 것은, 이러한 악습이 인간의 정신에 뿌리박혀 있다는 사실입니다. 예리코 대도시가 사제들의 나팔소리에 무너지고 눈의 아들 여호수아가 승리를 거두었을 때[273], 그는 백성의 덕행이 탐욕과 황금에 대한 욕망으로 약해진다는 것을 알았습니다. 불타는 도시의 전리품에서 금으로 만든 옷 한 벌과 은 이백 세켈, 그리고 금덩어리 하나를 가져간 아칸은 주님 앞에 불려 나오자 도둑질을 부인하지 못하고 인정할 수밖에 없었습니다.[274]

130. 탐욕은 오래 묵은 것으로서, 거룩한 율법 말씀과 함께 시작했습니다. 아니, 이 탐욕을 억누르라는 율법이 제정되었습니다.[275] 발락은 발라암이 탐욕 때문에 보상을 노리고서 성조들의 백성을 저주하는 유혹에 넘어갈 수도 있다고 생각했습니다. 주님께서 발라암이 저주를 자제하도록 명하지 않으셨더라면, 탐욕이 승리했을 것입니다.[276] 탐욕으로 고꾸라진 아칸은 조상의 온 백성을 멸망으로 이끌었습니다.[277] 해가 지지 않게 멈출 수 있었던 눈의 아들 여호수아도 인간의 탐욕이 스며들지 못하도록 중단시킬 수 없었습니다.[278] 그의 목소리에 해는 멈추었지만, 탐욕은 멈추지 않았습니다. 해가 멈추어 섰을 때 여호수아는 승리를 거두었지만, 앞으로 나아가려는

---

276 민수 22 참조.
277 여호 7,1-26 참조.
278 여호 10,12-14 참조.

te, paene amisit uictoriam.

131. Quid? fortissimum omnium Samson, nonne Dalilae mulieris auaritia decepit? Itaque ille qui rugientem leonem manibus discerpsit, qui uinctus et alienigenis traditus, sine ullo adiutore solus dissolutis uinculis, mille ex his peremit uiros, qui funes intextis neruis uelut mollia sparti fila dirupit, is super genua mulieris inflexa ceruice truncatus, inuicti crinis ornatum, praerogati- uam suae uirtutis amisit. Influxit pecunia in gremium mulieris et a uiro dis- cessit gratia.

132. Feralis igitur auaritia, illecebrosa pecunia quae habentes contaminat, non habentes non iuuat. Esto tamen ut aliquando adiuuet pecunia inferiorem ta- men et ipsum desiderantem. Quid ad eum qui non desiderat, qui non requirit, qui auxilio eius non indiget, studio non flectitur? Quid ad alios si alius sit ille copidior qui habet? Numquid idcirco honestior quia habet quo honestas pler- umque amittitur, quia habet quod custodiat magis quam quod possideat? Illud enim possidemus quo utimur; quod autem ultra usum est, non utique habet possessionis fructum sed custodiae periculum.

---

279   판관 16,1-22 참조.
280   1티모 6,10 참조.
281   키케로, 『의무론』 2,20,71 참조.
282   키케로, 『의무론』 2,10,71 참조.

탐욕 때문에 승리를 거의 잃을 뻔했습니다.

131. 어째서 그렇습니까? 들릴라라는 여인의 탐욕이 모든 사람 가운데 가장 강한 삼손을 속이지 않았습니까? 으르렁대는 사자를 맨손으로 때려잡은 남자, 밧줄에 묶여 이방인들에게 넘겨졌으나 누구의 도움도 없이 혼자서 결박을 끊고 그들 가운데 천 명을 쳐 죽인 남자, 질긴 힘줄로 엮은 밧줄을 얇은 실그물마냥 끊어버린 남자가 여자의 무릎 위에 누운 뒤 자기 힘의 특권인 불패의 머리카락 장식을 잃었습니다. 여자의 무릎 속으로 돈이 흘러 들어갔고 이 남자에게서 은총이 떨어져 나갔습니다.[279]

132. 탐욕은 치명적입니다.[280] 돈은 그것을 가진 사람은 더럽히고 갖지 못한 사람에게는 도움이 되지 않는 몹쓸 유혹입니다.[281] 돈이 때로는 도움이 된다고 인정할지라도, 그것은 열악한 상황에서 간절히 바라는 사람에게만 그러합니다. 돈을 간절히 바라지 않는 사람, 돈을 구하지 않는 사람, 돈의 도움이 아쉽지 않은 사람, 돈에 대한 열망에 꺾이지 않는 사람에게는 무슨 소용이 있습니까? 돈을 가진 그 욕심쟁이가 남이라면, 다른 사람들에게 무슨 도움이 되겠습니까? 어떤 사람이 올바름을 자주 잃어버리게 만드는 것을 소유하고 있다면, 그리고 참으로 소유해야 할 것이 아니라 그저 보관해야 할 것을 지니고 있다면, 그 인품을 더 올바르다고 할 수 있겠습니까?[282] 우리는 쓰는 것을 소유합니다. 그러나 쓰는 것 이상의 것이 있다면, 소유해서 얻는 열매는 없고 지켜야 하는 위험만 지니게 됩니다.

133. Ad summam nouimus quod pecuniae contemptus iustitiae forma sit, et ideo auaritiam declinare debemus et omni studio intendere ne quid faciamus umquam aduersus iustitiam sed in omnibus gestis et operibus custodiamus eam.

134. Si uolumus commendare nos Deo, caritatem habeamus, unanimes simus, humilitatem sequamur, alterutrum existimantes superiorem sibi. Haec est humilitas si nihil sibi quis adroget et inferiorem se esse existimet. Episcopus ut membris suis utatur clericis et maxime ministris qui sunt uere filii: quem cuique uiderit aptum muneri, ei deputet.

135. Cum dolore amputatur etiam quae putruit pars corporis, et diu tractatur si potest sanari medicamentis; si non potest, tunc a medico bono absciditur. Sic episcopi adfectus boni est ut optet sanare infirmos, serpentia auferre ulcera, adurere aliqua, non abscidere; postremo quod sanari non potest, cum dolore abscidere. Vnde pulcherrimum illud praeceptum magis eminet ut cogitemus non quae nostra sunt sed quae aliorum. Hoc enim modo nihil erit quod uel irati nostro indulgeamus adfectui uel fauentes nostrae plus iusto tribuamus aliquid uoluntati.

---

283 필리 2,2 참조.
284 『성직자의 의무』 1,44,215-218 참조.
285 필리 2,4 참조.

제27장 정의와 사랑

133. 대체로, 우리는 돈에 대한 경멸이 정의의 규범임을 알고 있습니다. 그래서 우리는 탐욕을 피해야 하고, 정의를 거스르는 어떤 일도 하지 않도록 온갖 노력을 기울이며 모든 행동과 모든 활동에서 정의를 지키려고 애써야 합니다.

134. 우리가 하느님께 의탁하고자 한다면 사랑을 간직하여 한마음이 되고, 겸손을 따르며 다른 사람을 자기보다 더 낫다고 여기도록 합시다. 겸손은 이런 것입니다. 결코 자신을 내세우지 않고 자신이 더 못한 사람이라고 여기는 것입니다.[283] 주교는 성직자들을 자신의 지체처럼 다루어야 하고, 특히 참으로 자녀들인 부제들에게 그러해야 합니다. 주교는 그들 각자에게 알맞아 보이는 임무를 맡겨야 합니다.[284]

135. 썩어 들어가는 신체 일부를 절단하는 것은 고통스러운 일입니다. 만일 약으로 고칠 수 있다면 오랫동안 치료합니다. 그러나 그럴 수 없다면, 좋은 의사는 그때 잘라냅니다. 마찬가지로, 병자들을 치유하기 위해 퍼지고 있는 종양을 제거하되, 절단하지 않고 특정 부위만 불로 지지려는 것이 선한 주교의 심정입니다. 그러나 결국 치유될 수 없으면, 고통스럽게 잘라낼 수밖에 없습니다. 이것은 우리가 자신의 이익이 아니라 다른 이들의 유익을 생각해야 한다는 사실을 잘 보여주는 매우 아름다운 가르침입니다.[285] 이런 방식대로 하면 화가 나서 우리 감정에 굴복하거나, 정의를 뛰어넘어 내키는 대로 우리의 호의를 베푸는 일은 결코 없을 것입니다.

136. Hoc maximum incentiuum misericordiae ut compatiamur alienis calami-
tatibus, necessitates aliorum, quantum possumus, iuuemus, et plus interdum
quam possumus. Melius est enim pro misericordia causas praestare uel inu-
idiam perpeti quam praetendere inclementiam ut nos aliquando in inuidiam
incidimus quod confregerimus uasa mystica ut captivos redimeremus, quod
arianis displicere potuerat; nec tam factum displiceret quam ut esset quod in
nobis reprehenderetur. Quis autem est tam durus, immitis, ferreus, cui displi-
ceat quod homo redimitur a morte, femina ab impuritatibus barbarorum, quae
grauiores morte sunt, adulescentulae uel pueruli uel infantes ab idolorum con-
tagiis quibus mortis metu inquinabantur?

137. Quam causam nos etsi non sine ratione aliqua gessimus tamen ita in
populo prosecuti sumus ut confiteremur multoque fuisse commodius astruere-
mus, ut animas Domino quam aurum seruaremus. Qui enim sine auro misit

---

286 『성직자의 의무』 2,15,70; 『루카 복음 해설』 10,10 참조. 발렌스 황제가 전사하고 하드리아
노폴리스가 함락되자(378년 8월 9일) 고트족의 포로가 된 사람들의 몸값을 치러 구제하기
위해 암브로시우스는 서슴지 않고 성물을 녹여서 팔았다. 아리우스파는 이 행위를 오래도록
비난했다. A. Paredi, *Sant'Ambrogio e la sua età*, Milano 2015, 231-249 참조. 아우구스
티누스도 암브로시우스의 모범을 따랐다. "갇힌 이들과 수많은 가난한 이들을 돕기 위하
여 성물마저 쪼개고 녹이게 하셔서 필요한 이들에게 나누어주셨다. … 공경하올 기억으로
남아계시는 암브로시우스께서도 그토록 어려운 처지에서는 서슴없이 그렇게 해야 한다고
말씀하셨다."(포시디우스, 『아우구스티누스의 생애』 24,15) 이러한 본보기를 남긴 교부들은
예루살렘의 키릴루스(소크라테스, 『교회사』 4,25), 요한 크리소스토무스(『마태오 복음 강해』

제28장 가난한 이들이 교회의 보물!

136. 자비의 가장 큰 자극은 다른 이들의 불행을 함께 아파하고, 할 수 있는 만큼 다른 이들의 절박한 형편을 도와주며, 때로는 우리가 할 수 있는 것 이상으로 돕는 데에서 비롯합니다. 몰인정을 드러내기보다는 자비를 베풀기 위해 비난의 빌미를 제공하거나 반감을 견디는 편이 더 낫습니다. 언젠가 우리도 포로들의 몸값을 치러 해방하려고 성물을 부수었다는 이유로 미움을 산 적이 있습니다.[286] 아리우스파[287]에게는 언짢을 수도 있는 일이었습니다. 사실 언짢은 행위였다기보다는 우리를 비난할 꼬투리가 되는 일이었습니다. 그러나 인간이 죽음에서 구제되고, 여인이 죽음보다 더 심각한 야만족의 추행에서 벗어나고, 젊은 여자나 청소년이나 어린이들이 죽음에 대한 두려움으로 저지르게 될 우상숭배의 타락에서 구조되는 것을 언짢아하다니, 누가 그토록 가혹하고 잔인하고 무자비하겠습니까?

137. 우리가 그 문제를 그렇게 처리한 데에는 그럴 만한 이유가 없지 않지만, 백성들에게는 이렇게 설명했습니다. 우리는 금을 지키는 것보다는 주님께 영혼들을 지켜드리는 것이 훨씬 더 이로웠다고 고백했습니다. 금 없이 사도들을 파견하신 분께서는[288] 금 없이 교회들을 불러 모으셨기 때문

50-51,4), 툴루즈의 엑수페리우스(히에로니무스, 『편지』 125,20,3-5), 아미다의 아카키우스(소크라테스, 『교회사』 7,21), 아를의 힐라리우스(호노라투스, 『아를의 힐라리우스 생애』 11), 아를의 카이사리우스(『아를의 주교 성 카이사리우스의 생애』 1,32-33), 푸아티에의 마로베우스(투르의 그레고리우스, 『프랑크족 역사』 7,24) 등이 있다.

287 아리우스는 성자 예수의 신성을 부인하고, 성자는 초월적 존재이기는 하되 성부와 본질이 다를 뿐 아니라, 피조물에 지나지 않는다고 주장한 이단이다. 암브로시우스가 주교가 된 374년에 밀라노는 아리우스파의 거점이었고, 로마 제국은 381년부터 아리우스 이단을 처벌했다.(『테오도시우스 법전』 *Codex Theodosianus* 16,5,6.8,11.12 참조)

apostolos, ecclesias sine auro congregauit. Aurum Ecclesia habet non ut seruet sed ut eroget ut subueniat in necessitatibus. Quid opus est custodire quod nihil adiuuat? An ignoramus quantum auri atque argenti de templo Domini Assyrii sustulerint? Nonne melius conflant sacerdotes propter alimoniam pauperum, si alia subsidia desint, quam sacrilegus contaminata asportet hostis? Nonne dicturus est Dominus: Cur passus es tot inopes fame emori? Et certe habebas aurum, ministrasses alimoniam. Cur tot captiui deducti in commercio sunt, nec redempti ab hoste occisi sunt? Melius fuerat ut uasa uiuentium seruares quam metallorum.

138. His non posset responsum referri. Quid enim diceres: Timui ne templo Dei ornatus deesset? Responderet: Aurum sacramenta non quaerunt neque auro placent, quae auro non emuntur; ornatus sacramentorum redemptio captiuorum est. Vere illa sunt uasa pretiosa quae redimunt animas a morte. Ille uerus thesaurus est Domini, qui operatur quod sanguis eius operatus est. Tunc uas dominici sanguinis agnoscitur cum in utroque uiderit redemptionem, ut calix ab hoste redimat quos sanguis a peccato redimit. Quam pulchrum ut,

---

288 마태 10,9 참조.

289 암브로시우스, 『편지』 73[18],6 참조: "교회는 신앙 말고는 아무것도 자신을 위해 지니지 않습니다. … 교회의 소유물은 가난한 이들을 위한 비용입니다."

290 『성직자의 의무』 2,26,132 참조.

291 2열왕 24,10-25 참조.

292 거룩한 성사에 사용되는 성물(聖物)을 가리킨다.

입니다. 교회는 보관하기 위해서가 아니라, 필요한 데 쓰고 돕기 위해 금을 지니고 있습니다.[289] 아무런 도움도 주지 못하는 것을 지킬 필요가 어디 있습니까?[290] 아시리아인들이 주님의 성전에서 얼마나 많은 금과 은을 가지고 갔는지 우리가 모릅니까?[291] 독성죄를 저지르는 원수들이 더럽히고 약탈하는 것보다야, 다른 구제책이 없다면 사제들이 가난한 이들의 생계를 위해 그것을 녹이는 것이 훨씬 더 낫지 않겠습니까? 주님께서 이렇게 말씀하지 않으시겠습니까? "너는 왜 그토록 많은 가난한 이들을 굶어 죽게 내버려 두었느냐? 분명 너는 금을 갖고 있었으니, 식량을 나누어주었어야 했다. 왜 그토록 많은 사로잡힌 이들이 노예 시장에 끌려가 몸값을 치르지 못한 채 원수에게 살해되었느냐? 금속 그릇[292]보다 살아 있는 이들의 몸[293]을 지키는 편이 나았을 것이다."

138. 이런 물음에는 대답할 수 없을 것입니다. 그대는 어떻게 "하느님의 성전에 장식품이 부족할까 두려웠습니다."라고 말하겠습니까? 그분께서는 이렇게 대답하실 것입니다. "성사는 금을 요구하지도 않고, 금을 즐기지도 않으며, 금으로 살 수도 없다. 성사의 장식은 사로잡힌 이들의 몸값을 치러 해방하는 것이다." 이것이야말로 죽음에서 영혼들을 구제하는 참으로 고귀한 그릇입니다. 이것이야말로 당신 피로 이루어낸 것을 이루는 주님의 참된 보화입니다. 잔과 피 둘 다에서 구원을 볼 수 있을 때, 주님 피의 잔을 알아뵙게 됩니다. 잔은 당신 피가 죄에서 풀어준 이들을 원수에게서 구원합니다. 사로잡힌 이들의 무리가 교회가 치른 몸값으로 풀려날 때 "그리스도께서 이들을 풀어주셨다!"[294]는 말을 하게 된다면 얼마나 아름답겠습

---

293 직역은 '그릇'(vas)이다. 로마 9,21-23; 2티모 2,21; 2코린 4,7 참조.

cum agmina captiuorum ab Ecclesia redimuntur, dicatur: Hos Christus rede-
mit! Ecce aurum quod probari potest, ecce aurum utile, ecce aurum Christi
quod a morte liberat, ecce aurum quo redimitur pudicitia, seruatur castitas.

139. Hos ergo malui uobis liberos tradere quam aurum reseruare. Hic nume-
rus captiuorum, hic ordo praestantior est, quam species poculorum. Huic mu-
neri proficere debuit aurum Redemptoris ut redimeret periclitantes. Agnosco
infusum auro sanguinem Christi non solum irrutilasse uerum etiam diuinae
operationis impressisse uirtutem redemptionis munere.

140. Tale aurum sanctus martyr Laurentius Domino reseruauit, a quo cum
quaererentur thesauri Ecclesiae, promisit se demonstraturum. Sequenti die
pauperes duxit. Interrogatus ubi essent thesauri quos promiserat, ostendit pau-
peres dicens: Hi sunt thesauri Ecclesiae. Et uere thesauri, in quibus Christus
est, in quibus fides est. Denique apostolus ait: "Habentes thesaurum in uasis

---

294　직역은 "속량해 주셨다."이다.

295　로마에서 순교한 라우렌티우스 부제는 초기 교회부터 특별한 사랑을 받은 성인이다. 아우
　　　구스티누스가 라우렌티우스 축일에 행한 강론만도 다섯 편이 남아 있다.(『설교』 302-305/A)
　　　라우렌티우스의 순교 여정을 전하는 다양한 문헌들 가운데 가장 권위 있고 유명한 것은
　　　『성직자의 의무』에 나오는 이 대목이다. 여기에는 교회의 참된 본성에 관한 장엄 고백이 담
　　　겨 있다. "가난한 이들이 교회의 보물이다!" 돈이 지배하는 이 세상의 논리로는 가난한 이
　　　들은 무능하고 무익한 천덕꾸러기에 지나지 않겠지만, 참된 그리스도인은 가난한 이들
　　　이야말로 교회의 보물임을 고백하며 주님처럼 섬긴다는 것이다. 라우렌티우스는 달구어
　　　진 석쇠 위에서도 평정심을 잃지 않았고, 258년 8월 10일에 순교했다.(『성직자의 의무』

니까. 보십시오, 여기에 인정받을 수 있는 금이 있습니다. 보십시오, 여기에 이로운 금이 있습니다. 보십시오, 여기에 죽음에서 구해낸 그리스도의 금이 있습니다. 보십시오, 여기에 정숙(貞淑)을 되사고 정결을 지켜낸 금이 있습니다.

139. 내가 금을 간직하기보다 여러분에게 자유인으로 넘겨드리기를 더 바랐던 사람들이 이들입니다. 이 사로잡힌 이들의 무리, 이들이 늘어선 줄은 잔들의 아름다움보다도 더 빼어납니다. 구원자의 금이 유익하게 사용되어 마땅한 일은 바로 이것이니, 위험에 빠진 이들의 몸값을 치르는 것입니다. 금에 쏟아부어진 그리스도의 피는 잔을 붉게 물들였을 뿐 아니라, 거룩한 활동의 덕행과 구원의 임무를 잔에 새겼다는 것을 나는 알고 있습니다.

140. 거룩한 라우렌티우스[295] 순교자가 그런 금을 주님을 위해 간직하고 있었습니다. 그들이 그분께 교회의 보물을 요구했을 때, 그분은 보여주겠노라 약속했습니다. 그 이튿날 그분은 가난한 사람들을 데려왔습니다. 약속한 보물이 어디 있냐는 물음에, 그분은 이렇게 말하면서 가난한 사람들을 가리켰습니다. "이 사람들이 교회의 보물입니다." 가난한 이들이야말로 참으로 보물이니, 그들 안에 그리스도께서 계시고 그들 안에 믿음이 있기 때문입니다. 그래서 사도는 이렇게 말합니다. "그들은 질그릇 속에 보물을 지니고 있는 사람들입니다."[296] 당신 몸소 그 안에 계신다고 말한 이들보다

1,41,205-207 참조) 가톨릭 교회는 해마다 8월 10일에 그의 축일을 지낸다. 라우렌티우스에 관한 고대 그리스도교 문헌과 전승에 관해서는 A. Benvenuti—E. Giannarelli, *Il diacono Lorenzo. Tra storia e leggenda*, Firenze 1998 참조.

296 2코린 4,7 참조.

fictilibus." Quos meliores thesauros habet Christus, quam eos in quibus se esse dixit? Sic enim scriptum est: "Esuriui et dedistis mihi manducare, sitiui, et dedistis mihi bibere, hospes eram et collegistis me... Quod enim uni horum fecistis, mihi fecistis." Quos meliores Iesus habet thesauros quam eos in quibus amat uideri?

141. Hos thesauros demonstrauit Laurentius et uicit quod eos nec persecutor potuit auferre. Itaque Ioachim qui aurum in obsidione seruabat nec dispensabat alimoniae comparandae, et aurum uidit eripi et in captiuitatem deduci. Laurentius qui aurum Ecclesiae maluit erogare pauperibus quam persecutori reseruare, pro singulari suae interpretationis uiuacitate sacram martyrii accepit coronam. Numquid dictum est sancto Laurentio: Non debuisti erogare thesauros Ecclesiae, uasa sacramentorum uendere?

142. Opus est ut quis fide sincera et perspicaci prouidentia munus hoc impleat. Sane si in sua aliquis deriuat emolumenta, crimen est; sin uero pauperibus erogat, captiuum redimit, misericordia est. Nemo enim potest dicere: Cur pauper uiuit? Nemo potest queri quia captiui redempti sunt; nemo potest ac-

---

297   마태 25,35.40 참조.
298   발레리우스 황제 또는 로마 총독 코르넬리우스 세쿨라리스이다. 『성직자의 의무』 1,41,205 참조.

더 좋은 어떤 보물을 그리스도께서 가지고 계시겠습니까? 이렇게 적혀 있는 대로입니다. "너희는 내가 굶주렸을 때 나에게 먹을 것을 주었고, 내가 목말랐을 때 나에게 마실 것을 주었으며, 내가 나그네였을 때 나를 맞아들였다. … 너희가 이들 가운데 한 사람에게 해준 것이 바로 나에게 해준 것이다."[297] 그 안에서 당신을 즐겨 드러내시는 이들보다 더 귀한 어떤 보물을 예수님께서 지니고 계시겠습니까?

141. 이 보물을 라우렌티우스는 보여주었고 승리를 거두었습니다. 박해자[298]도 그 보물을 앗아가지 못했기 때문입니다. 그러나 여호야킨은 포위되었을 때 금을 움켜쥐고서 양식을 살 수 있도록 나누어주지 않았기에, 결국 금도 빼앗기고 포로로 끌려가는 꼴도 보았습니다.[299] 교회의 금을 박해자를 위해 간직하기보다 가난한 이들을 위해 쓰기를 더 바랐던 라우렌티우스는 독특하고도 생명력 넘치는 자신의 해석에 대한 상급으로 순교의 거룩한 화관을 받았습니다. 그분께서 거룩한 라우렌티우스에게 "너는 교회의 보물을 주지 말아야 했고, 성사의 그릇을 팔지 말아야 했다."라고 말씀하셨을 것 같습니까?

142. 이 임무를 완수하기 위해서는, 진정한 믿음과 통찰력 있는 선견지명이 있어야 합니다. 당연히, 어떤 이가 자신의 이익을 위해 유용하면 그것은 범죄입니다. 그러나 그가 가난한 사람들을 위해 쓰거나 사로잡힌 이의 몸값을 치른다면 그것은 자비입니다. 아무도 "가난뱅이는 왜 사나?" 하고 말할 수 없습니다. 사로잡힌 이들이 해방되었다고 아무도 불평할 수 없습

---

299 2열왕 24,10-16; 2역대 36,9-10 참조.

cusare quia templum Dei est aedificatum; nemo potest indignari quia humandis fidelium reliquiis spatia laxata sunt; nemo potest dolere quia in sepulturis christianorum requies defunctorum est. In his tribus generibus uasa Ecclesiae etiam initiata confringere, conflare, uendere licet.

143. Opus est ut de Ecclesia mystici poculi forma non exeat ne ad usus nefarios sacri calicis ministerium transferatur. Ideo intra Ecclesiam primum quaesita sunt uasa quae initiata non essent; deinde comminuta, postremo conflata, per minutias erogationis dispensata egentibus, captiuorum quoque pretiis profecerunt. Quod si desunt noua, et quae nequaquam initiata uideantur, in huiusmodi — quos supra dixi — usus, omnia arbitror pie posse conuerti.

29

144. Illud sane diligenter tuendum est ut deposita uiduarum intemerata maneant, sine ulla seruentur offensione, non solum uiduarum sed etiam omnium; fides enim exhibenda est omnibus sed maior est causa uiduarum et pupillorum.

---

300 '참된 성전'(verum templum)은 하느님 백성이라는 암브로시우스의 자의식이 반영된 표현일 것이다. 성전의 영적 의미에 관해서는 1코린 3,16-17; 6,19; 2코린 6,16-17; 에페 2,19-22 참조.

301 죽은 이의 장례를 치르고 묻어주는 일은 그리스도교의 대표적 사랑 실천이다. 아리스티데스, 「호교론」 15; 테르툴리아누스, 「호교론」 39,6; 락탄티우스, 「거룩한 가르침」 6,12,15; 암브로시우스, 「토빗 이야기」 2-5; 36-37; 「시편 제110편 해설」 21,13; 아우구스티누스,

니다. 하느님의 성전[300]이 지어졌다고 아무도 고소할 수 없습니다. [가난한] 신자들의 시신을 묻어줄 공간을 넓혔다고 아무도 언짢아할 수 없습니다. 죽은 이들의 안식이 그리스도인들의 무덤에서 이루어진다고 아무도 애석해할 수 없습니다.[301] 이 세 가지 목적[302]을 위해서는, 이미 축성되었을지라도 교회의 성물을 쪼개고 녹이고 파는 것이 허용되기 때문입니다.

143. 신비로운 잔의 형상이 교회에서 없어지지 않게 하는 것이 필요합니다. 우리는 성작(聖爵)의 쓰임새가 불경한 용도로 뒤바뀌게 두어서는 안 됩니다. 그래서 우선 교회 안에서 아직 사용되지 않은 그릇을 찾았고, 이것들을 쪼개고 녹인 다음 가난한 이들에게 조금씩 나누어주었고, 사로잡힌 이들의 몸값으로도 사용했습니다. 그러나 새 그릇이 없고 전혀 사용하지 않은 그릇이 보이지 않는다면, 내가 앞에서 말한 용도를 위해서는 모든 성물을 경건하게 변형할 수 있습니다.

제29장 사회적 약자의 권리를 지키는 교회

144. 과부들이 맡긴 재산은 손실 없이 유지될 수 있도록 성실히 지켜야 합니다.[303] 과부들의 재산뿐 아니라 모든 이의 재산이라도 아무런 손해 없이 보존되어야 합니다. 과부들과 고아들의 경우가 더 중요하지만, 신의는 모든 이에게 드러나야 합니다.

『죽은 이를 위한 배려』; 『신국론』 1,23-23 참조.

302 가난한 이들을 구제하는 것, 사로잡힌 이들의 몸값을 치러 해방하는 것, 가난한 이들을 묻어주는 것 세 가지를 가리킨다.

303 키케로, 『의무론』 1,10,31; 3,25,95 참조.

145. Denique hoc solo uiduarum nomine, sicut in libris Machabaeorum legimus, commendatum templo omne seruatum est. Nam cum indicium factum esset pecuniarum quas in templo Hierosolymis maximas reperiri posse Simon nefarius Antiocho regi prodidit, missus in rem Heliodorus ad templum uenit et summo sacerdoti aperuit indicii inuidiam et aduentus sui causam.

146. Tunc sacerdos deposita esse dixit uiduarum uictualia et pupillorum. Quae cum Heliodorus ereptum ire uellet et regis uindicare commodis, sacerdotes ante altare iactauerunt se induti sacerdotales stolas et Deum uiuum qui de depositis legem dederat, flentes inuocabant custodem se praeceptorum praestare suorum. Vultus uero et color summi sacerdotis immutatus declarabat dolorem animi et mentis intentae sollicitudinem. Flebant omnes quod in contemptum locus uenturus foret si nec in Dei templo tuta fidei seruaretur custodia accinctaeque mulieres pectus et clausae uirgines pulsabant ianuam; ad muros alii currebant, per fenestras alii prospectabant, omnes ad caelum tendebant manus orantes ut suis Dominus adesset legibus.

147. Heliodorus autem nec his territus, quod intenderat, urguebat et satellitibus suis aerarium saepserat cum subito apparuit illi terribilis eques armis praefulgens aureis; equus autem eius erat insigni ornatus opertorio. Alii quoque

---

304   2마카 3,1-40 참조.

145. 우리가 마카베오서에서 읽는 바와 같이, 성전에 맡겨진 모든 재산이 오직 과부들의 이름으로만 등록되었기에 보존될 수 있었습니다.[304] 예루살렘 성전에서 돈에 관한 정보가 나왔을 때, 반역자 시몬이 안티오코스 임금에게 엄청난 돈을 빼앗을 수 있다고 말했습니다. 사실을 알아보도록 파견된 헬리오도로스는 성전에 가서 대사제에게 그 정보에 대한 시기심을 드러내며 자신이 온 이유를 밝혔습니다.

146. 그때 사제는 맡겨진 것이라고는 과부들과 고아들의 양식뿐이라고 말했습니다. 헬리오도로스는 가서 그것을 빼앗아 임금의 편의를 위해 징발하기를 바랐습니다. 그러나 사제들은 사제복을 갖추어 입고 제대 앞에 엎드려, 맡겨진 것들에 관한 법을 내리신 살아계신 하느님께 당신 계명의 수호자가 되어주시기를 울면서 간청했습니다. 대사제의 표정과 안색의 변화는 그 마음의 괴로움과 정신의 근심과 긴장을 드러냈습니다. 그들은 모두 울었고, 하느님의 성전에서조차 믿고 맡긴 것을 안전하게 지킬 수 없다면 성소도 모독당하리라고 생각했습니다. 여자들은 자루 옷을 가슴에 둘렀고, 집안에 갇혀 지내던 처녀들이 문을 두드리기 시작했습니다. 더러는 성벽으로 뛰어가고, 더러는 창문으로 내다보았습니다. 주님께서 당신 법을 지켜주시기를 기도하면서 모두모두 손을 하늘로 쳐들었습니다.

147. 그러나 헬리오도로스는 이를 두려워하지 않고, 뜻한 바를 밀어붙였습니다. 그는 자신의 호위병들과 함께 금고를 둘러쌌는데, 갑자기 휘황찬란한 황금 갑옷으로 무장한 무시무시한 기사가 그에게 나타났습니다. 그의 말도 멋진 덮개로 꾸며져 있었습니다. 다른 두 젊은이도 나타났는데, 그들도 아주 힘세고 멋진 미남이었으며 영광스러운 광채와 함께 눈부신 옷을

duo iuuenes apparuerunt in uirtute inclita, decore grato, cum splendore gloriae, speciosi amictu, qui circumsteterunt eum et utraque ex parte flagellabant sacrilegum sine ulla intermissione continuato uerbere. Quid multa? Circumfusus caligine in terram concidit et euidenti diuinae operationis indicio exanimatus iacebat nec ulla spes in eo residebat salutis. Oborta est laetitia metuentibus, metus superbis deiectique ex amicis Heliodori quidam rogabant uitam poscentes ei quoniam supremum gerebat spiritum.

148. Rogante itaque sacerdote summo iidem iuuenes iterum Heliodoro apparuerunt, iisdem amicti uestibus, et dixerunt ad eum: Oniae summo sacerdoti gratias age propter quem tibi uita est reddita; tu autem expertus Dei flagella, uade et nuntia tuis omnibus quantam cognoueris templi religionem et Dei potestatem. His dictis, non comparuerunt. Heliodorus itaque recepto spiritu hostiam Domino obtulit, Oniae sacerdoti gratias egit et cum exercitu ad regem reuertit dicens: Si quem habes hostem aut insidiatorem rerum tuarum, illuc illum dirige et flagellatum recipies eum.

149. Seruanda est igitur, filii, depositis fides, adhibenda diligentia. Egregie hinc uestrum enitescit ministerium si suscepta impressio potentis quam uel uidua uel orphani tolerare non queant, Ecclesiae subsidio cohibeatur, si ostendatis plus apud uos mandatum Domini quam diuitis ualere gratiam.

입고 있었습니다. 그들은 헬리오도로스를 둘러싸고 독성죄를 물어 양쪽에서 잠시도 쉴 새 없이 계속 채찍질을 했습니다. 많은 말이 필요하겠습니까? 그는 어둠에 휩싸인 채 땅에 쓰러졌고, 하느님께서 펼치신 분명한 심판에 반쯤 죽어서 뻗어 있었습니다. 그에게는 구원에 대한 아무런 희망도 남아 있지 않았습니다. 두려워 떨던 이들에게는 기쁨이 샘솟았고, 교만하기 짝이 없던 이들에게는 두려움이 솟구쳤습니다. 헬리오도로스의 동료 몇이 그의 목숨을 살려달라고 청했습니다. 그는 마지막 숨을 몰아쉬고 있었기 때문입니다.

148. 대사제가 기도하고 있을 때, 아까 그 젊은이들이 똑같은 옷을 입고 다시 헬리오도로스에게 나타나 그에게 이렇게 말했습니다. "오니아스 대사제에게 감사하여라. 주님께서 그를 보아 네게 목숨을 돌려주셨다. 하느님께 벌을 받은 너는 가서 네가 알게 된 하느님 성전의 거룩함과 하느님의 능력을 모조리 네 백성 모두에게 알려라." 이런 말을 하고 그들은 사라졌습니다. 그래서 목숨을 되돌려받은 헬리오도로스는 주님께 희생 제물을 바치고, 오니아스 사제에게 감사를 드린 다음, 군대를 이끌고 임금에게 돌아가서 이렇게 말했습니다. "임금님께 원수가 있거나 정권에 반기를 드는 자가 있으면 그를 거기에 보내십시오. 그자가 채찍질을 당하는 꼴을 보시게 될 것입니다."

149. 자녀 여러분, 위탁받은 것에 대한 신의를 지켜야 하고 부지런히 관리해야 합니다. 과부나 고아가 감당할 수 없는 권력자의 횡포가 터져 나올 때교회의 도움으로 저항하고, 여러분에게는 주님의 계명이 부자의 호의보다 더 가치 있음을 보여준다면, 여러분의 직무는 영광스레 빛날 것입니다.

150. Meministis ipsi quotiens aduersus regales impetus pro uiduarum, immo omnium depositis certamen subierimus. Commune hoc uobiscum mihi. Recens exemplum Ecclesiae Ticinensis proferam quae uiduae depositum quod susceperat, amittere periclitabatur. Interpellante enim eo qui sibi illud imperiali rescripto uindicare cupiebat, clerici contendebant auctoritatem. Honorati quoque et intercessores dati non posse praeceptis imperatoris obuiari ferebant; legebatur rescripti forma directior, magistri officiorum statuta; agens in rebus imminebat. Quid plura? Traditum erat.

151. Tamen communicato mecum consilio, obsedit sanctus episcopus ea conclauia ad quae translatum illud depositum uiduae cognouerat. Quod ubi non potuit auferri, receptum sub chirographo est. Postea iterum flagitabatur ex chirographo: praeceptum imperator iterauerat ut ipse per semetipsum nos conueniret. Negatum est et, exposita diuinae legis auctoritate et serie lectionis et Heliodori periculo, uix tandem rationem imperator accepit. Post etiam temptata fuerat obreptio sed praeuenit sanctus episcopus ut redderet uiduae quod acceperat. Fides interim salua est, impressio non est formidini; quia res, non etiam fides periclitabatur.

---

305 발렌티니아누스 2세 황제가 386년 봄(2월 15일)에 파비아에 머물기는 했으나, 그가 이 사건의 주인공인지는 확인할 길이 없다. 해제의 '저술 시기' 참조.

306 파비아의 주교 에벤티우스(Eventius, †397년)를 가리킨다. 그는 381년 아퀼레이아 교회회의에서 암브로시우스를 지지했고, 암브로시우스는 397년 파비아 교구의 새 주교 프로푸투루스(Profuturus)의 서품식에 참석한 지 얼마 지나지 않아 4월 4일에 선종했다.

150. 우리가 몇 번이나 과부들을 위해, 아니 온갖 사람들이 맡긴 재산을 지키기 위해 황실 권력에 맞서 고난을 겪었는지 여러분은 기억할 것입니다. 이 고난에는 여러분과 내가 함께했습니다. 최근에 파비아 교회에서 있었던 일[305]을 예로 들겠습니다. 과부에게서 받은 기탁금을 잃어버릴 위험에 놓인 경우가 있었습니다. 황제의 칙서에 따라 그것을 제 것으로 가로채려는 자의 요구에 맞서, 성직자들은 교회의 권위를 위해 싸웠습니다. 명망가들과 임명된 조정관들조차 황제의 명령에 맞서서는 안 된다고 주장했습니다. 칙서의 직접적인 항목이 낭독된 다음, 황실 장관의 집행 명령이 떨어지자 일을 밀어붙였습니다. 더 무슨 말을 하겠습니까? 재산이 넘어가게 되었습니다.

151. 그러나 나와 상의한 다음, 거룩한 주교[306]는 과부의 기탁금이 옮겨져 있는 금고실로 가는 길을 막았습니다. 거기서 가져갈 수 없게 되자 채권을 받아 갔고, 나중에 채권을 근거로 다시금 집요하게 요구했습니다. 황제[307]는 우리에게 개별적으로 이행 명령을 내리겠다며 규정을 변경했습니다. 우리는 거부했습니다. 우리는 거룩한 법의 권위로 설명했고, 헬리오도로스가 겪은 위험을 비롯한 성경 구절들을 제시했습니다. 마침내 황제는 마지못해 이 논리를 받아들였습니다. 조금 뒤에는 기습적으로 재산을 **빼앗으려는** 시도가 있었지만, 거룩한 주교는 받은 재산을 과부에게 되돌려줌으로써 미리 막았습니다. 그러는 동안 신의는 지켜졌습니다. 억압은 두려움의 대상이 아닙니다. 위험을 겪었던 것은 물건이지, 신의가 아니기 때문입니다.

---

307 유스티나 황태후의 아들인 발렌티니아누스 2세라고 추정할 뿐 확증은 없다. 해제의 '저술 시기' 참조.

152. Filii, fugite improbos, cauete inuidos. Inter improbum et inuidum hoc interest: improbus suo delectatur bono, inuidus torquetur alieno, ille diligit mala, hic bona odit, ut prope tolerabilior sit qui sibi uult bene quam qui male omnibus.

153. Filii, ante factum cogitate et cum diutius cogitaueritis, tunc facite quod probatis. Laudabilis mortis cum occasio datur, rapienda est illico: dilata gloria fugit, nec facile comprehenditur.

154. Fidem diligite quoniam per fidem et deuotionem Iosias magnum sibi ab aduersariis amorem acquisiuit quoniam celebrauit pascha Domini, cum esset annorum decem et octo, quemadmodum nemo ante eum. Zelo itaque ut uicit superiores, ita et uos, filii, zelum Dei sumite. Exquirat uos Dei zelus et deuoret ut unusquisque uestrum dicat: "Exquisiuit me zelus domus tuae." Apostolus Christi zelotes dictus. Quid de apostolo dico? Ipse Dominus ait: "Zelus domus tuae comedit me." Si ergo Dei zelus, non iste humanus, inuidiam ge-

---

308 『성경』에는 "재위 18년"으로 되어 있다.
309 시편 69(68),10 참조.

제30장 사랑과 평화의 연대

152. 자녀 여러분, 부정직한 이들을 피하고 시기하는 이들을 조심하십시오. 부정직한 사람과 시기하는 사람의 차이는 이것입니다. 부정직한 사람은 자기 재산을 즐기지만, 시기하는 사람은 다른 사람의 재산 때문에 고통받습니다. 저 사람은 악한 것을 사랑하고, 이 사람은 선한 것을 미워합니다. 모든 이에게 못되게 바라는 사람보다는 자신에게 잘되게 바라는 사람을 더 참아줄 만합니다.

153. 자녀 여러분, 행동하기 전에 생각하십시오. 오랫동안 생각했거든, 옳다고 생각하는 일을 하십시오. 칭송받을 죽음의 기회가 주어지거든 그 자리에서 잡아야 합니다. 미루어둔 영광은 달아나 버리고, 쉽사리 잡을 수 없게 됩니다.

154. 믿음을 사랑하십시오. 요시야는 믿음과 신심으로 원수들에게서 큰 사랑을 얻었습니다. 그는 열여덟 살에[308] 주님의 파스카 축제를 지냈는데, 그 이전에는 아무도 이렇게 한 적이 없었습니다. 그는 열정에서 전임자들을 뛰어넘었으니, 자녀 여러분, 하느님에 대한 열정을 지니십시오. 하느님에 대한 열정이 여러분을 샅샅이 훑고 집어삼켜, 여러분이 저마다 이렇게 말할 수 있게 하십시오. "당신 집에 대한 열정이 저를 불태웁니다."[309] 그리스도의 사도가 열혈당원이라 불렸습니다.[310] 내가 왜 사도에 관해 말하겠습니까? 주님 몸소 "당신 집에 대한 열정이 저를 집어삼킬 것입니다."[311] 하고

---

310 루카 6,15 참조.

nerat, sit inter uos pax quae superat omnem sensum.

155. Amate uos inuicem. Nihil charitate dulcius, nihil pace gratius. Et uos ipsi scitis quod prae ceteris uos semper dilexi et diligo: quasi unius patris filii coaluistis in adfectu germanitatis.

156. Quae bona sunt tenete et Deus pacis et dilectionis erit uobiscum in Domino Iesu cui est honor, gloria, magnificentia, potestas, cum Spiritu sancto in saecula saeculorum. Amen.

말씀하셨습니다. 그것이 질투를 낳는 인간적 열정이 아니라, 하느님에 대한 열정이라면, 여러분 사이에 모든 감정을 극복하는 평화가 있을 것입니다.[312]

155. 서로 사랑하십시오. 사랑보다 더 달콤한 것은 없고, 평화보다 더 즐거운 것은 없습니다. 여러분 자신도 알다시피, 나는 언제나 다른 누구보다도 여러분을 사랑했고 또 사랑합니다. 그리고 여러분은 한 아버지의 자녀처럼 형제애로 연대해 왔습니다.

156. 선한 것을 간직하십시오.[313] 그러면 평화와 사랑의 하느님께서 주 예수님 안에서 여러분과 함께 계실 것입니다.[314] 성령과 함께 그분께 영예와 영광, 위엄과 권능이 세세에 영원히 있기를 빕니다.[315] 아멘.

---

311 요한 2,17 참조.
312 필리 4,7 참조.
313 1테살 5,21 참조.
314 2코린 13,11 참조.
315 로마 16,27; 1베드 4,11 참조.

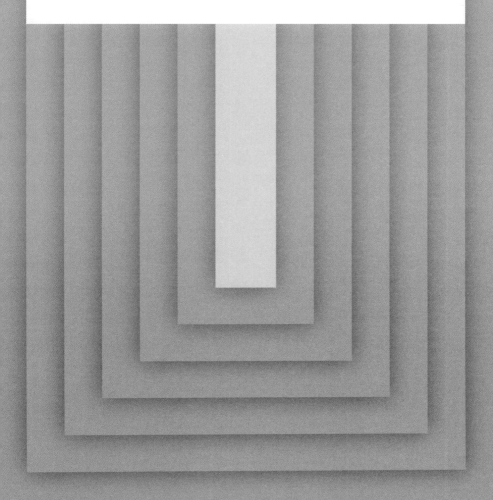

제3권

LIBER TERTIVS

1

1. Dauid propheta docuit nos tamquam in ampla domo deambulare in corde nostro et conuersari cum eo tamquam cum bono contubernali ut ipse sibi diceret et loqueretur secum ut est illud: "Dixi, custodiam uias meas." Salomon quoque filius eius dicit: "Bibe aquam de tuis uasis et de puteorum tuorum fontibus", hoc est, tuo consilio utere: "Aqua enim alta, consilium in corde uiri. Nemo, inquit, alienus particeps sit tibi. Fons aquae tuae sit tibi proprius et iucundare cum uxore quae est tibi a iuuentute. Ceruus amicitiae et pullus gratiarum confabulentur tecum."

제1장 침묵의 대화, 무위(無爲)의 활동

1. 넓은 집안을 거닐 듯 우리 마음속을 거닐고, 좋은 친구와 함께하듯 마음과 사귀라고 다윗 예언자가 우리에게 가르쳐주었습니다. 다윗 자신도 이렇게 혼잣말을 하며 자신과 대화를 나누었으니, 바로 이런 구절입니다. "나는 말하였네. '나는 내 길을 지키리라.'"[1] 그의 아들 솔로몬도 이렇게 말합니다. "네 그릇에서 물을 마시고 네 샘물에서 물을 마셔라."[2] 곧, 너의 의견을 활용하라는 말입니다. "사람의 마음속에서 의견은 깊은 물과 같다. 말하건대, 그 어떤 낯선 자도 네게 한몫해서는 안 된다.[3] 네 물의 샘은 너 혼자만의 것. 젊은 시절부터 네 곁에 있는 아내와 함께 즐거워하여라. 친구 같은 암사슴과 사랑스런 새끼 노루가 너와 이야기를 나누게 하여라."[4]

---

1 시편 38,2.
2 잠언 5,15 참조.
3 잠언 20,5 참조.
4 잠언 5,17-18 참조.

2. Non ergo primus Scipio sciuit solus non esse cum solus esset nec minus otiosus cum otiosus esset; sciuit ante ipsum Moyses qui cum taceret, clamabat, cum otiosus staret, proeliabatur nec solum proeliabatur, sed etiam de hostibus quos non contigerat, triumphabat. Adeo otiosus ut manus eius alii sustinerent, nec minus quam ceteri negotiosus qui otiosis manibus expugnabat hostem quem non poterant uincere qui dimicabant. Ergo Moyses et in silentio loquebatur et in otio operabatur. Cuius autem maiora negotia quam huius otia qui quadraginta diebus positus in monte, totam legem complexus est? Et in illa solitudine qui cum eo loqueretur, non defuit; unde et Dauid ait: "Audiam quid loquatur in me Dominus Deus." Et quanto plus est si cum aliquo Deus loquatur, quam ipse secum?

3. Transibant apostoli et umbra eorum curabat infirmos. Tangebantur uestimenta eorum et sanitas deferebatur.

4. Sermonem locutus est Elias et pluuia stetit nec cecidit super terram tribus annis et sex mensibus. Iterum locutus est et hydria farinae non defecit et uas olei toto famis diurnae tempore non est exinanitum.

---

5 제2차 포에니 전쟁에서 한니발을 무찌른 로마 장군 코르넬리우스 스키피오 아프리카누스 (Cornelius Scipio Africanus, 기원전 236-184년)를 가리킨다.

6 키케로, 『의무론』 3,1,1 참조.

7 탈출 17,8-13 참조.

2. 홀로 있어도 외롭지 않고, 하는 일 없어도 한가하지 않다는 사실을 안 것은 스키피오[5]가 처음이 아니었습니다.[6] 모세는 그보다 먼저 이를 알고 있었습니다. 그는 침묵할 때에도 울부짖었고, 한가로울 때도 전투를 치르고 있었습니다. 전투만 치른 것이 아니라 적들을 건드리지 않고도 승리를 거두었습니다. 그는 다른 사람들이 그의 손을 받쳐줄 정도로 한가했지만, 다른 이들보다 덜 바쁘지 않았습니다. 전투를 벌이던 이들이 무찌를 수 없었던 적을 그는 한가로운 손으로 물리쳤습니다.[7] 그래서 모세는 침묵 중에도 말하고 있었고, 한가로움 속에서도 일하고 있었습니다. 이 한가로움보다 더 위대한 활동을 펼친 자가 누구입니까? 그는 40일 동안 산 위에 있으면서 율법 전체를 품어 안았습니다.[8] 그 고독 속에서 그와 말할 사람은 없었습니다. 그래서 다윗도 이렇게 말합니다. "주 하느님께서 내 안에서 무슨 말씀을 하시는지 나는 듣고자 하네."[9] 하느님께서 누군가와 대화를 나누신다면 자신과 이야기 나누는 것보다 얼마나 더 위대한 일입니까?[10]

3. 사도들이 지나갈 때 그들의 그림자만으로도 병자들을 고쳤습니다. 사람들이 그들의 옷자락에 손을 대면, 건강이 회복되었습니다.[11]

4. 엘리야는 한마디만 했을 뿐인데 비가 멈추어, 삼 년 반 동안 땅 위에 비한 방울도 내리지 않았습니다. 그가 다시 말하자, 기근의 모든 시기 동안 날마다 밀가루 단지가 비지 않았고 기름병도 마르지 않았습니다.[12]

---

8 탈출 24,1-18 참조.
9 시편 84,9 참조.
10 키케로, 『의무론』 3,1,1 참조.
11 사도 5,15 참조.

5. Et quoniam plerosque delectant bellica, quid est praestantius, exercitus magni lacertis an solis meritis confecisse praelium? Sedebat Eliseus in uno loco et rex Syriae magnam belli molem inferebat populo patrum diuersisque consiliorum aceruabat fraudibus et circumuenire insidiis moliebatur sed omnes eius apparatus propheta deprehendebat et uigore mentis per gratiam Dei ubique praesens cogitationes hostium suis adnuntiabat et monebat quibus cauerent locis. Quod ubi regi Syriae manifestatum est, misso exercitu clausit prophetam. Orauit Eliseus et omnes eos caecitate percuti fecit et captiuos intrare in Samariam qui uenerant obsidere eum.

6. Conferamus hoc otium cum aliorum otio. Alii enim requiescendi causa abducere animum a negotiis solent et a conuentu coetuque hominum subtrahere sese et aut ruris petere secretum, captare agrorum solitudines aut intra urbem uacare animo, indulgere quieti et tranquillitati. Eliseus autem in solitudine Iordanem transitu suo diuidit ut pars defluat posterior, superior autem in fontem recurrat: aut in Carmelo resoluta difficultate generandi, inopina sterilem conceptione fecundat aut ressuscitat mortuos aut ciborum temperat amaritudines et facit farinae admixtione dulcescere aut decem panibus distributis reliquias colligit plebe saturata aut ferrum securis excussum et in fluuii Iordanis

---

12 1열왕 17,1-16 참조.
13 2열왕 6,8-20 참조.
14 키케로, 『의무론』 3,1,1 참조.
15 키케로, 『의무론』 3,1,2 참조.

5. 많은 사람은 군사적 영광을 좋아합니다. 큰 군사력으로 전투에서 이기는 것과, 덕행만으로 이기는 것 가운데 어느 것이 더 빛납니까? 엘리사는 한자리에 앉아 있었고, 시리아 임금은 대형 전투 장비를 성조들의 백성에게 끌고 가 계략을 꾸미고 매복하여 포위하고 있었습니다. 그러나 예언자는 그의 모든 계획을 알아차렸습니다. 하느님의 은총 덕분에 그는 정신력으로 어디에나 현존하며 적들의 생각을 자기 백성들에게 알려주었으며 어느 장소에서 지켜야 할지 경고해 주었습니다. 이 사실이 시리아 임금에게 드러나자 군대를 보내 예언자를 에워쌌습니다. 엘리사는 기도했고, 자신을 잡으러 온 모든 사람을 눈멀게 하여 포로가 되어 사마리아에 들어가게 했습니다.[13]

6. 이 한가로움을 다른 이들의 한가로움과 비교해 봅시다. 다른 이들은 쉬려는 의도로 일상 활동에서 영혼을 불러내곤 합니다. 사람들의 모임과 만남에서 벗어나 시골의 호젓함을 찾아 들판의 고독을 누리거나[14], 아니면 도시 안에서 마음을 비우고 고요함과 조용함에 자신을 내어주곤 합니다.[15] 그러나 엘리사는 고독 속에 요르단강을 둘로 나누어 그 사이를 지나가면서, 뒤쪽은 그대로 흐르게 하고 위쪽은 원천으로 돌아가게 했습니다.[16] 엘리사가 카르멜산에 있을 때는 불임의 여인이 출산의 어려움에서 벗어나 뜻밖의 임신으로 열매 맺게 합니다.[17] 그는 죽은 이들을 다시 살리기도 하고[18], 음식의 쓴맛을 완화하기도 하고, 밀가루를 섞음으로써 달달하게 만들기도 합니다.[19] 빵 열 개[20]를 나누어주고 남은 조각을 모아 백성이 배불리 먹기도

---

16 2열왕 2,13-14; 2,7-8 참조.

17 2열왕 4,8-17 참조.

18 2열왕 4,18-37 참조.

mersum profundo, misso in aquas ligno facit supernatare aut emundatione leprosum aut siccitatem imbribus aut famem mutat fecunditate.

7. Quando ergo iustus solus est qui cum Deo semper est? Quando solitarius est qui numquam separatur a Christo? "Quis nos separabit, inquit, a dilectione Christi? Confido quia neque mors neque uita neque angelus." Quando autem feriatur a negotio qui numquam feriatur a merito quo consummatur negotium? Quibus autem locis circumscribitur, cui totus mundus diuitiarum possessio est? Qua aestimatione definitur qui numquam opinione comprehenditur? Etenim quasi ignoratur et cognoscitur, quasi moritur et ecce uiuit, quasi tristis et semper laetior aut egenus et largus qui nihil habeat et possideat omnia. Nihil enim spectat uir iustus nisi quod constans et honestum est. Et ideo etiamsi alii uideatur pauper, sibi diues est qui non eorum quae caduca sed eorum quae aeterna sunt, aestimatione censetur.

---

19 2열왕 4,38-41 참조.
20 「성경」에는 스무 개다.
21 2열왕 4,42-44 참조.
22 2열왕 6,4-7 참조.
23 2열왕 5,1-19 참조.

합니다.[21] 쇠도끼가 떨어져 요르단강 깊은 곳에 가라앉자, 나뭇가지를 물에 던져 도끼를 떠오르게도 합니다.[22] 나병 환자를 깨끗하게 만들기도 하고[23], 가뭄을 비로, 기근을 풍요로 바꾸기도 합니다.[24]

7. 하느님과 늘 함께 있는 의인이 홀로일 때는 언제입니까? 그리스도에게서 결코 떨어지지 않는 사람이 고독할 때는 언제입니까? "누가 우리를 그리스도의 사랑에서 갈라놓겠습니까? 나는 확신합니다. 죽음도, 삶도, 천사도 떼어놓을 수 없습니다."[25]라고 합니다. 공로를 쌓는 일을 완수하기까지 결코 쉬는 법이 없는 그는 언제 일에서 벗어나 쉽니까? 온 세상 부를 지닌 그를 어떤 장소에 가두어두겠습니까?[26] 어떤 생각으로도 이해되지 않는 그를 어떤 평가로 정의하겠습니까? 그는 무시당하는 듯하지만 인정받고, 죽은 듯하지만 이렇듯 살아 있으며, 슬픈 듯하지만 언제나 더 기쁩니다. 아무것도 가지지 않았으나 모든 것을 소유한 그는 가난하고도 너그럽습니다.[27] 의로운 사람은 영속적이며 올바른 것 말고는 아무것도 바라지 않습니다. 그런 까닭에 그는 다른 사람에게는 가난해 보이지만 자신에게는 부유합니다. 그는 덧없는 것들이 아니라 영원한 것들의 잣대로 평가하기 때문입니다.[28]

---

24 암브로시우스는 엘리야와 엘리사의 일화를 혼동한 듯하다. 2열왕 6,24-7,20; 17,1-18,46 참조.
25 로마 8,35.38 참조.
26 『성직자의 의무』 2,14,66 참조.
27 2코린 6,9-10 참조.
28 2코린 4,18 참조.

8. Et quoniam de duobus superioribus locis diximus in quibus honestum illud et utile tractauimus, sequitur utrum honestatem et utilitatem inter se comparare debeamus et quaerere quid sit sequendum. Sicut enim supra tractauimus utrum honestum illud an turpe esset, et secundo loco utrum utile an inutile, similiter hoc loco utrum honestum sit an utile nonnulli requirendum putant.

9. Nos autem mouemur ne haec inter se uelut compugnantia inducere uideamur quae iam supra unum esse ostendimus: nec honestum esse posse nisi quod utile, nec utile nisi quod honestum, quia non sequimur sapientiam carnis apud quam utilitas pecuniariae istius commoditatis pluris habetur sed sapientiam quae ex Deo est, apud quam ea quae in hoc saeculo magna aestimantur, pro detrimento habentur.

10. Hoc est enim κατόρθωμα quod perfectum et absolutum officium est; a uero uirtutis fonte proficiscitur. Cui secundum est commune officium quod ipso sermone significatur non esse arduae uirtutis ac singularis, quod potest plurimis esse commune. Nam pecuniae compendia captare familiare multis, elegantiore conuiuio et suauioribus delectari epulis usitatum est; ieiunare au-

---

29 키케로, 『의무론』 3,2,7 참조.
30 『성직자의 의무』 2,6,23-2,7,28; 키케로, 『의무론』 3,3,11 참조.
31 필리 3,7-8 참조.

제2장 올바름과 이로움의 원칙

8. 올바른 것과 이로운 것을 다룬 앞의 두 가지 주제에 관해 이야기했으니, 올바름과 이로움을 서로 비교하여 어떤 것을 따라야 하는지 이어서 살펴봅시다. 무엇이 올바른지 아니면 추악한지 앞에서 다루었고, 두 번째로 어떤 것이 이로운지 아니면 이롭지 않은지 살펴보았으니, 여기서도 같은 방식으로 어떤 것이 올바른지 아니면 이로운지 살펴보아야 한다고 생각하는 몇몇 사람들이 있습니다.[29]

9. 그러나 우리는 이미 앞에서 똑같다고 밝혔던 것이 서로 충돌하는 것처럼 비칠까 염려스럽습니다. 이롭지 않은 것이라면 올바를 수 없고, 올바르지 않은 것이라면 이로울 수 없다고 앞에서 밝힌 바 있습니다.[30] 우리는 금전적 이익을 더 유익한 것으로 받아들이는 육의 지혜를 따르지 않고, 하느님에게서 오는 지혜를 따릅니다. 그 지혜 앞에서는 이 세속에서 위대하다고 평가받는 것들이 손실로 여겨집니다.[31]

10. 이것이 카토르토마(κατόρθωμα), 곧 완전하고 절대적인 의무(perfectum et absolutum officium)입니다.[32] 이것은 덕의 참된 원천에서 비롯합니다. 그 다음에 평범한 의무(medium officium)가 있습니다. 말마디 자체가 의미하듯, 많은 이에게 공통적일 수 있으므로 어렵고 유별난 덕이 아닙니다. 돈의 이익을 챙기는 일은 많은 이에게 친숙하고, 더 멋들어진 식사와 더 달콤한 잔치를 즐기는 일은 흔합니다. 그러나 단식하고 절제하는 것은 소수

---

32 『성직자의 의무』 1,3,8; 1,11,37 참조.

tem et continentem esse paucorum est, alieni cupidum non esse, rarum; contra autem detrahere uelle alteri et non esse contentum suo, nam in hoc cum plerisque consortium est. Alia igitur prima, alia media officia; prima cum paucis, media cum pluribus.

11. Denique in iisdem uerbis frequenter discretio est. Aliter enim bonum Deum dicimus, aliter hominem; aliter iustum Deum appellamus, aliter hominem. Similiter et sapientem Deum aliter dicimus, aliter hominem. Quod et in Euangelio docemur: "Estote ergo et uos perfecti sicut et pater uester qui in caelis est, perfectus est." Ipsum Paulum lego perfectum et non perfectum. Nam cum dixisset: "Non quod iam acceperim aut iam perfectus sim, sequor autem si comprehendam", statim subiecit: "Quicumque enim perfecti sumus." Duplex enim forma perfectionis: alia medios, alia plenos numeros habens; alia hic, alia ibi; alia secundum hominis possibilitatem, alia secundum perfectionem futuri. Deus autem iustus per omnia, sapiens super omnia, perfectus in omnibus.

---

33 완전한 의무(perfectum officium)와 평범한 의무(medium officium)에 관한 암브로시우스의 해석은 『성직자의 의무』 1,11,37; 키케로, 『의무론』 1,2,7-1,3,8 참조.
34 키케로, 『의무론』 3,2,14-3,3,15 참조.
35 마태 5,48 참조.
36 필리 3,12 참조.
37 필리 3,15 참조.
38 키케로, 『의무론』 3,3,14 참조.

의 몫이며, 다른 사람들의 것을 탐내지 않는 것은 드문 일입니다. 반대로, 다른 사람의 재산을 빼앗으려 하고, 자기 것으로 만족하지 않으려는 경우는 흔합니다. 이 점에서만큼은 많은 사람이 공동 운명체입니다. 그러므로 첫째 의무가 다르고, 평범한 의무가 다릅니다.[33] 첫째 의무는 적은 이들과 함께 지니고, 평범한 의무는 많은 이들과 함께 지니고 있습니다.[34]

11. 같은 낱말에도 종종 차이가 있습니다. 하느님께서 선하시다는 말이 다르고, 사람이 선하다는 말이 다릅니다. 하느님을 의로우시다고 일컫는 것이 다르고, 인간을 의롭다고 일컫는 것이 다릅니다. 이와 비슷하게, 하느님을 지혜로우시다고 말하는 것이 다르고, 인간을 지혜롭다고 하는 것이 다릅니다. 이는 복음에서 배우는 바이기도 합니다. "하늘의 너희 아버지께서 완전하신 것처럼 너희도 완전해야 한다."[35] 나는 바오로 자신이 완전하면서도 완전하지 않았다고 읽습니다. 바오로는 "나는 이미 그것을 얻은 것도 아니고 이미 완전하지도 않습니다. 나는 붙잡으려고 뒤쫓아 갈 따름입니다."[36]라고 말하면서, "우리는 누구나 완전합니다."[37]라고 바로 덧붙이고 있기 때문입니다. 완전함의 형식은 이중적입니다. 하나는 평범한 기준을 지니고 있고, 다른 하나는 완전한 기준을 지니고 있습니다.[38] 하나는 이 세상에 관한 것이고, 다른 하나는 저세상에 관련된 것입니다. 하나는 인간의 가능성에 따른 것이고, 다른 하나는 미래의 완성에 따른 것입니다. 그러나 하느님께서는 모든 일에서 의로우시고, 모든 것에 관해 지혜로우시며, 모든 것에서 완전하십니다.

12. Inter ipsos quoque homines distantia est. Aliter Daniel sapiens de quo dictum est: "Quis Daniele sapientior?" Aliter alii sapientes, aliter Salomon qui repletus est sapientia super omnem sapientiam antiquorum et super omnes sapientes Aegypti. Aliud est enim communiter sapere, aliud sapere perfecte. Qui communiter sapit, pro temporalibus sapit, pro se sapit ut alteri detrahat aliquid, et sibi adiungat. Qui perfecte sapit, nescit sua spectare commoda sed aliud quod aeternum est, quod decorum atque honestum, toto adfectu intendit quaerens non quod sibi utile est sed quod omnibus.

13. Itaque haec sit formula ut inter duo illa, honestum atque utile, errare nequeamus eo quod iustus nihil alteri detrahendum putet nec alterius incommodo suum commodum augere uelit. Hanc formam tibi praescribit apostolus dicens: "Omnia licent sed non omnia expediunt, omnia licent sed non omnia aedificant. Nemo quod suum est quaerat sed quod alterius", hoc est nemo commodum suum quaerat sed alterius, nemo honorem suum quaerat sed alterius. Vnde et alibi dicit: "Alter alterum existimantes superiorem sibi, non

---

39 에제 28,3 참조.
40 1열왕 5,9-10 참조.
41 키케로, 『의무론』 3,3,16 참조.
42 키케로, 『의무론』 3,4,18 참조.
43 키케로, 『의무론』 3,4,19 참조.

12. 인간들 사이에도 차이가 있습니다. 다니엘은 다른 의미에서 지혜로웠는데, 그에 관한 이런 말이 있습니다. "누가 다니엘보다 더 지혜로운가?"[39] 다른 이들은 다른 의미에서 지혜로웠고, 솔로몬은 또 다른 의미에서 지혜로웠습니다. 그는 옛사람들의 모든 지혜보다 뛰어난 지혜로 충만했고, 이집트의 모든 현자보다 빼어난 지혜로 가득했습니다.[40] 평범하게 지혜로운 것과 완전하게 지혜로운 것은 다릅니다.[41] 평범하게 지혜로운 사람은 일시적인 것을 위해 지혜롭습니다. 그는 다른 사람에게서 무언가를 가져와서 자기에게 더하는 까닭에, 자신을 위해 지혜롭습니다. 완전히 지혜로운 사람은 자신의 이익을 살필 줄 모릅니다. 오히려 그는 자신에게 이로운 것이 아니라 모두에게 이로운 것을 추구하면서, 영원한 것, 어울리고 올바른 것을 온 마음으로 지향합니다.[42]

13. 올바름과 이로움 두 가지 사이에서 갈팡질팡하지 않으려면 이러한 원칙이 있어야 합니다.[43] 의로운 사람은 다른 사람의 어떤 것도 빼앗겠다는 생각을 하지 말아야 합니다. 다른 사람의 불편함으로 자신의 편의를 늘리려고 해서도 안 됩니다.[44] 이것이 사도가 그대에게 정해주는 원리입니다. "모든 것이 허용되지만, 모든 것이 유익하지는 않습니다. 모든 것이 허용되지만, 모든 것이 건설적이지는 않습니다. 아무도 자기 것을 찾지 말고 남의 것을 찾으십시오."[45] 곧, 아무도 자기 편의를 찾지 말고 남의 편의를 찾으며, 아무도 자기 명예를 찾지 말고 남의 명예를 찾으라는 말입니다. 다른 곳에서는 이렇게 말합니다. "서로 남을 자기보다 낫게 여기십시오.

---

44 키케로, 『의무론』 3,5,21 참조.
45 1코린 10,23-24 참조.

quae sua sunt singuli cogitantes sed quae aliorum."

14. Nemo etiam suam gratiam quaerat, nemo suam laudem, sed alterius. Quod euidenter etiam in Prouerbiis declaratum esse aduertimus, dicente sancto per Salomonem Spiritu: "Fili, si sapiens fueris, tibi sapiens eris et proximis; si autem malus euaseris, solus hauries mala." Sapiens enim aliis consulit, sicut iustus quando quidem consors sui est utriusque forma uirtutis.

3

15. Si quis igitur uult placere omnibus, per omnia quaerat non quod sibi utile sed quod multis sicut quaerebat et Paulus. Hoc est enim conformari Christo, alienum non quaerere, nihil alteri detrahere ut acquirat sibi. Christus enim Dominus cum esset in Dei forma, exinaniuit se ut formam susciperet hominis quam operum suorum locupletaret uirtutibus. Tu ergo spolias quem Christus induit! Tu exuis quem uestiuit Christus! Hoc enim agis quando alterius detrimento tua commoda augere expetis.

---

46 필리 2,3-4 참조.
47 잠언 9,12 참조.
48 「성직자의 의무」 3,3,13 참조.
49 키케로, 「의무론」 3,5,21 참조.
50 필리 2,6-7 참조.

저마다 자기 것을 생각하지 말고 남의 것을 생각하십시오."[46]

14. 아무도 자신의 평판을 구해서도 안 되고, 아무도 자신의 영광을 추구해서도 안 되며, 남의 영광을 추구해야 합니다. 성령께서 솔로몬을 통해 말씀하시는 잠언에도 분명히 선포되어 있다는 사실을 알아야 합니다. "아들아, 네가 지혜롭다면 너와 이웃을 위해 지혜로울 것이다. 그러나 네가 악해진다면, 그 악을 너 홀로 감당하게 될 것이다."[47] 지혜로운 사람은 다른 이들을 생각하고, 의로운 이도 그러합니다. 왜냐하면 두 덕의 원리가 같기 때문입니다.

제3장 인간다움

15. 모든 이를 기쁘게 하려는 사람은, 모든 일에서 자기에게만 이로운 것이 아니라 많은 이들을 이롭게 하는 길을 찾아야 합니다. 바오로가 그런 길을 추구했듯이 말입니다.[48] 이것이 그리스도와 일치하는 길입니다. 남의 것을 좇지도 않고, 남의 것 그 무엇도 제 것으로 차지하기 위해 빼앗지 않는 것입니다.[49] 주 그리스도께서는 하느님의 형상으로 계셨으나 인간의 형상을 받아들이시기 위해 당신을 비우셨고, 당신 덕행으로 인간의 형상을 풍요롭게 하셨습니다.[50] 그리스도께서 입혀주신 사람을 그대가 발가벗기고 빼앗고 있습니다! 그리스도께서 덮어주신 사람을 그대가 벗기고 있습니다! 다른 사람의 손실로 그대의 이익을 불리려고 할 때, 그대는 이런 짓을 하는 것입니다.

16. Considera, homo, unde nomen sumpseris: ab humo utique quae nihil cuiquam eripit sed omnia largitur omnibus, et diuersos in usum omnium animantium fructus ministrat. Inde appellata humanitas specialis et domestica uirtus hominis quae consortem adiuuet.

17. Ipsa te doceat forma tui corporis membrorumque usus. Numquid membrum tuum alterius membri officia sibi uindicat ut oculus officium oris aut os oculi officium sibi uindicat, ut manus pedum ministerium aut pes manuum? Quin etiam ipsae manus dextera ac sinistra dispertita habent officia pleraque ut si usum commutes utriusque, aduersum naturam sit priusque totum hominem exuas quam membrorum tuorum ministeria conuertas, si aut de sinistra cibum suggeras aut de dextera fungaris ministerio sinistrae ut reliquias ciborum abluat nisi forte poscat necessitas.

18. Finge hanc et da oculo uirtutem ut possit detrahere sensum capiti, auditum auribus, menti cogitationes, odoratum naribus, ori saporem, et sibi conferat; nonne omnem statum dissoluet naturae? Vnde pulchre apostolus ait: "Si totum corpus oculus, ubi auditus? Si totum auditus, ubi odoratus?" Omnes

---

51 이시도루스, 『어원』 1,29,3; 11,1,4; 테르툴리아누스, 『마르키온 반박』 5,10; 『호교론』 18,2; 락탄티우스, 『거룩한 가르침』 2,10,3 참조.

52 '똑같은 본성을 지닌 존재' 또는 '자연의 공동 상속자'를 일컫는 'consors naturae'에 관한 설명은 『성직자의 의무』 1,11,38과 각주 참조.

16. 인간(homo)이라는 말을 어디서 얻었는지 생각해 보십시오. 이 말은 흙(humus)에서 나왔습니다.[51] 흙은 누구에게서도 아무것도 빼앗아가지 않고, 모든 이에게 모든 것을 베풀어줍니다. 자신의 다양한 열매를 모든 생물이 사용하도록 봉사합니다. 그래서 똑같은 본성을 지닌 존재[52]를 돕는 인간의 특별하고 고유한 덕이 인간애(humanitas)라고 불립니다.

17. 그대 육신의 형상과 지체의 역할이 그대에게 이를 가르쳐주기 바랍니다. 그대의 지체 하나가 다른 지체의 임무를 제 것이라고 내세울 수 있습니까? 눈이 입의 임무를, 아니면 입이 눈의 임무를 제 몫으로 내세우거나, 손이 발의 봉사나 발이 손의 봉사를 제 것이라 내세울 수 있습니까?[53] 오른손과 왼손만 해도 서로 구분된 많은 임무를 지니고 있기에, 둘의 역할을 바꾸면 자연을 거스르게 됩니다. 실제로 그대의 지체가 수행하는 역할을 바꾸려거든 그 전에 인간을 통째 벗어던져야 할 것입니다. 예컨대 왼손으로 음식을 먹거나 오른손으로 왼손의 역할을 한다면, 필요한 경우를 제외하고는 남은 음식도 설거지해야 할 것입니다.[54]

18. 머리에서 감각을, 귀에서 청각을, 정신에서 인식을, 코에서 후각을, 입에서 미각을 없애고 이 모든 능력을 눈에게 줄 수 있다고 상상해 보십시오. 자연의 질서 전체를 파괴하는 것이 아닙니까?[55] 사도가 이렇게 멋지게 말합니다. "온몸이 눈이라면 듣는 일은 어디서 하겠습니까? 온몸이 듣는 것

---

53 키케로, 『의무론』 3,5,22 참조.
54 고대 사회의 식사 예법에서는 밥 먹는 오른손과 볼일 보는 왼손의 역할이 엄격하게 구분되어 있었다. M. Testard, *Les Devoirs*, vol. 2, 201 참조.
55 키케로, 『의무론』 3,5,22 참조.

ergo unum corpus sumus et diuersa membra sed omnia corpori necessaria; non enim potest membrum de membro dicere: Non est mihi necessarium. Quin etiam ipsa quae uidentur infirmiora membra esse, multo magis necessaria sunt et maiorem plerumque tuendi se requirunt sollicitudinem. Et si cui dolet membrum unum, compatiuntur ei membra omnia.

19. Vnde quam graue est ut detrahamus aliquid ei cui nos compati oportet, et cui debemus consortium ministerii, ei fraudi et noxae simus. Haec utique lex naturae est quae nos ad omnem stringit humanitatem ut alter alteri tamquam unius partes corporis inuicem deferamus. Nec detrahendum quidquam putemus cum contra naturae legem sit non iuuare. Sic enim nascimur ut consentiant membra membris et alterum alteri adhaereat et obsequantur sibi mutuo ministerio. Quod si unum desit officio suo, impediantur cetera; quod si eruat oculum manus, nonne sibi operis sui usum negauit? Si pedem uulneret, quantorum sibi actuum profectum inuiderit? Et quanto grauius est totum hominem quam unum membrum detrahi! Iam si in uno membro totum corpus uiolatur, utique in uno homine communio totius humanitatis soluitur: uiolatur natura generis humani et sanctae Ecclesiae congregatio quae in unum connexum corpus atque compactum unitate fidei et caritatis adsurgit; Christus quoque

---

56 1코린 12,17 참조.
57 1코린 12,20 참조.
58 1코린 12,26 참조.

뿐이면 냄새 맡는 일은 어디에서 하겠습니까?"[56] 그러므로 우리 모두 한 몸이지만 서로 다른 지체들입니다.[57] 그러나 모든 지체가 몸에 필요합니다. 한 지체가 다른 지체에 관해서 '나에게 필요치 않아.'라고 말할 수 없기 때문입니다. 더 약해 보이는 지체가 훨씬 더 필요하며, 보호하기 위한 더 크고 많은 정성을 요구합니다. 한 지체가 고통을 겪으면, 다른 모든 지체도 그와 함께 고통을 겪습니다.[58]

19. 우리가 함께 아파해 주어야 할[59] 사람에게 무언가를 빼앗는 것이 얼마나 심각한 일입니까. 우리가 봉사의 공동 임무를 다해야 하는 그 사람에게 거짓스럽고 해로운 존재가 되는 것도 얼마나 심각한 문제입니까. 이것이 바로 자연법이고, 이 법이 우리를 모든 인류와 묶어주므로, 한 몸의 지체들인 우리는 서로 존중해야 합니다. 무엇이든 빼앗을 생각을 해서는 안 됩니다. 돕지 않는 것은 자연법을 거스르는 일이기 때문입니다. 우리는 다른 지체들과 조화를 이루는 지체로 태어나며, 저마다 다른 이에게 붙어 있고, 서로 주고받는 봉사로 돌보아줍니다. 한 지체가 자기 의무를 소홀히 하면, 다른 지체들이 장애를 겪습니다. 손이 눈을 빼버리면, 눈의 역할을 스스로 부정하는 것이 아니겠습니까? 발에 상처를 입힌다면, 얼마나 많은 온전한 활동을 방해하는 것입니까? 지체 하나를 빼앗는 것보다 사람 전체를 빼앗는 것은 얼마나 더 심각합니까! 한 지체 안에서 이미 온몸이 상처를 입는다면, 한 사람 안에서는 온 인류의 친교가 무너지는 것입니다.[60] 인류의 본성과 거룩한 교회 공동체가 폭행당하는 것입니다. 교회는 믿음과 사랑의

---

59 '함께 아파하다'(compati)라는 단어의 명사형 compassio는 '함께 아파하기', '연대', '연민', '측은지심(惻隱之心)' 등으로 번역할 수 있다.

60 키케로, 『의무론』 3,5,22-23 참조.

Dominus, qui pro uniuersis mortuus est, mercedem sanguinis sui euacuatam dolebit.

20. Quid quod etiam lex Domini hanc formam tenendam edocet ut nihil alteri detrahas tui commodi seruandi gratia, cum dicit: "Non transferas terminos quos statuerunt patres tui", cum uitulum errantem fratris tui reducendum praecipit, cum furem mori iubet, cum uetat mercenarium debita mercede fraudari, cum pecuniam sine usuris reddendam censuit. Subuenire enim non habenti humanitatis est, duritiae autem plus extorquere quam dederis. Etenim si ideo tuo auxilio erit opus quia non habuit unde de suo redderet, nonne impium est ut sub humanitatis simulatione amplius ab eo poscas qui non habebat unde minus solueret? Absoluis igitur alteri debitorem ut condemnes tibi, et hanc humanitatem uocas ubi est iniquitatis auctio?

---

61 에페 4,13.15-16 참조.
62 2코린 14-15 참조.
63 키케로, 『의무론』 3,5,23-24 참조.
64 잠언 22,28 참조.
65 탈출 23,4 참조.

일치로 서로 연결되고 맺어진 한 몸으로 우뚝 서 있기 때문입니다.[61] 모든 이를 위해 돌아가신 주 그리스도께서도 당신 피의 공로가 헛일이 되는 것을 아파하실 것입니다.[62]

20. 주님의 법도 자신의 이익을 챙기기 위해 다른 사람에게서 아무것도 빼앗지 말라[63]는 이 원칙을 지키라고 가르치면서 이렇게 말합니다. "네 선조들이 만들어놓은 경계석을 옮기지 마라."[64] 그 법은 그대 형제의 소가 길을 잃고 돌아다니는 것을 보면 되돌려보내야 한다고 규정합니다.[65] 도둑은 죽음을 당해야 한다고 명령합니다.[66] 마땅히 주어야 할 품삯으로 품팔이 노동자를 속이는 것을 금지합니다.[67] 돈은 이자 없이 돌려받아야 한다고 선언합니다.[68] 살아갈 방도가 없는 이를 돕는 것은 인간다운 행동입니다. 그러나 그대가 준 것보다 더 많은 것을 갈취하는 것은 몰인정한 행동입니다. 어떤 사람이 스스로 빚을 갚을 만큼 가지고 있지 않아서 그대의 도움이 필요했다면, 더 적은 것조차 갚을 돈도 지니고 있지 않은 그에게 그대가 인간애의 가면을 쓰고 더 많은 돈을 요구하는 것은 사악한 짓이 아닙니까? 그대가 빚쟁이를 다른 사람[채권자]에게서 풀어주는 까닭은 그대에게 변상케하려는 것입니다.[69] 그런데도 그대는 불의의 경매가 벌어지는 곳에서 인간애를 말합니까?

---

66 탈출기 22,1-9에 나오는 도둑질에 대한 처벌 규정은 사형이 아니라 배상이다.

67 레위 19,13; 신명 24,14-15 참조.

68 탈출 22,24; 신명 23,20-21 참조. 이자놀이의 죄악성에 관해서는 암브로시우스, 『토빗 이야기』 참조.

69 키케로, 『베레스 반박』 2,2,22 참조.

21. Hoc praestamus ceteris animantibus quod alia genera animantium conferre aliquid nesciunt: ferae autem eripiunt, homines tribuunt. Vnde et psalmista ait: "Iustus miseretur et tribuit." Sunt tamen quibus et ferae conferant siquidem collatione sobolem suam nutriunt et aues cibo suo pullos satiant suos; homini autem soli tributum est ut omnes tamquam suos pascat. Debet istud ipso naturae iure. Quod si non licet non dare, quomodo detrahere licet? Nec ipsae leges nos docent? Ea quae detracta sunt alicui cum iniuria personae aut rei ipsius, cumulo restitui iubent quo furem a detrahendo aut poena deterreat aut multa reuocet.

22. Pone tamen quod aliquis possit aut poenam non timere aut multae illudere, numquid dignum est ut aliqui alteri detrahant? Seruile hoc uitium et familiare ultimae conditioni, adeo contra naturam ut inopia magis hoc extorquere uideatur quam natura suadere. Seruorum tamen occulta furta, diuitum rapinae publicae.

23. Quid autem tam contra naturam quam uiolare alterum tui commodi causa cum pro omnibus excubandum, subeundas molestias, suscipiendum laborem

---

70 시편 36,21 참조.
71 키케로, 『의무론』 3,5,23 참조.

21. 이런 면에서 우리는 다른 생물보다 뛰어납니다. 다른 생물 종(種)들은 무언가를 베풀 줄 모르기 때문입니다. 짐승은 **빼앗지만**, 인간은 베풉니다. 그래서 시편 저자도 이렇게 말합니다. "의인은 불쌍히 여기고 베풀어준다."[70] 물론 짐승도 베풀어주는 대상이 있기는 합니다. 왜냐하면 짐승도 모아온 것으로 제 어린 것을 먹이고, 새들도 자기 음식으로 자기 새끼들을 배불리기 때문입니다. 그러나 마치 자기 자식처럼 모든 이를 먹이려는 본성은 오직 인간에게만 주어졌습니다. 자연법 자체로 마땅히 이러해야 합니다. 주지 않는 것이 허용되지 않는다면, 어떻게 **빼앗는** 것이 허용되겠습니까? 법 자체가 우리를 이렇게 가르치지 않습니까?[71] 사람이나 그의 사물에 불법을 저질러 다른 이에게서 **빼앗은** 것들은 보상을 덧붙여 돌려주어야 한다고 명합니다.[72] 그리하여 도둑이 **빼앗아가지** 못하도록 벌을 주거나 벌금을 부과하도록 한 것입니다.

22. 어떤 이가 벌도 두려워하지 않고 벌금도 비웃을 수 있다고 한들, 다른 사람들에게 무언가를 **빼앗는** 것이 정당한 일입니까? 이 악습은 노예적이며, 최악의 조건을 지닌 이들에게 익숙한 것입니다. [도둑질이란] 본성이 권유한다기보다 가난이 졸라대는 것처럼 보이지만, 사실은 본성을 거스르는 것입니다.[73] 종들의 도둑질은 은밀하지만, 부자들의 갈취는 공공연합니다.

23. 자신의 이익을 위해 다른 사람에게 폭력을 저지르는 것만큼 본성을 거스르는 것이 무엇이겠습니까? 타고난 사랑은 모든 이를 위해 깨어 지내고

---

72 아우구스티누스, 『신국론』 21,11 참조.
73 키케로, 『의무론』 3,5,21-22 참조.

naturalis adfectus persuadeat et gloriosum unicuique ducatur si periculis pro-
priis quaerat uniuersorum tranquillitatem multumque sibi unusquisque arbi-
tretur gratius excidia patriae repulisse quam propria pericula praestantiusque
esse existimet quod operam suam patriae impenderit quam si in otio positus
tranquillam uitam uoluptatum copiis functus egisset?

4

24. Hinc ergo colligitur quod homo qui secundum naturae formatus est di-
rectionem, ut oboediat sibi, nocere non possit alteri; quod, si qui nocet, na-
turam uiolet; neque tantum esse commodi quod adipisci sese putet quantum
incommodi quod ex eo sibi accidat. Quae enim poena grauior quam interioris
uulnus conscientiae? Quod seuerius iudicium quam domesticum quo unus-
quisque sibi est reus seque ipse arguit quod iniuriam fratri indigne fecerit?
Quod non mediocriter Scriptura commendat dicens: "Ex ore stultorum bacu-
lum contumeliae." Stultitia igitur condemnatur quia contumeliam facit. Non-
ne hoc magis fugiendum quam mors quam dispendium quam inopia quam
exsilium, debilitatis dolor? Quis enim uitium corporis aut patrimonii damnum
non leuius ducat uitio animi et existimationis dispendio.

---

74 키케로, 「의무론」 3,5,21-22 참조.
75 키케로, 「의무론」 3,5,25 참조.
76 키케로, 「의무론」 3,5,25 참조.
77 키케로, 「의무론」 3,5,26 참조.

괴로움을 견뎌내며 노고를 감수하도록 재촉합니다.[74] 어떤 사람이 모든 이의 평안을 추구하기 위해 개인의 위험을 무릅쓸 때 누구나 영예로운 일이라고 여깁니다. 개인적 위험을 물리치는 것보다 나라의 파멸을 물리치는 것이 훨씬 더 가치 있다고 누구나 판단합니다. 쾌락에 흠뻑 빠져 한가롭게 안락한 삶을 누리기보다 자기 나라를 위해 일하는 것이 더 훌륭하다고 평가합니다.[75]

제4장 공동선

24. 이 모든 것에서 결론을 내리자면, 자연 규범에 따라 형성된 인간은 자기 본성에 순종해야 하고, 다른 사람을 해칠 수 없다는 것입니다.[76] 그러니, [이웃에게] 해를 끼치는 사람은 본성을 훼손하는 것이며, 자신이 얻었다고 생각하는 이익은 그것 때문에 자신에게 벌어진 불이익보다 크지 않습니다.[77] 내적 양심의 상처보다 더 심한 벌이 무엇이겠습니까? 내적 심판보다 더 혹독한 것이 무엇이겠습니까? 저마다 스스로 피고인이 되어 형제에게 부당하게 불의를 저질렀음을 폭로하기 때문입니다. 성경은 이렇게 지적합니다. "미련한 자들의 입에서는 무례함의 몽둥이가 나온다."[78] 어리석음은 무례를 저지르기 때문에 단죄받습니다. 죽음이나 상실, 가난이나 유배, 허약함의 고통보다 더 힘껏 피해야 할 것은 바로 이 어리석음이 아니겠습니까?[79] 육신의 결함이나 재산의 손실을 영혼의 악습과 명예의 손상보다 더 가볍지 않게 여길 사람이 누구이겠습니까?[80]

---

78 잠언 14,3 참조.
79 키케로, 『의무론』 3,5,24 참조.
80 키케로, 『의무론』 3,5,26 참조.

25. Liquet igitur id exspectandum et tenendum omnibus quod eadem singulorum sit utilitas quae sit uniuersorum, nihilque iudicandum utile nisi quod in commune prosit. Quomodo enim potest uni prodesse? Quod inutile sit omnibus, nocet. Mihi certe non uidetur qui inutilis est omnibus, sibi utilis esse posse. Etenim si una lex naturae omnibus, una utique utilitas uniuersorum, ad consulendum utique omnibus naturae lege constringimur. Non est ergo eius qui consultum uelit alteri secundum naturam, nocere ei aduersum legem naturae.

26. Etenim hi qui in stadium currunt, ita feruntur praeceptis informari atque instrui ut unusquisque celeritate non fraude contendat cursuque, quantum potest, ad uictoriam properet, supplantare autem alterum aut manu deicere non ausit. Quanto magis in hoc cursu uitae istius sine fraude alterius et circumscriptione gerenda nobis uictoria est?

27. Quaerunt aliqui si sapiens in naufragio positus insipienti naufrago tabulam extorquere possit, utrum debeat? Mihi quidem, etsi praestabilius communi uideatur usui sapientem de naufragio quam insipientem euadere, tamen

---

81 키케로, 『의무론』 3,6,26 참조.
82 키케로, 『의무론』 3,6,27 참조.
83 1코린 9,24 참조.
84 키케로, 『의무론』 3,10,42 참조.

25. 분명 모든 이가 바라고 지녀야 하는 바는 이러합니다. 개인의 이로움이 모든 이의 이로움과 같으며, 공동에게 도움이 되지 않는 것은 그 무엇도 이롭다고 여기지 말아야 한다는 것입니다.[81] 한 사람에게만 도움이 되는 것이 어찌 이로울 수 있겠습니까? 모든 이에게 이롭지 않은 것은 해를 끼치는 것입니다. 내 생각에, 모두에게 이롭지 않은 사람은 자신에게도 이로울 수 없다는 것이 확실합니다. 모두를 위한 하나의 자연법이 있다면, 그것은 분명 모든 이의 이로움입니다. 우리는 분명 모든 이를 보살펴야 하는 자연법에 매여 있습니다. 본성에 따라 다른 사람을 배려하고 싶어 하는 사람이 자연법을 거슬러 다른 사람에게 해를 끼친다는 것은 그의 몫일 수 없습니다.[82]

26. 경기장에서 달리는 사람들은[83] 저마다 속임수가 아니라 속력으로 달려서 경쟁해야 하며, 할 수 있는 만큼 승리를 향해 달음질쳐야지, 다른 사람을 걸어 넘어뜨리거나 손으로 밀칠 생각을 해서는 안 된다는 규칙을 전해 받고 교육받는다고 합니다. 현세 삶의 경주에서 우리는 다른 사람들을 속이거나 기만하지 않고 승리를 거두기 위해 얼마나 더 힘써야 하겠습니까?[84]

27. 어떤 이들은, 지혜로운 사람이 난파당했을 때 난파당한 어리석은 사람에게서 널빤지를 **빼앗을** 수 있는 위치에 있다면 그렇게 해야 하는지 묻습니다.[85] 내 생각은 이러합니다. 난파된 상태에서 어리석은 사람보다는 지혜로운 사람이 벗어나는 것이 공동의 유익에 더 나은 것처럼 보일지라도, 의

---

85 키케로, 『의무론』, 3,23,89-90; 『국가』 3,20,30; 락탄티우스, 『거룩한 가르침』 5,17,9; 5,17,10-34 참조.

non uidetur quod uir christianus et iustus et sapiens quaerere sibi uitam aliena morte debeat; utpote qui, etiam si latronem armatum incidat, ferientem referire non possit ne dum salutem defendit, pietatem contaminet. De quo in Euangelii libris aperta et euidens sententia est: "Reconde gladium tuum: omnis enim qui gladio percusserit, gladio ferietur." Quis latro detestabilior quam persecutor qui uenerat ut Christum occideret? Sed noluit se Christus persecutorum defendi uulnere qui uoluit suo uulnere omnes sanare.

28. Cur enim te potiorem altero iudices cum uiri sit christiani praeferre sibi alterum, nihil sibi adrogare, nullum sibi honorem adsumere, non uindicare meriti sui pretium? Deinde cur non potius tolerare incommodum quam alienum commodum diripere adsuescas? Quid tam aduersus naturam quam non esse contentum eo quod habeas, aliena quaerere, ambire turpiter? Nam si honestas secundum naturam — omnia enim Deus fecit bona ualde — turpitudo utique contraria est. Non potest ergo honestati conuenire et turpitudini cum haec inter se discreta naturae lege sint.

롭고 지혜로운 그리스도인은 다른 사람의 죽음을 대가로 자기 목숨을 구하려고 해서는 안 됩니다. 그리스도인은 무장 강도를 맞닥뜨릴 경우에도 때리는 사람을 맞받아칠 수 없습니다. 안전을 지키느라 신심을 망가뜨려서는 안 되기 때문입니다. 이에 관해서는 복음서에 명쾌하고 분명한 말씀이 있습니다. "네 칼을 거두어라. 칼을 휘두르는 자는 모두 칼로 망한다."[86] 그리스도를 죽이러 온 박해자보다 더 혐오스러운 강도가 누구입니까? 그러나 그리스도께서는 당신을 지키느라 박해자들에게 상처 입히기를 원치 않으셨습니다. 그분의 바람은 당신의 상처로 모든 이를 낫게 하는 것이었습니다.[87]

28. 그대는 왜 그대를 다른 사람보다 더 낫다고 여깁니까? 그리스도인은 다른 사람을 자기보다 앞세우고[88], 결코 자만하지 않으며, 자신에게 어떤 영광도 돌리지 않고, 자신의 공로에 보상을 주장하지 않는 사람입니다.[89] 그대는 왜 다른 사람의 이익을 빼앗기보다 오히려 손실을 견디는 데 더 친숙하지 않습니까? 가진 것에 만족하지 못하고 다른 사람의 것을 좇아다니며 추악하게 탐내는 것만큼 본성을 거스르는 것이 무엇입니까?[90] 하느님께서는 모든 것을 매우 선하게 만드셨기 때문에[91], 올바름이 본성에 어울리는 것이라면, 추악함은 분명 본성을 거스르는 것입니다. 올바름과 추악함은 어울릴 수 없습니다. 이들은 자연법에 따라 서로 구별되기 때문입니다.

---

86 마태 26,52 참조.
87 이사 53,4-5 참조.
88 필리 2,2-4 참조.
89 키케로, 『의무론』 3,6,31 참조.
90 키케로, 『의무론』 1,21,70 참조.
91 창세 1,31 참조.

29. Sed iam ut etiam in hoc libro ponamus fastigium in quo uelut in fine disputationis nostrae dirigamus sententiam: ut nihil expetendum sit nisi quod honestum. Nihil agit sapiens nisi quod cum sinceritate, sine fraude sit; neque quidquam facit in quo se crimine quoquam obliget etiamsi latere possit. Sibi enim est reus priusquam ceteris nec tam pudenda apud eum publicatio flagitii quam conscientia est. Quod non fictis fabulis, ut philosophi disputabant, sed uerissimis iustorum uirorum exemplis docere possumus.

30. Non igitur ego simulabo terrae hiatum quae magnis quibusdam dissiluerit soluta imbribus, in quem descendisse Gyges atque ibi fabularum illum equum aeneum offendisse a Platone inducitur, qui in lateribus suis fores haberet; quas ubi aperuit, animaduertit anulum aureum in digito mortui hominis cuius illic exanimum corpus iaceret aurique auarum sustulisse anulum. Sed cum se ad pastores recepisset regios ─ de quorum ipse numero foret ─ casu quodam, quod palam eius anuli ad palmam conuerterat, ipse omnes uidebat atque a nullo uidebatur; deinde cum in locum suum reuocasset anulum, uidebatur ab omnibus. Cuius sollers factus miraculi, per anuli opportunitatem reginae stupro potitus necem regi intulit ceterisque interemptis quos necandos putauerat

---

92 키케로, 『의무론』 3,7,33 참조.
93 키케로, 『의무론』 3,8,37 참조.

제5장 홀로 있어도 도리에 어긋나지 않는 삶

29. 이제 우리는 이 책에서 우리 논의의 판단을 마무리할 갓돌을 덮으려 합니다.[92] 올바른 것이 아니면 아무것도 바라지 말아야 합니다. 지혜로운 사람은 성실하게 거짓 없이 할 수 있는 일이 아니면 아무것도 하지 않습니다. 감출 수 있다 할지라도 자신이 범죄에 엮이는 일은 행하지 않습니다. 그는 다른 이들에 앞서 자신에게 죄인이며, 죄가 공개되는 것보다 자기 양심을 더 부끄러워해야 한다고 여깁니다.[93] 철학자들이 논쟁을 벌이기 위해 사용하는 꾸며낸 이야기가 아니라, 의로운 사람들의 지극히 참된 본보기들을 통해서 이를 가르쳐드릴 수 있습니다.

30. 나는 거센 비로 움푹 팬 땅의 구렁텅이에 관해서 떠올리려는 것이 아닙니다. 플라톤에 따르면,[94] 기게스는 이 구렁텅이로 내려가, 옆구리에 자기 문들이 달린 전설의 청동 말을 보게 되었습니다. 이 문들을 열어젖히고는 거기 시신으로 누워 있던 죽은 사람의 손가락에서 금반지를 발견했습니다. 그는 금이 탐나서 반지를 뺐습니다. 그러나 그는 자신이 그 일원이던 왕실 목자들 무리에 돌아오고 난 뒤, 우연히 손바닥을 향해 자기 반지의 홈을 돌렸습니다. 그러자 그는 전부 볼 수 있는데도, 자신만 그 누구에게도 보이지 않게 되었습니다. 그런데 반지를 제자리로 돌리자 모든 이에게 보이게 되었습니다. 그는 이 신기한 기술의 전문가가 되었고, 반지의 편의를 활용하여 왕비를 강간으로 차지했고 임금을 살해했습니다. 자신에게 걸림돌이 되지 않도록 다른 이들도 죽이기로 작정한 그는 리디아 왕국을

---

94 플라톤, 『국가』 2,359c-360c; 키케로, 『의무론』 3,8,38 참조.

ne sibi impedimento forent, Lydiae regnum adeptus est.

31. Da, inquit, hunc anulum sapienti ut beneficio eius possit latere cum deliquerit; non enim minus fugiet peccatorum contagium quam si non possit latere. Non enim latebra sapienti spes impunitatis, sed innocentia est. Denique "lex non iusto sed iniusto posita est" quia iustus legem habet mentis suae et aequitatis ac iustitiae suae normam ideoque non terrore poenae reuocatur a culpa sed honestatis regula.

32. Ergo ut ad propositum redeamus, non fabulosa pro ueris sed uera pro fabulosis exempla proferam. Quid enim mihi opus est fingere hiatum terrae, equum aeneum anulumque aureum in digito defuncti repertum; cuius anuli tanta sit uis ut pro arbitrio suo qui eum sit indutus anulum, appareat cum uelit; cum autem nolit, e conspectu se praesentium subtrahat ut praesens non possit uideri? Nempe eo tendit istud utrum sapiens, etiamsi isto utatur anulo quo possit propria flagitia celare et regnum adsequi, nolitne peccare et grauius ducat sceleris contagium poenarum doloribus an uero spe impunitatis utatur ad perpetrandum scelus? Quid, inquam, mihi opus est figmento anuli cum possim docere ex rebus gestis quod uir sapiens cum sibi in peccato non solum latendum sed etiam regnandum uideret si peccatum admitteret, contra autem

---

95 1티모 1,9 참조.

차지했습니다.

31. 죄를 저질렀을 때 그 효력으로 몸을 숨길 수 있도록 이 반지를 지혜로운 사람에게 줘보라고 플라톤은 말합니다. 지혜로운 사람은 숨을 수 없을 때보다 죄의 더러움을 덜 피하려 하지 않을 것입니다. 지혜로운 사람에게는 벌 받지 않을 희망이 아니라 결백함이 은신처입니다. 그러므로 "법은 의로운 사람이 아니라 불의한 사람을 위해 제정된 것입니다."[95] 의로운 사람은 자기 정신의 법과 자기 나름의 공정함과 의로움의 기준을 지니고 있기에, 그를 죄에서 돌아서게 하는 것은 벌에 대한 두려움이 아니라 올바름의 규범입니다.

32. 우리 주제로 돌아갑시다. 나는 참된 이야기 대신 우화를 늘어놓으려는 것이 아니라, 우화 대신 참된 본보기를 제시하려고 합니다. 내가 땅의 구렁텅이, 청동 말, 죽은 이의 손가락에 끼워진 금반지 같은 이야기를 꾸며내거나, 이 반지는 그것을 끼는 사람 뜻대로 원하면 나타나고, 원치 않으면 자기 존재를 몰래 숨겨 보이지 않게 할 수 있다는 이야기를 꾸며낼 필요가 어디 있겠습니까? 사실 이 이야기는 지혜로운 사람은 자기 죄를 숨기고 왕국을 차지하는 데 이 반지를 이용할 수 있다 할지라도 죄짓기를 원치 않으면서 죄의 더러움을 벌의 고통보다 더 심각하게 여길 것인가, 아니면 벌 받지 않기를 바라면서 범죄에 사용할 것인가를 문제 삼고 있지 않습니까? 거듭 말씀 드리지만, 실제로 일어난 역사적 사건들에서 가르쳐드릴 수 있는데, 내가 그런 반지 이야기를 지어낼 필요가 어디 있겠습니까? 지혜로운 사람은 자신이 죄를 짓고도 죄 속에 숨을 수 있을 뿐 아니라 왕좌를 차지할 수 있을 듯하고, 반대로 죄를 거부할 경우 목숨이 위태로워질 것을 간

periculum salutis cerneret si declinaret flagitium; elegerit tamen magis periculum salutis ut uacaret flagitio quam flagitium quod sibi regnum pararet?

33. Denique Dauid cum fugeret a facie regis Saul quod eum rex cum tribus millibus uirorum electorum ad inferendam necem in deserto quaereret, ingressus in castra regis, cum dormientem offendisset, non solum ipse non percussit sed etiam protexit ne ab aliquo qui simul ingressus fuerat, perimeretur. Nam cum diceret ei Abisai: "Conclusit Dominus hodie inimicum tuum in manibus tuis et nunc occidam eum?" respondit: "Non consumas eum quoniam quis iniciet manum suam in christum Domini et purus erit?" Et addidit: "Viuit Dominus, quoniam nisi Dominus percusserit illum aut nisi hora illius uenerit ut moriatur, aut in pugna discesserit et apponatur, mihi non sit a Domino inicere manum meam in christum Domini."

34. Itaque non permisit necari eum sed solam lanceam quae erat ad caput eius, et lenticulam sustulit. Itaque dormientibus cunctis, egressus de castris transiuit in cacumen montis et coarguere coepit stipatores regios et praecipue principem militiae Abner quod nequaquam fidam adhiberet custodiam regi et domino suo, denique demonstraret ubi esset lancea regis uel lenticula quae

---

96 키케로, 『의무론』 3,8,38 참조.
97 1사무 26,1-7 참조.
98 1사무 26,8 참조.

파할지라도, 왕국을 차지하기 위해 죄를 저지르느니 죄에서 벗어나기 위해 차라리 생명의 위험을 택할 것입니다.[96]

33. 사울 임금 얼굴 앞에서 도망친 다윗의 경우를 생각해 봅시다. 사울 임금이 최정예 군인 삼천 명을 이끌고, 다윗을 잡아 죽이기 위해 광야에서 찾고 있었습니다. 다윗은 임금의 진지로 들어가 그가 잠들어 있는 것을 보았습니다. 다윗은 사울을 공격하려 하지 않았을 뿐 아니라, 함께 들어간 다른 이가 죽이지 못하도록 보호하기까지 했습니다.[97] 아비사이가 다윗에게, "주님께서 오늘 장군님의 원수를 장군님 손에 넘기셨으니, 지금 제가 그를 죽일까요?"[98] 하고 말했습니다. 그러나 다윗은, "그분을 해쳐서는 안 된다. 누가 감히 주님의 기름부음받은이에게 자기 손을 대고도 깨끗할 수 있겠느냐?"[99] 하고 대답했습니다. 그리고 이렇게 덧붙였습니다. "주님께서 살아 계신다. 주님께서 그분을 치실 것이다. 그래서 그분은 자기 때가 되어서 돌아가시거나 싸움터에 내려가 사라지실 것이다. 주님께서는 내가 주님의 기름부음받은이에게 내 손을 대지 못하게 하셨다."[100]

34. 다윗은 사울을 살해하도록 허락하지 않았고, 그의 머리맡에 있던 창과 물병만 가지고 나왔습니다. 모두 잠들어 있을 때, 다윗은 진지에서 산꼭대기로 건너가서, 임금의 신하들, 특히 자기 임금이자 주군의 안전한 경호를 전혀 수행하지 못한 군대 지휘관인 아브네르를 꾸짖기 시작했고, 임금의 머리맡에 있던 임금의 창이나 물병이 어디 있는지 보여달라고 말했습

99　1사무 26,9 참조.
100　1사무 26,10-11 참조.

erat ad caput eius. Et appellatus a rege lanceam reddidit: "Et Dominus, inquit, restituat unicuique iustitias suas et fidem suam sicut tradidit te Dominus in manus meas et nolui uindicare manu mea in christum Domini." Et cum haec diceret, timebat tamen insidias eius et fugit sedem exsilio mutans. Nec tamen salutem praetulit innocentiae cum iam secundo facultate sibi tributa regis necandi noluisset uti occasionis beneficio quae et securitatem salutis metuenti et regnum offerebat exsuli.

35. Vbi opus fuit Ioanni Gygeo annulo, qui si tacuisset, non esset occisus ab Herode? Praestare hoc illi potuit silentium suum ut et uideretur et non occideretur; sed quia non solum peccare se propter salutis defensionem passus non est sed ne alienum quidem peccatum ferre ac perpeti potuit, ideo in se causam necis excitauit. Certe hoc negare non possunt potuisse fieri ut taceret, qui de illo Gyge negant potuisse fieri ut anuli beneficio absconderetur.

36. Sed fabula etsi uim non habet ueritatis, hanc tamen rationem habet ut si possit celare se uir iustus, tamen ita peccatum declinet quasi celare non possit, nec personam suam indutus anulum sed uitam suam Christum indutus

---

101 1사무 26,23 참조.
102 1사무 27,1-2 참조.

니다. 임금에게 불려간 그는 창을 돌려주었습니다. "주님은 누구에게나 당신 의로움과 당신의 믿음을 되갚아주시는 분이십니다. 주님께서 임금님을 제 손에 넘겨주셨지만, 저는 주님의 기름부음받은이에게 내 손을 대려 하지 않았습니다."[101] 그는 이렇게 말하면서도 여전히 임금의 매복 공격이 걱정되었기에, 망명지를 바꾸어 도망쳤습니다.[102] 다윗은 결백보다 목숨을 앞세우지 않았습니다. 임금을 죽일 두 번째 기회가 왔을 때, 두려움 대신 목숨의 안전을 주고, 망명 대신 왕국을 줄 그 좋은 기회를 이용하기를 원치 않았습니다.

35. 요한에게 언제 기게스의 반지가 필요했습니까?[103] 그가 침묵했다면 헤로데에게 살해되지 않았을 것입니다. 그는 임금 앞에서 침묵할 수 있었습니다. 그랬다면 그는 드러나지도 처형되지도 않았을 것입니다. 그러나 그는 목숨을 지키기 위해 스스로 죄를 짓지 않았을 뿐 아니라, 다른 사람의 죄를 참고 견딜 수도 없었습니다. 이것이 그가 살해된 이유입니다. 기게스의 경우처럼 반지의 도움으로 몸을 숨기는 일이 실제로 벌어질 수 있었다는 사실을 부정하는 사람들도, 요한이 침묵하는 일이 가능했다는 사실을 부인할 수 없는 것은 분명합니다.[104]

36. 그러나 우화는 진리의 힘을 지니고 있지는 않지만, 어쨌거나 이러한 이치를 지니고 있습니다. 의로운 사람은 자신을 숨길 수 있을지라도 숨길 수 없는 듯이 죄를 피할 것이며, 반지를 낌으로써 자기 인격을 숨기기보다,

---

103 헤로데 임금의 불법을 직언했다가 목이 잘린 세례자 요한의 일화를 가리킨다. 마태 14,3-12; 마르 6,17-29; 『성직자의 의무』 3,14,89 참조.

104 키케로, 『의무론』 3,9,39 참조.

abscondat, sicut apostolus ait quia: "Vita nostra abscondita est cum Christo in Deo." Nemo ergo hic fulgere quaerat, nemo sibi adroget, nemo se iactet. Nolebat se Christus hic cognosci, nolebat praedicari in Euangelio nomen suum cum in terris uersaretur; uenit ut lateret saeculum hoc. Et nos ergo simili modo abscondamus uitam nostram Christi exemplo, fugiamus iactantiam, praedicari non exspectemus. Melius est hic esse in humilitate, ibi in gloria: "Cum Christus, inquit, apparuerit, tunc et uos cum illo apparebitis in gloria."

6

37. Non uincat igitur honestatem utilitas sed honestas utilitatem, hanc dico utilitatem quae aestimatur secundum uulgi opinionem. Mortificetur auaritia, moriatur concupiscentia. Sanctus in negotiationem introisse negat quia pretiorum captare incrementa non simplicitatis sed uersutiae est. Et alius ait: "Captans pretia frumenti maledictus in plebe est."

---

105 콜로 3,3 참조.
106 콜로 3,4 참조.
107 키케로, 『의무론』 3,4,19 참조: "이로움이 올바름을 이기는가? 오히려 이로움은 올바름을 뒤따른다."

그리스도를 입음으로써 자기 생명을 숨기리라는 것입니다. 사도가 말하듯이, "우리의 생명은 그리스도와 함께 하느님 안에 숨겨져 있기 때문입니다."[105] 아무도 이 세상에서 빛나려 하지 말고, 자만하지 말며, 으스대지 마십시오. 그리스도께서는 이 세상에서 인정받기를 원치 않으셨습니다. 그리스도께서는 지상에 살아계실 때, 당신 이름이 복음에서 선포되기를 바라지 않으셨습니다. 그분께서는 이 세상에서 숨어계시기 위해 오셨습니다. 우리도 이처럼 그리스도의 본보기를 따라 우리의 삶을 숨깁시다. 뽐냄을 멀리하고, 칭찬을 기대하지 맙시다. 이승에서 겸손하게 살고 저승에서 영광을 누리는 편이 낫습니다. "그리스도께서 나타나실 때, 여러분도 그분과 함께 영광 속에 나타날 것"[106]이라고 말하기 때문입니다.

제6장 부당 이익을 노리는 통속적 이로움

37. 이로움이 올바름을 이겨서는 안 되며, 올바름이 이로움을 이겨야 합니다.[107] 내가 말하는 이 이로움(utilitas)은 통속적 견해에 따른 것입니다.[108] 탐욕이 죽음을 당하고 욕망이 죽어 없어지게 합시다. 거룩한 사람은 장사에 몸담기를 거부합니다. 가격을 부풀려 속이는 것은 단순함이 아니라 교활함의 특성이기 때문입니다. 또 다른 사람[솔로몬]은 이렇게 말합니다. "곡식 가격을 속이는 자는 백성 가운데 저주를 받는다."[109]

---

108 암브로시우스는 파렴치한 이익과 이윤을 추구하는 '통속적 이로움'(utilitas vulgaris)과 올바름에 대한 사랑을 지닌 이로움을 분명히 구별한다. 『성직자의 의무』 2,6,26; 2,9,63; 3,6,37; 3,8,56; 3,9,63; 3,14,90; 키케로, 『의무론』 3,12,49 참조.
109 잠언 11,26 참조.

38. Definita est sententia, nihil disputationi relinquens quale controuersum genus solet dicendi esse, cum alius adlegat agriculturam laudabilem apud omnes haberi, fructus terrae simplices esse, plus qui seminauerit eo probatiorem fore, uberiores reditus industriae non fraudari, neglegentiam magis et incuriam ruris inculti reprehendi solere.

39. — Araui, inquit, studiosius, uberius seminaui, diligentius excolui, bonos collegi prouentus, sollicitius recondidi, seruaui fideliter, prouide custodiui. Nunc in tempore famis uendo, subuenio esurientibus, uendo frumentum non alienum sed meum, non plus quam caeteri, immo etiam minore pretio. Quid hic fraudi est cum multi possent periclitari si non haberent quod emerent? Num industria in crimen uocatur? Num diligentia reprehenditur? Num prouidentia uituperatur? Fortasse dicat: Et Ioseph frumenta in abundantia collegit, in caritate uendidit. Num carius aliqui emere compellitur? Num uis adhibeatur emptori? Omnibus defertur emendi copia, nulli irrogatur iniuria.

40. His igitur quantum cuisque fert ingenium disputatis, exsurgit alius, dicens: — Bona quidem agricultura quae fructus ministrat omnibus, quae

---

110 키케로, 『의무론』 2,24,87 참조.

38. 누군가 농업은 모든 이에게 칭송받을 만하다고 주장한다면, 이 판단은 명확합니다. 그것은 논쟁이라는 수사학 분야에서 어떠한 논의 거리도 남기지 않습니다. 땅의 열매는 단순하니, 씨를 더 뿌리는 사람은 더 인정받아야 한다는 것입니다. 부지런히 일해서 더 풍성하게 거둔 수확은 속임수가 아니며, 오히려 땅을 갈지 않는 게으름과 무관심이 비난을 받게 마련이라는 겁니다.[110]

39. "나는 더 열심히 쟁기질을 했고, 씨를 더 넉넉히 뿌렸으며, 더 부지런히 땅을 갈았고, 좋은 결실을 거두어, 더욱 정성스럽게 저장했고, 성실히 보관하였으며, 앞날을 위해 지켜두었지요. 이제 기근의 때가 닥쳐, 나는 그것들을 팔아 굶주리는 이들을 구하려 한답니다. 내가 파는 것은 다른 사람의 것이 아닌 나의 곡식이고, 나는 다른 사람들보다 더 비싼 값으로 팔지도 않고, 오히려 더 싼값으로 팝니다. 그런데 이것이 어찌 속임수란 말입니까? 살 것이 없다면 많은 사람의 목숨이 위태로울 수 있는데 말입니다. 노력이 범죄라고 불린단 말입니까? 부지런함이 비난받을 일입니까? 선견지명이 경멸당할 일입니까?" 또는 이렇게 말할 수도 있습니다. "요셉은 풍년 중에 곡식을 모아두었다가 귀해졌을 때 팔았지요. 그렇다고 더 비싸게 사도록 누군가에게 강요합니까? 구매자에게 힘을 씁니까? 모든 이에게 살 수 있는 기회를 줄 뿐, 아무에게도 불의를 덮어씌우지는 않아요."[111]

40. 이렇게 한 사람이 힘 닿는 만큼 논의를 펼치고 나면, 다른 사람이 일어나 이렇게 말합니다. "농업은 좋은 일입니다. 모든 이에게 결실을 나누어주

---

111 창세 41,47-56 참조.

simplici industria accumulat terrarum fecunditatem, nihil doli, nihil fraudis interserens. Denique si quid uitii fuerit, plus dispendii est quam si bene aliquis seminauerit; melius metet si sincerum tritici granum seuerit: puriorem ac sinceram messem colligit. Fecunda terra multiplicatum reddit quod acceperit, fidelis ager feneratos solet restituere prouentus.

41.—De reditibus igitur uberis glebae exspectare debes tui mercedem laboris, de fertilitate pinguis soli iusta sperare compendia. Cur ad fraudem conuertis naturae industriam? Cur inuides usibus hominum publicos partus? Cur populis minuis abundantiam? Cur adfectas inopiam? Cur optari facis a pauperibus sterilitatem? Cum enim non sentio beneficia fecunditatis, te auctionante et pretium condente, frumentum optant potius nihil nasci quam te de fame publica negotiari. Ambis frumentorum indigentiam, alimentorum penuriam, uberis soli partus ingemiscis, fles publicam fertilitatem, horrea frugum plena deploras, exploras quando sterilior prouentus sit, quando exilior partus. Votis tuis gaudes adrisisse maledictum ut nihil cuiquam nasceretur. Tunc messem tuam uenisse laetaris, tunc tibi de omnium miseria congeris opes; et hanc tu industriam uocas, hanc diligentiam nominas, quae calliditatis uersutia, quae astutia fraudis est; et hoc tu remedium uocas quod est commentum nequitiae. Latrocinium hoc an fenus appellem? Captantur tamquam latrocinii tempora quibus in uiscera hominum durus insidiator obrepas. Augetur pretium tamquam sorte cumulatum fenoris quo periculum capitis aceruatur. Tibi conditae frugis multiplicatur usura: tu frumentum quasi fenerator occultas, quasi uen-

기 때문이지요. 농업은 속임수나 사기를 전혀 끌어들이지 않고도 단순한 노력으로 땅의 비옥함을 북돋울 수 있어요. 그러나 어떤 결함이 있었다면 씨를 잘 뿌리는 것보다 더 큰 손해를 보게 되지요. 좋은 밀알을 뿌리면, 더 많이 거두게 되고, 더 깨끗하고 알찬 추수를 하게 된답니다. 비옥한 땅은 자신이 받은 것의 몇 곱절을 돌려주고, 충실한 땅은 수확물에 이자를 붙여 되돌려주는 법이지요."

41. 그대는 풍요로운 땅의 산출에서 그대 노동의 품삯을 기대해야 하고, 기름진 땅의 열매에서 정당한 이익을 바라야 합니다. 그대는 왜 자연의 성실함을 속임수로 왜곡시킵니까? 그대는 왜 인간이 공적 산물을 함께 사용하는 것을 시기합니까? 그대는 왜 백성을 위한 풍요로움을 감소시킵니까? 그대는 왜 궁핍한 체합니까? 그대는 왜 가난한 이들이 차라리 흉년을 더 바라도록 만듭니까? 그대가 경매로써 가격을 올리는 일을 나는 풍요로움의 혜택이라고 생각지도 않거니와, 그들 역시 민중의 굶주림으로 장사하는 꼴을 보느니 차라리 어떤 곡식도 생산되지 않기를 더 바랄 따름입니다. 그대는 곡식이 모자라고 양식이 부족하기를 열망하고, 땅의 수확이 풍성하면 탄식하고, 온 백성에게 풍족하면 슬퍼 웁니다. 그대는 곳간에 곡물이 가득하다고 한탄합니다. 그대는 언제 수확이 더 나빠지고 언제 수확이 더 부족해질지 탐색합니다. 아무에게도 아무것도 생산되지 말라는 저주에 그대는 웃음 짓고, 그대의 소원인 양 기뻐합니다. 바로 그때 그대는 그대의 수확물이 팔리는 것에 기뻐하고, 모든 이의 비참을 대가로 부를 축적합니다. 이것이 그대가 일컫는 노력이고, 이것이 그대가 말하는 성실입니다. 이것은 비열한 교활함이며 사기 수법입니다. 그런데도 그대는 사악한 계략을 구제책이라고 부릅니다. 이것을 날강도짓이나 이자놀이로 불러야 하지

ditor auctionaris. Quid imprecaris male omnibus quia maior futura sit fames, quasi nihil frugum supersit, quasi infecundior annus sequatur? Lucrum tuum damnum publicum est.

42. Ioseph sanctus omnibus aperuit horrea, non clausit nec pretia captauit annonae sed perenne subsidium collocauit; nihil sibi acquisiuit sed quemadmodum fames etiam in posterum uinceretur, prouida ordinatione disposuit.

43. Legisti quemadmodum hunc frumentarium pretii captatorem exponat in Euangelio Dominus Iesus, cuius possessio diuites fructus adtulit, et ille quasi egens dicebat: "Quid faciam? Non habeo quo congregem, destruam horrea et maiora faciam" cum scire non posset utrum sequenti nocte anima sua ab eo reposceretur. Nesciebat quid faceret: quasi ei alimenta deessent, haerebat ambiguo. Non capiebant annonam horrea et ille se egere credebat.

---

112 창세 41,56 참조.
113 창세 41,47-49 참조.
114 루카 12,16-21 참조.

않겠습니까? 마치 강도질을 위한 제철을 만난 듯, 그대는 사람들의 오장육부 안에서 가혹한 암살자처럼 숨어 노리고 있습니다. 이자가 붙어 가격이 올라가는 만큼 생명의 위험도 치솟습니다. 저장된 곡식의 이자가 그대에게 몇 곱절로 불어납니다. 그대는 마치 고리대금업자처럼 곡식을 숨겨두었다가 마치 장사꾼처럼 경매에 부칩니다. 그대는 어찌하여 기근이 더 심해지고 곡식은 거의 남지 않으며 더 심한 흉년이 이어질 것이라고 모든 이에게 고약하게 저주합니까? 그대의 수익은 공공의 손실입니다.

42. 거룩한 요셉은 모두에게 곳간을 열어젖혔습니다.[112] 그는 곳간 문을 잠그지 않았습니다. 그해의 곡물 가격을 올리는 대신 지속적인 구제책을 마련했습니다. 자신을 위해 아무것도 차지하지 않았고, 앞으로도 기근을 어떻게 이겨낼 수 있을지 선견지명으로 대비하였습니다.[113]

43. 복음에서 주 예수님께서 곡물 가격을 조작하는 이런 자를 어떻게 소개하시는지 여러분은 읽었습니다.[114] 그의 재산은 그에게 풍성한 수확을 가져다주었습니다. 그러나 그는 마치 가난뱅이처럼 이렇게 말했습니다. "어떻게 하나? 모아둘 데가 없으니 곳간들을 헐어내고 더 큰 것들을 지어야겠다."[115] 그러나 그는 그날 밤 자기 영혼이 자신에게서 떠나갈지는 알 수 없었습니다. 그는 무엇을 해야 할지 몰랐습니다. 마치 그에게 먹을 것이 부족하기라도 한 것처럼 그는 어쩔 줄 몰라 했습니다. 해마다 거둔 수확조차 곳간에 모아둘 수 없었지만, 그는 자신이 궁핍하다고 믿고 있었습니다.

---

115 루카 12,17-18 참조. 이 주제에 관한 암브로시우스의 탁월한 해설은 『나봇 이야기』 6,27-8,40에 나온다. "'어떻게 하나.' 이것은 살아갈 방도가 없는 가난한 사람의 소리가 아닙니까?" (『나봇 이야기』 6,30)

44. Recte igitur Salomon: "Qui continet, inquit, frumentum, relinquet illud nationibus," non heredibus quoniam auaritiae emolumentum ad successorum iura non peruenit. Quod non legitime acquiritur, quasi uentis quibusdam, ita extraneis diripientibus dissipatur. Et addidit: "Captans annonam maledictus in plebe est; benedictio autem eius qui participat." Vides ergo quod largitorem frumenti esse deceat, non pretii captatorem. Non est igitur ista utilitas in qua plus honestati detrahitur, quam utilitati adiungitur.

7

45. Sed et illi qui peregrinos Vrbe prohibent, nequaquam probandi: expellere eo tempore quo debet iuuare, separare a commerciis communis parentis fusos omnibus partus negare, inita iam consortia uiuendi, cum quibus fuerint communia iura, cum his nolle in tempore necessitatis subsidia partiri. Ferae non expellunt feras et homo excludit hominem! Ferae ac bestiae communem putant omnibus uictum quem terra ministrat, illae etiam conformem generis sui adiuuant; homo impugnat qui nihil a se alienum debet credere quidquid humani est.

---

116 잠언 11,26 참조.
117 잠언 11,26 참조.
118 키케로, 『의무론』 3,11,47 참조.

44. 솔로몬이 옳게 말합니다. "곡식을 움켜쥐는 자는 그것을 다른 민족들에게 남겨주게 될 것이다."[116] 그는 상속자들에게 물려주지 못할 것입니다. 탐욕으로 얻은 이익은 후손들의 권리로 이어질 수 없기 때문입니다. 합당하게 얻지 못한 것은 결국 바람 같은 낯선 약탈자에 의해 흩어져버릴 것입니다. 솔로몬은 이렇게 덧붙입니다. "한 해의 수확을 독점하는 자는 민중 가운데 저주를 받지만, 나누는 이에게는 복이 있다."[117] 그대도 알다시피, 물가를 조작하는 자가 아니라 곡식을 나누어주는 사람이 되는 것이 어울리는 일입니다. 그러므로 이로움에 덧붙는 것보다 올바름에서 덜어내는 것이 더 많다면, 이것은 이로움이 아닙니다.

제7장 환대의 의무

45. 그러나 외국인들이 도시에 들어오지 못하게 막는 사람들을 용인하지 말아야 합니다.[118] 그들은 도와야 할 바로 그때 외국인을 내쫓습니다. 그들은 외국인이 공동의 부모[119]를 공유하지 못하도록 갈라놓고, 모든 이를 위한 재화에서 그들의 몫을 거부하며, 이미 시작된 공생의 운명을 거부합니다.[120] 그들은 궁핍한 때에 공동의 권리를 누려온 이들과 생필품을 나누려 하지 않습니다. 맹수도 다른 맹수를 내쫓지 않거늘, 인간이 인간을 배제합니다! 맹수와 짐승은 땅이 주는 음식을 모두에게 속한 공동의 몫이라고 여깁니다. 맹수와 짐승은 같은 종끼리 돕기까지 합니다. 그러나 인간적인 것이라면 그 무엇도 자신에게 낯설지 않다[121]고 여겨야 할 인간이 서로 공격합니다.

119　'공동의 부모'(communis parens)는 인류 공동의 어머니인 '땅'으로 해석할 수 있다. I. J. Davidson, *De officiis*, vol 2, 841; 『성직자의 의무』 1,31,61 참조.

120　재화의 보편적 목적에 관한 암브로시우스의 확신은 『성직자의 의무』 1,28,132 참조.

46. Quanto ille rectius qui cum iam prouecta processisset aetate et famem toleraret ciuitas atque, ut in talibus solet, peterent uulgo ut peregrini Vrbe prohiberentur, praefecturae urbanae curam ceteris maiorem sustinens, conu-ocauit honoratos et locupletiores uiros, poposcit ut in medium consulerent, dicens: Quam immane esse peregrinos eici, quam hominem ab homine exui qui cibum morienti negaret! Canes ante mensam impastos esse non patimur et homines excludimus; quam inutile quoque tot populos mundo perire quos dira conficiebat tabes; quantos urbi suae perire qui solerent adiumento esse uel in conferendis subsidiis uel in celebrandis commerciis; neminem famem alienam iuuare; protrahere ut plurimum diem posse, non inopiam repellere; immo tot cultoribus exstinctis, tot agricolis occidentibus, occasura in perpe-tuum subsidia frumentaria. Hos igitur excludimus qui uictum nobis inferre consuerunt; hos nolumus in tempore necessitatis pascere qui nos omni aetate pauerunt. Quanta sunt quae ab ipsis nobis hoc ipso tempore ministrantur: "Non in solo pane uiuit homo"! Nostra illic familia, plerique etiam nostri parentes sunt. Reddamus quod accepimus.

---

121 테렌티우스, 「고행자」 77: "나는 인간이다. 인간적인 것이라면 그 무엇도 나에게 낯설지 않다고 생각한다."(Homo sum, humani nihil a me alienum puto); 키케로, 「의무론」 1,9,30; 세네카, 「편지」 95,51-53; 락탄티우스, 「거룩한 가르침」 6,10,4.26; 놀라의 파울리누스, 「편지」 13,20; 아우구스티누스, 「편지」 155,14; 「율리아누스 반박」 4,83 참조.

122 나이가 지긋하고(3,7,46) 연로하며(3,7,48), 성경도 인용하고(3,7,46), 하느님의 큰 칭찬도 받으며(3,7,48), 지극히 거룩하다(3,7,45)는 칭송을 암브로시우스에게 듣는 이 인물은 분명 그리스도인이었을 것이다. 그가 로마 제국이 극심한 기근을 겪은 376년의 로마 시장(praefectus urbi) 아라디우스 루피누스(Aradius Rufinus)라는 주장은 가설일 따름이다. I.J. Davidson, *De officiis*, vol. 2, 842-843; M. Testard, *Les Devoirs*, vol. 1, 45 참조.

46. 더 올바르게 행동한 그 사람[122]을 살펴봅시다. 이미 그의 나이가 지긋했을 때 도시는 기근을 겪고 있었습니다. 그런 상황에서 흔히 그렇듯 시민들은 외국인이 도시에 들어오는 것을 막아달라고 떼 지어 요청했습니다. 누구보다 더 큰 책임을 맡고 있던 그 시장(市長)은 명망가와 재력가를 불러모아 공동선을 위해 자문해 주기를 요청하며 이렇게 말했습니다. "외국인을 내쫓는 것은 얼마나 야만적입니까! 죽어가는 이에게 음식을 거절하는 것은 인간에게서 인간다움을 빼앗는 일입니다! 우리는 강아지들이 식탁 앞에서 먹지 못한 채 있는 것조차 견디지 못하면서도 인간들을 배제하고 있습니다. 이 많은 백성이 세상에서 끔찍한 굶주림으로 죽어가게 만드는 것은 얼마나 몹쓸 짓입니까. 우리에게 도움을 주었거나 구제 활동을 펼쳐왔으며 다양한 교역에 헌신해 온 이들이 얼마나 많이 자기 도시에서 죽어가는지요. 다른 사람의 굶주림을 아무도 도와주지 않습니다. 죽을 날을 연장할 수는 있겠지만, 궁핍을 물리칠 수 없는 상황입니다. 수많은 경작자가 지쳐 떨어지고, 수많은 농부가 죽어가는데도, 식량 원조는 한없이 부족합니다. 우리에게 양식을 주던 이 사람들을 지금 우리가 배제하고 있습니다. 어느 때라도 우리를 환대해 준 이들을 우리는 이 궁핍한 시기에 먹여 살리려 하지 않습니다. 이와 똑같은 시대적 상황에서 그들이 우리에게 베풀어준 것이 얼마나 많습니까. '사람은 빵만으로 살지 않습니다!'[123] 거기 우리 가족이 있고, 많은 이들이 우리 부모이기도 합니다. 우리가 받은 것을 되돌려줍시다.

---

123 신명 8,3 참조.

47. Sed ueremur ne cumulemus inopiam. Primum omnium misericordia numquam destituitur sed adiuuatur. Deinde subsidia annonae quae his impertienda sunt, collatione redimamus, reparemus auro. Numquid his deficientibus, non alii nobis redimendi cultores uidentur? Quanto uilius est pascere quam emere cultorem? Vbi etiam repares, ubi etiam inuenias quem reformes? Adde si inuenias, quod ignarum et alieni usus, numero possis substituere, non cultui.

48. Quid plura? Collato auro, coacta frumenta sunt. Ita nec abundantiam Vrbis minuit et peregrinis alimoniam subministrauit. Quantae hoc commendationis apud Deum fuit sanctissimo seni, quantae apud homines gloriae! Hic magnus uere probatus qui uere potuit imperatori dicere, demonstrans prouinciae totius populos: Hos tibi omnes reseruaui, hi uiuunt beneficio tui senatus, hos tua curia morti abstulit.

49. Quanto hoc utilius quam illud quod proxime Romae factum est: eiectos esse Vrbe amplissima qui plurimam illic aetatem transegerant, flentes cum fi-

---

124 384년 말 로마는 일시적 식량 부족 사태를 겪는데, 기상 악화 등으로 곡물 수입이 지연되자 당시 로마 시장이던 심마쿠스(Aurelius Symmacus, 384-385년)가 외국인(peregrini)을 추방한 사건을 가리킨다. 암브로시우스 주교를 혐오했던 심마쿠스는 그에 맞설 황실의 입으로 젊고 유능한 아우구스티누스를 직접 뽑아 밀라노에 수사학 교수로 보냈지만, 두 교부

47. 그러나 우리는 가난을 키우지는 않을까 걱정합니다. 무엇보다 모든 이에게 베푼 자비는 배신하는 법이 없고 도움을 줍니다. 그러므로 그들에게 나누어줄 구호 식량을 모금으로 구입하고 금붙이를 팔아 장만합시다. 이 사람들이 죽는다면, 우리는 땅을 일굴 노동자들을 다시 사야 하지 않겠습니까? 땅을 일굴 노동자를 사는 것보다 그들을 먹여 살리는 것이 더 쌉니다. 이런 사람을 어디서 살 것이며, 대체 인력을 어디서 찾을 수나 있겠습니까? 사람을 구한다고 하더라도, 그는 무지하고 서툴러서 머릿수는 채울 수 있어도 땅 가는 일은 대체할 수 없을 것입니다."

48. 무슨 말을 더 하겠습니까? 모은 금으로 곡식을 샀습니다. 이렇게 시장은 도시의 풍요를 줄어들게 하지 않으면서도, 외국인에게도 식량을 나누어주었습니다. 지극히 거룩한 노인은 이 행위로써 하느님 앞에서 얼마나 큰 칭찬을 받았으며, 사람들 앞에서는 얼마나 큰 영광을 받았습니까! 황제에게 참되게 말할 수 있었던 위대하고 참으로 검증된 사람이 여기 있습니다. 그는 온 지방 백성을 보여주며 이렇게 말합니다. "저는 폐하를 위해 이 모든 이를 지켜냈습니다. 이들은 폐하의 원로원 덕분에 살아 있습니다. 이들은 폐하의 원로원이 죽음에서 구해낸 이들입니다."

49. 이 경우는 최근 로마에서 벌어진 일[124]보다 얼마나 더 이로웠습니까. 이미 거기서 많은 세월을 보낸 이들이 매우 웅장한 도시[125]에서 쫓겨났습니다. 그들은 아이들과 함께 슬피 울면서 떠나갔는데, 아이들만큼은 로마 시민

의 위대한 만남과 아우구스티누스의 회심을 주선해 준 셈이 되었다. 『고백록』 5,13,22 참조.
125 로마를 일컫는다.

liis abisse, quibus uelut ciuibus amoliendum exsilium deplorarent, interruptas complurium necessitudines, direptas adfinitates. Et certe adriserat anni fecunditas, inuecticio Vrbs sola egebat frumento: potuisset iuuari, peteretur ab Italis frumentum quorum filii expellebantur. Nihil hoc turpius: excludere quasi alienum et exigere quasi suum. Quid illum eicis qui de suo pascitur? Quid illum eicis qui te pascit? Seruum retines, trudis parentem! Frumentum suscipis nec adfectum impertis! Victum extorques, nec rependis gratiam!

50. Quam deforme hoc, quam inutile! Quomodo enim potest utile esse quod non decet? Quantis corporatorum subsidiis dudum Roma fraudata est! Potuit et illos non amittere et euadere famem, exspectatis uentorum opportunis flatibus et speratarum commeatu nauium.

51. Quam uero illud superius honestum atque utile! Quid enim tam decorum atque honestum quam collatione locupletum iuuari egentes, ministrare uictum esurientibus, nulli cibum defore? Quid tam utile quam cultores agro reseruari, non interire plebem rusticanorum?

52. Quod honestum igitur, et utile est; et quod utile, honestum. Et contra,

들처럼 추방을 면제받아야 한다며 탄식했습니다. 너무나 많은 필연적 관계가 단절되었고, 너무나 많은 이웃관계가 끊어졌습니다. 그때는 분명 풍년이 미소 짓고 있었고, 그 도시만 곡물 수입이 필요했습니다. 쫓겨난 아이들의 혈족인 이탈리아인들에게서 곡식을 청했더라면 도움을 받을 수 있었을 것입니다. 이보다 더 수치스러운 일이 어디 있습니까? 마치 이방인처럼 배제하고 자기 소유물처럼 내쫓으니 말입니다. 스스로 먹고사는 그 사람을 왜 쫓아냅니까? 그대를 먹여 살리는 그 사람을 왜 쫓아냅니까? 그대는 노예는 붙잡아두고 부모는 쫓아냅니다! 그대는 곡식은 받으면서 인정은 베풀지 않습니다! 그대는 먹을 것을 빼앗으면서 고마워하지도 않습니다!

50. 이 얼마나 흉하고 몹쓸 짓입니까! 어울리지 않은 것이 어떻게 이로울 수 있습니까? 얼마 전 로마는 상공업자 조합에서 제공한 구호 식량을 얼마나 많이 사기당했습니까! 제때에 순풍이 불어주기를 기대하며 배가 들어오기를 기다렸더라면, 로마는 이 사람들을 잃어버리지도 않고 배고픔도 면할 수 있었을 것입니다.

51. 앞에서 언급한 것은 얼마나 올바르고도 이로운 행동입니까! 부유한 이들의 모금으로 궁핍한 사람들을 도와주고, 굶주린 이들에게 먹을 것을 나누어주며, 누구에게도 음식이 부족하지 않게 하는 것처럼 어울리고 올바른 일이 무엇이겠습니까? 밭을 일굴 노동자들을 지키고, 농민을 파멸시키지 않는 것처럼 이로운 것이 무엇이겠습니까?

52. 그러므로 올바른 것은 이롭기도 합니다. 그리고 이로운 것은 올바름

quod inutile, indecorum; quod autem indecorum, id etiam inutile.

8

53. Quando maiores nostri seruitio exire potuissent nisi id non solum turpe sed etiam inutile credidissent regi seruire Aegyptiorum?

54. Iesus quoque et Caleb missi ad explorandam terram, uberem quidem terram sed a ferocissimis inhabitari gentibus nuntiauerunt. Terrore belli populus infractus recusabat terrae eius possessionem. Suadebant missi exploratores Iesus et Caleb terram esse utilem: indecorum putabant cedere nationibus; lapidari potius eligebant, quod minabatur populus, quam decedere de honestate. Dissuadebant alii: plebs reclamabat dicens aduersus diras et asperas gentes bellum fore, cadendum sibi in proelium, mulieres suas et pueros direptioni futuros.

55. Exarsit Domini indignatio ut omnes uellet perdere, sed rogante Moyse temperauit sententiam, ultionem distulit, satis esse perfidis supplicii iudicans: etsi parceret interim nec percuteret incredulos, ad eam tamen terram quam recusauerant, propter incredulitatis suae pretium non peruenirent, sed pueri et

---

126 키케로, 『의무론』 3,8,35 참조.

니다. 반대로, 이롭지 않은 것은 어울리지 않고, 어울리지 않는 것은 이롭지도 않습니다.[126]

제8장 이로움보다 앞세워야 하는 올바름

53. 이집트 왕에게 봉사하는 것은 수치스러울 뿐 아니라 이롭지도 않다고 믿지 않았더라면, 우리 조상들은 노예 생활에서 언제 탈출할 수 있었겠습니까?

54. 여호수아와 칼렙도 땅을 정찰하러 파견되었습니다. 그들은 그 땅이 비옥하지만, 사나운 민족들이 살고 있다고 보고했습니다.[127] 백성은 전쟁이 두려워 흩어졌고 그 땅의 소유를 거절했습니다. 정찰대로 파견되었던 여호수아와 칼렙은 그 땅이 이롭다고 설득했습니다. 그들은 다른 민족들에게 항복하는 것은 어울리지 않는다고 생각했습니다. 그들은 올바름에서 물러서느니 백성이 위협하던 대로 차라리 돌에 맞아 죽기를 선택했습니다. 다른 정찰대들은 반대했고, 백성도 반발했습니다. 그들은 무시무시하고 사나운 민족에 맞선 전쟁에 휘말려, 싸움터에서 쓰러지고 자신들의 아내와 자식들은 노획물이 될 것이라고 말했습니다.

55. 주님의 진노가 타올랐고, 그들을 모두 파멸하기로 하셨습니다. 그러나 모세가 기도하자, 그분께서는 심판을 누그러뜨리시고 앙갚음을 미루셨습니다. 그들이 이미 불신에 대한 벌을 충분히 받았다고 판단하신 것입니다. 그분은 신앙이 없는 이들을 한동안 살려두시고 매질하지는 않으셨지만,

---

127 민수 13,17-14,38; 신명 1,20-44 참조.

mulieres qui non immurmurauerant uel sexu uel aetate ueniabiles, caperent eius terrae promissam hereditatem. Denique quicumque erant a uicesimo anno et supra, in deserto eorum membra ceciderunt, sed aliorum dilata poena est. Qui autem ascenderunt cum Iesu et dissuadendum putauerunt, plaga magna statim mortui sunt; Iesus uero et Caleb cum innoxia aetate uel sexu in terram promissionis intrarunt.

56. Pars igitur melior gloriam praetulit saluti, deterior salutem honestati. Diuina autem sententia eos probauit qui honesta utilibus praestare arbitrabantur, eos uero condemnauit apud quos ea quae uidebantur saluti potius quam honestati accommoda, praeponderabant.

9

57. Nihil itaque deformius quam nullum habere amorem honestatis et usu quodam degeneris mercaturae, quaestu sollicitari ignobili, auaro aestuare corde, diebus ac noctibus hiare in alieni detrimenta patrimonii, non eleuare animum ad honestatis nitorem, non considerare uerae laudis pulchritudinem.

58. Hinc nascuntur aucupio quaesitae hereditates, continentiae atque grauitatis simulatione captatae, quod abhorret a proposito christiani uiri: omne enim

---

128 키케로, 『의무론』 3,18,74 참조.

그들의 불신의 대가로 자신들이 거부했던 그 땅에는 결코 들어가지 못하게 하셨습니다. 그러나 투덜대지 않았던 그 자식들과 아내들은 성별이나 나이에 따라 용서를 받고, 그 약속된 땅의 상속을 받게 하셨습니다. 스무 살 넘은 남자들은 광야에서 그 지체가 널브러졌지만, 다른 이들에 대한 벌은 연기되었습니다. 그러나 여호수아와 함께 올라갔으나 만류해야 한다고 여겼던 이들은 큰 재앙으로 바로 죽었습니다. 반면 여호수아와 칼렙, 그리고 나이나 성별로 무죄한 이들은 약속의 땅으로 들어갔습니다.

56. 더 나은 부류는 안전보다 영광을 앞세웠고, 더 딱한 부류는 올바름보다 안전을 앞세웠습니다. 거룩한 심판은 올바른 것을 이로운 것보다 앞세워야 한다고 판단한 이들을 인정했지만, 올바름보다는 안전에 적합해 보이는 것을 앞세운 이들을 단죄했습니다.

제9장 올바름은 이로움에 앞서고 이로움은 올바름을 뒤따른다

57. 올바른 것을 전혀 사랑하지 않는 것, 천박한 장사 관행, 부정직한 이익에 열광하는 것, 탐욕으로 불타는 마음, 밤낮으로 다른 사람의 재산에 손해를 끼칠 기회를 노리는 것, 올바름의 영광을 향하여 마음을 드높이지 않고 참된 덕행의 아름다움을 묵상하지 않는 것보다 더 추악한 것은 없습니다.

58. 이런 식으로 유산을 노리는 사냥이 시작되기도 합니다. 그들은 절제되고 신중한 척함으로써 사로잡아버립니다.[128] 그런 행동은 그리스도인의 목표에 맞지 않습니다. 기교로 끌어내어 속임수로 꾸며낸 모든 것에는 단순함이라는 덕이 없기 때문입니다. 교계에서 아무 직무도 맡지 않은 사람들

quod arte elicitum et fraude compositum est, caret merito simplicitatis. In ipsis qui nullum ecclesiastici ordinis officium receperint, incongrua iudicatur adfectatae ambitio hereditatis: in supremo fine uitae positos suum habere iudicium ut libere testentur quod sentiunt qui postea non sunt emendaturi, cum honestum non sit competentia compendia aliis uel debita uel parata auertere, cum uel sacerdotis uel ministri sit prodesse, si fieri potest, omnibus, obesse nemini.

59. Denique si non potest alteri subueniri nisi alter laedatur, commodius est neutrum iuuari quam grauari alterum. Ideoque in causis pecuniariis interuenire non est sacerdotis in quibus non potest fieri quin frequenter laedatur alter qui uincitur, quoniam intercessoris beneficio se uictum arbitratur. Sacerdotis est igitur nulli nocere, prodesse uelle omnibus; posse autem solius est Dei. Nam in causa capitis nocere ei quem iuuare debeas periclitantem, non sine peccato est graui; in causa autem pecuniae odia quaerere insipientiae est; cum pro salute hominis graues frequenter fiant molestiae, in quo etiam periclitari gloriosum sit. Proposita igitur forma in sacerdotis officio teneatur ut nulli noceat ne lacessitus quidem et aliqua iniuria offensus. Bonus enim est uir qui dixit: "Si reddidi retribuentibus mihi mala." Quae enim est gloria si eum non laedimus qui nos non laeserit? Sed illa uirtus est si laesus remittas.

---

129 키케로, 『의무론』 3,15,64 참조.
130 시편 7,5 참조.

가운데 유산을 바라는 야심이 있다면 그것은 부적절하다고 판단합니다. 삶의 끝자락에 있는 사람들은 스스로 결정을 내리게 하여, 그들이 느끼는 대로 자유롭게 유언을 남길 수 있게 해야 합니다. 그러나 그 후에는 유언을 고칠 수 없을 것입니다. 다른 이들에게 빚진 내역이나 따로 준비한 비용을 용도 변경하는 것은 올바르지 않기 때문입니다. 사제나 부제의 임무는 모든 이에게 도움이 되는 것이며, 가능하다면 아무에게도 폐를 끼치지 않는 것입니다.[129]

59. 결국, 다른 이에게 손해를 입히지 않고서 다른 사람을 돕는 것이 가능하지 않다면, 어느 한쪽을 짓누르기보다는 양쪽 모두 돕지 않는 편이 더 적절합니다. 금전 소송에 휘말리는 것은 사제의 몫이 아니기 때문입니다. 이런 상황에서는 패소한 쪽 마음이 상하는 경우가 종종 생길 수밖에 없습니다. 그는 자신의 패소가 중재자의 특혜 탓이라고 여깁니다. 그러므로 사제의 임무는 아무에게도 해를 끼치지 않고, 모든 이에게 도움이 되고자 하는 것입니다. 그러나 그 능력은 오직 하느님의 것입니다. 생사가 걸린 문제에서, 마땅히 도와야 하는 위험에 빠진 사람에게 해를 끼친다면 이는 대죄일 수밖에 없습니다. 그러나 돈 문제로 미움을 사는 것은 어리석은 짓입니다. 인간의 구원을 위해 겪게 되는 묵직한 괴로움이 잦아질 때, 그런 상황에서도 위험을 무릅쓰는 것은 영광스러운 일입니다. 사제의 의무에서 근간으로 삼아야 할 원칙은 이러합니다. 사제는 괴롭힘을 당하고 어떠한 불의로 상처를 입더라도 해코지해서는 안 된다는 것입니다. 이렇게 말한 사람은 선합니다. "나에게 악을 저지른 자들에게 내가 되갚아주었더라면."[130] 우리에게 상처를 입히지 않은 사람에게만 상처를 입히지 않는다면 무슨 영광이 있겠습니까? 그러나 상처를 갚지 않는다면 그것은 덕입니다.

60. Quam honestum quod cum potuisset regio inimico nocere, maluit parcere! Quam etiam utile, quia successori hoc profuit ut discerent omnes fidem regi seruare proprio, nec usurpare imperium sed uereri! Itaque et honestas utilitati praelata est et utilitas secuta honestatem est.

61. Parum est quod pepercit, addidit quod etiam in bello doluit occisum et fle- biliter deplorauit dicens: "Montes qui estis in Gelboe, neque ros neque pluuia cadat super uos. Montes mortis quoniam ibi sublata est protectio potentium, protectio Saul. Non est unctus in oleo et sanguine uulneratorum et ex adipe belligerantium. Sagitta Ionathae non est reuersa retro et gladius Saul non est reuersus uacuus. Saul et Ionatha speciosi et carissimi, inseparabiles in uita sua et in morte non sunt separati. Super aquilas leuiores, super leones potentiores. Filiae Israel, plorate super Saul qui uestiebat uos uestimenta coccinea cum ornamento uestro, qui imponebat aurum super uestimenta uestra. Quomodo ceciderunt potentes in media pugna? Ionatha in morte uulneratus est. Doleo in te, frater meus, Ionatha, speciosus mihi ualde. Ceciderat amor tuus in me sicut amor mulierum. Quomodo ceciderunt potentes et perierunt arma concu- piscenda?"

62. Quae mater sic unicum defleret filium quemadmodum hic defleuit inimi-

---

131 사울 임금의 후계자인 다윗을 가리킨다.

60. 원수인 임금을 해칠 수도 있었지만 살려주기를 더 바랐으니 [다윗은] 얼마나 올발랐습니까! 그것이 얼마나 이롭기도 했는지요. 이것이 후계자[131]에게 도움이 되었습니다. 모든 백성이 자기 임금에게 충성하는 법을 배웠고, 권력이란 빼앗는 것이 아니라 존중하는 것임을 배웠기 때문입니다! 올바름은 이로움에 앞서고, 이로움은 올바름을 뒤따릅니다.[132]

61. 목숨을 살려준 것은 작은 일입니다. 덧붙이자면, 그는 전쟁에서 [사울] 임금이 살해된 것을 마음 아파했고 눈물을 흘리며 이런 말로 애도했습니다. "길보아에 있는 산들아, 너희 위에 이슬도 비도 내리지 마라. 그곳은 용사들의 방패와 사울의 방패가 치워진 죽음의 산들이기 때문이다. 그는 기름이 아니라 부상자들의 피와 전사들의 비계덩이를 덮어썼구나. 요나탄의 활은 되돌아온 적이 없고 사울의 칼은 허공을 치고 되돌아온 적이 없었네. 사울과 요나탄은 살아 있을 때에도 서로 사랑하며 다정하여 떨어질 줄 모르더니 죽어서도 떨어지지 않았구나. 그들은 독수리보다 날래고 사자보다 힘이 세었지. 이스라엘의 딸들아, 사울을 두고 울어라. 그는 너희에게 장식 달린 진홍색 옷을 입혀주고 너희 예복에 금붙이를 달아주었다. 어쩌다 용사들이 싸움터 한복판에서 쓰러졌는가? 요나탄이 죽음으로 상처 입었다. 요나탄 형, 형 때문에 내 마음이 아프오. 형은 나에게 그토록 소중하였소. 나에 대한 형의 사랑은 여인들의 사랑처럼 흘러가 버렸다오. 어쩌다 용사들이 쓰러지고 탐스런 무기들이 사라졌는가?"[133]

62. 어떤 어미가 이 사람이 원수를 두고 우는 것처럼 외아들을 두고 이렇듯

---

132 키케로, 『의무론』 3,3,19 참조.

cum? Quis gratiae auctorem tantis prosequeretur laudibus quantis iste prose-
cutus est insidiatorem capitis sui? Quam pie doluit, quanto ingemuit adfectu!
Aruerunt montes prophetico maledicto et diuina uis sententiam maledicentis
impleuit. Itaque pro regiae necis spectaculo poenam elementa soluerunt.

63. Quid uero sancto Nabuthe, quae fuit causa mortis nisi honestatis contem-
platio? Nam cum ab eo uineam rex posceret pecuniam daturum se pollicens,
indecorum pretium pro paterna recusauit hereditate maluitque morte decli-
nare huiusmodi turpitudinem: "Non mihi, inquit, faciat Dominus ut dem tibi
hereditatem patrum meorum", hoc est: tantum mihi opprobrium non fiat, non
permittat Deus tantum extorqueri flagitium. Non utique de uitibus dicit neque
enim de uitibus cura est Deo neque de terreno spatio sed de iure loquitur pat-
rum. Potuit utique alteram uineam de uineis regis accipere et amicus esse, in
quo non mediocris saeculi huius utilitas aestimari solet; sed quod turpe erat,
iudicauit non uideri utile maluitque periculum cum honestate subire quam
utilitatem cum opprobrio; uulgarem utilitatem loquor, non illam in qua etiam
honestatis gratia est.

---

133 2사무 1,21-27 참조.
134 1열왕 21,3 참조.
135 1열왕 21,1-29 참조.
136 『성직자의 의무』 3,6,37 참조. 암브로시우스는 이욕(利慾)이나 이윤(利潤) 같은 '통속적 이로움'
     (utilitas vulgaris)을 제외한 이로움(utile)은 올바름과 조화를 이루는 영적 가치를 지닌다고
     본다.

슬피 울겠습니까? 어떤 호인(好人)이 이 사람이 자기 목숨을 노리던 자에게 하듯 그 많은 칭찬을 쏟아붓겠습니까? 그는 얼마나 경건하게 마음 아파했고, 얼마나 큰 애정으로 탄식했습니까! 그 예언적 저주로 산들이 메말랐고, 거룩한 힘은 저주한 이의 선언을 이루어냈습니다. 자연 요소들이 임금의 살해 광경을 목격한 대가를 치른 것입니다.

63. 거룩한 나봇은 어떻습니까? 올바름에 대한 존중심이 아니었다면 죽을 까닭이 무엇이었겠습니까? 임금이 그에게 포도밭을 요구하며 돈을 주겠다고 했을 때, 그는 조상에게 받은 상속 재산에 대한 부적절한 대가를 거절했고, 죽음으로써 이런 수치를 피하기를 더 바랐습니다. "주님께서는 제가 제 조상들에게 받은 상속 재산을 임금님께 넘겨드리는 것을 용납하지 않으십니다."[134]라고 말했습니다. 다시 말해 이런 뜻입니다. '그런 치욕이 나에게 생기지 않기를 바랍니다. 하느님께서 그토록 파렴치한 일을 허락하지 않으시기를 빕니다.' 분명 그는 여기서 포도밭에 관해서만 이야기하는 것이 아닙니다. 하느님께서는 포도밭이나 땅덩어리에 관심 없으십니다. 오히려 그는 여기서 조상들의 권리에 관하여 이야기합니다. 분명 그는 임금의 포도밭들 가운데 다른 포도밭을 받고 친구가 될 수도 있었습니다. 흔히들 이런 이로움은 이 세상에서 보통이 아니라고 평가합니다. 그러나 그것은 수치스러운 일이었으므로, 그는 그것이 이롭게 보이지 않는다고 판단했습니다. 그리하여 불명예로 이로움을 얻느니, 차라리 올바름으로 위험을 맞닥뜨리기를 더 바랐습니다.[135] 나는 통속적 이로움(utilitas vulgaris)에 관해 말하는 것이지, 올바름에 대한 사랑도 있는 이로움에 관해 말하는 것이 아닙니다.[136]

64. Denique et ipse rex potuit extorquere sed impudens arbitrabatur, sed occisum doluit. Dominus quoque mulieris immanitatem quae honestatis immemor turpe antetulit lucrum, congruo supplicio plectendam annuntiauit.

65. Turpis est itaque omnis est fraus. Denique etiam in rebus uilibus exsecrabilis est staterae fallacia et fraudulenta mensura. Si in foro rerum uenalium, in usu commerciorum fraus plectitur, potestne irreprehensibilis uideri inter officia uirtutum? Clamat Salomon: "Pondus magnum et exiguum, et mensurae duplices immunda sunt coram Domino." Supra quoque ait: "Statera adultera abominatio est Domino, pondus autem aequum acceptabile est illi."

10

66. In omnibus igitur decora est fides, iustitia grata, mensura aequitatis iucunda. Quid autem loquar de contractibus ceteris ac maxime de coemptione praediorum uel transactionibus atque pactis? Nonne formulae sunt dolum malum abesse eumque cuius dolus fuerit deprehensus, duplici poenae obnoxium fore? Vbique igitur honestatis praeponderat consideratio quae dolum excludit, fraudem eicit. Vnde recte generalem Dauid prompsit sententiam dicens: "Nec

---

137 아합의 아내 이제벨을 가리킨다.
138 잠언 20,10 참조.

64. 임금 자신도 [포도밭을] 강제로 뺏을 수 있었지만 그것은 어리석은 일이라 판단했고, 죽인 것을 마음 아파했습니다. 주님께서는 올바름을 잊은 채 추악한 이익만 앞세운 그 여인[137]의 잔인함 또한 맞갖은 벌로 다스려야 한다고 선언하셨습니다.

65. 모든 속임수는 추악합니다. 사소한 일상에서도 엉터리 저울이나 속임수 잣대는 가증스럽습니다. 물건을 사고파는 시장과 장사꾼들의 관행에서도 사기가 벌을 받는다면, 덕행의 의무들 사이에서 이런 일들이 아무렇지도 않게 보일 수 있겠습니까? 솔로몬이 이렇게 외칩니다. "크고 작은 저울추와 이중 됫박은 주님 앞에서 불결하다."[138] 그 위에서도 이렇게 말합니다. "속임수 저울은 주님께 역겨움이고, 공정한 저울추는 그분께 기쁘게 받아들여진다."[139]

제10장 신의와 속임수

66. 신의는 모두에게 어울리고, 정의는 모두에게 기쁘고, 공정한 잣대는 모두에게 즐겁습니다. 특히 토지 매매나 협약과 약정처럼, 다른 계약들에 관해 내가 무슨 말을 하겠습니까? 고약한 속임수를 멀리하고 사기꾼은 끼친 손실의 두 배로 벌을 받게 하는 규정이 있지 않습니까?[140] 올바름에 대한 성찰이 앞서는 어디에서든 속임수를 배제하고 기만을 몰아냅니다. 다윗은 보편적인 생각을 잘 설명했습니다. "자기 이웃에게 악을 행하지 않았

---

139 잠언 11,1 참조.
140 키케로, 『의무론』 3,15,61; 3,16,65 참조.

fecit proximo suo malum." Non solum itaque in contractibus—in quibus etiam uitia eorum quae ueneant, prodi iubetur ac nisi intimauerit uenditor, quamuis in ius emptoris transcripserit, doli actione uacuantur—sed etiam generaliter in omnibus dolus abesse debet: aperienda simplicitas, intimanda ueritas est.

67. Veterem autem istam de dolo, non iurisperitorum formulam sed patriarcharum sententiam Scriptura diuina euidenter expressit in libro Testamenti ueteris, qui Iesu Naue scribitur. Nam cum exisset fama per populos siccatum esse mare in Hebraeorum transitu, fluxisse aquam de petra, de caelo diurnam ministrari alimoniam tot populi millibus abundantem, corruisse muros Hiericho sacro tubarum sono, ictu et ululatu plebis arietatos, Geth quoque regem uictum et suspensum in ligno usque ad uesperam, Gabaonitae metuentes ualidam manum uenerunt cum uersutia simulantes se de terra longinqua esse, diu peregrinatos dirupisse calceamenta, detriuisse amictus uestium quarum ueterascentium indicia monstrarent: causam autem tanti laboris emerendae pacis et ineundae cum Hebraeis esse amicitiae cupiditatem; et coeperunt a Iesu Naue poscere ut secum firmaret societatem. Et quia adhuc erat ignarus locorum atque incolarum inscius, non cognouit fraudes eorum neque Deum

---

141 시편 14,3 참조.
142 키케로, 『의무론』 3,16,65 참조.
143 여호 5,1; 탈출 14,15-31 참조.
144 탈출 17,1-7 참조.
145 탈출 16,1-36 참조.
146 여호 6,1-27 참조.

다네."[141] 이것은 계약에서뿐 아니라, 모든 것에서 두루 속임수가 없어야 합니다.—이런 계약에서도 팔려는 상품의 결함을 드러내야 합니다. 판매 자가 이를 밝히지 않았다면, 상품이 이미 구매자에게 법적으로 넘어갔다 하더라도 그 거래는 사기 행위로 무효가 됩니다.[142]—진솔함이 드러나야 하고, 진리가 알려져야 합니다.

67. 속임수에 관한 이 오래된 원리는 법적 규범이 아니라, 성조들의 견해입니다. 성경은 이에 관하여 여호수아라는 이름으로 기록된 구약성경에서 분명하게 표현했습니다. 히브리인들이 바다를 건널 때 어떻게 물이 말랐는지[143], 어떻게 바위에서 물이 터져 나왔는지[144], 어떻게 수천 명이나 되는 백성에게 나누어주기에 충분할 만큼의 양식이 날마다 하늘에서 내려왔는지[145], 어떻게 예리코 벽이 거룩한 뿔 나팔 소리에 무너지고 백성의 함성에 먼지가 되었는지[146], 어떻게 갓[147]의 임금도 패배하여 [그의 시체가] 저녁때까지 나무에 매달려 있었는지[148]에 관한 유명한 이야기가 백성들을 통해 널리 퍼져 있었습니다. 그래서 기브온 사람들은 전능한 손길이 미칠까 두려워 사기를 치기로 했습니다. 그들은 먼 땅에서 온 척했고, 오랫동안 떠돌아다녀서 신도 낡고 옷도 해졌다고 말했습니다. 그리고 낡아 빠진 신과 옷을 증거로 보여 주었습니다. 자신들이 숱한 고생을 한 이유는 평화를 얻고 히브리인들과 우정 관계를 맺기 위해서라고 했습니다. 그러고는 눈의 아들 여호수아에게 자신들과 동맹을 맺자고 조르기 시작했습니다. 여호수아는 아직 그 지역을 몰랐고 거기 살고 있는 주민들도 몰랐기에, 그들의 속임수를 알아채지 못했

---

147 '갓'의 임금이 아니라 '아이'의 임금이다. 기억에 의존하여 성경을 인용하던 암브로시우스의 착각일 것이다.
148 여호 8,1-29 참조.

interrogauit sed cito credidit.

68. Adeo sancta erat illis temporibus fides eorum ut fallere aliquos posse non crederetur. Quis hoc reprehendat in sanctis qui ceteros de suo adfectu aestimant? Et quia ipsis amica est ueritas, mentiri neminem putant, fallere quid sit ignorant, libenter credunt quod ipsi sunt nec possunt suspectum habere quod non sunt. Hinc Salomon ait: "Innocens credit omni uerbo." Non uituperanda facilitas sed laudanda bonitas. Hoc est innocentem esse ignorare quod noceat: etsi circumscribitur ab aliquo, de omnibus tamen bene iudicat qui fidem esse in omnibus arbitratur.

69. Hac igitur mentis suae deuotione inclinatus ut crederet, testamentum disposuit, pacem dedit, confirmauit societatem. Sed ubi in terras eorum uentum est, deprehensa fraude, quod cum essent finitimi, aduenas se esse simulauerant, circumscriptum sese populus patrum indignari coepit. Iesus tamen pacem quam dederat, reuocandam non censuit quia firmata erat sacramenti religione, ne dum alienam perfidiam arguit, suam fidem solueret. Multauit eos tamen uilioris obsequio ministerii. Clementior sententia sed diuturnior: manet enim officiis poena ueteris astutiae, hereditario in hunc diem ministerio deputata.

---

149 여호 9,1-27 참조.

습니다. 그리고 하느님께 여쭈어보지도 않고 곧바로 믿어버렸습니다.[149]

68. 당시에 히브리인들에게는 신의가 거룩한 것이었기에, 누군가를 속일 수 있다고는 생각조차 하지 못했습니다. 누가 이것 때문에 그들을 비난하겠습니까? 거룩한 사람들은 자기 마음대로 다른 사람들을 평가한다고 말입니다. 그런 이들에게는 진실이 벗이기에, 아무도 속이지 않으리라 생각합니다. 그들은 속이는 것이 무엇인지조차 모릅니다. 그들은 다른 이들을 있는 그대로 기꺼이 믿으며, 그렇지 않으리라는 의심조차 품을 줄 모릅니다. 그래서 솔로몬은 이렇게 말합니다. "무죄한 사람은 모든 말을 믿는다."[150] 쉽게 믿는 것을 비난하기보다 선함을 칭송해야 합니다. 해칠 수 있는 것을 모르는 이것이 순진함입니다. 순진한 사람은 누군가에게 속아도, 여전히 모든 사람에 대해서 좋게 생각합니다. 모든 이에게는 신의가 있다고 여기기 때문입니다.

69. 여호수아는 쉽게 믿어주는 자신의 너그러운 마음으로 계약을 맺었고 평화를 주었으며 동맹을 맺었습니다. 그러나 그들의 땅에 들어가 보고는 사기라는 것을 알아챘습니다. 그들은 외국인 행세를 했지만, 실제로는 가까운 이웃이었습니다. 성조들의 백성은 자신들이 속은 데 분노하기 시작했습니다. 그러나 여호수아는 자신이 선사해 준 평화를 되돌려서는 안 된다고 생각했습니다. 선서 예식으로 확증되었다는 이유였습니다. 다른 이들의 배반은 비난하면서 자신의 신의를 깨뜨려서는 안 된다는 것이었습니다. 그럼에도 여호수아는 비천한 머슴 노릇을 맡겨 그들을 처벌했습니다. 더

---

150 잠언 14,15 참조.

70. Non ego in hereditatibus adeundis digitorum percussiones et nudi successoris saltationes notabo — nam haec etiam uulgo notabilia — non simulatae piscationis compositas copias ut emptoris illiceretur adfectus. Cur enim tam studiosus luxuriae ac deliciarum repertus est ut huiusmodi fraudem pateretur?

71. Quid mihi tractare de syracusano illo amoeno secretoque secessu et de siculi hominis calliditate qui cum peregrinum aliquem reperisset, cognito quod cupidus esset hortorum uenalium, ad cenam in hortos rogauerit: promisisse inuitatum, postridie uenisse, offendisse illic magnam piscatorum multitudinem, exquisitis copiis adornatum conuiuium, in prospectu cenantium ante

---

151 여호 9,16-27 참조.

152 키케로, 『의무론』 3,19,75; 3,19,78 참조. 직역은 '손가락 때리기'(digitorum percussio)이 다. 곧, 자기 손가락을 움직여 부자의 유언장에 제 이름을 써넣을 수 있는 능력을 지닌 경우, 선한 사람이라면 어떻게 행동할 것인지를 묻는 키케로의 논의이다.

153 키케로, 『의무론』 3,24,93 참조. 재산을 상속받는 조건으로 대낮에 광장에서 춤을 추어야 한다면 어떻게 하는 것이 올바른지를 따지는 키케로의 논제이다.

154 키케로, 『의무론』 3,14,58-60 참조.

너그러운 판결이었지만, 더 오래 지속되었습니다. 교활한 행위에 대한 벌은 그들의 오랜 의무로 남아 있습니다. 그들은 오늘날까지 상속되는 머슴 노릇을 떠맡고 있습니다.[151]

제11장 교회가 단죄해야 할 탐욕과 불의

70. 나는 상속 재산에 접근하기 위한 손가락 장난[152]과 벌거벗은 상속자의 춤[153]에 관해서는 눈여겨보지 않겠습니다. ―이런 행동은 대중에게도 치욕적이기 때문입니다. ―구매자의 열망을 불러일으키려고 가짜 고기잡이로 풍성하게 꾸며낸 사람의 이야기[154]를 강조하려는 것도 아닙니다. 도대체 왜 그 사람은 이 따위 속임수에 속아 넘어갈 만큼 그렇게 사치를 탐하고 쾌락을 쫓아다녔던 겁니까?

71. 그 아름답고 외딴 휴양지 시라쿠사와 시칠리아 사람[155]의 교활한 짓에 관해 내가 언급해야 하는 까닭이 무엇인지요.[156] 어느 날 어떤 외국인[157]을 마주치고는 그가 정원을 사고 싶어 한다는 것을 알게 된 그는 외국인을 자기 집 정원 저녁 식사에 초대했습니다. 초대받은 이는 수락했고, 다음 날 왔습니다. 거기서 그는 엄청나게 많은 어부를 보았고, 진수성찬의 잔칫상이 차려졌습니다. 식사하는 사람들이 잘 볼 수 있는 그 정원 앞에는 어부들이 자리 잡고 있었는데, 그전에는 한 번도 그물을 던지지 않던 곳이

---

155 시라쿠사에서 은행을 경영하던 시칠리아 출신 피티우스(Pythius)를 가리킨다. 키케로, 『의무론』3,14,58 참조. 암브로시우스는 부정적 논제에서 되도록 실명을 삼간다.

156 키케로, 『의무론』3,14,58-60 참조.

157 로마인 가이우스 카니우스(Gaius Canius)를 일컫는다. 키케로, 『의무론』3,14,58 참조.

hortulos composito piscatores, ubi numquam ante iaciebant retia; unusquisque quod ceperat, certatim offerebat epulantibus, supra mensam pisces ingerebantur, oculos recumbentium resilientes uerberabant. Mirari hospes tantam copiam piscium tantarumque numerum cymbarum. Responsum quaerenti aquationem illic esse, dulcis aquae gratia innumerabiles eo pisces conuenire. Quid multa? Pellexit hospitem ut sibi extorqueret hortos, uendere uolens cogitur, pretium grauatus suscipit.

72. Sequenti die ad hortos emptor cum amicis uenit, nauigium nullum inuenit. Percontanti num aliqua piscatoribus eo esset die feriarum solemnitas, respondetur nulla nec umquam illic praeter hesternum diem piscari solitos. Quam hic redarguendi habet auctoritatem doli, qui tam turpe captarit aucupium deliciarum? Qui enim alterum peccati arguit, ipse a peccato debet alienus esse. Non ergo huiusmodi nugas ego in hanc ecclesiasticae censionis auctoritatem uocabo, quae generaliter condemnat omnem lucri turpis appetentiam breuique sermonis compendio excludit leuitatem ac uersutiam.

73. Nam de illo quid loquar, qui de eo testamento quod ab aliis licet factum falsum tamen cognouerit, hereditatem sibi aut legatum uindicet et lucrum quaerat alieno crimine, cum etiam leges publicae eum qui sciens falso uti-

---

158 돈벌이 수단인 부동산 투기를 빗댄 표현이다.

었습니다. 어부들은 저마다 잡은 것을 경쟁하듯 식사하는 이들에게 제공했습니다. 물고기들이 식탁 위에 올려졌고, 식탁에 앉은 사람들의 눈을 속여 충격을 주었습니다. 손님은 그렇게 많은 물고기와 고깃배들의 수에 놀랐습니다. 어찌된 일인지 묻는 그에게 돌아온 대답은 거기에 풍부한 물이 있는데 단물 덕분에 헤아릴 수 없는 물고기들이 몰려든다는 것입니다. 많은 이야기가 필요하겠습니까? 그 사람은 손님이 제발 정원을 자기에게 팔아 달라고 조르도록 꼬드겼습니다. 그는 팔기를 원하면서도 마지못한 체했고, 부담스러운 듯 땅값을 받았습니다.

72. 다음날, 구매자가 친구들과 함께 그 정원에 갔지만 배 한 척도 발견하지 못했습니다. 혹시 어부들의 휴일이냐고 캐묻는 그에게 아니라는 대답이 돌아왔습니다. 그 전날 말고는 거기서 고기잡이를 한 적이 한 번도 없었다는 겁니다. 쾌락의 사냥 도구[158]를 그토록 수치스레 낚아채려 했던 그 사람이 사기꾼을 고소할 무슨 권위를 지니겠습니까? 다른 사람의 죄를 탓하는 사람은 스스로 죄에서 자유로워야 합니다. 나는 이런 하찮은 이야기를 교회 검열의 이 권위에 불러오고 싶지 않습니다. 교회는 추악한 이익을 좇는 모든 열망을 두루 단죄하고, 한마디로 요약하자면 경거망동과 교활함을 배척합니다.

73. 다른 이들이 위조했다 하더라도 이미 위조된 것을 알고 있는 유언장으로 상속 재산을 제 것이라 주장하거나 대리인이라 내세우는 사람과, 다른 사람이 저지른 범죄를 통해 이익을 추구하는 사람에 관해서는 내가 무슨 말을 해야 하겠습니까?[159] 공법도 거짓 유언장을 알면서 사용하는 사람을 범죄자로 규정하지 않습니까? 그러나 정의의 규범은 분명합니다.

tur, tamquam reum facinoris adstringant? Regula autem iustitiae manifesta est: quod a uero declinat, uirum non decet bonum et damno iniusto adficere quemquam, nec doli aliquid adnectere fraudisue componere.

74. Quid euidentius eo quod Ananias? Qui fraudauit de pretio agri sui quem ipse uendiderat, et portionem pretii tamquam summae totius numerum ante pedes posuit apostolorum, sicut reus fraudis interiit. Licuit utique illi nihil offerre et hoc sine fraude fecisset. Sed quia fraudem admiscuit, non liberalitatis gratiam reportauit sed fallaciae poenam exsoluit.

75. Et Dominus in Euangelio cum dolo accedentes repudiabat dicens: "Vulpes foueas habent", quoniam in simplicitate cordis et innocentia nos iubet uiuere. Dauid quoque ait: "Sicut nouacula acuta fecisti dolum", nequitiae arguens proditorem eo quod instrumentum huiusmodi ad hominis adhibetur ornatum et plerumque ulcerat. Si quis igitur praetendat gratiam et dolum nectat proditoris exemplo ut eum quem protegere debeat, prodat ad mortem, instrumenti istius comparatione censetur quod ebriae mentis et titubantis uitio manus uulnerare consueuit. Sicut iste malitiae ebrius uino per funestae proditionis indicium Ahimelech sacerdoti necem detulit eo quod prophetam hospitio re-

---

159 사기꾼들이 위조된 유언장에 권위를 입히려 당대 유력인사였던 자신들의 이름을 도용했다는 사실을 알면서도 모른 체 상속 배당을 받은 마르쿠스 크라수스와 퀸투스 호르텐시우스를 가리킨다. 키케로, 『의무론』 3,18,73 참조.
160 사도 5,1-6 참조.

참된 것에서 벗어나 누구에게 부당한 손실을 입히는 것은 선한 사람에게는 어울리지 않고, 어떤 사기에 연루되거나 속임수로 조작하는 것도 부적절합니다.

74. 하나니아스의 경우보다 더 분명한 것이 무엇이겠습니까? 그는 자신이 판 자기 밭의 가격을 속이고는, 사도들의 발 앞에 땅값 일부만 전 재산인 양 내놓았다가 사기범으로 죽었습니다. 그는 전혀 내놓지 않을 수도 있었고, 속임수 없이 그렇게 할 수도 있었습니다. 그러나 그는 속임수를 뒤섞어놓았기 때문에, 관대함의 은총을 얻지 못하고 오히려 거짓에 대한 벌을 받았습니다.[160]

75. 주님께서도 복음서에서, 속임수를 지니고 다가오는 이들을 이런 말씀으로 꾸짖으셨습니다. "여우들도 굴을 가지고 있다."[161] 단순한 마음과 순수함으로 살아가라고 우리에게 명하시는 것입니다. 다윗도 이렇게 말합니다. "날카로운 면도칼처럼 너는 속임수를 썼구나."[162] 다윗은 사악한 배신자를 단죄하면서, 인간의 용모를 다듬는 데 쓰이지만 종종 상처를 내기도 하는 도구에 그를 빗댑니다. 자신이 보호해야 할 사람을 죽음에 넘겨버린 배신자의 예처럼 겉으로는 친절한 척하면서 사기를 친다면, 그런 사람은 술기운과 손 떨림의 악습으로 상처를 입히곤 하는 이런 면도칼 같은 도구에 비길 수 있습니다. 이자는 악의 포도주에 취한 사람처럼, 질투에 사로잡힌 임금이 예언자 다윗을 뒤쫓고 있을 때 다윗에게 환대를 베풀었다는

---

161 마태 8,20 참조.
162 시편 51,4 참조.

cepisset quem rex inuidiae accensus stimulis persequebatur.

12

76. Purum igitur ac sincerum oportet esse adfectum ut unusquisque simplicem sermonem proferat, uas suum in sanctitate possideat nec fratrem circumscriptione uerborum inducat, nihil promittat inhonestum ac si promiserit, tolerabilius est promissum non facere quam facere quod turpe sit.

77. Saepe plerique constringunt se ipsi iurisiurandi sacramento et cum ipsi cognouerint promittendum non fuisse, sacramenti tamen contemplatione faciunt quod spoponderunt; sicut de Herode supra scripsimus qui saltatrici praemium turpiter promisit, crudeliter soluit: turpe, quod regnum pro saltatione promittitur; crudele, quod mors prophetae pro iurisiurandi religione donatur. Quanto tolerabilius tali fuisset periurium sacramento! Si tamen periurium posset dici, quod ebrius inter uina iurauerat, quod euiratus inter saltantium choros prompserat. Infertur disco prophetae caput et hoc aestimatum est fidei esse quod amentiae fuit.

163　1사무 22,9-10 참조.
164　직역은 그릇(vas)이다.
165　키케로, 『의무론』 3,24,93 참조.
166　키케로, 『의무론』 3,25,94 참조.

이유로 더러운 반역죄 혐의를 걸어 아히멜렉 사제를 죽였습니다.[163]

제12장 헛된 맹세와 참된 약속

76. 그러므로 마음이 깨끗하고 진실해야 합니다. 저마다 단순한 말을 하고, 자기 몸[164]을 거룩하게 지녀야 하며, 속이는 말로 형제를 잘못 이끌지 말아야 합니다. 올바르지 않은 것은 그 무엇도 약속하지 말고, 약속했더라도 추악한 짓을 하는 것보다 약속을 지키지 않는 편이 더 견딜 만합니다.[165]

77. 종종 많은 이들이 맹세의 선서로 자신을 묶어버리기도 합니다. 그들은 그런 약속을 해서는 안 되었다는 것을 알면서도, 맹세를 생각하고는 약속한 바를 실행합니다.[166] 헤로데에 관해 앞에서 썼듯이[167], 그는 춤춘 소녀에게 상을 내리기로 추악하게 약속했고 잔인하게 갚았습니다.[168] 추악한 것은, 그가 춤의 대가로 나라를 넘겨주기로 약속했다는 것입니다. 잔인한 것은, 그가 맹세의 신성함을 지키기 위해 예언자의 죽음을 승인했다는 것입니다. 그 따위 맹세를 지키느니 차라리 거짓 맹세를 하는 편이 얼마나 더 견딜 만했습니까! 거짓 맹세라고 부를 수 있다면, 그것은 주정뱅이가 술기운에 맹세했기 때문이고, 무희들 틈바구니에서 흐느적거리면서 내뱉은 약속이었기 때문입니다. 예언자의 머리가 접시에 담겨 왔고, 이로써 그가 미치광이 짓에 신의를 지켰음이 입증되었습니다.

---

167 『성직자의 의무』 1,50,255; 3,5,35 참조.
168 마태 14,6-11; 마르 6,21-28 참조.

78. Neque umquam adducar ut credam non incaute promisisse principem Iephte ut immolaret Domino quidquid sibi reuertenti intra limen domus suae occurreret, cum et ipsum uoti paenituerit sui postquam filia occurrit sibi. Denique conscidit uestimenta sua et dixit: "Heu me filia! impedisti me, in stimulum doloris facta es mihi." Qui licet pio metu ac formidine acerbitatem durae solutionis impleuerit, tamen luctum annuum etiam posteris statuit deplorandum ac dereliquit. Dura promissio, acerbior solutio quam necesse habuit lugere etiam ipse qui fecit! Denique factum est praeceptum et decretum in Israel ex diebus in dies: "Ambulabant, inquit, filiae populi Israel, lugentes fliam Iephte Galaaditidis quattuor diebus in anno." Non possum accusare uirum qui necesse habuit implere quod uouerat, sed tamen miserabilis necessitas quae soluitur parricidio

79. Melius est non uouere quam uouere id quod sibi cui promittitur nolit exsolui. Denique in Isaac habemus exemplum, pro quo arietem Dominus statuit immolari sibi. Non semper igitur promissa soluenda omnia sunt. Denique ipse Dominus frequenter suam mutat sententiam sicut Scriptura indicat. Nam in eo libro qui scribitur Numeri, proposuerat percutere morte et perdere populum sed postea rogatus a Moyse reconciliatus est populo suo. Et iterum ad Moy-

---

169 판관 11,35 참조.
170 판관 11,40 참조.
171 창세 22,13 참조.

78. 판관 입타가 자기 집 문 안으로 돌아가면서 누구를 마주치든 주님께 희생 제물로 바치겠다고 했을 때, 그가 경솔하게 약속한 것이 아니었다고 내가 믿도록 설득할 수 있는 사람은 아무도 없을 것입니다. 그는 딸이 자신과 마주친 뒤 자신의 서약을 후회했습니다. 그는 자기 옷을 찢으며 이렇게 말했습니다. "아, 내 딸아! 네가 나를 짓눌러버리는구나. 너는 나에게 고통의 채찍이 되었구나!"[169] 그는 어쩔 수 없이 경건한 두려움과 떨리는 마음으로 가혹한 약속의 쓰라림을 다 겪었습니다. 그럼에도 그는 후대에도 해마다 애도해야 하는 추모 규정을 세워 물려주었습니다. 약속은 가혹했고, 그 약속을 지키는 일은 훨씬 더 쓰라렸습니다. 자신이 저질러놓고도 애도가 필요했으니 말입니다! 그리하여 이스라엘에는 몇 날 며칠을 애곡해야 하는 계명과 규정이 생겼습니다. "해마다 이스라엘 백성의 딸들은 길앗 사람 입타의 딸을 위해 나흘 동안 애곡하면서 걸어갔다."[170] 자신이 한 약속을 지킬 필요가 있는 사람을 내가 비난할 수는 없지만, 친족 살해로써 지켜야 하는 필요한 약속이라면 비참하기 짝이 없습니다.

79. 약속을 받는 이가 돌이켜줄 뜻이 없는 맹세를 하느니, 아예 맹세하지 않는 편이 낫습니다. 이사악의 경우에서 본보기를 들 수 있습니다.[171] 결국 주님께서는 그 대신 숫양을 당신께 제물로 바치도록 명령하셨기 때문입니다. 그러므로 모든 약속을 늘 지켜야 하는 것은 아닙니다. 성경이 보여주듯이, 주님께서도 자주 당신 결정을 바꾸십니다. 민수기라는 이름으로 기록된 성경에서 주님께서는 백성을 쳐서 죽이시고 파멸시키시겠다고 선언하셨습니다.[172] 그러나 모세의 기도를 들으신 뒤, 당신 백성과 화해하셨습

---

172 민수 14,10-20 참조.

sen et Aaron ait: "Diuidite uos de medio synagogae eius et consummabo eos simul." Quibus discedentibus de coetu, Dathan et Abiron subito impios terra praerupto soluta hiatu absorbuit.

80. Praecellentius et antiquius istud exemplum de filia Iephthe quam illud quod memorabile habetur apud philosophos de duobus Pythagoreis quorum alter cum a tyranno Dionysio capitis damnatus esset, praescripto mortis die poposcit ut domum pergendi ei facultas daretur ut commendaret suos; ac ne reuertendi nutaret fides, uadem mortis obtulit ea conditione ut si ipse deforet ad constitutum diem, uas eius sibi pro eo moriendum agnosceret. Nec qualitatem sponsionis qui offerebatur recusauit constantique animo diem necis praestolabatur. Itaque alter se non subtraxit, alter ad diem recepit. Quod eousque fuit mirabile ut tyrannus eos sibi in amicitiam asciceret quorum urgebat periculum.

81. Quod ergo in spectatis et eruditis uiris plenum miraculi, hoc in uirgine

---

173 민수 16,21 참조.

174 민수 16,19-35 참조.

175 놀라운 우정을 보여준 이 두 철학자는 다몬(Damon)과 핀티아스(Phintias)다. 키케로, 『의무론』 3,10,45 참조.

니다. 그리고 모세와 아론에게 다시 이렇게 말씀하셨습니다. "너희는 그 공동체에서 떨어져라. 내가 그들을 한순간에 없애버리겠다."[173] 그들이 무리를 떠나자 갑자기 땅바닥이 갈라졌고, 불경한 다탄과 아비람을 삼켜버렸습니다.[174]

80. 철학자들이 두 명의 피타고라스학파 사람들[175]에 관해 기억할 만하다고 여기는 그 이야기보다, 입타의 딸의 본보기가 훨씬 더 놀랍고 훨씬 더 오래된 것입니다. 철학자들이 들려주는 이야기는 이렇습니다. 두 사람 가운데 한 사람은 폭군 디오니시우스[176]에게 사형을 선고받았고, 사형 집행일이 정해진 상태였습니다. 그는 가족들을 맡겨놓을 수 있도록 집에 다녀올 수 있게 배려해 달라고 청했습니다. 돌아오리라는 믿음이 흔들리지 않도록 그는 죽음의 보증인을 그 조건으로 내세웠습니다. 만일 자신이 정해진 날에 나타나지 않으면, 그 보증인이 자기 대신 죽어야 한다는 사실을 일러두었다는 것입니다. 보증인으로 제안받은 사람은 이런 조건을 거부하지 않고, 한결같은 마음으로 사형 집행일을 기다렸습니다. 한 사람은 꽁무니를 빼지 않았고, 다른 사람은 날에 맞춰 돌아왔습니다. 그들이 한 일이 너무나 놀라웠기에, 그들의 목숨을 위태롭게 했던 폭군은 자기도 그들과 우정을 맺으려 했습니다.[177]

81. 이 존경스럽고 학식 있는 사람들의 경우에 그런 놀라운 덕행이 가득했다면, 이 처녀의 경우에는 훨씬 더 훌륭하고 훨씬 더 빛나는 덕행이 포착

---

176 시라쿠사의 소(少) 디오니시우스(기원전 367-344년)일 것이다.

177 키케로, 『의무론』 3,10,45 참조.

multo magnificentius multoque illustrius deprehenditur quae ingemiscenti patri ait: "Fac mihi ut exiuit de ore tuo." Sed spatium duorum poposcit mensium ut cum aequalibus conuentum ageret in montibus, quae uirginitatem eius praedestinatam neci pio adfectu prosequerentur. Nec fletus aequalium mouit puellam nec dolor flexit nec gemitus retardauit nec dies praeteriit nec fefellit hora. Rediit ad patrem quasi ad uotum rediret, et uoluntate propria cunctantem impulit fecitque arbitratu spontaneo ut quod erat fortuitum impietatis, fieret pietatis sacrificium.

13

82. Ecce tibi Iudith se offert mirabilis quae formidatum populis uirum Holophernem adit, Assyriorum triumphali caeptum caterua. Quem primo formae gratia et uultus decore perculit, deinde sermonis circumscripsit elegantia. Primus triumphus eius fuit quod integrum pudorem de tabernaculo hostis reuexit, secundus quod femina de uiro reportauit uictoriam, fugauit populos consilio suo.

83. Horruerunt Persae audaciam eius. Vtique quod in illis Pythagoreis duobus

---

178   판관 11,36 참조.
179   판관 11,36-39 참조.

됩니다. 탄식하는 아버지에게 그 여인은 이렇게 말합니다. "아버지 입으로 말씀하신 대로 저에게 하십시오."[178] 그러나 그가 청한 것이라고는, 또래 동무들과 함께 어울려 산으로 가서 처녀로 죽을 운명인 자신을 위해 경건한 마음을 드러낼 수 있도록 두 달의 말미를 달라는 것뿐이었습니다. 동무들의 눈물도 그 소녀를 움직일 수 없었고, 고통도 그를 굽힐 수 없었으며, 한탄도 그를 저지할 수 없었습니다. 하루도 그냥 흘러가지 않았고, 시간이 그 여인을 속이지도 않았습니다. 그러고는 서원을 채우려는 듯 아버지에게 돌아가 주저하는 아버지를 자기 의지로 밀어붙였고, 불경으로 빚어진 우발적 사고가 경건한 희생이 될 수 있도록 자발적 결심으로 행동했습니다.[179]

제13장 올바름의 품격

82. 보십시오, 유딧이 그대에게 놀라운 자기 모습을 드러냅니다.[180] 유딧은 백성들에게 두려운 사람인 홀로페르네스를 찾아갔습니다. 그는 승전하는 아시리아 군대에 둘러싸여 있었습니다. 먼저 유딧은 멋진 미모와 고운 얼굴로 홀로페르네스를 혼 빠지게 한 다음, 우아한 언변으로 사로잡았습니다. 그의 첫째 승리는 정결을 온전히 지킨 채 적의 장막에서 돌아온 것이고, 둘째 승리는 여자가 남자에게 승리를 거두고 자신의 의견으로 백성들을 피신시킨 것입니다.

83. 페르시아인들은 그 여인의 대담함에 겁을 먹었습니다.[181] 특히 그 피타

---

180 유딧 10,9-16,20 참조.
181 유딧 16,11 참조.

mirantur, non expauit mortis periculum, sed nec pudoris, quod est grauius bo-
nis feminis; non ictum carnificis sed nec totius exercitus tela trepidauit. Stetit
inter cuneos bellatorum femina, inter uictricia arma, secura mortis. Quantum
ad molem spectat periculi, moritura processit; quantum ad fidem, dimicatura.

84. Honestatem igitur secuta est Iudith et dum eam sequitur, utilitatem inu-
enit. Honestatis enim fuit prohibere ne populus Dei se profanis dederet, ne
ritus patrios et sacramenta proderet, ne sacras uirgines, uiduas graues, pudicas
matronas barbaricae subiceret impuritati, ne obsidionem deditione solueret;
honestatis fuit se malle pro omnibus periclitari ut omnes eximeret a periculo.

85. Quanta honestatis auctoritas ut consilium de summis rebus femina sibi
uindicaret nec principibus populi committeret! Quanta honestatis auctoritas ut
Deum adiutorem praesumeret! Quanta gratia ut inueniret!

---

182 다몬(Damon)과 핀티아스(Phintias)를 가리킨다. 키케로, 『의무론』 3,10,45; 『성직자의
　　의무』 3,12,80 참조.
183 키케로, 『의무론』 3,6,19; 『성직자의 의무』 3,9,60 참조.

고라스학파 두 인물[182]에게 사람들이 감탄하던 그런 자질을 갖추었으니, 유딧은 죽음의 위험을 두려워하지도 않았고, 훌륭한 여성에게는 더욱 중요한 정결을 염려하지도 않았습니다. 유딧은 희광이의 칼날도 모든 군대의 창도 무서워하지 않았습니다. 그 여인은 군인들의 대열 사이에서, 승리의 무기들 사이에서, 죽음을 두려워하지 않고 서 있었습니다. 위험의 덩치를 보자면 죽으러 나아간 것이지만, 신앙을 보자면 유딧은 전투를 하러 나아간 것입니다.

84. 유딧이 추구한 것은 올바름이었습니다. 그리고 올바름을 따르는 동안 이로움도 찾았습니다.[183] 하느님 백성이 세속적인 것에 넘어가지 못하게 하고, 조상의 예법과 신비들을 포기하지 못하게 했으며, 거룩한 동정녀들과 신중한 과부들과 정숙한 부인들[184]이 더러운 야만인들에게 짓밟히는 것을 막았으며, 항복으로 포위를 풀지 못하게 했습니다. 올바름이 그의 것이었으니, 모든 이를 위험에서 구하려고 모두를 위해 스스로 위험을 무릅썼습니다.

85. 여인이 그런 중요한 일을 백성의 지도자들에게 맡기지 않고 스스로 결정을 내린 것은 얼마나 큰 올바름의 품격입니까! 하느님께서 도우시리라고 예견한 것은 얼마나 큰 올바름의 품격입니까! 그리 이루어진 것은 얼마나 큰 은총입니까!

---

184 암브로시우스, 『과부』 1-2; 23-26; 히에로니무스, 『편지』 66,2; 1코린 7,1-40 참조.

86. Quid uero Eliseus nisi honestatem secutus est cum exercitum Syriae qui ad obsidendum eum uenerat, capitiuum introduxit in Samariam, cuius oculos caecitate obduxerat, et dixit: "Domine, aperi oculos eorum ut uideant"? Itaque cum rex Israel percutere ingressos uellet eamque sibi dari a propheta facultatem posceret, respondit non percutiendos quorum captiuitatem non esset manu operatus armisque bellicis, sed magis subsidio alimentorum iuuandos. Denique epularibus refecti copiis numquam postea in terram Israel piratae Syriae reuertendum putarunt.

87. Quanto hoc sublimius quam illud Graecorum quod cum duo populi aduersus se de gloria imperioque decertarent et alter ex his haberet copiam quemadmodum naues alterius populi clanculo exureret, turpe credidit maluitque minus posse honeste quam plus turpiter. Et isti quidem sine flagitio hoc facere nequibant ut eos qui consummandi belli persici gratia in societatem conuenerant, hac fraude deciperent quam licet possent negare, non possent tamen non

---

185 2열왕 6,20 참조.

186 2열왕 6,14-23 참조.

187 아테네가 스파르타와 동맹을 맺고 페르시아와 벌인 전쟁(기원전 479년)에서 승리를 거두자 아테네의 장군 테미스토클레스(Themistocles)는 스파르타 함대에 몰래 불을 놓자고 은밀하게 제안했지만, 아리스티데스(Aristides)는 그것이 비록 이로울지라도 올바르지 않다고 주장하여 아테네 민회에서 방화 계획을 부결시킨 사건을 가리킨다. 키케로, 『의무론』 3,11,49 참조.

제14장 추악한 것은 이로울 수 없고, 올바른 것은 이롭지 않을 수 없다

86. 엘리사는 올바름 말고 다른 무엇을 추구했습니까? 그가 시리아 군대의 눈에 실명(失明)의 너울을 덮어, 자신을 치기 위해 온 그 군대를 오히려 사마리아에 포로로 끌고 갔을 때, 그는 이렇게 말했습니다. "주님, 그들의 눈을 여시어 보게 해주십시오."[185] 이스라엘의 임금이 거기 들어온 이들을 치고 싶어서 그 권한을 자기에게 달라고 예언자에게 청하자, 엘리사는 전쟁 무기를 자기 손으로 사용하지도 않은 포로들을 쳐서는 안 되며, 오히려 생필품 보급으로 도와주어야 한다고 대답했습니다. 많은 음식으로 기운을 차린 시리아의 해적들은 나중에 이스라엘 땅에 되돌아올 생각을 다시는 하지 않았습니다.[186]

87. 이 본보기는 그리스인들의 것[187]보다 훨씬 더 빼어납니다. [아테네와 스파르타] 두 백성이 서로 맞서 영광과 통치권을 두고 격렬하게 다투고 있었을 때, 이들 가운데 한 [아테네] 백성이 다른 쪽 [스파르타] 백성의 배들에 몰래 불을 놓을 기회를 포착했습니다. 그들[아테네인]은 이것은 추악한 일이라고 여겼고, 추악하게 더 강해지기보다 올바르게 덜 강해지기를 오히려 더 바랐습니다. 그러나 이 사람들도 파렴치하지 않게 이런 일을 할 수 없었던 것은 분명합니다. 그들은 페르시아와 전쟁을 끝내기 위해 동맹을 맺었던 [스파르타] 도시를 이런 속임수로 기만하려 했기 때문입니다. 그들은 속임수는 거부할 수 있었을지라도, 부끄러워하지 않을 수는 없었을 것입니다.[188] 그러나 엘리사는 속아 넘어간 이들을 치도록 허락하지 않고, 주님의 힘으

---

188 키케로, 『의무론』 3,11,49 참조.

erubescere. Eliseus autem non fraude deceptos licet sed potestate Domini per-
cussos maluit tamen seruare quam perdere quia decorum foret hosti parcere
et aduersario donare uitam quam potuisset auferre nisi pepercisset.

88. Liquet igitur id quod decorum est, semper esse utile. Nam et Iudith sancta
decoro contemptu propriae salutis soluit obsidionis periculum et publicam
honestate propria acquisiuit utilitatem; et Eliseus gloriosius ignouit quam per-
culit et utilius seruauit hostes quam ceperat.

89. Quid autem aliud Iohannes nisi honestatem considerauit, ut inhonestas
nuptias etiam in rege non posset perpeti, dicens: "Non tibi licet illam uxorem
habere"? Potuit tacere nisi indecorum sibi iudicasset mortis metu uerum non
dicere, inclinare regi propheticam auctoritatem, adulatione subtexere utique
moriturum sibi esse quia regi aduersabatur. Sed honestatem saluti praetulit. Et
tamen quid utilius quam quod passionis uiro sancto aduexit gloriam?

90. Sancta quoque Susanna denuntiato falsi testimonii terrore, cum hinc se ui-

---

189 암브로시우스에게 어울리는 것(decorum)은 올바른 것(honestum)과 같은 뜻이다. "어울
   리는 것은 올바르고, 올바른 것은 어울리기 때문입니다."(『성직자의 의무』 1,45,219)
190 『성직자의 의무』 3,5,35 참조.

로 치게 했습니다. 그는 그들을 파멸시키기보다 살려주기를 더 원했습니다. 자신이 사면해 주지 않는다면 목숨을 앗아갈 수도 있었겠지만, 적을 사면해 주고 원수에게 생명을 선사하는 것이 어울린다고 보았기 때문입니다.

88. 그러므로 어울리는 것은 언제나 이롭습니다.[189] 거룩한 유딧도 자신의 안위를 하찮게 여기는 어울리는 모습으로 포위의 위험을 풀었고, 자신의 올바름으로 공공의 이로움을 확보했습니다. 엘리사도 원수들을 파멸시키기보다 훨씬 더 영광스럽게 용서했고, 원수들을 사로잡기보다 훨씬 더 이롭게 구해주었습니다.

89. 요한은 올바름 말고 다른 무엇을 생각했습니까?[190] 그는 임금에 관해서도 올바르지 않은 결혼을 참아줄 수 없었습니다. 그래서 이렇게 말합니다. "그 여인을 아내로 차지하는 것은 임금님께 옳지 않습니다."[191] 죽음이 두려워서 진실을 말하지 못하고, 임금에게 예언의 권위[192]를 왜곡하며, 아첨으로 덮어주는 것이 어울린다고 스스로 판단했더라면 침묵할 수도 있었을 것입니다. 물론 임금에게 맞섰기에 죽게 되어 있었습니다. 그러나 그는 안위보다 올바름을 앞세웠습니다. 그렇지만 이 거룩한 사람에게 수난의 영광을 안겨준 것보다 더 이로운 것이 무엇이겠습니까?

90. 거룩한 수산나도 끔찍한 거짓 증언에 고소당했습니다. 한편으로는

---

191 요한 6,18 참조.
192 레위 20,21 참조.

deret urgeri periculo inde opprobrio, maluit honesta morte uitare opprobrium quam studio salutis turpem uitam subire ac sustinere. Itaque dum honestati intendit, etiam uitam reseruauit; quae si id quod sibi uidebatur ad uitam utile praeoptauisset, non tantam reportasset gloriam, immo etiam—id quod non solum inutile sed etiam periculosum foret—poenam criminis forsitan non euasisset. Aduertimus igitur quia id quod turpe est, non possit esse utile neque rursus id quod honestum est, inutile quia complex honestatis est semper utilitas et utilitati honestas.

15

91. Memorabile ferunt rhetores quod dux Romanorum cum ad eum aduersarii regis medicus uenisset pollicens daturum se regi uenenum, uinctum eum ad hostem miserit. Et reuera praeclarum ut qui uirtutis certamen susceperat, nollet fraude uincere. Non enim in uictoria honestatem ponebat sed ipsam nisi honestate quaesitam uictoriam turpem pronuntiabat.

92. Redeamus ad nostrum Moysen atque ad superiora reuertamur ut quanto praestantiora tanto antiquiora promamus. Nolebat Aegypti rex populum dimittere patrum. Dixit Moyses sacerdoti Aaron ut extenderet uirgam suam

---

193 다니 13,1-63 참조.
194 키케로, 『의무론』 3,8,35 참조.

위험에, 다른 한편으로는 불명예에 직면해 있었습니다. 수산나는 안위를 열망하며 수치스러운 삶을 참고 견디느니 올바른 죽음으로 불명예를 피하기를 더 원했습니다.[193] 그래서 수산나는 올바름을 지향했고, 목숨도 구했습니다. 수산나가 삶에 이로워 보였던 것을 택했다면, 그렇게 큰 영광도 얻지 못했을 것입니다. ─그것은 이롭지 않았을 뿐 아니라 위험했을 것입니다.─ 그리고 아마 형벌도 면치 못했을 것입니다. 그러므로 추악한 것은 이로울 수 없으며, 올바른 것은 이롭지 않을 수 없다는 것을 깨달읍시다. 이로움은 언제나 올바름과 얽혀 있고, 올바름은 이로움과 얽혀 있기 때문입니다.[194]

제15장 올바름의 본보기인 모세

91. 수사학자들은 한 로마 장군[195]에 관해 기억할 만한 사건을 들려줍니다. 그와 원수지간인 임금의 주치의가 임금에게 독약을 처방해 주겠노라 제안하러 왔습니다.[196] 장군은 그를 결박하여 적군에게 보냈습니다. 이는 참으로 고귀한 일입니다. 용맹으로 전투를 벌여온 그는 속임수로 승리를 거두려 하지 않았습니다. 그는 승리에 올바름을 두지 않았고, 올바르게 얻은 승리가 아니면 승리 자체가 추악하다는 것을 분명히 선언했습니다.

92. 우리의 모세에게로 돌아가, 더 앞서 일어났던 사건으로 되돌아가 봅시다. 이렇게 함으로써 우리는 그것이 얼마나 더 빼어나고 얼마나 더 오래된

---

195 파브리키우스 루스키누스(Fabricius Luscinus)는 기원전 282-272년에 집정관이었고 에피루스의 피루스(Pyrrhus)와 벌인 로마 전투에서 승리를 거두었다. 키케로, 『의무론』 3,22,86; 1,8,40 참조.

196 키케로, 『의무론』 3,22,86 참조.

super omnes aquas Aegypti. Extendit Aaron et conuersa est aqua fluminis in sanguinem et nemo poterat bibere aquam omnesque Aegyptii siti peribant, sincera autem fluenta patribus abundabant. Iactauerunt fauillam in caelum et facta sunt ulcera et uesicae candentes in hominibus et quadrupedibus. Deduxerunt grandinem in igne flammeo: contrita erant super terram omnia. Rogauit Moyses et uniuersa in suam gratiam reuerterunt: grando sedata est, sanata ulcera, potus solitos flumina praebuerunt.

93. Iterum caligantibus tenebris operta erat terra per triduum ex quo Moyses manum leuauerat et tenebras infuderat. Moriebatur omne primogenitum Aegypti cum Hebraeorum omnis esset inoffensa progenies. Rogatus Moyses ut his quoque finem exitiis daret, orauit et impetrauit. In illo praedicandum quod a fraudis consortio temperauerit; in hoc mirabile quoniam diuinitus intenta supplicia et uirtute propria etiam ab hoste detorserit uere nimium, sicut scriptum est, mansuetus et mitis. Sciebat quod fidem rex non seruaret promissi, tamen honestum putabat ut rogatus oraret, laesus benediceret, appetitus remitteret

---

197 탈출 7,14-25 참조.
198 탈출 9,8-12 참조.
199 탈출 9,13-35 참조.
200 탈출 10,21-29 참조.

것인지 보여줄 수 있습니다. 이집트 임금은 성조들의 백성을 풀어주기를 원치 않았습니다. 모세는 아론 사제에게 자기 지팡이를 이집트의 모든 물 위로 펼쳐 들라고 말했습니다. 아론이 그렇게 펼쳐 들자 강물이 피로 변했습니다. 아무도 물을 마실 수 없게 되었고, 모든 이집트인은 갈증으로 죽어갔습니다. 그러나 성조들에게는 좋은 냇물들이 넉넉했습니다.[197] 모세와 아론은 그을음을 공중에 뿌려 사람과 짐승에게 궤양을 일으키는 종기와 물집이 되게 했습니다.[198] 우박을 번갯불로 떨어지게 하여 땅 위에 있는 모든 것이 모조리 파괴되었습니다. 모세가 기도하자 모든 것이 제 모습으로 돌아왔습니다. 우박이 멎었고, 종기가 나았으며, 강물은 예전의 물을 대주었습니다.[199]

93. 그러다 다시 모세가 손을 뻗어 어둠을 펼치자 땅은 사흘 동안 짙은 어둠에 뒤덮였습니다.[200] 이집트의 모든 맏이가 죽었지만, 히브리인들의 모든 자손은 멀쩡했습니다.[201] 그들은 모세에게 이 재앙도 끝내달라고 간청했습니다. 모세가 기도하자 그의 청을 들어주셨습니다. 이 로마 장군[202]의 경우에는 속임수에 가담하지 않았다는 점에서 칭찬을 받을 만합니다. 모세의 경우에는 자신의 공덕으로 하느님께서 계획하신 심판을 심지어 원수에게서도 멀어지게 했다는 점에서 경탄스럽습니다. 참으로 그는 적혀 있는 대로 온순하고 온유했습니다.[203] 그는 임금이 약속에 대한 신의를 지키지 않을 것을 알았지만, 청을 받으면 기도해 주고, 상처 입어도 축복해 주고, 공격받아도 용서하는 것이 올바르다고 생각했습니다.

---

201 탈출 11,4-10 참조.
202 파브리키우스 루스키누스를 가리킨다. 『성직자의 의무』 3,15,91 참조.
203 민수 12,3 참조.

94. Proiecit uirgam et serpens factus est qui deuorauit serpentes Aegyptiorum, significans quod Verbum caro fieret quae serpentis diri uenena uacuaret per remissionem et indulgentiam peccatorum. Virga est enim Verbum directum, regale, plenum potestatis; insigne imperii. Virga serpens facta est quoniam qui erat Filius Dei ex Deo Patre natus, Filius hominis factus est, natus, ex Virgine, qui quasi serpens exaltatus in cruce, medicinam uulneribus infudit humanis. Vnde ipse Dominus ait: "Sicut Moyses exaltauit serpentem in deserto ita exaltari oportet Filium hominis."

95. Denique et alterum signum ad Dominum Iesum pertinet quod fecit Moyses: "Misit manum suam in sinum et protulit eam et facta est manus eius sicut nix. Iterum misit et protulit eam et erat sicut carnis humanae species", significans Dominum Iesum primum fulgorem diuinitatis postea susceptionem carnis, in qua fide credere omnes gentes populosque oporteret. Merito manum misit quia dextera Dei Christus est in cuius diuinitate et incarnatione si quis non crediderit, quasi reprobus flagellatur sicut iste rex qui quoniam signis non credidit euidentibus, postea flagellatus orabat ut ueniam mereretur. Quantus igitur honestatis adfectus esse debeat, et his probatur et eo maxime quod se obiciebat pro populo dicens ut remitteret populo Deus aut certe de libro uiuentium se deleret.

---

204 탈출 7,8-12 참조.
205 요한 1,14 참조.
206 시편 45,7 참조.
207 요한 3,14 참조.

94. 모세가 지팡이를 던지자 뱀이 되어 이집트의 뱀들을 잡아먹었습니다.[204] 이는 말씀이 사람이 되시어[205] 죄의 용서와 관면을 통하여 끔찍한 뱀의 독을 제거하신다는 뜻입니다. 지팡이는 올곧고, 왕답고, 권능이 가득한 말씀이며, 권력의 상징입니다.[206] 지팡이가 뱀이 되었습니다. 성부 하느님에게서 나신 하느님의 아드님께서 동정녀에게 나신 사람의 아들이 되셨고, 십자가에서 뱀처럼 들어 올려지시어 인간의 상처에 약을 부어주셨습니다. 그래서 주님 몸소 말씀하십니다. "모세가 광야에서 뱀을 들어 올린 것처럼, 사람의 아들도 들어 올려져야 한다."[207]

95. 모세가 행한 다른 표징도 주 예수님에 관한 것입니다. "자기 손을 품에 넣었다가 꺼내 보니 그 손이 하얀 눈처럼 되어 있었다. 그가 손을 다시 넣었다가 꺼내 보니 인간 육신의 모습 같았다."[208] 앞엣것은 주 예수님께서 지니신 신성의 광채를 의미하고, 뒤엣것은 그분께서 육신을 받아들이셨다는 사실을 뜻합니다. 이것이 모든 민족과 백성이 믿어야 하는 신앙입니다. 모세가 손을 넣은 것은 마땅한 일입니다. 그리스도께서 하느님의 오른손이시기 때문입니다. 그분의 신성과 육화를 믿지 않는 사람은 쓸모없는 이 임금처럼 벌을 받습니다.[209] 그는 분명한 표징도 믿지 않았고, 벌을 받은 다음에야 용서해 달라고 기도했기 때문입니다. 특히 모세가 백성을 대신하여 몸소 제사를 바치며 하느님께서 백성을 용서하시든지 아니면 살아 있는 이들의 책에서 자신을 지워달라고 말씀드리는 데서 드러나듯, 얼마나 큰 올바름에 대한 애정이 있어야 하겠습니까.[210]

---

208 탈출 4,6-7 참조.
209 요한 3,36 참조.
210 탈출 32,32 참조.

96. Tobias quoque formam expressit honestatis euidentius cum relicto conu-
iuio mortuos sepeliret et ad cibos pauperis mensae inuitaret inopes. Raguel
praecipue, qui contemplatione honestatis cum rogaretur ut filiam suam in
coniugium daret, uitia quoque filiae non tacebat ne circumuenire petitorem
uideretur tacendo. Itaque cum Tobias filius Tobis posceret ut sibi eam daret
puellam, respondit lege quidem ipsi eam deberi tamquam propinquo sed de-
disse se eam iam sex uiris et omnes eos esse mortuos. Iustus itaque uir plus
alienis timebat et malebat innuptam sibi manere filiam quam propter nuptias
eius extraneos periclitari.

97. Quam breuiter absoluit omnes quaestiones philosophorum! Illi de uitiis
tractant domorum, tegenda an prodenda a uenditore uideantur; noster nec
filiae uitia celanda arbitratus est. Et certe non ipse adfectabat ut eam traderet
sed rogabatur. Quanto utique iste honestior sit illis dubitare non possumus si
conferamus quanto praestantior sit filiae causa quam rei uenalis pecunia.

---

211 토빗기의 주인공 이름은 '토빗'이고 그 아들은 '토비야'이다. 칠십인역 그리스어 성경은 토빗
(Τωβίθ 또는 Τωβίτ)과 토비야(Τωβίας)를 구별하지만, 대중판 라틴어 성경 불가타는 아
버지와 아들 이름을 똑같이 Tobias라고 쓴다. 암브로시우스, 『토빗 이야기』 참조.
212 토빗 1,16-2,8 참조.
213 토빗 6,10-7,14 참조.

제16장 올바름의 본보기인 토빗

96. 토빗[211]도 올바름의 본보기를 더 분명하게 보여주었습니다. 그는 식사를 중단하고 가서 죽은 이를 묻어주고, 가난한 식탁의 음식을 나누기 위해 궁핍한 이들을 초대했습니다.[212] 특히 라구엘은 자기 딸과 혼인을 맺게 해달라는 청을 받았을 때 올바름을 생각하여 딸의 결함에 관해서도 침묵하지 않았습니다. 침묵함으로써 청혼자를 속이는 것처럼 보이지 않으려는 것이었습니다. 토빗의 아들 토비야가 딸을 자기에게 달라고 청했을 때, 라구엘은 율법대로 자기 딸을 가까운 친척인 토비야에게 마땅히 보내야 하겠지만, 딸을 이미 여섯 남자에게 주었으나 그들이 모두 죽어버렸다고 대답했습니다.[213] 의로운 그 사람은 다른 사람들을 더 염려했고, 딸의 혼인을 위해 다른 사람들을 위험에 빠뜨리느니, 딸이 미혼으로 남아 있기를 더 바랐습니다.

97. 그는 철학자들이 매달려 있는 모든 물음을 얼마나 간단히 풀었습니까! 철학자들은 겹의 결함들에 관하여 따지면서[214], 파는 사람이 결함을 감추어야 하는지 아니면 드러내야 하는지 논의합니다.[215] 우리의 이 사람은 딸의 결함도 감추어서는 안 된다고 판단했습니다. 분명 그는 딸을 떠넘기려한 것이 아니라, 청혼을 받은 상황이었습니다. 딸의 의미가 파는 물건의 돈보다 얼마나 더 소중한지 비교만 해보아도, 이 사람이 철학자들보다 얼마나 더 올바른지는 의심할 수 없습니다.

---

214 키케로, 『의무론』 3,12,54 참조.
215 키케로, 『의무론』 3,12,50 참조.

98. Consideremus aliud quod in captiuitatem gestum, summum tenuit hone-statis decorem. Nullis enim aduersis honestas impeditur quae in his eminet et magis praecellit quam in prosperis. Inter uincula itaque, inter arma, flammas, seruitutem—quae liberis omni supplicio grauior est—inter poenas morienti-um, excidia patriae, uiuorum formidinem, peremptorum sanguinem, non ex-cidit tamen cura honestatis maioribus nostris sed inter euersae patriae cineres et fauillas in adfectibus piis resplenduit et refulsit.

99. Nam cum in Persidem ducerentur patres nostri qui tunc Dei omnipotentis cultores erant, acceptum ignem de altari sacerdotes Domini occulte in ualle absconderunt. Erat illic uelut puteus patens, aquae secessu infrequens nec po-pulari usui patens, ignoto et ab arbitris remoto loco: ibi obsignauerunt indicio sacro pariter ac silentio ignem reconditum. Non illis studio fuit aurum defo-dere, argentum abscondere, quod seruarent posteris suis, sed inter extrema sua honestatis curam habentes sacrum ignem seruandum putauerunt ne eum uel impuri contaminarent uel defunctorum sanguis esxtingueret uel deformium ruinarum aceruus aboleret.

제17장 올바름의 본보기인 성조들

98. 다른 예를 살펴봅시다. 유배 시절의 사건으로서, 가장 멋진 올바름을 간직한 사례입니다. 올바름은 어떠한 역경에도 가로막히지 않습니다. 올바름은 번영보다 역경에서 돋보이고 더 탁월해집니다. 감옥에서, 무기와 화염과 종살이에서—이런 것은 자유인들에게는 모든 형벌보다도 더 무겁습니다.—죽어가는 이들의 고통과 조국의 파괴, 살아 있는 이들의 공포와 죽은 이들의 피 가운데서도 올바름에 대한 관심은 우리 조상들에게서 멀어지지 않았습니다. 스러진 조국의 먼지와 재 틈바구니에서도 올바름에 대한 관심은 경건한 마음속에서 빛을 내며 반짝이고 있었습니다.

99. 우리 성조들이 페르시아로 끌려갔을 때, 당시에 전능하신 하느님을 경배하던 주님의 사제들이 있었는데, 그들은 제대에서 불을 댕겨서 골짜기에 은밀하게 감추었습니다.[216] 거기에는 열린 우물 비슷한 것이 있었고, 물이 줄어들어 찾는 이가 거의 없고 대중이 이용하도록 개방되지 않은 곳이었습니다. 사람들이 알아차릴 수 없는 외딴곳이었기 때문입니다. 그들은 거기에 거룩한 표지와 침묵으로 숨긴 불을 봉해놓았습니다. 이 사람들은 자기 후손들에게 물려주기 위해 금을 묻거나 은을 감추려는 욕심이 없었습니다. 자신들이 맞닥뜨린 극한의 상황에서도 그들은 올바름에 대한 관심을 지니고 있었으며, 거룩한 불이 부정한 사람들에 의해 더럽혀지거나 죽은 이들의 피로 꺼지거나 흉한 폐허 더미에 깔리지 않도록 지켜야 한다고 생각했습니다.

---

216 2마카 1,19 참조.

100. Abierunt itaque in Persidem sola religione liberi quoniam sola illis per captiuitatem extorqueri nequiuit. Post uero plurimum temporis, quando placuit Deo, dedit hanc mentem regi Persarum ut restaurari in Iudaea templum et legitimos reparari Hierosolymis ritus iuberet. Cuius gratia muneris Nehemiam sacerdotem rex Persarum direxit; at ille secum deduxit illorum sacerdotum nepotes, qui profecturi de patrio solo sacrum ne periret ignem absconderant. Venientes autem, ut patrum sermone est proditum, non inuenerunt ignem sed aquam. Et cum deesset ignis quo adolerent altaria, haurire eos aquam Nehemias sacerdos sibique deferre et aspergere super ligna praecepit. Tunc, uisu mirabile, cum esset caelum intextum nubibus, sol repente illuxit, accensus est magnus ignis ita ut omnes in tam euidenti Domini gratia factum stupentes, laetitia perfunderentur. Orabat Nehemias, psallebant sacerdotes hymnum Deo. Vtque consumptum est sacrificium, iussit iterum Nehemias residua aqua maiores perfundi lapides; quo facto flamma accensa est, lumen autem refulgens ab altari consummatum illico est.

101. Hoc patefacto indicio, rex Persarum eo loco in quo ignis fuerat absconditus et postea reperta est aqua, templum fieri mandauit cui inferebantur dona plurima. Appellauerunt autem illud qui erant cum sancto Nehemia "Epathar" quod interpretationem habet purificationis, a plurimis "Nepthe" uocatur. Inuenitur autem in descriptionibus Ieremiae prophetae quod iusserit accipere de igne eos qui postea essent futuri. Hic est ignis qui cecidit super sacrificium Moysi et consumpsit illud sicut scriptum est quia: "Exiuit ignis a Domino et

100. 그래서 그들은 페르시아로 갔지만, 종교에서만은 자유로웠습니다. 이 것만큼은 포로 생활로도 그들에게서 앗아갈 수 없었기 때문입니다. 그러나 많은 세월이 흘러 하느님 마음에 든 때가 되자, 그분께서는 페르시아 임금 에게 이런 마음을 주시어 유다에 성전을 복구하고 예루살렘에 올바른 예식 을 재정비하도록 명령하게 하셨습니다. 페르시아 임금은 이 임무를 수행하 도록 느헤미야 사제를 보냈고, 느헤미야는 그들이 조국 땅을 막 떠나려 할 때 거룩한 불이 꺼지지 않도록 숨겼던 그 사제들의 후손들을 데리고 갔습 니다. 그러나 성조들의 이야기에서 들었던 그곳에 가서는 불이 아니라 물 을 발견했습니다. 제대에 피울 불이 없었기에, 느헤미야 사제는 그들에게 물을 길어 자기에게 가져오게 한 다음 나무 위에 뿌리도록 명령했습니다. 그때 놀라운 광경이 펼쳐졌습니다. 하늘은 구름에 가려 있었는데 갑자기 해 가 비치면서 큰불이 붙은 것입니다. 이처럼 분명한 주님의 은총으로 이루어 진 일에 모두 놀라워했고 기쁨으로 흠뻑 젖었습니다. 느헤미야는 기도를 바 쳤고, 사제들은 하느님께 찬미가를 불렀습니다. 희생 제물이 다 탄 뒤에, 느 헤미야는 남은 물을 커다란 돌들 위에 쏟으라고 다시 명령하였습니다. 이 렇게 하자 불꽃이 일었지만, 제대에서 빛이 비치면서 곧 사그라졌습니다.[217]

101. 이 표징이 알려지자, 페르시아 임금은 불을 숨겼던 자리, 나중에 물 이 발견된 자리에 성전을 지으라고 명령했습니다. 사람들은 여기에 많은 선물을 갖고 왔습니다. 거룩한 느헤미야와 함께 있던 이들은 그것을 '에파 타르(Epathar)'라 불렀는데, 그것은 '정화'라는 뜻이며, 많은 사람이 그것을 '네프타르(Nepthar)[218]'라고 부릅니다.[219] 예레미야 예언자에 관한 묘사에서

---

217 2마카 1,20-32 참조.

consumpsit uniuersa quae erant super altare holocausta." Hoc igne oportebat sanctificari sacrificium ideoque et in filios Aaron qui alienum ignem inferrre uoluerunt, exiuit iterum ignis a Domino et consumpsit eos ita ut mortui extra castra proicerentur.

102. Veniens autem Ieremias in locum inuenit domum in modum speluncae et tabernaculum et arcam et altare incensi intulit illuc et obstruxit ostium; quod cum hi qui simul uenerant, curiosius perscrutarentur ut notarent sibi locum, nequaquam comprehendere atque inuenire potuerunt. Vt autem cognouit Ieremias quod adfectassent, dixit: "Ignotus erit locus donec congreget Deus congregationem populi et propitius fiat. Tunc Deus ostendet haec et apparebit maiestas Domini."

18

103. Congregationem populi tenemus, propitiationem Domini Dei nostri agnoscimus quam propitiator in sua operatus est passione. Arbitror quod nec

---

218 아람어로는 '네프타'(Nephta) 또는 '나프타'(Naphta)이고, 그리스어로는 '네프타르'(νέφθαρ) 또는 '나프타'(νάφθα)이다.
219 2마카 1,33-36 참조. 한국천주교주교회의 『성경』 번역은 다음과 같다. "느헤미아와 그 동료들은 그 액체를 '넵타르'라고 불렀는데, 그것은 '정화'라는 뜻입니다. 그러나 그것을 '나프타'라고 하는 사람이 많습니다."

도 그가 나중에 올 사람들에게 불을 댕겨 가라고 명령했다는 사실을 볼 수 있습니다. 이 불은 모세의 희생 제물 위에 내려와 삼켰던 그 불입니다. 이렇게 적혀 있는 바와 같습니다. "주님에게서 불이 나와 제대 위에 있던 모든 번제물을 삼켰다."[220] 희생 제물은 이 불로 축성되어야 했습니다. 그래서 아론의 아들들이 다른 불을 들이려 했을 때 주님에게서 불이 다시 나와 그들을 삼켰고, 죽은 그들은 진영 밖에 던져졌던 것입니다.[221]

102. 그러나 예레미야는 어떤 곳에 가서 동굴 집을 찾았고 천막과 궤와 분향 제대를 그곳에 안치하고 나서 입구를 막았습니다. 그와 같이 간 사람들은 그 자리를 찾을 수 있을까 더 주의 깊게 살폈지만, 알아볼 수도 찾을 수도 없었습니다. 그들이 그 자리를 찾으려 했다는 것을 안 예레미야는 이렇게 말했습니다. "그 장소는 하느님께서 백성의 무리를 모으시어 용서를 베푸시기까지 알려지지 않을 것이다. 그때에야 하느님께서 이를 드러내실 것이고, 주님의 엄위도 나타날 것이다."[222]

제18장 성경의 예형적 해석[223]

103. 우리는 백성의 무리를 이루고 있으며, 우리 주 하느님의 용서를 알고 있습니다. 자비의 중재자께서는 당신 수난으로 용서를 베푸셨습니다.[224]

---

220 레위 9,24 참조.
221 레위 10,1-4 참조.
222 2마카 2,5-8 참조.
223 예형(typus)적 해석이란 구약은 신약의 예고이며 구약의 인물과 역사에는 신약의 말씀과 사건들을 미리 보여주는 상징과 예표가 가득하다는 성서해석방법론이다. 예컨대, 암브로시우스는 홍해 바다를 세례의 물로 해석한다.

ignem istum possimus ignorare cum legerimus quia baptizat Dominus Iesus in Spiritu sancto et igni sicut in Euangelio dixit Iohannes. Merito consumebatur sacrificium quoniam pro peccato erat. Ille autem ignis typus Spiritus sancti fuit qui descensurus erat post Domini ascensionem et remissurus peccata omnium qui quasi ignis inflammat animum ac mentem fidelem. Vnde ait Ieremias accepto Spiritu: "Et factum est in corde meo ut ignis ardens, flammigerans in ossibus meis et dissolutus sum undique et ferre non possum." Sed et in Actibus apostolorum cum decidisset Spiritus super apostolos et plerosque qui exspectabant promissa Domini, tamquam ignem dispersas esse linguas legimus. Denique sic uaporabatur animus singulorum ut musto repleti esse qui acceperant aestimarentur linguarum diuersitatem.

104. Quid ergo sibi uult esse quod ignis aqua factus est et aqua ignem excitauit nisi quia spiritalis gratia per ignem exurit, per aquam mundat peccata nostra? Eluitur enim peccatum, et exuritur. Vnde et apostolus ait: "Vniuscuiusque opus quale sit, ignis probabit" et infra: "Si cuius opus arserit, detrimentum patietur; ipse autem saluus erit, sic tamen quasi per ignem."

---

224   1요한 2,2 참조.
225   루카 3,16 참조.
226   요한 1,33 참조.
227   예레 20,9 참조.

나는 이 불이 무엇인지 모를 수 없다고 판단합니다. 요한이 복음서에서 말했듯이, 주 예수님께서는 성령과 불[225]로 세례를 주신다고 우리는 읽었기 때문입니다.[226] 그러니 죄를 위한 희생 제물이 삼켜진 것은 마땅한 일입니다. 그 불은 주님의 승천 이후에 내려오시어 모든 이의 죄를 용서하실 성령의 예형이었습니다. 성령은 믿는 이의 영혼과 정신을 불처럼 살라버리기 때문입니다. 예레미야는 성령을 받아 이렇게 말합니다. "내 **뼛**속에서 뜨겁게 타오르는 불같은 것이 내 심장 속에 생겼습니다. 나는 맥이 풀려 더 이상 견뎌내지 못하겠습니다."[227] 그러나 성령께서 사도들을 비롯하여 주님의 약속이 이루어지기를 기다리고 있던 많은 이에게 내리셨을 때, 혀들이 불처럼 흩날렸다고 사도행전에서 읽습니다.[228] 그들은 저마다 영혼이 뜨거워졌고, 다양한 언어를 다루는 능력을 받은 그들은 자신들이 햇포도주에 취했다고 생각했습니다.[229]

104. 불이 물로 변하고, 물이 불을 일으켰다는 것은 무슨 뜻입니까? 영적 은총이 우리 죄를 불로 태우고 물로 씻는다는 뜻이 아니고 무엇이겠습니까? 죄가 씻기고 불태워집니다. 그래서 사도도 이렇게 말합니다. "저마다 한 일이 어떤 것인지 불이 가려낼 것입니다."[230] 그 아래서 이렇게 말합니다. "어떤 이의 행실이 불타게 되면 그는 손해를 입게 됩니다. 그 자신은 구원을 받겠지만 불에 타듯 할 것입니다."[231]

---

228 사도 2,3-4 참조.
229 사도 2,1-13 참조.
230 1코린 3,13 참조.
231 1코린 3,15 참조.

105. Quod ideo posuimus ut probaremus per ignem exuri peccata. Notum est ergo hunc esse uere ignem sacrum qui tunc in typo futurae remissionis peccatorum descendit super sacrificium.

106. Hic igitur ignis absconditur captiuitatis tempore quo culpa regnat, tempore autem libertatis promitur. Et licet in aquae speciem mutatus, tamen seruat ignis naturam, ut consumeret sacrificium. Nec mireris cum legeris quia Pater Deus dixit: "Ego sum ignis consumens" et alibi: "Me dereliquerunt fontem aquae uiuae." Ipse quoque Dominus Iesus quasi ignis inflammat audientium corda, quasi fons refrigerat: nam ipse in Euangelio suo dicit quod ideo uenerit ut ignem in terras mitteret et potum sitientibus aquae uiuae ministraret.

107. Eliae quoque tempore descendit ignis quando prouocauit prophetas gentium ut altare sine igne accenderent. Et cum illi nequissent facere, hostiam suam tertio ipse perfudit aqua et manabat aqua in circuitu altaris et exclamauit et cecidit ignis a Domino de caelis et consumpsit holocaustum

108. Hostia illa tu es. Considera tacitus singula: in te descendit uapor Spiritus sancti, te uidetur exurere cum tua peccata consumit. Denique quod con-

---

232 2마카 1,22-23 참조.
233 신명 4,24 참조.
234 예레 2,13 참조.

105. 이 구절을 인용한 것은 죄가 불로 없어진다는 것을 보여주기 위해서입니다. 미래에 이루어질 죄의 용서에 대한 예형으로 그때 희생 제물 위에 내려온 이것은 참으로 거룩한 불이라는 사실이 밝혀졌습니다.[232]

106. 죄가 다스리던 포로 시절에는 이 불이 숨겨져 있었지만, 자유의 때에 드러납니다. 그것은 물의 모습으로 변했으나, 희생 제물을 사르기 위해 불의 본성을 간직하고 있습니다. 아버지 하느님께서 "나는 태워버리는 불이다."[233]라고 하셨고, 다른 곳에서는 "그들은 살아 있는 물의 원천인 나를 저버렸다."[234]라고 하셨다는 말씀을 읽을 때 놀라지 마십시오. 주 예수님께서도 당신 말씀을 듣는 이들의 마음을 불처럼 사르시고, 샘처럼 생기를 돋우어주십니다. 그분께서는 당신 복음서에서 세상에 불을 지르고[235], 목마른 이들에게 살아 있는 물의 음료를 주기 위해 오셨다고 말씀하십니다.[236]

107. 엘리야 시대에도 불이 내려왔습니다. 엘리야가 이교도 예언자들에게 불 없이 제대에 불을 붙여보라며 시합을 걸었을 때입니다. 그들이 그렇게 할 수 없었을 때, 엘리야는 자기 번제물에 물을 세 번 쏟아 물이 제대 주변에 흘러넘치게 하고는 울부짖자, 하늘에서 주님에게서 불이 내려와 번제물을 살라버렸습니다.[237]

108. 그대가 그 번제물입니다. 하나하나 조용히 생각해 보십시오. 그대 안에 성령의 숨결이 내려옵니다. 성령께서 그대의 죄를 사르실 때 불타는 것

---

235 루카 12,49 참조.
236 요한 7,37-38 참조.
237 1열왕 18,20-40 참조.

sumptum est sacrificium Moysi tempore, sacrificium pro peccato erat. Vnde Moyses ait, sicut in Machabaeorum scriptum est libro, eo quod non sit manducatum quod erat pro peccato, consumptum est. Nonne tibi consumi uidetur quando in baptismatis sacramento interit homo totus exterior? Vetus homo noster confixus est cruci, apostolus clamat. Illic, sicut Patrum exempla te docent, Aegyptius demergitur, Hebraeus resurgit sancto renouatus Spiritu, qui etiam per mare Rubrum inoffenso transiuit uestigio ubi baptizati sunt patres sub nube et in mari.

109. In diluuio quoque Noe tempore mortua est caro omnis, iustus tamen cum sua progenie seruatus est. Annon consumitur homo cum absoluitur mortale istud a uita? Denique exterior corrumpitur sed renouatur interior. Nec solum in baptismate sed etiam in paenitentia fit carnis interitus ad profectum spiritus sicut apostolica docemur auctoritate dicente sancto Paulo: "Iudicaui ut praesens eum qui sic operatus est, tradere huiusmodi Satanae in interitum carnis ut spiritus saluus sit in die Domini nostri Iesu Christi."

110. Prolixior excursus admirandi gratia mysterii factus uidetur dum studemus reuelatum plenius sacramentum pandere quod eousque plenum honesta-

---

238 2마카 2,11 참조.
239 로마 6,6 참조.
240 탈출 14,15-31 참조.
241 1코린 10,1-2 참조.

처럼 보이는 것은 그대입니다. 모세 시대에 살라진 희생 제물은 죄를 위한 희생 제물이었습니다. 그래서 모세는 마카베오서에 쓰인 대로, 죄를 위해 바쳐진 것은 먹을 수 없기 때문에 살라졌다고 한 것입니다.[238] 세례성사에서 외적 인간 전체가 죽을 때 그대가 살라지는 것 같지 않습니까? 우리의 옛 인간이 십자가에 못 박혔다[239]고 사도는 외칩니다. 성조들의 본보기가 그대를 가르치듯이, 바로 거기서 이집트인은 물에 잠기고 성령으로 새로워진 히브리인은 다시 일어납니다. 그곳은 거침없는 발걸음으로 홍해를 건널 때[240], 구름 아래 바다에서 성조들이 세례받은 곳이기도 합니다.[241]

109. 노아 시대에도, 홍수로 모든 육체가 죽었지만, 의인은 자기 후손과 함께 구원받았습니다. 이 죽을 존재가 생명에서 벗어날 때 인간은 그렇게 살라지지 않겠습니까? 외적 인간은 부패하지만, 내적 인간은 새로워집니다.[242] 육체의 파멸이 영에 이로운 경우는 세례뿐 아니라 참회에서도 마찬가지입니다. 우리는 사도적 권위로 말하는 거룩한 바오로에게 이렇게 배웁니다. "내가 그러한 짓을 한 이들과 함께 있는 듯이 심판을 내렸고, 그러한 자를 사탄에게 넘겨 육체는 파멸하게 하고 영은 우리 주 예수 그리스도의 날에 구원을 받게 한다는 것입니다."[243]

110. 신비의 은총에 경탄하다 보니 너무 멀리 벗어난 것처럼 보일 수도 있으나, 그것은 계시된 성사를 더욱 온전히 펼쳐보고 싶은 열망 때문입니다. 이 성사는 종교적 심오함으로 가득 찬 만큼 올바름으로 가득 차 있기

---

242 2코린 4,16 참조.
243 1코린 5,3.5 참조.

tis est ut sit plenum religionis.

19

111. Quanta autem honestatis cura maioribus fuerit, ut unius mulieris iniuriam stupro illatam intemperantium bello persequerentur et uicto populo tribus Beniamin obtestarentur in coniugium se eis proprias filias non daturos! Remanserat tribus sine ullo posteritatis subsidio nisi fraudis necessariae accepisset licentiam. Quae tamen indulgentia congruo intemperantiae supplicio non uidetur uacare quando illis hoc solum permissum est ut rapto inirent coniugia, non connubii sacramento. Et reuera dignum fuit ut qui alienum contubernium soluerant, ipsi nuptiarum amitterent solemnitatem.

112. Quam plena autem miserationis historia! Vir, inquit, leuita acceperat sibi iugalem — quam a concubitu concubinam appellatam arbitror — quae aliquanto post quibusdam, ut fieri solet, offensa rebus, ad patrem se contulit et fuit illic quattuor mensibus. Exsurrexit uir eius et abiit ad soceri sui domum

244 판관 19,22-25 참조.
245 판관 20,12-48 참조.
246 판관 21,1-7.18 참조.
247 coniugium은 육체적 결합이라는 뜻이며, 합법적이지 않은 동거를 가리킨다.
248 conubium은 법적 결혼을 일컫는다.
249 판관 21,19-23 참조.

때문입니다.

제19장 올바름에 대한 성조들의 관심

111. 올바름에 대한 관심이 우리 조상들에게는 얼마나 컸습니까? 불량배들이 한 여인에게 입힌 능욕을 갚아주기 위해 그들은 전면전에 들어갔습니다.[244] 그런 다음, 벤야민 지파 백성을 무찌르고는[245] 자신들의 딸들을 그들에게 시집보내지 않겠노라 맹세했습니다![246] 그 지파는 불가피한 속임수에 대한 허락을 받지 않았더라면, 후손들의 아무런 도움도 받지 못한 채 남아 있었을 것입니다. 그렇지만 이러한 관면이 무절제에 대한 적절한 처벌을 면제하지는 않는 것 같습니다. 벤야민 사람들에게는 납치해서 동거[247]하는 것만 허용되었을 뿐, 혼인[248] 서약으로 맺는 결혼은 허용되지 않았기 때문입니다.[249] 사실 그들은 다른 사람의 결합을 파괴했기에, 장엄한 혼인 예식을 올릴 권리를 잃어 마땅했습니다.

112. 그러나 이는 얼마나 비참 가득한 이야기입니까! 성경이 말하기를, 어떤 레위 남자가 아내를 맞았습니다.─이 여인은 남편에게 소실(concubina)[250]이라고 불렸으리라고 나는 생각합니다.─얼마간 시간이 흐른 뒤, 그 여인은 흔히 일어나는 속상한 일이 있어서 친정으로 가서는 넉 달 동안 거기에 머물렀습니다. 그의 남편은 자기 아내와 화해하고 다시 불러 데려오려고

---

250 concubina는 concumbere(함께 자다)라는 동사에서 나온 단어로서, 글자 그대로 함께 자는 여자, 곧 소실이라는 뜻이다. 대중판 라틴어 성경 『불가타』에서는 이 여인을 아내(uxor)라고도 하고 소실(concubina)이라고도 한다.(유딧 19,1.9.10.24.25.29; 20,3 참조)

ut cum sua iugali repararet gratiam et reuocaret eam ac reduceret; occurrit ei mulier atque in domum patris sui introduxit maritum.

113. Laetatus est adulescentulae pater, uenit obuiam et sedit cum eo tribus diebus et epulati sunt et quieuerunt. Et sequenti die surrexit leuita diluculo et retentus est a socero ut tam cito non desereret conuiuii iucunditatem. Et alio et tertio die non permisit pater adulescentulae proficisci generum suum donec laetitia inter eos et gratia omnis consummaretur. Sed die septimo cum iam ad uesperum declinaret dies, post mensas et laeta conuiuia, cum praetexeret finitimae noctis uiciniam ut apud suos potius quam apud extraneos requiescendum putaret, nequiuit tenere et dimisit una cum filia sua.

114. Verum ubi facta est aliqua progressio, cum uesper iam propior urgeret et appropinquatum foret ad urbem Iebusaeorum, dicente seruulo ut ad eam dominus suus deflecteret, non acquieuit dominus suus quia non erat ea ciuitas filiorum Israel, sed intendit peruenire usque Gabaa quae habitabatur a populo tribus Beniamin. Nec erat quisquam qui aduenientes reciperet hospitio, nisi uir peregrinus progressa aetate. Qui cum aspexisset eos et interrogasset leuitam: "Quo uadis uel unde uenis?" Quo respondente quod esset uiator et montem repeteret Ephraim et non esset qui colligeret eum, hospitium ei obtulit et adornauit conuiuium.

---

251 판관 19,3-4 참조.

일어나서 자기 장인의 집으로 갔습니다. 여자는 그에게 달려와 자기 아버지의 집으로 남편을 데리고 들어갔습니다.[251]

113. 젊은 여인의 아버지는 기뻐하며 만나러 나와서는 그와 함께 사흘간 머물며, 함께 먹고 쉬었습니다. 다음날 그 레위인은 새벽에 일어났으나, 잔치의 기쁨을 너무 일찍 앗아가지 말아달라는 장인에게 붙들렸습니다. 그이튿날 사흘날에도 젊은 여인의 아버지는 그들 사이의 기쁨과 모든 즐거움이 다할 때까지 자기 사위가 떠나도록 허락하지 않았습니다. 그러나 이레째 되던 날, 이미 날이 저녁으로 기울고 식사와 즐거운 잔치를 끝낸 뒤였습니다. 밤이 가까웠는데 낯선 사람들에게 가느니 자기 집에서 쉬어가도록 해야 한다고 생각했지만, 붙잡아두지 못하고 자기 딸과 함께 떠나도록 두었습니다.

114. 조금 갔을 때 이미 임박했던 저녁이 밀어닥쳤습니다. 그들은 여부스 시 가까이에 이르렀기 때문에 종은 자기 주인이 이 성읍으로 방향을 돌리도록 제안했지만, 그 주인은 이스라엘 자손의 성읍이 아니라며 받아들이지 않았습니다. 그는 벤야민 지파 백성이 살고 있던 기브아까지 가려고 마음먹었습니다. 그러나 나이 지긋한 외국인 말고는 거기 도착한 그들에게 환대를 베푸는 사람이 없었습니다. 그는 그들을 보자 레위인에게 물었습니다. "어디로 가는 거요? 아니면 어디서 오는 거요?"[252] 레위인은 나그네이며 에프라임산으로 돌아가는 길인데, 자기를 맞아주는 사람이 없다고 대답했습니다. 외국인은 그에게 환대를 베풀고 식사를 차려주었습니다.

---

252 판관 19,17 참조.

115. At ubi satietas epulandi facta est et mensae remotae, irruerunt pestilentes uiri, et circumierunt domum. Tunc senior filiam suam uirginem et coaequalem eius cum qua cubitare solita esset, offerebat uiris iniquitatis tantum ne uis irrogaretur hospiti. Verum ubi parum ratio processit et uis praeualuit, cessit leuites iugali sua: et cognouerunt eam et tota nocte illuserunt ei. Qua atrocitate uel dolore uicta iniuriae, ante hospitium hospitis quo uir suus deuerterat, proiecit se atque exhalauit spiritum, supremo licet uitae munere adfectum bonae coniugis seruans ut exsequias saltem sui funeris marito reseruaret.

116. Quo cognito—ne multis morer—omnis prope populus Israel in bellum exarsit dubioque euentu cum anceps maneret proelium, tertia tamen proeliandi uice, traditus est populus Beniamin populo Israel et diuina iudicatus sententia poenas intemperantiae luit et condemnatus quoque ne quis ei ex numero pater filiam suam daret in uxorem idque confirmatum iurisiurandi sacramento est. Sed compuncti quod tam acerbam in fratres tulissent sententiam, ita seueritatem eius temperauerunt ut orbatas parentum uirgines in coniugium sibi adsciscerent, quarum patres pro delicto perempti forent, uel rapto copulam sociarent quia pro tam turpis commissi facinore—quia alieni matrimonii ius uiolauerant—indignos se impetrando exhibuere matrimonio. Sed ne periret una populo tribus, fraudis indulta est cohibentia.

---

253 판관 20,21 참조.

115. 그러나 그들이 배불리 식사를 마치고 식탁을 치우고 나자, 불량배 남자들이 와서 집을 에워쌌습니다. 그때 외국인이 이 못된 이들에게 처녀인 자기 딸과 또 딸이 종종 함께 자고는 했던 딸의 또래 친구를 내어주며, 손님에게만은 해코지하지 말라고 간청했습니다. 그러나 이성은 거의 작동하지 않았고, 폭력이 더 힘을 썼으며, 레위인은 자기 아내를 내주었습니다. 그러자 그들은 밤새도록 그 여자와 관계하며 능욕하였습니다. 흉악함과 능욕의 고통에 짓밟힌 그 여자는 자기 남편이 묵고 있던 여관 앞에 쓰러져 숨을 거두었습니다. 인생의 마지막 일에서조차 그 여자는 훌륭한 아내의 성정을 지닌 채, 적어도 자기 장례식을 위해 시신만큼은 남편에게 보존해 주었던 것입니다.

116. 이 소식이 알려지자—많은 말을 늘어놓지는 않겠습니다.—거의 모든 이스라엘 백성은 격분하여 전쟁에 들어갔습니다. 그러나 결과는 불확실했고, 전투는 우열을 가릴 수 없었습니다. 그러나 세 번째 전투에서 벤야민 백성은 이스라엘 백성에게 넘어갔습니다. 그들은 하느님의 판결로 심판받았고, 무절제에 대한 벌을 받았습니다. 또한 이스라엘의 어떤 아버지도 자기 딸을 벤야민 사람에게 아내로 주지 않도록 단죄하였고, 이를 맹세의 선서로 확정하였습니다. 그러나 형제들에게 그토록 가혹한 판결을 내린 것이 마음에 찔린 그들은 그 가혹함을 완화했습니다. 그리하여 벤야민 사람들은 부모를 잃은 처녀들, 죄 때문에 죽음을 당한 아버지의 딸들과 동거하거나, 납치하여 결합할 수 있게 되었습니다. 그런 추악한 범죄를 저지름으로써 다른 사람의 혼인권을 침해했으니, 그들 스스로 혼인에 부당하다는 사실을 드러낸 셈입니다. 그러나 백성 가운데 한 지파가 파멸하는 일을 막기 위해 이런 속임수 계략은 사면받았습니다.[253]

117. Quanta igitur honestatis cura maioribus fuerit, hinc proditur ut quadraginta milia uirorum stringerent gladium aduersus fratres suos de tribu Beniamin dum ulcisci uolunt iniuriam pudicitiae quia temeratores castitatis non sufferebantur. Itaque in eo bello caesa sunt utrimque sexaginta quinque millia bellatorum et exustae urbes. Et cum inferior primo fuisset populus Israel, tamen nec aduersi metu belli percitus uindicandae castitatis sequestrauit dolorem. Ruebat in proelium uel sanguine suo parans commissi flagitii diluere notam.

20

118. Et quid mirum si populo Dei decorum illud atque honestum curae fuit, quando etiam leprosis, sicut in libris Regnorum legimus, honestatis non defuit consideratio?

119. Fames erat magna in Samaria quia obsederat eam Syrorum exercitus. Rex militares excubias supra murum sollicitus reuisebat, interpellauit eum mulier dicens: Persuasit mihi haec mulier ut adferrem filium meum et attuli et coximus et comedimus eum et promisit ut et ipsa postea suum filium adferret et carnes illius simul manducaremus; nunc autem filium suum abscondit et

---

254 한국천주교주교회의 『성경』에는 사십만 명이다. 판관 20,2 참조.
255 직역은 왕국기(Libri Regnorum)이다. 『성직자의 의무』 1,29,141 각주 참조.
256 2열왕 7,1-20 참조.

117. 올바름에 대한 관심이 조상들에게 얼마나 컸는지 여기서 분명히 드러납니다. 사만 명[254]에 이르는 남자들이 벤야민 지파의 자기 형제들에 맞서 칼을 빼 들 준비가 되어 있었고, 순결을 거스른 악행을 앙갚음하고자 했습니다. 정결을 짓밟는 자들을 견딜 수 없었기 때문입니다. 그리고 그 전쟁에서 양쪽 모두 육만오천 명의 군사가 쓰러졌고, 도시들이 불탔습니다. 처음에는 이스라엘 백성이 열세였지만, 전쟁의 역경을 두려워하지 않았습니다. 그들은 정결의 복수를 위해 겪게 될 고통에 대한 생각조차 내팽개쳤습니다. 그들은 저질러진 범죄의 흔적을 씻을 수 있다면 자신들의 피라도 흘릴 각오로 전투에 뛰어들었습니다.

제20장 올바름에 관한 나병 환자들의 관심

118. 어울리는 것과 올바른 것에 대한 관심이 하느님 백성에게 있었다는 사실은 얼마나 놀랍습니까? 나병 환자들에게도 올바름에 대한 성찰이 없지 않았다고 우리가 열왕기[255]에서 읽는 바와 같습니다.[256]

119. 사마리아에 큰 기근이 들었습니다. 시리아군이 그 성읍을 포위하고 있었기 때문입니다. 근심에 찬 임금은 성벽을 지키는 보초병들을 시찰하러 갔습니다. 그때 한 여인이 임금을 가로막고서 이렇게 말했습니다. "이 여자가 저에게 내 아들을 데려오라고 꼬드겨서 제가 데려갔습니다. 그리고 내 아들을 요리해서 같이 먹었습니다. 이 여자는 나중에 자기 아들도 데려와서 우리가 그 살을 같이 먹기로 약속했습니다. 그런데 이제 이 여자는 자기 아들을 감추어놓고는 데려오려 하지 않습니다."[257] 임금은 경악했습니다. 그 여자들은 인육뿐 아니라, 살해한 자식의 시체까지 보란 듯이 먹

non uult eum adferre. Motus rex quod non solum humanis sed etiam parricidalibus cadaueribus mulieres pastae uiderentur, et tam atrocis calamitatis exemplo percitus Eliseo prophetae denuntiauit necem, cuius in potestate fore crederet ut obsidionem solueret, propulsaret famem uel quia non permiserat regi ut percuteret Syros quos caecitate perfuderat.

120. Sedebat Eliseus cum senioribus in Bethel et priusquam introiret ad eum regis nuntius, ait ad seniores uiros: "Si uidistis quoniam filius homicidae illius misit auferre caput meum?" Et introiuit nuntius et mandatum regis pertulit denuntianti praesens capitis periculum. Cui respondit propheta: "Hac hora die crastina mensura similaginis siclo et duae mensurae hordei sic in porta Samariae." Et cum missus a rege nuntius non credidisset dicens: "Si pluerit Dominus de caelo abundantiam frumenti, nec sic quidem id possit effici", dixit ad eum Eliseus: "Quia non credidisti, oculis tuis uidebis et non manducabis."

121. Et factus est subito in castris Syriae uelut quadrigarum sonus et uox multa equitantum et uox magna uirtutis atque ingens belli tumultus et arbitrati sunt Syri quod rex Israel in societatem aduocasset proelii regem Aegypti et regem Amorrhaeorum, et fugerunt diluculo relinquentes tabernacula sua quoniam uerebantur ne improuiso aduentu nouorum opprimerentur hostium

---

257   2열왕 6,24-31 참조.

고 있었기 때문입니다. 이토록 끔찍한 재앙의 본보기에 격분한 임금은 엘리사 예언자를 죽이라는 칙령을 내렸습니다. 엘리사 예언자가 포위를 풀고 기근을 멈추게 할 능력이 있다고 임금이 믿었던 까닭이거나, 아니면 엘리사가 눈 멀게 만든 시리아인을 칠 수 있도록 임금에게 허락하지 않았기 때문입니다.

120. 엘리사는 베텔에서 원로들과 함께 앉아 있었습니다. 임금의 전령이 그에게 들어오기도 전에, 엘리사는 원로들에게 이렇게 말했습니다. "여러분은 저 살인자의 아들이 내 목을 가져오라고 사람을 보낸 것을 보셨습니까?" 그런 다음 전령이 들어와 임금의 명령을 전하며 목숨이 위험한 현실임을 알렸습니다. 예언자는 그에게 이렇게 대답했습니다. "내일 이맘때에 사마리아 성문에서 고운 밀가루 한 말에 한 세켈, 보리 두 말에 한 세켈 할 것이오." 임금이 보낸 전령은 믿지 못하고는 이렇게 말했습니다. "주님께서 하늘에서 풍성한 곡식을 비로 내리신다 한들 그런 일이 일어날 리 있겠습니까?" 그러자 엘리사는 "그대는 믿지 않았기에, 그대의 눈으로 보게 될 것이나 먹지는 못할 것이오."라고 그에게 말했습니다.[258]

121. 갑자기 시리아군 진영에서 병거 소리와 기병들의 우렁찬 목소리와 용사들의 큰 함성과 엄청난 전장 소음 같은 것이 들렸습니다. 시리아인들은 이스라엘 임금이 이집트 임금과 아모리 임금과 전쟁 동맹을 맺었다고 생각했고, 새로운 적군이 갑자기 쳐들어오면 임금들의 뭉친 힘에 버티지 못할까 두려워하며 동틀 무렵 자기 막사를 버리고 달아났습니다.[259] 사마리아는

---

258 2열왕 6,32-7,2 참조.

et coniunctis regum uiribus non posset resistere. Id incognitum Samariae erat quoniam uicti metu et fame tabidi nec praetendere audebant.

122. Erant autem leprosi quattuor ad portam ciuitatis quibus uita erat supplicium et mori lucrum et dixerunt ad se inuicem: Ecce nos hic sedemus et morimur. Si ingredimur urbem, moriemur fame; si manemus hic, nullum subsidium uiuendi suppetit nobis: eamus in castra Syriae, aut compendium mortis erit aut salutis remedium. Perrexerunt itaque et intrauerunt in castra et ecce omnia nuda hostium. Ingressi tabernacula, primum repertis alimentis fugauerunt famem, deinde auri et argenti quantum potuerunt, diripuerunt. Et cum soli praedae incumberent, disposuerunt tamen nuntiare regi fugisse Syros quia id honestum arbitrabantur quam represso indicio fouere fraudis rapinam.

123. Quo indicio egressus est populus et diripuit castra Syriae et commeatus hostium abundantiam fecit: annonae uilitatem reddidit secundum propheticum dictum ut mensura similaginis siclo et duae mensurae hordei pari pretio constarent. In hac laetitia plebis nuntius ille in quo requiescebat rex, contritus inter exeuntium festinationem et remeantium exsultationem, conculcatus a plebe mortuus est.

---

259   2열왕 7,6-7 참조.
260   필리 1,21 참조.
261   2열왕 7,3-5 참조.

이런 일을 알지 못했습니다. 그들은 두려움에 굴복했고 굶주림에 지쳐서 감히 빠져나갈 엄두도 내지 못했기 때문입니다.

122. 성문 어귀에 나병 환자 넷이 있었습니다. 그들에게 삶은 울부짖음이었고, 죽는 것이 오히려 이득이었습니다.[260] 그들은 서로 말했습니다. "보게, 우리가 여기에 앉아 죽어가고 있네. 성읍에 들어간들 굶어 죽을 것이고, 여기 머물러도 살아갈 어떠한 도움도 우리에게 주지 않을 것이네. 시리아군 진영으로 가세. 죽음의 시간이 줄어들거나 구원의 약이 있을 테니." 그래서 그들은 걸어가 진영으로 들어갔고, 적군의 모든 것이 텅 비어 있는 것을 보았습니다.[261] 그들은 막사로 들어갔습니다. 우선 음식을 찾아 허기를 몰아냈습니다. 그런 다음 금과 은을 챙길 수 있는 만큼 털었습니다. 그들은 전리품을 발견한 유일한 사람들이었지만, 시리아인들이 도망쳤다는 소식을 임금에게 알리기로 했습니다. 정보를 숨긴 채 속임수 약탈을 누리기보다, 그렇게 하는 것이 올바른 것이라고 판단했기 때문입니다.[262]

123. 이 정보를 들은 백성은 시리아군 진영으로 가서 털었습니다. 적군의 물품들이 풍요를 만들어주었습니다. 예언자가 말했던 대로 식량 가격이 다시 내려갔고, 고운 밀가루 한 말이 한 세켈에, 보리 두 말이 같은 가격으로 계산되었습니다. 백성이 이렇게 기뻐하는 중에, 임금이 의지했던 그 전령은, 열광하여 나오는 무리와 기뻐하며 다시 들어가는 무리 사이에 휩싸였습니다. 그는 인파에 밟혀 죽었습니다.[263]

---

262 2열왕 7,8-9 참조.
263 2열왕 7,15-20 참조.

124. Quid Esther regina, nonne ut populum suum periculo exueret, quod erat decorum atque honestum, morti se obtulit nec immitis regis trepidauit furorem? Ipse quoque rex Persarum ferox atque tumido corde tam decorum iudicauit indici insidiarum quae sibi paratae forent, gratia repraesentare populumque liberum a seruitute eripere, eruere neci nec parcere ei qui tam indecora suasisset. Denique quem secundum a se, praecipuum inter omnes amicos haberet, cruci tradidit quod dehonestatum se eius fraudulentis consiliis animaduertisset.

125. Ea enim amicitia probabilis quae honestatem tuetur, praeferenda sane opibus, honoribus, potestatibus; honestati uero praeferri non solet sed honestatem sequi. Qualis fuit Ionathae qui pro pietate nec offensam patris nec salutis periculum refugiebat. Qualis fuit Ahimelech qui pro hospitalis gratiae officiis necem potius sui quam proditionem fugientis amici subeundam arbitrabatur.

---

264 에스 3,7-15 참조.
265 에스 4,16; 5,1 참조.
266 에스 1,1; 6,1-3 참조.
267 에스 8,1-17 참조.

제21장 올바름을 간직한 우정

124. 에스테르 왕비는 어땠습니까? 자기 백성을 위험에서 구하기 위해[264] 자신을 죽음에 내놓았고 야만스러운 임금의 격노에도 떨지 않았으니[265], 이것이 어울리고 올바른 것이 아니었습니까? 페르시아 임금은 사납고 마음이 교만한 인물이었음에도, 자신을 노려 준비된 계략을 알려준 사람에게 감사를 표시하는 것[266], 자유로운 백성을 종살이에서 빼내는 것, 그들을 죽음에서 일으켜주는 것[267], 그런 부적절한 짓을 부추긴 사람에게 관용을 베풀지 않는 것이 어울리는 일이라고 여겼습니다.[268] 그래서 그는 자신의 최측근, 모든 벗 가운데 특별히 신뢰하던 사람을 십자가형에 넘겼습니다. 그들의 거짓 조언들로 자신이 올바르지 않은 인간이 된다는 사실을 깨달았기 때문입니다.

125. 우정은 올바름을 간직할 때에만 그럴싸합니다. 분명 우정은 부, 명예, 권력보다 앞서야 합니다.[269] 그러나 우정은 일반적으로 올바름보다 앞서가지 않고, 올바름을 뒤따릅니다. 요나탄의 우정이 이러했습니다. 그는 우애를 위해 아버지와의 충돌도, 목숨의 위태로움도 피하지 않았습니다.[270] 아히멜렉의 우정도 그러했습니다. 그는 환대의 의무를 수행하기 위해, 피신 중인 친구를 배신하느니 차라리 자신이 죽음을 맞아야 한다고 판단했습니다.[271]

---

268 에스 7,5-10 참조.
269 키케로, 『의무론』 3,10,43 참조.
270 『성직자의 의무』 2,7,36 참조.
271 1사무 22,6-23 참조.

126. Nihil igitur praeferendum honestati; quae tamen ne amicitiae studio praetereatur, etiam hoc Scriptura admonet de amicitia. Sunt enim pleraeque philosophorum quaestiones: utrum amici causa quisquam contra patriam sentire necne debeat ut amico oboediat? utrum oporteat ut fidem deserat dum indulget atque intendit amici commoditatibus?

127. Et Scriptura quidem ait: "Claua et gladius et sagitta ferrata, sic homo est testimonium dans falsum aduersus amicum suum." Sed considera quid adstruat. Non testimonium reprehendit dictum in amicum sed falsum testimonium. Quid enim si Dei causa, quid si patriae cogatur aliquis dicere testimonium? Numquid praeponderare debet amicitia religioni, praeponderare caritati ciuium? In his tamen ipsis rebus requirenda est ueritas testimonii ne amicus appetatur amici perfidia cuius fide absolui debeat. Amicus itaque neque noxio gratificari debet neque innocenti insidiari.

128. Sane si necesse sit dicere testimonium, si quid in amico uitii cognouerit, corripere occulte; si non audierit, corripere palam. Sunt enim bonae correptiones et plerumque meliores quam tacita amicitia. Et si laedi se putet amicus,

---

272 키케로, 『의무론』 3,10,43 참조.
273 잠언 25,18 참조.

제22장 우정에 관하여

126. 그러므로 아무것도 올바름보다 앞세우지 말아야 합니다. 우정에 열성을 쏟느라 올바름을 뒷전에 두어서도 안 됩니다. 성경도 우정에 관하여 권고합니다. 철학자들의 수많은 질문이 있습니다. 누군가 친구 때문에, 친구에게 순종하기 위해 조국에 반감을 지녀야 하는가? 친구의 이익을 묵인하고 챙겨주기 위해 신의를 저버릴 필요가 있는가?[272]

127. 성경도 이렇게 분명히 말합니다. "자기 친구를 거슬러 거짓 증언을 하는 이런 인간은 방망이와 칼과 날카로운 화살과 같다."[273] 그러나 성경이 여기서 뭐라고 하는지 보십시오. 친구에 관한 증언을 비난하는 것이 아니라, 거짓 증언을 비난합니다. 누군가 하느님 때문에, 또는 조국 때문에 증언하도록 강요받는다면 어떠할까요?[274] 우정이 종교보다 중시되고, 시민이 사랑보다 중시되어야 하겠습니까?[275] 이러한 일 자체에서는 증언의 진실만 추구해야 합니다. 친구는 친구의 불성실로 친해져서는 안 되고, 친구의 신의로 자유로워져야 합니다. 그러므로 친구는 죄 있는 사람에게 호의를 베풀어서도 안 되고, 죄 없는 사람에게 덫을 놓아서도 안 됩니다.

128. 물론, 증언할 필요가 있다면, 친구에게 있는 어떤 악습을 알고 있다면, 친구를 은밀하게 꾸짖어야 합니다. 그래도 들으려 하지 않으면, 공공연히 꾸짖어야 합니다. 그것은 선한 꾸짖음이며, 입을 다문 우정보다 훨씬

---

274 키케로, 『우정론』 36~40 참조. 키케로는 기원전 44년에 저술한 이 작품을 평생지기 아티쿠스에게 헌정했는데, 『라일리우스』 *Laelius de amicitia*라고도 불린다.

275 키케로, 『의무론』 3,11,46 참조.

tu tamen corripe; et si amaritudo correptionis animum eius uulneret, tu tamen corripe; ne uerearis: "Tolerabiliora sunt enim amici uulnera quam adulantium oscula." Errantem igitur amicum corripe, innocentem amicum ne deseras. Constans enim debet esse amicitia, perseuerare in adfectu: non puerili modo amicos mutare uaga quadam debemus sententia.

129. Aperi pectus tuum amico ut fidelis sit tibi et capias ex eo uitae tuae iucunditatem: "Fidelis enim amicus medicamentum est uitae" immortalitatis gratia. Defer amico ut aequali nec te pudeat ut praeuenias amicum officio; amicitia enim nescit superbiam. Ideo enim sapiens dicit: "Amicum salutare non erubescas." Nec deseras amicum in necessitate nec derelinquas eum neque destituas; quoniam amicitia uitae adiumentum est. Ideo in ea onera portemus sicut apostolus docuit: dicit enim his quos eiusdem complexa est caritas. Etenim si amici secundae res amicos adiuuant, cur non et in aduersis amici rebus amicorum adiumentum suppetat? Iuuemus consilio, conferamus studia, compatiamur adfectu.

---

276 마태 18,15-17; 키케로, 『의무론』 1,18,58; 『우정론』 44. 88-91; 『성직자의 의무』 3,33,133-135 참조.
277 잠언 27,6 참조.
278 키케로, 『우정론』 33 참조.
279 키케로, 『우정론』 67-68 참조.

낫습니다.[276] 친구가 언짢게 여기더라도, 그래도 꾸짖으십시오. 혹독한 꾸짖음으로 그의 마음에 상처를 주더라도, 그래도 꾸짖으십시오. 두려워하지 마십시오. "친구의 상처는 아첨하는 자의 입맞춤보다 더 견딜 만하기"[277] 때문입니다. 잘못을 저지르는 친구를 꾸짖고, 죄 없는 친구를 저버리지 마십시오. 우정은 한결같아야 하며, 애정으로 꿋꿋해야 합니다. 변덕스러운 판단으로 어린아이처럼[278] 친구들을 갈아치워서는 안 됩니다.[279]

129. 친구에게 그대의 마음을 여십시오. 그러면 그도 그대에게 충실할 것이고, 그로 말미암아 그대 인생의 기쁨을 지니게 될 것입니다.[280] "충실한 친구는 생명의 명약이고"[281] 불멸의 은총이기 때문입니다. 동등한 존재인 친구에게 존경을 드러내며, 섬기는 일에서 친구를 앞선다고 부끄러워하지 마십시오. 우정은 교만을 모르기 때문입니다. 그래서 지혜로운 사람은 이렇게 말합니다. "친구에게 인사하는 것을 부끄러워하지 마라."[282] 곤궁한 친구를 저버리지 말고, 그를 내팽개치지도 내버려 두지도 마십시오. 우정은 삶의 도움이기 때문입니다. 이렇게 하여 우리는 사도가 가르쳐준 것처럼, 서로의 짐을 져주게 됩니다. 사도는 우정의 사랑이 묶어준 이들에게 말하고 있기 때문입니다.[283] 친구들이 좋은 상황에서 서로 돕는다면, 친구들이 겪는 어려운 상황에서도 친구들의 도움을 주어야 하지 않겠습니까? 조언으로 돕고, 열성을 쏟으며, 사랑으로 연대해야 합니다.

---

280 키케로, 『우정론』 97 참조.
281 집회 6,16 참조.
282 집회 22,25 참조.
283 갈라 6,2 참조.

130. Si necesse est, toleremus propter amicum etiam aspera. Plerumque inimicitiae subeundae sunt propter amici innocentiam, saepe obtrectationes, si restiteris uel responderis cum amicus arguitur et accusatur. Nec te paeniteat eiusmodi offensionis; iusti enim uox est: "Et si mala mihi euenerint propter amicum, sustineo." In aduersis enim amicus probatur, nam in prosperis amici omnes uidentur. Sed ut in aduersis amici patientia et tolerantia necessaria est, sic in prosperis auctoritas congrua est ut insolentiam extollentis se amici reprimat et redarguat.

131. Quam pulchre in aduersis positus Iob dicit: "Miseremini mei, amici, miseremini." Non quasi abiecta uox ista est sed quasi censoria. Nam cum iniuste arguitur ab amicis, respondit: "Miseremini mei, amici", hoc est: misericordiam debetis facere; opprimitis autem uos et impugnatis hominem cuius aerumnis compati pro amicitia uos oportebat.

132. Seruate igitur, filii, initam cum fratribus amicitiam qua nihil est in rebus humanis pulchrius. Solatium quippe uitae huius est ut habeas cui pectus aperias tuum, cum quo arcana participes, cui committas secretum pectoris tui; ut

---

284 집회 22,26 참조.
285 키케로, 『우정론』 44 참조.
286 욥 19,21 참조.
287 키케로, 『최고선악론』 1,20,65; 『우정론』 20,47,104 참조.

130. 필요하다면 친구를 위해 궂은일도 견뎌야 합니다. 매우 자주 친구의 무죄를 변호하느라 적대관계를 겪어야 할 것이며, 친구가 공격받고 비난 받을 때 그대가 맞서거나 대응하다가 험한 소리를 듣는 일도 종종 있을 것입니다. 이런 공격을 받더라도 후회하지 마십시오. 의인의 말은 이러합니다. "친구 때문에 내게 불행이 닥친다면 나는 그것을 견디리라."[284] 어려운 상황에서 친구가 검증됩니다. 번영 속에서는 모두 친구로 보이기 때문입니다. 그러나 어려운 상황에서는 친구의 인내와 참을성이 필요하듯, 번영 속에서는 어울리는 권위가 필요합니다.[285] 그래야 우쭐거리는 친구의 무절제를 억누르고 꾸짖을 수 있습니다.

131. 어려운 상황에 놓인 욥이 참 아름답게 말합니다. "벗들이여, 날 불쌍히 여기게나, 불쌍히 여기게나."[286] 이것은 절망에 내동댕이쳐진 목소리가 아니라, 마치 꾸짖는 소리 같습니다. 그는 친구들에게 부당하게 공격받을 때 이렇게 대답합니다. "벗들이여, 날 불쌍히 여기게나." 이런 뜻입니다. "자네들은 자비를 실천해야 하는데도, 사람을 억누르고 공격하는군. 그 사람이 겪고 있는 고통을 자네들이 우정으로 함께 아파해 주어야 마땅하거늘."

132. 그러므로 자녀 여러분, 형제들과 맺은 우정을 잘 간직하십시오. 인간사에서 이보다 더 아름다운 것은 아무것도 없습니다.[287] 여러분 마음을 열어 보일 수 있는 사람[288], 내밀한 것을 나눌 수 있는 사람, 그대 마음의 비밀을 털어놓을 수 있는 사람을 갖는 것, 번영을 누릴 때 그대에게 축하해 주고 슬플 때 함께 아파해 주며 박해를 받을 때 격려해 줄 충실한 사람을

---

288 키케로, 『우정론』 97 참조.

colloces tibi fidelem uirum qui in prosperis gratuletur tibi, in tristibus com-
patiatur, in persecutionibus adhortetur. Quam boni amici hebraei pueri quos
a sui amore nec fornacis ardentis flamma diuisit! De quo loco supra diximus.
Bene ait sanctus Dauid: "Saul et Jonatha, speciosi et carissimi, inseparabiles
uita sua, et in morte non sunt separati."

133. Hic est amicitiae fructus; non ut fides propter amicitiam destruatur. Non
potest enim homini amicus esse, qui Deo fuerit infidus. Pietatis custos ami-
citia est et aequalitatis magistra ut superior inferiori se exhibeat aequalem,
inferior superiori. Inter dispares enim mores non potest esse amicitia et ideo
conuenire sibi utriusque debet gratia: nec auctoritas desit inferiori si res po-
poscerit, nec humilitas superiori; audiat quasi parem, quasi aequalem; et ille
quasi amicus moneat, obiurget, non iactantiae studio sed adfectu caritatis.

134. Neque monitio aspera sit neque obiurgatio contumeliosa; sicut enim
adulationis fugitans amicitia debet esse, ita etiam aliena insolentiae. Quid est
enim amicus nisi consors amoris ad quem animum tuum adiungas atque ap-

---

289 키케로, 「우정론」 22 참조.
290 다니 3 참조. 사드락, 메삭, 아벳 느고의 우정을 일컫는다.
291 암브로시우스는 「성직자의 의무」 앞부분에서 이 이야기를 따로 다루지 않았다. 이 젊은이
     들의 우정 이야기를 담고 있는 암브로시우스의 다른 작품들은 다음과 같다. 「설교」 48,10;
     「편지」 7,17; 「다윗과 욥의 탄원」 2,7,27 참조.

그대 곁에 두는 것은 참으로 인생의 위안입니다.[289] 그 히브리 젊은이들은 얼마나 좋은 친구들이었습니까! 타오르는 불가마의 불길도 그들을 서로에 대한 사랑에서 갈라놓지 못했습니다.[290] 이 대목에 관해서는 앞에서 말씀드 렸습니다.[291] 거룩한 다윗이 잘 말했습니다. "사울과 요나탄은 살아 있을 때 에도 서로 사랑하며 다정하더니 죽어서도 떨어지지 않았구나."[292]

133. 이것이 우정의 열매입니다. 우정 때문에 신앙이 파괴되어서는 안 됩 니다.[293] 하느님께 불충한 이는 인간에게도 친구가 될 수 없습니다. 우정은 경건의 수호자이고 평등의 교사입니다. 그리하여 윗사람은 아랫사람에게 평등함을 드러내고, 아랫사람도 윗사람에게 그렇게 합니다.[294] 품행이 다른 사람들 사이에는 우정이 있을 수 없습니다.[295] 양쪽의 호의가 서로 어울려 야 합니다. 요청되는 일에서 아랫사람에게는 권위가 없어서도 안 되며, 윗 사람에게는 겸손이 없어서도 안 됩니다. 윗사람은 동등한 존재, 평등한 존 재로서 경청해야 합니다. 아랫사람은 친구처럼 권고하고 비판할 때, 뽐내 려는 욕심이 아니라 사랑의 마음으로 해야 합니다.

134. 경고는 가혹해서는 안 되고, 비판은 무례해서는 안 됩니다. 우정이 아 첨을 피해야 하듯, 무절제도 멀리해야 합니다. 친구는 사랑의 공동 상속자 가 아니고 무엇이겠습니까. 그대의 영혼을 그에게 연결하고 결합해서 둘 에서 하나가 되기를 바라는 것입니다.[296] 또 하나의 자아인 그에게 그대를

---

292 2사무 1,23 참조.
293 『성직자의 의무』 3,22,126; 키케로, 「우정론」 65; 『의무론』 3,10,44-45 참조.
294 키케로, 「우정론」 69.71-72 참조.
295 키케로, 「우정론」 74; 『의무론』 1,17,56 참조.

plices et ita misceas ut unum uelis fieri ex duobus, cui te alteri tibi committas, a quo nihil timeas, nihil ipse commodi tui causa inhonestum petas? Non enim uectigalis amicitia est sed plena decoris, plena gratiae. Virtus est enim amicitia, non quaestus quia non pecunia paritur sed gratia, nec licitatione pretiorum sed concertatione beneuolentiae.

135. Denique meliores amicitiae sunt inopum plerumque quam diuitum et frequenter diuites sine amicis sunt quibus abundant pauperes. Non est enim uera amicitia ubi est fallax adulatio. Diuitibus itaque plerique adsentatorie gratificantur, erga pauperem nemo simulator est. Verum est quidquid defertur pauperi, huius amicitia inuidia uacat.

136. Quid amicitia pretiosius quae angelis communis et hominibus est? Vnde Dominus Iesus dicit: "Facite uobis amicos de iniquo mammona qui recipiant uos in aeterna tabernacula sua." Ipse nos Deus amicos ex seruulis facit sicut ipse ait: "Iam uos amici mei estis si feceritis quae ego praecipio uobis." Dedit formam amicitiae quam sequamur, ut faciamus amici uoluntatem, ut aperiamus secreta nostra amico quaecumque in pectore habemus, et illius arcana non ignoremus. Ostendamus illi nos pectus nostrum et ille nobis aperiat suum. "Ideo, inquit, uos dixi amicos quia omnia quaecumque audiui a Patre meo,

---

296 키케로, 『우정론』 81,92; 『의무론』 1,17,56 참조.
297 키케로, 『의무론』 2,20,69-2,21,73 참조.
298 루카 16,9 참조.

맡기고, 그에게서 아무것도 두려워하지 않으며, 올바르지 않은 그 어떤 것도 그대의 이익 때문에 바라지 않는 것이 아니겠습니까? 우정은 납세 의무가 아니라 멋과 호의로 가득한 것입니다. 우정은 덕이지 돈벌이가 아닙니다. 우정은 돈이 아니라 호의에서 태어납니다. 우정은 가격 경쟁이 아니라 선의의 노력으로 생깁니다.

135. 실제로 가난한 사람들의 우정이 흔히 부자들의 우정보다 나으며, 가난한 이들은 친구가 많지만 부자들은 친구가 없는 경우도 잦습니다. 거짓 아첨이 있는 곳에는 참된 우정이 없습니다. 부자들에게 알랑거려 기분 좋게 해주는 사람들은 많지만, 가난한 사람을 아는 체하는 사람은 아무도 없습니다. 가난한 사람에게 주는 것은 무엇이든 참됩니다. 그 우정에는 시기가 없습니다.[297]

136. 천사들과 인간들에게 공통된 우정보다 더 귀한 것이 무엇입니까? 주예수님께서 이렇게 말씀하십니다. "불의한 재물로 친구들을 만들어라. 그래서 그들이 너희를 영원한 당신 장막에 맞아들이게 하여라."[298] 비천한 종들이었던 우리를 하느님 몸소 당신 친구로 삼으십니다. 그분께서 이렇게 말씀하십니다. "내가 너희에게 명령하는 것을 실천하면 너희는 이미 나의 친구다."[299] 그분께서는 우리가 따라야 할 우정의 원칙을 주셨습니다. 우리가 친구의 뜻을 실천하고, 마음속에 있는 우리의 비밀을 무엇이든 친구에게 열어 보이며, 그의 내밀한 생각도 모르지 않는 것입니다. 우리가 친구에게 우리 마음을 드러내고, 그도 우리에게 자기 마음을 드러내야 합니다.[300]

---

299 요한 15,14 참조.

nota feci uobis." Nihil ergo occultat amicus si uerus est: effundit animum suum sicut effundebat mysteria Patris Dominus Iesus.

137. Ergo qui facit mandatum Dei, amicus est, hoc honoratur nomine. Qui est unanimis, ipse amicus est quod unitas animorum in amicis sit neque quisquam detestabilior quam qui amicitiam laeserit. Vnde in proditorem Dominus hoc grauissimum inuenit quod eius condemnaret perfidiam, quod gratiae uicem non repraesentauerit et conuiuiis amicitiae uenenum malitiae miscuerit. Itaque sic ait: "Tu uero homo unanimis meus et dux meus et notus meus qui semper mecum dulces capiebas cibos." Hoc est: non potest sustineri istud quia unanimis appetisti eum qui tibi donauerat gratiam: "Nam si inimicus meus maledixisset mihi, sustinuissem utique et ab eo qui me oderat, absconderem me." Inimicus uitari potest, amicus non potest si insidiari uelit. Illum cauemus cui non committimus consilia nostra, hunc cauere non possumus cui commisimus. Itaque ad aceruandam peccati inuidiam non dixit: Tu uero seruus meus, apostolus meus, sed unanimis meus; hoc est, non meus sed etiam tuus proditor es qui unanimum prodidisti.

---

300 키케로, 『우정론』 97 참조.
301 요한 15,15 참조.
302 스승 예수님을 배신하여 팔아넘긴 유다 이스카리옷을 일컫는다.
303 시편 54,14 참조.
304 시편 54,13 참조.

"나는 너희를 친구라고 불렀다. 내가 내 아버지에게서 들은 것을 무엇이든 너희에게 알려주었기 때문이다."[301]라고 말씀하시기 때문입니다. 진실하다면 친구는 아무것도 숨기지 않습니다. 주 예수님께서 아버지의 신비를 부어주셨듯이, 친구는 자기 마음을 쏟아붓습니다.

137. 그러므로 하느님의 계명을 실천하는 사람은 친구이며, 이 이름으로 영광스럽게 됩니다. 한마음인 사람이 친구이며, 친구들 안에는 영의 일치가 있습니다. 우정을 해치는 사람보다 더 혐오스러운 자는 아무도 없습니다. 주님께서 이 극악한 배신자[302] 안에서 찾아내신 단죄의 이유는 호의에 화답하지 않았다는 것과 우정의 잔치에서 죄악의 독을 섞었다는 것입니다. 그래서 그분은 이렇게 말씀하십니다. "그러나 너. 나와 한마음이었던 사람, 내 길잡이며 내 동무인 너. 언제나 나와 함께 달콤한 음식을 들던 너."[303] 말하자면 이런 뜻입니다. '견딜 수 없는 점은 이것이다. 너에게 호의를 베풀어준 이를 해친 것이 한마음이었던 너라는 사실이다.' "제 원수가 저를 모욕했다면 참았을 것입니다. 그리고 저를 미워하는 자에게서 저를 숨겼을 것입니다."[304] 원수는 피할 수 있지만, 올가미를 놓으려는 친구는 피할 수 없습니다. 우리 생각을 믿고 맡기지 못하는 원수는 경계하지만, 믿고 맡긴 친구는 경계할 수 없기 때문입니다. 그분께서는 죄의 혐오스러움을 강조하기 위해 말씀하시되, '그러나 나의 종, 나의 사도인 너.'라고 하시지 않고, '나와 한마음이었던 너.'라고 하셨습니다. 다시 말해, 너는 나의 배신자가 아니라, 한마음이었던 사람을 배반한 너의 배신자이기도 하다는 뜻입니다.

138. Dominus ipse cum a tribus regibus offensus esset qui sancto Iob non detulissent, ignoscere his per amicum maluit ut amicitiae suffragium remissio fieret peccatorum. Itaque rogauit Iob et Dominus ignouit: profuit illis amicitia quibus obfuit insolentia.

139. Haec apud uos deposui, filii, quae custodiatis in animis uestris: quae utrum aliquid profectus habeant, uos probabitis. Interim copiam multam exemplorum adferent; nam prope omnia maiorum exempla, plurima quoque dicta his tribus inclusa libris tenentur ut si sermo nihil deferat gratiae, series tamen uetustatis quodam compendio expressa plurimum instructionis conferat.

138. 주님 몸소 세 임금[305]에게 상처를 받으셨습니다. 그들이 거룩한 욥에게 도리를 다하지 못했기 때문입니다. 그러나 그분께서는 친구를 통해 그들에게 용서를 베푸시기를 더 바라셨습니다. 우정의 청원이 곧 죄의 용서가 되게 하시려는 까닭이었습니다. 그리하여 욥은 기도했고, 주님께서는 용서하셨습니다. 교만으로 손해를 본 그들에게 우정은 도움이 되었습니다.[306]

139. 아들들이여, 내가 여러분에게 남긴 이 가르침을 여러분 마음속에 간직하십시오. 그것이 어떤 가치가 있는지는 여러분 스스로 판단하게 될 것입니다. 때때로 이 가르침은 아주 많은 본보기를 제공해 줄 것입니다. 이세 권의 책에는 성조들의 거의 모든 본보기와 많은 말씀도 들어 있기 때문입니다. 말투가 아무런 호감도 주지 못할지라도, 이렇게 간추려 표현한 옛역사의 흐름은 많은 가르침을 줄 것입니다.

---

305 욥의 세 친구 엘리파즈와 빌닷과 초바르를 일컫는다. 『성직자의 의무』 1,12,41; 1,39,195 참조.
306 욥 42,7-10 참조.

암브로시우스 연보

1. 이 연보는 G. Visona, *Cronologia Ambrosiana. Bibliografia Ambrosiana*, Roma 2004를 따랐으나, 출생연도는 최신 연구 동향을 받아들여 334년경으로 수정했다.
2. 암브로시우스, 『토빗 이야기』, 교부 문헌 총서 24, 최원오 역주, 분도출판사 2016, 209-213을 다듬었다.

연도	생애	주요 사건
334년경	트리어에서 태어남	
337년 5월		콘스탄티누스 황제가 죽음
340년		아버지 암브로시우스의 직속상관 콘스탄티누스 2세 황제 피살
353년 1월 6일		리베리우스 교황이 로마에서 누이 마르켈리나의 착복식을 집전함
354년 11월 13일		아우구스티누스 탄생
355년 초		밀라노 교회회의에서 디오니시우스 주교를 귀양 보내고 친아리우스파 아욱센티우스를 주교로 선출
359년 6월		콘스탄티우스 2세 황제가 리미니 교회회의에서 신앙 정식을 강요함
361년 11월		'배교자' 율리아누스 황제가 제신 신앙의 복원을 꾀함(363년 6월까지)
364년 2월 27일		발렌티니아누스 1세가 서방의 황제가 됨

364년 3월 28일		발렌스가 동방의 황제가 됨
366년 9월		리베리우스 교황이 죽고 다마수스가 교황으로 선출됨
368년 3월 이후	형 사티루스와 함께 시르미움 법원의 변호사로 일함 시르미움 지방 총독 프로부스의 고문으로 일함	
370년경	밀라노에 행정 소재지를 둔 에밀리아 리구리아 지방 집정관이 됨	
374년 가을경	아욱센티우스의 죽음으로 공석이 된 밀라노의 주교로 선출됨	
374년 11월 30일	세례 받음	
374년 12월 7일	주교 수품	
375년 11월 17일		발렌티니아누스 1세 황제가 죽음
375년 12월 22일		네 살 난 발렌티니아누스 2세가 서방의 황제가 됨
377년	첫 작품 『동정녀』, 『과부』 저술	
378년 2월?		형 사티루스의 죽음
378년 여름?	로마 교회회의에서 다마수스 교황을 변호함	
378년 8월 9일		발렌스 황제가 죽음
378년 하반기	그라티아누스 황제의 요청으로 『신앙론』(제1~2권) 저술	
379년 1월 1일		대 바실리우스가 죽음
379년 1월 19일		테오도시우스가 동방의 황제가 됨

379년 8월 3일		그라티아누스 황제가 이단 제재법을 반포함(『테오도시우스 법전』 16,5,5)
380년 2월 28일	『신앙론』 제3~5권 저술	테오도시우스 칙령으로 가톨릭 신앙을 명령함(『테오도시우스 법전』 16,1,2)
381년 2~3월	『성령론』 구상	
381년 5~6월		콘스탄티노플 공의회
381년 9월 3일	아퀼레이아 교회회의 참석	
381년 여름	로마 교회회의 참석	
381년 가을		그라티아누스 황제가 이교 문화 청산을 준비함. 원로원에서 빅토리아 여신 제단을 철거함
383년		'찬탈자' 막시무스가 그라티아누스 황제를 죽이고 서방의 황제가 됨
384년 여름	빅토리아 여신 제단 문제로 로마 원로원의 심마쿠스와 맞섬	
384년 가을		아우구스티누스가 밀라노에 옴
384년 12월		다마수스 교황이 죽고 시리키우스가 교황으로 선출됨
385년 부활절	대성당을 아리우스파에게 양도하는 문제로 황실과 대립	
386년	대성당 문제로 황실과 극한 대립 (3월 27일~4월 2일 성목요일까지)	
386년 6월 17~20	순교자 게르바시우스와 프로타시우스의 유해를 발굴하여 안치함	
387년 부활절	아우구스티누스에게 세례를 줌(4월 24~25일)	

388년 8월 28일		'찬탈자' 막시무스가 아퀼레이아에서 테오도시우스 황제에게 살해됨
390년	테살로니카 민중 학살 문제로 테오도시우스 황제에게 편지를 보내 교회 규정대로 참회할 것을 요구하였고, 일정 기간 참회한 황제를 성탄절에 다시 교회에 받아들임	
391년 2월 24일		로마에서 모든 형태의 이교 의식을 금지함(『테오도시우스 법전』 16,10,10)
391년 6월 9일		이단과 배교자의 모든 권리를 박탈함(『테오도시우스 법전』 16,7,5)
392년 초	안티오키아 열교 문제로 카푸아 교회회의 참석	
392년 부활절	에우세비우스의 조카 암브로시아 착복식에서 『동정녀 교육』 초안 설교	
392년 5월 15일	발렌티니아누스 2세 황제의 부름을 받고 갈리아로 가던 도중 황제의 피살 소식 들음	
392년 여름	발렌티니아누스 2세 장례식에서 추도사 『발렌티니아누스의 죽음』을 읊음	
392년 8월 22일		프랑크족 사령관 아르보가스투스가 에우게니우스를 황제로 선포함
392년 11월 8일		제국 전역에서 모든 이교 의식을 금지함(『테오도시우스 법전』 16,10,12)
393년 초	밀라노 교회회의에서 요비니아누스를 단죄함	
393년 봄~여름	에우게니우스가 이탈리아를 침공하자, 볼로냐와 파엔차로 피신함 볼로냐에서 순교자 아그리콜라의 유해를 발굴함	

394년 3월	대성당을 봉헌한 과부 율리아나의 초대로 성전 축복식을 거행하러 피렌체에 감	
8월	피렌체에서 밀라노로 돌아옴	
394년 9월 6일		테오도시우스 황제가 슬로베니아에서 에우게니우스를 죽이고, 아르보가스투스 사령관은 이틀 뒤 자살함
394년 9월	에우게니우스에게 거둔 승리 소식을 담은 테오도시우스 황제의 편지에 답하면서, 에우게니우스 잔당에 대한 관용을 당부함	
395년 1월 17일		테오도시우스 황제가 밀라노에서 죽음
395년 2월 25일	테오도시우스 황제의 아들이며 후계자인 호노리우스 앞에서 추도사 「테오도시우스의 죽음」을 읊음	
395년	순교자 나자루스의 유해를 발굴하여 이장함	
397년 초	주교 서품을 위해서 파비아에 감	
397년 4월 4일	성 토요일 새벽, 성체를 모신 뒤 선종	

암브로시우스 저술 목록

1. 암브로시우스 저술의 원제목은 *Clavis Patrum Latinorum*과 Adalbert Keller (ed.), *Translationes Patristicae Graecae et Latinae. Bibliographie der Uebersetzungen altchristlicher Quellen*, Stuttgart 1997, 21-41을 근간으로, A. Di Berardino(ed.), *Patrologia*, vol 3, Roma 1983; E. Dassmann, *Ambrosius von Mailand: Leben und Werk*, Stuttgart 2004; G. Visona, *Cronologia Ambrosiana. Bibliografia Ambrosiana*, Roma 2004 등을 참고하였고, 저술 연도는 G. Visona, *Cronologia Ambrosiana. Bibliografia Ambrosiana*, Roma 2004를 따랐다.

2. 암브로시우스 저술의 우리말 번역은 한국교부학연구회 노성기·안봉환·이상규·이성효·최원오·하성수, 『교부 문헌 용례집』, 수원가톨릭대학교출판부 2014; 암브로시우스, 『토빗 이야기』, 교부 문헌 총서 24, 최원오 역주, 분도출판사 2017에 기댔다.

Apologia David altera
다윗에 관한 둘째 변론
387/388년 이전

De Abraham
아브라함
378/388년경

Contra Auxentium/Sermo contra
Auxentium de Basilicis tradendis
아욱센티우스 반박
386년경

De apologia prophetae David
다윗 예언자 변론
387/388년경

De bono mortis
죽음의 유익
연대 미상

De Cain et Abel
카인과 아벨
377-378년경

De excessu fratris Satyri
형 사티루스의 죽음
378년

De fide
신앙론
제1-2권: 378년
제3-5권: 380년

De fuga saeculi
세상 도피
연대 미상

De Helia et ieiunio
엘리야와 단식
389년경

De Iacob et vita beata
야곱과 행복한 삶

386년경

De incarnationis dominicae
sacramento
주님 육화의 신비
381-383년경

De institutione virginis
동정녀 교육
392-393년

De interpellatione Iob et David
욥과 다윗의 탄원
연대 미상

De Ioseph (patriarcha)
(성조) 요셉
388년경

De Isaac vel anima
이사악 또는 영혼
연대 미상

De mysteriis
신비론
392년 이전

De Nabuthae historia
나봇 이야기
386-390년경

De Noe (et arca)
노아(와 방주)
378년

De obitu Theodosii
테오도시우스의 죽음
395년

De obitu Valentiniani
발렌티니아누스의 죽음
392년

De officiis ministroum
성직자의 의무
388-390년경

De paenitentia
참회론
389년경

De paradiso
낙원
377-378년경

De patriarchis
성조
390년 이전

De sacramentis
성사론
392년 이전

De sacramento regenerationis sive de
philosophia (fragm.)
재생의 성사 또는 철학 (단편)
연대 미상

De Spiritu sancto
성령론
381년

De Tobia
토빗 이야기
386-389

De viduis
과부
377년

De virginibus
(ad Marcellinam sororem)

(마르켈리나 누이에게 보낸) 동정녀
377년

De virginitate
동정
연대 미상

Epistulae
편지

Exameron
육일 창조
386-390년경

Exhortatio virginitatis
동정 권면
394년

Explanatio psalmorum XII
열두 시편 해설
연대 미상

Explanatio symboli
신경 해설
연대 미상

Expositio psalmi CXVIII
시편 제118편 해설
389-390년 또는 395-396년

Expositio evangelii secundum Lucam
루가 복음 해설
390년

Expositio Isaiae prophetae
이사야서 해설
390년 이전

Hymni
찬가집
연대 미상

Vita Ambrosii (Paulinus)
암브로시우스의 생애 (파울리누스)
412/413년 또는 422년경

작품 대조표

키케로의 『의무론』과 암브로시우스의 『성직자의 의무』 대조표는 Ambrose, *De Officiis*, Edited with an Introduction, Translation, and Commentary by I. J. Davidson, vol. 2, New York 2001, 953-956에 기댔다.

키케로 [의무론]	암브로시우스 [성직자의 의무]
1,1,1	1,1,1-3; 1,7,24
1,1,2	1,1,2-3; 1,9,29
1,1,3	1,9,29
1,2,4	1,1,1; 1,1,3-4; 1,7,23-4
1,2,5	1,1,1. 7,24; 2,3,8
1,2,6	1,1,1. 7,24; 2,3,8
1,2,7	2,3,8
1,3,7	1,1,2; 1,8,26; 1,25,116
1,3,8	1,11,36-7; 1,47,229; 3,2,10
1,3,9	1,9,27; 2,6,22; 3,2,8
1,3,10	1,9,27; 2,6,22; 3,2,8
1,4,11	1,26,124; 1,27,128
1,4,14	1,9,28; 1,10,30; 1,19,82-4; 1,22,99
1,5,15	1,10,35; 1,16,62; 1,24,115; 1,25,117-8
1,5,16	1,24,115
1,5,17	1,10,35; 1,24,115; 1,38,191-2

1,6,18	1,24,115; 1,25,117-8; 1,26,122-5; 1,35,175
1,6,19	1,24,115; 1,25,117; 1,26,122; 1,26,125-1,27,126
1,7,20	1,8,26; 1,24,115; 1,25,118; 1,28,130-2; 1,28,136; 1,35,177; 2,15,73; 3,9,59
1,7,21	1,28,132
1,7,22	1,11,3; 1,27,127; 1,28,132; 1,28,136
1,7,23	1,29,142; 1,36,179-80
1,7,24	1,28,137
1,8,26	1,28,138
1,8,27	1,47,228
1,9,30	1,28,135; 3,3,16; 3,7,45
1,10,31	1,50,253-4
1,10,32	1,50,254-5; 3,12,77
1,11,34	1,4,14; 1,5,17
1,12,37	1,29,141
1,12,38	3,14,87
1,13,40	1,30,158; 3,5,34; 3,15,91
1,13,41	1,5,20
1,14,42	1,30,144-5
1,14,43	1,8,26; 1,25,116; 1,30,144-5
1,14,44	1,30,147; 1,49,243
1,15,46	1,49,240-1
1,15,47	1,30,143; 1,31,160
1,15,48	1,31,160-1
1,15,49	1,31,160; 1,47,228
1,16,51	1,11,38; 1,32,167
1,16,52	1,32,167

1,26,90	1,36,181; 1,37,186; 1,41,200
1,26,91	1,36,181; 1,41,200; 1,42,209
1,27,93	1,10,30; 1,10,35; 1,43,210; 1,45,219
1,27,94	1,43,210; 1,45,219; 1,46,224; 2,6,22
1,27,95	1,45,219-20; 1,46,224
1,27,96	1,43,210; 1,45,220-1,46,223; 1,47,225
1,28,97	1,45,220; 1,46,223; 1,47,225
1,28,98	1,19,83; 1,43,210; 1,45,221-1,47,225; 1,47,227
1,28,99	1,47,226-7
1,28,100	1,43,213; 1,46,223-4; 1,47,228
1,28,101	1,22,98; 1,37,187
1,29,101	1,25,116; 1,47,227-9
1,29,102	1,10,35; 1,18,74; 1,22,98; 1,24,106; 1,36,185; 1,47,225; 1,47,228-9
1,29,103	1,20,85; 1,22,98; 1,23,102-3; 1,37,187; 1,47,227-30
1,29,104	1,10,35; 1,18,76; 1,23,102-3
1,30,105	1,47,228
1,30,106	1,43,211
1,30,107	1,26,124; 1,46,223
1,30,108	1,5,18; 1,47,226
1,31,110	1,37,187; 1,44,215; 1,44,218
1,31,111	1,44,217; 1,46,222; 1,47,225; 1,47,230
1,31,113	1,5,20; 1,43,213; 1,44,215
1,31,114	1,44,215; 1,44,217-8
1,32,115	1,43,213; 1,44,217
1,32,116	1,44,217-8
1,32,117	1,43,213; 1,44,217
1,32,118	1,43,212; 1,44,217-8

1,33,119	1,44,217-8
1,33,121	1,44,217
1,34,122	1,17,65; 1,20,85; 1,43,212-3; 1,44,218
1,34,123	1,43,211; 1,43,213
1,34,125	1,19,81; 1,43,213; 1,47,230
1,35,126	1,18,71; 1,19,82-4
1,35,127	1,18,76; 1,18,78; 1,46,224
1,35,128	1,18,71-2; 1,18,76-7; 1,19,84
1,35,129	1,18,78-9; 1,9,84; 1,23,104
1,36,130	1,18,73; 1,19,83
1,36,131	1,4,14; 1,18,73-4; 1,21,97; 1,22,99
1,36,132	1,22,98
1,37,132	1,22,99-100; 1,23,102
1,36,132	1,22,98-100; 1,23,102
1,37,133	1,10,33; 1,22,99; 1,23,104; 1,24,114
1,37,134	1,4,14; 1,18,67; 1,20,89; 1,22,99; 1,23,102-3
1,37,135	1,10,35; 1,22,100-1
1,38,136	1,22,99; 2,27,135
1,38,137	1,5,18; 1,22,99; 1,47,229-30; 3,22,134
1,39,139	1,20,86
1,39,140	1,10,35
1,39,141	1,24,105-6
1,40,142	1,10,35; 1,18,78; 1,24,105-6; 1,24,114. 27,129
1,40,145	3,11,70
1,41,146	1,18,74
1,42,150	1,49,243; 2,21,111
1,42,151	1,49,243; 3,6,38

1,43,152	1,27,129
1,43,153	1,50,252
1,44,157	1,27,128
1,45,160	1,27,127
1,45,161	2,5,21
2,1,2	2,2,6
2,2,5	2,2,6
2,2,6	2,3,8
2,2,7	2,3,8
2,2,8	2,3,8; 2,5,21
2,3,9	1,9,27; 1,45,219; 2,6,22-3; 2,6,25
2,3,10	2,6,24-5
2,3,11	2,6,23
2,3,12	3,6,38
2,5,17	2,24,121
2,5,18	3,4,27
2,6,20	2,6,25
2,6,21	2,23,117
2,6,22	2,23,117
2,7,23	2,7,29; 2,7,38
2,7,24	2,7,39; 2,19,95
2,7,25	2,7,38
2,8,29	2,7,38-9; 2,11,58; 2,19,95
2,9,31	2,7,29; 2,7,39-2,8,40; 2,11,58; 2,16,78
2,9,32	2,7,29; 2,7,37; 2,12,60; 2,15,68; 2,16,78; 2,30,154
2,9,33	2,8,41-3; 2,10,50; 2,11,56

2,9,34	2,8,41-3; 2,10,50; 2,11,56; 2,12,60; 2,14,66
2,10,35	1,27,126; 2,5,21; 2,8,43; 2,9,49
2,10,36	2,11,56; 2,11,58; 2,12,60-2; 2,17,88
2,10,37	2,11,56; 2,11,58-12,2,60; 2.12,62; 2,13,64; 2,14,66; 2,17,88
2,11,38	2,11,59-2,12,60; 2,12,62; 2,14,66; 2,15,73
2,12.43	1,47,227; 2,7,30; 2,19,96; 2,22,112-3
2,13,44	2,19,96
2,13,45	1,44,218
2,13,46	1,35,175; 1,43,212; 2,20,97
2,14,48	2,7,29-31; 2,22,114
2,14,51	2,21,102; 2,24,124
2,15,52	2,12,60; 2,15,69; 2,15,73; 2,15,75; 2,16,79
2,15,53	2,15,75; 2,23,117
2,15,54	2,15,69; 2,15,73; 2,16,78; 2,21,109
2,15,55	2,15,68; 2,21,110-11; 2,22,112
2,16,55	2,15,70-2; 2,16,76; 2,21,108-109; 2,15,68; 2,15,70-2; 2,16,76; 2,21,108-111; 2,22,112
2,16,57	2,21,109; 2,30,154
2,17,59	2,21,109
2,17,60	2,21,109-11
2,18,61	2,28,136
2,18,62	2,15,73; 2,16,77; 2,28,136
2,18,63	2,15,70; 2,15,73; 2,22,116
2,18,64	2,21,103; 2,21,106; 2,21,109; 2,28,136
2,19,65	2,24,121
2,19,67	2,24,121
2,19,68	2,24,123

2,20,69	1,13,48; 2,32,166; 2,24,124; 2,25,126-7
2,20,70	2,15,73
2,20,71	2,21,108; 2,24,124; 2,25,127; 2,26,129; 2,26,132-2,27,134
2,21,72	2,15,72; 2,16,80
2,21,74	2,16,80
2,22,77	2,18,93
2,23,83	2,16,81
2,24,87	3,6,38
2,25,88	1,19,83
2,25,89	2,21,111; 3,6,38
3,1,1	3,1,1-2
3,1,2	3,1,6
3,2,7	3,2,8-9
3,2,8	3,2,9
3,2,9	3,2,9
3,2,10	1,18,69
3,3,11	2,6,25; 3,2,11
3,3,13	1,49,240
3,3,14	3,2,10-1
3,4,15	3,2,10
3,4,16	3,2,11-2
3,4,18	3,2,9; 3,2,12; 3,6,37
3,4,19	3,2,9; 3,2,13; 3,6,37; 3,9,60
3,4,20	3,2,13
3,5,21	3,2,10; 3,2,13; 3,3,15; 3,3,22
3,5,22	3,3,17-8; 3,3,22

3,12,51	3,6,39
3,12,52	3,6,40; 3,10,67
3,12,53	3,10,67
3,13,54	3,9,58; 3,9,65; 3,10,68; 3,16,97
3,13,57	3,6,41; 3,6,44; 3,9,58; 3,10,66-7; 3,10,69; 3,11,71; 3,11,73-5
3,14,58	1,49,243; 3,10,68; 3,11,71
3,14,59	3,11,71-2
3,14,60	3,9,58; 3,10,66-7; 3,10,69; 3,11,71-2; 3,11,75
3,15,61	3,9,58; 3,10,66; 3,10,68; 3,11,73; 3,11,75
3,15,63	3,11,72
3,15,64	1,8,26; 3,9,58-9; 3,10,66; 3,10,68
3,16,65	3,10,66-7
3,16,66	3,10,69
3,16,67	3,10,69
3,17,68	2,17,88; 3,9,58; 3,10,69; 3,11,74
3,17,69	1,46,223; 3,48,239-3,49,240; 3,10,67
3,17,70	2,15,73; 3,10,66-8
3,17,71	3,9,65-3,10,66; 3,10,68-9
3,17,72	3,9,58; 3,10,67-8; 3,11,70
3,18,73	2,3,8; 3,6,38; 3,10,69-3,11,70
3,18,74	3,5,31; 3,9,58; 3,10,66; 3,11,73
3,18,75	3,12,77
3,19,75	2,15,73; 3,9,58-9; 3,10,68-11,70
3,19,76	1,8,26; 2,15,73; 3,9,58-9; 3,10,68
3,19,77	2,15,73; 3,9,58-9; 3,10,68
3,19,78	3,9,58-9; 3,10,68; 3,11,70
3,20,81	3,11,73

3,21,83	3,9,57; 3,12,77-8
3,21,84	3,6,37; 3,8,56; 3,14,90
3,21,85	1,12,46; 3,4,24; 3,8,56; 3,14,90
3,22,86	3,8,56; 3,14,87; 3,14,90-3,15,91
3,22,87	3,8,56; 3,14,86-7; 3,14,90
3,22,88	3,14,87; 3,14,90
3,23,89	3,4,27; 3,6,38; 3,16,97; 3,22,126
3,23,90	3,4,27
3,23,92	3,6,38
3,24,92	1,50,255; 3,10,66; 3,12,76; 3,15,93
3,24,93	1,50,255; 3,9,58; 3,10,68; 3,11,70; 3,12,76-7; 3,15,93
3,25,94	1,50,255; 3,12,77; 3,15,93
3,25,95	1,50,253-5; 3,9,58; 3,12,77-9; 3,15,93
3,25,96	3,9,58
3,26,99	3,15,92; 3,17,98
3,27,100	3,15,93; 3,17,98; 3,17,100; 3,19,111; 3,19,113; 3,22,127
3,28,101	3,19,111
3,28,102	3,10,69; 3,12,77
3,29,104	3,10,69; 3,12,77; 3,15,91; 3,19,115
3,29,105	3,10,68; 3,13,85; 3,17,99; 3,19,113
3,29,106	3,12,77
3,29,107	1,30,158; 3,12,77; 3,14,86; 3,19,111; 3,19,116
3,29,108	3,12,77; 3,17,100
3,30,109	3,13,85; 3,21,124
3,30,110	3,12,80; 3,15,92-3; 3,16,97; 3,19,113
3,31,111	3,11,73; 3,12,77; 3,12,80; 3,15,93; 3,17,98
3,31,112	3,12,78; 3,19,111-3; 3,19,115-7

성경 찾아보기

내용 찾아보기

541, 547, 549, 551, 555, 571, 587, 595, 599, 601, 603, 605, 607, 609

만족 79, 113, 119, 247, 291, 393, 395, 409, 483, 501

말씀 67, 69, 71, 73, 91, 97, 109, 127, 131, 133, 145, 151, 179, 195, 215, 223, 225, 249, 253, 317, 325, 329, 333, 339, 365, 367, 373, 375, 411, 427, 443, 445, 475, 501, 547, 567, 575, 579, 609

맹세 549, 551, 587

명령 67, 71, 169, 181, 243, 265, 353, 413, 429, 433, 465, 591

명성 353, 375, 427, 437

명예 85, 101, 125, 127, 243, 255, 291, 409, 433, 435, 485, 497, 595,

명예욕 257

모범 93, 407

모상 225, 297, 299, 303

모성애 369

모욕 73, 79, 83, 111, 157, 169, 257, 290, 291, 293, 295, 355, 359

목숨 201, 243, 257, 267, 295, 395, 463, 501, 505, 509, 513, 533, 535, 553, 561, 563, 591, 595

목자 63, 173, 357, 503

몸 135, 141, 143, 231, 243, 249, 259, 309, 453, 491, 493, 505, 509, 549

몸가짐 129, 153

몸값 309, 389, 391, 395, 435, 451, 453, 455, 459

무례 497

무절제 169, 381, 583, 587, 601, 603

무죄 71, 323, 601

무지 113, 118, 409, 523

묵상 161

물질 101, 219, 227, 243, 311, 393

미움 163, 451, 531

미모 145, 147, 279, 555

민족 115, 259, 357, 405, 519, 527, 567

믿음 121, 171, 203, 205, 219, 239, 247, 259, 311, 313, 331, 343, 415, 455, 457, 467, 491, 509, 553

(ㅂ)

바리사이파 135, 411

박해 123, 249, 271, 293, 333, 601

방문 151

배려 48, 381

배부름 339, 411

백성 115, 131, 171, 173, 195, 197, 199, 215, 217, 259, 265, 303, 309, 311, 335, 337, 353, 355, 357, 359, 397, 399, 401, 413, 417, 419, 445, 451, 463, 477, 511, 515, 521, 523, 527, 533, 539, 541, 551, 555, 557, 559, 565, 567, 575, 583, 585, 587, 589, 593, 595

번영 119, 249, 571, 601

범죄/범죄자 79, 81, 271, 371, 439, 457, 503, 505, 513, 545, 587, 589

벌 69, 101, 109, 119, 121, 125, 129, 251, 257, 371, 413, 423, 463, 495, 497, 505, 527, 529, 537, 543, 547, 567, 587

법 247, 307, 329, 333, 379, 461, 465, 491, 493, 495, 505

벗 209, 231, 233, 359, 541, 595, 561

병고 103, 341, 397

보물 97, 301, 451, 455, 457

보복 181, 191

보살핌 407

보상 107, 155, 209, 325, 379, 445, 495, 501

증인 247, 275, 305
지성 369, 403
지식 113, 115, 117, 141, 175, 183, 185,
187, 327, 329, 331, 333, 409, 411, 417
지혜 61, 63, 65, 95, 105, 111, 153, 155,
173, 177, 179, 181, 185, 187, 221, 223,
225, 227, 229, 233, 285, 299, 301, 311,
313, 315, 335, 343, 363, 365, 367, 369,
371, 373, 375, 377, 383, 385, 393, 417,
421, 481, 483, 485, 487, 499, 501, 503,
505, 599
직무 63, 85, 137, 139, 151, 211, 245, 249,
277, 303, 305, 307, 309, 313, 389, 413,
421, 439, 463, 529
진리 105, 125, 161, 297, 299, 309, 311,
317, 371, 401, 437, 509, 539
진보 93, 275, 293
진실 203, 241, 293, 325, 359, 369, 373,
375, 415, 429, 433, 435, 541, 549, 561,
597, 607
진심 211, 357, 379, 415
질서 145, 147, 173, 177, 181, 253, 273,
279, 285, 313, 489

(ㅊ)
차이 199, 279, 345, 467, 483, 485
찬미 95, 155, 173, 255, 281, 305
참을성 85, 131, 153, 175, 353, 601
참회 581, 614
창조자 111, 115, 119, 141, 177, 181, 185,
187, 313, 325, 343
채권 465, 493
채무 229, 313
철학/철학자 85, 87, 89, 91, 109, 111, 113,
157, 179, 183, 191, 327, 329, 333, 371,

503, 553, 569, 597, 618
초대 355, 433, 441, 543, 569, 615
최고선 327, 337, 341
추방 525
추악 139, 185, 279, 283, 429, 481, 501,
529, 537, 545, 549, 559, 563, 587
추행 389, 451
축복 143, 155, 159, 173, 181, 209, 233,
241, 293, 317, 319, 343, 405, 419, 565
충고 163, 213, 215, 243, 363
충동 75, 163, 287, 289
치유 421, 449
친절 163, 173, 353, 423, 435, 547
친족 살해 551
침묵 65, 67, 69, 71, 77, 79, 81, 83, 85,
91, 93, 95, 97, 131, 133, 209, 265, 293,
415, 439, 473, 475, 509, 561, 569, 571

(ㅋ)
쾌락 89, 107, 111, 125, 149, 243, 255,
257, 289, 323, 327, 333, 337, 371, 383,
407, 429, 497, 543, 545

(ㅌ)
탐욕 139, 147, 163, 171, 197, 211, 223,
231, 255, 257, 301, 305, 347, 349, 383,
391, 395, 407, 409, 427, 443, 445, 447,
449, 511, 519, 529, 543
토지매매 537
통제 289, 311
통치 113, 355, 415
특권 127, 359, 447

(ㅍ)
파스카 467

지은이

:: 암브로시우스 Ambrosius, 334-397

334년경 트리어에서 태어났다. 갈리아 지방 총독이었던 아버지가 일찍 세상을 떠나자, 어머니는 삼 남매를 데리고 로마로 돌아갔고, 암브로시우스는 그곳에서 훌륭한 인문 교육을 받았다. 형 사티루스와 함께 시르미움의 법원에서 변호사로 짧게 활동했고, 프로부스 총독의 고문으로 일했다. 370년경 밀라노에 행정소재지를 둔 에밀리아 리구리아 지방 집정관이 되었다. 374년 밀라노 주교좌가 공석이 되자, 후임 주교 선출 문제로 맞서 싸우던 정통 신앙파와 아리우스파를 중재하고 주교 선출을 감독하러 밀라노 대성당에 들어선 암브로시우스는 한마음으로 "암브로시우스 주교!"를 외치는 신자들의 요청으로 주교가 되었다. 때늦은 세례를 받은 지 이레 만에 주교품을 받았고, 가진 재산을 가난한 이들에게 나누어주었다. 제국과 황실의 불의와 횡포에 저항하며 교회와 국가 관계에 균형추를 놓았고, 가난한 이들과 사회적 약자들에 대한 특별한 사랑으로 사회 정의를 위해 헌신했으며, 성경 주해와 신학 저술을 비롯하여 다양한 사회 윤리 작품을 남겼다. 그의 인품과 가르침은 아우구스티누스의 회심에도 큰 영향을 주었다. 397년 성 토요일에 선종하여 이튿날인 부활 대축일에 밀라노 주교좌 대성당에 묻혔다. 히에로니무스, 아우구스티누스, 대 그레고리우스와 더불어 서방 교회 4대 교부로 공경받고 있다. 가톨릭 교회는 암브로시우스의 주교 수품일인 12월 7일에 그 축일을 기념한다.

옮긴이

:: 최원오

광주가톨릭대학교와 대학원을 졸업하고, 로마 아우구스티누스 대학에서 교부학 박사학위를 받았다. 부산가톨릭대학교 교수로 일했으며, 현재 대구가톨릭대학교 교수다. 『내가 사랑한 교부들』(분도출판사 2005, 공저), 『종교 간의 대화』(현암사 2009, 공저), 『교부들에게 배우는 삶의 지혜』(분도출판사 2017, 공저), 『교부들의 사회교리』(분도출판사 2020)를 지었고, 포시디우스의 『아우구스티누스의 생애』(분도출판사 2008, 공역주), 아우구스티누스의 『요한 서간 강해』(분도출판사 2011, 공역주), 『교부들의 성경 주해·마르코 복음서』(분도출판사 2011), 암브로시우스의 『나봇 이야기』(분도출판사 2012)와 『토빗 이야기』(분도출판사 2016), 오리게네스의 『원리론』(아카넷 2014, 공역주), 키프리아누스의 『선행과 자선·인내의 유악시기와 질투』(분도출판사 2018), 요한 크리소스토무스의 『참회에 관한 설교』(분도출판사 2019, 해제), 히에로니무스의 『명인록』(아카넷 2022), 『성 아우구스티누스』(분도출판사 2015, 공역), 『교부와 만나다』(비아출판사 2019, 공역), 『교부학 사전』(한국성토마스연구소 2021, 공역)을 우리말로 옮겼고, 『교부 문헌 용례집』(수원가톨릭대학교출판부 2014)을 함께 엮었다.

암브로시우스

성직자의 의무

1판 1쇄 펴냄 | 2020년 12월 18일
1판 2쇄 펴냄 | 2023년 2월 24일

지은이 | 암브로시우스
옮긴이 | 최원오
펴낸이 | 김정호

책임편집 | 이하심
디자인 | 이대웅

펴낸곳 | 아카넷
출판등록 2000년 1월 24일(제406-2000-000012호)
10881 경기도 파주시 회동길 445-3
전화 | 031-955-9510(편집)·031-955-9514(주문)
팩시밀리 | 031-955-9519
www.acanet.co.kr

ⓒ 한국연구재단, 2020
Printed in Paju, Korea.

ISBN 978-89-5733-702-8 94230
ISBN 978-89-5733-214-6 (세트)

이 도서의 국립중앙도서관 출판시도서목록(CIP)은
서지정보유통지원시스템 홈페이지(http://seoji.nl.go.kr)와
국가자료공공목록시스템(http://www.nl.go.kr/kolisnet)에서 이용하실 수 있습니다.
(CIP 제어번호: CIP2020042861)

* 이 번역서는 2017년 대한민국 교육부와 한국연구재단의 지원을 받아 수행
된 연구임(NRF-2017S1A5A7019479)

This work was supported by the Ministry of Education of the Republic
of Korea and the National Research Foundation of Korea (NRF-
2017S1A5A7019479)